Frank Haß, Werner Kieweg

I can make it!
Englischunterricht für Schülerinnen und Schüler mit Lernschwierigkeiten

Klett I Kallmeyer

Bibliografische Information der Deutschen Nationalbibliothek
Die Deutsche Nationalbibliothek verzeichnet diese Publikation in der Deutschen Nationalbibliografie;
detaillierte bibliografische Daten sind im Internet über http://dnb.d-nb.de abrufbar.

Impressum

Frank Haß, Werner Kieweg
I can make it!
Englischunterricht für Schülerinnen und Schüler
mit Lernschwierigkeiten

3. Auflage 2022

© 2012. Kallmeyer in Verbindung mit Klett
Friedrich Verlag GmbH
D-30159 Hannover
Alle Rechte vorbehalten.
www.friedrich-verlag.de

Redaktion: Stefan Hellriegel, Berlin
Realisation: Jürgen Rohrßen, Hannover
Druck: BELTZ Grafische Betriebe GmbH, Bad Langensalza
Printed in Germany

ISBN: 978-3-7800-4907-0

Frank Haß, Werner Kieweg

I can make it!

Englischunterricht für Schülerinnen und Schüler
mit Lernschwierigkeiten

Klett I **Kallmeyer**

Einleitung

Liebe Lehrerinnen und Lehrer,

mit Beschluss der Kultusministerkonferenz von 1964 wurde Englisch als obligatorisches Fach in den Fächerkanon der Hauptschule aufgenommen. In den Jahren danach waren Fachdidaktiker* wie Harald Gutschow oder Hans-Eberhard Piepho bemüht, die Arbeitsweise der „höheren Schulen" nicht lediglich zu modifizieren, sondern eine hauptschulgemäße Englischdidaktik zu entwickeln. Die Schüler, die Schwierigkeiten beim Erlernen einer Fremdsprache hatten, standen zu dieser Zeit also durchaus im Zentrum schulpädagogischer und didaktischer Reflexion. Harald Gutschow ging so weit festzustellen, dass die Qualität eines Schulsystems besonders daran festzumachen sei, inwieweit es die spezifischen Lerndispositionen und auch die besondere Motivationslage der leistungsschwachen Lerner berücksichtige (vgl. Jungblut 1985, S. 127). Leider wurden sowohl die Schulpädagogik und Allgemeine Didaktik wie auch die Englischdidaktik diesem Anspruch in den folgenden Jahrzehnten zunehmend weniger gerecht. Der Fokus der Fremdsprachendidaktik verschob sich und die Weiterentwicklung einer Didaktik für leistungsschwächere Schüler wurde vernachlässigt. So beklagte Käte Lorenzen 1985 „die falsche Verwissenschaftlichung des Englischunterrichts, die zu einer lebensfernen Theorielastigkeit und zu einer entpersönlichenden ‚Testomanie' […] führte, sowie ein soziales und ideologisches Bildungsdenken, das die anthropogenen Voraussetzungen der Schüler übersah" (Lorenzen 1985, S. 79). Der vor der Klasse stehende Lehrer sah sich jedoch auch weiterhin tagtäglich mit den spezifischen didaktisch-methodischen Herausforderungen des Unterrichts mit Schülern mit Lernschwierigkeiten konfrontiert. Die Folge der Auseinanderentwicklung von fachdidaktischer Theorie und täglich erlebter unterrichtspraktischer Realität war, dass mehr und mehr Lehrkräfte an nichtgymnasialen Schulformen die als praxisfern erlebte Fachdidaktik ignorierten und sich stattdessen methodischen Rezeptologien zuwandten. Hinzu kam, dass, bildungsideologisch motiviert, die Schulform, an der sich Schüler mit Lernschwierigkeiten sammelten – die Hauptschule – diskreditiert und weitgehend abgeschafft wurde.

Der Anspruch, für alle Lerner an allgemeinbildenden Schulen mindestens eine Fremdsprache anzubieten, hat heute nach wie vor uneingeschränkte Gültigkeit. Alle Schüler sollen zu fremdsprachlicher Kommunikation befähigt werden, um ihnen damit auch notwendige Schlüsselqualifikationen für ihre berufliche Zu-

---

* In diesem Buch meiden wir Doppelformen wie „Fachdidaktikerinnen und Fachdidaktiker", „Schülerinnen und Schüler", „Lehrerinnen und Lehrer" etc. und verwenden stattdessen „Schüler", „Lehrer" etc., um ein flüssiges Lesen zu gewährleisten. Wir fassen damit aber selbstverständlich die weiblichen und männlichen Formen gleichrangig zusammen.

kunft zu eröffnen. Um das zu erreichen, wurden europaweit Ziele und Inhalte, Vermittlungsmethoden, Mess- und Evaluierungskonzepte nach gewünschten Bildungsstandards definiert. Die Englischdidaktik hat sich dieser Themen angenommen und eine facettenreiche Theorie entfaltet. Bei genauerem Hinsehen zeigt sich jedoch, dass bis heute die theoretischen Ansätze noch immer fast ausschließlich den „funktionierenden" Lerner im Blick haben. In den meisten Fällen dominiert die Annahme, dass die Grundprinzipien des jeweiligen Ansatzes für Lerner unterschiedlicher Leistungsfähigkeit gleichermaßen Gültigkeit haben. Wenn überhaupt, dann wurde der lernschwache Lerner nur in Verbindung mit Ansätzen der Differenzierung und Individualisierung thematisiert. Häufig wurde und wird Lernschwäche von den Vertretern der Fachdidaktik als vorübergehendes Phänomen betrachtet, das sich mit den richtigen Methoden schon bald „wegtherapieren" lässt. Die Unterrichtspraxis widerspricht dem allerdings. So weist die empirische Unterrichtsforschung beispielsweise überzeugend nach, dass eine gewisse Gruppe von Schülern von der heute – häufig zu unreflektiert – propagierten Form offenen unterrichtsmethodischen Vorgehens sehr wohl profitiert (die eher leistungsstarken Schüler), eine ebenso große Gruppe (die eher leistungsschwachen Schüler) aber eben nicht. Grund dafür sind die unterschiedlichen Lerndispositionen der einzelnen Schüler, im genannten Fall die differenzielle Ausprägung von Selbststeuerungsfähigkeit.

Es ist hohe Zeit, dass die Fachdidaktik wieder einen differenzierteren Blick auf Schüler entwickelt, sich der Gruppe der Schüler mit Lernschwierigkeiten intensiver widmet und ihre speziellen Bedürfnisse in ihre konzeptuellen Überlegungen grundsätzlich stärker einbindet. Eine der wesentlichen Aufgaben des Lehrers, unabhängig von Schulform und angestrebtem Bildungsniveau der Schüler, sollte darin bestehen, Lernschwierigkeiten der Schüler zu erkennen, sie in seiner Unterrichtsgestaltung zu berücksichtigen und – falls möglich – zu beheben. Genau diese professionelle Subkompetenz spielt aber bisher weder in der fachdidaktischen Forschung noch in der universitären Lehrerausbildung oder in der berufsbegleitenden Lehrerfortbildung eine nennenswerte Rolle. Aus diesem Grunde will das vorliegende Buch helfen, die Besonderheiten des Englischunterrichts mit Schülern mit Lernschwierigkeiten wieder stärker in den Blick zu nehmen. Dazu wird zunächst der Versuch unternommen, wesentliche (anthropogen und soziokulturell bedingte) Lerndispositionen auszumachen, die bei Lernern zu Schwierigkeiten im schulischen Englischunterricht führen können. Danach werden die didaktisch- methodischen Implikationen eines Englischunterrichts entfaltet, der diesen Lerndispositionen besser gerecht wird.

Frank Haß, Werner Kieweg

1 Ursachen von Lernschwierigkeiten

"It's not how good you are, it's how good you want to be.
So how good do you want to be?"

Ich habe lange Zeit über die Ursachen von Lernschwächen nachgedacht, entsprechende Bücher gelesen und einzelne Schulbiografien von „nicht schulsystemgetreuen Schülern" gelesen. Die einschlägige Literatur beschreibt die Erscheinungsformen von Lernschwierigkeiten primär bezogen auf das Individuum und dessen unmittelbare Umgebung. Relativ spät musste ich allerdings erkennen, dass das System „Bildung und Schule" selbst an der Entstehung von Lernproblemen beteiligt ist, beispielsweise durch streng verbindliche Lehrpläne, starre Abschlussprofile, umfangreiche Stoffpensen und eng bemessene Lernzeiten, permanente Lernziel- und Lernstandskontrollen, unflexible Stundenpläne, ständigen Notendruck und so weiter. Allgemein fühle ich mich für dieses Thema zu wenig ausgebildet.

Was unter einer Lernschwierigkeit zu verstehen und wie sie zu definieren ist, ist keine leichte Frage. Zunächst einmal ist festzustellen, dass Lernen ein konstitutives Merkmal menschlichen Verhaltens darstellt. Jeder Mensch lernt immer und überall, bewusst oder unbewusst, indem er seine Umwelt erlebt, interpretiert und künftiges Verhalten dieser Umwelt gegenüber adaptiert. Natürliches Lernen ist also Verhaltensänderung aufgrund gemachter Erfahrungen. Dass bei diesem natürlichen Lernen interindividuelle quantitative und qualitative Unterschiede auftreten, ist bekannt und logisch, aber nicht vordergründig problematisch. Als problematisch werden diese Unterschiede erst dann erlebt, wenn der höchst individuelle Prozess menschlichen Lernens einer Normierung unterworfen wird. Dies ist beim institutionalisierten Lernen, also auch beim schulischen Lernen, der Fall. Die Gesellschaft legt in Form von standardisierten Anforderungsniveaus (Lehrpläne, Curricula, Bildungsstandards) fest, was in welcher Zeit gelernt werden soll. Die Erwartungen werden dabei in der Regel so gestaltet, dass die Mehrheit der Schüler sie in der vorgegebenen Zeit erreichen können sollte. Dieser Prozess wiederholt sich im Kleinen tagtäglich in Millionen von Klassenzimmern: Lernziele werden so definiert, dass der „durchschnittliche" Lerner sie in der vorgesehenen Zeit erreichen kann. Schwierigkeiten treten immer dann auf, wenn die normierten Anforderungen des Systems nicht mit den individuellen Möglichkeiten (Lerndispositionen) des Individuums zusammenpassen. Die Definition des durchschnittlichen Lernniveaus als „Norm" bedingt, dass Lerner unterhalb dieses definierten Durchschnitts als „anormal", also als schwierig und problematisch empfunden werden.

In der pädagogisch-psychologischen und bildungspolitischen Literatur finden sich dann im Zusammenhang mit solchen Lernern Formulierungen wie „Schulversagen", „Leistungsversagen", „Lernschwäche", „Lernstörung", „Lernbeeinträchtigung", „abweichendes Lern- und Leistungsverhalten", „potenzielle Lernbehinderung", „Lerndefizit", „besonderer Förderbedarf" etc. Schon die Vielzahl diffuser und unscharfer Termini verrät eine große Unsicherheit, auch Unwissen bezüglich der Schüler „unterhalb der Norm". In dieser Publikation wird mit dem

Begriff der „Lernschwierigkeit" operiert, wobei die Ursachen von Lernschwierigkeiten sowohl im Individuum selbst als auch in dessen Umfeld ausgemacht und thematisiert werden.

Lernschwierigkeiten, also die „Nichtpassung" von Vermögen des Individuums und Anforderung der Institution, können dabei in Schwere, Umfang und Dauer inter- und intraindividuell unterschiedlich stark ausgeprägt sein. Eine geringere Ausprägung wird als „Lernschwäche" bezeichnet, eine stärkere Ausprägung (schwerwiegend, umfänglich, langdauernd) als „Lernbehinderung" (vgl. Schröder 2005, S. 88). Eine trennscharfe graduelle Abstufung von „normal" über „lernschwach" zu „lernbehindert" ist dabei natürlich nicht möglich. Bei der Mehrheit der an allgemeinbildenden Schulen lernenden Kindern und Jugendlichen dürften jedoch Lernbeeinträchtigungen geringerer Ausprägung, also Lernschwächen, vorliegen. Im Zuge des bundesdeutschen Trends, Förderschulen aufzulösen, werden künftig allerdings auch vermehrt Schüler mit diagnostizierten Lernbehinderungen an allgemeinbildenden Schulen lernen (Stichwort „Inklusion").

Ein nicht unerheblicher Teil aller auftretenden Lernschwierigkeiten sind Sprachlernschwierigkeiten. Sprachlernschwierigkeiten umfassen eine große Bandbreite unterschiedlichster Lernbeeinträchtigungen, die das Verstehen, die Produktion und die Entwicklung gesprochener oder geschriebener Sprache betreffen. Die Angaben darüber, wie viele Menschen davon betroffen sind, variieren sehr stark. Es ist jedoch davon auszugehen, dass mindestens 10 % der Bevölkerung von ernsteren Sprachlernbeeinträchtigungen betroffen sind (vgl. Viskari 2005, S. 7). Dass Sprachlernbeeinträchtigungen in der Muttersprache ebenso das Erlernen einer Fremdsprache beeinträchtigen, erscheint logisch. Kinder, die in der Muttersprache Schwierigkeiten bei der auditorischen Analyse haben, haben dies beispielsweise auch in der Fremdsprache; muttersprachliche Schwierigkeiten bei der Phonem-Graphem-Zuordnung treten auch in der Fremdsprache auf.

Um Fremdsprachenunterricht für alle Lerner – auch für solche mit Lernschwierigkeiten – erfolgreich planen und gestalten zu können, sollte jeder Fremdsprachenlehrer eine genaue Vorstellung davon haben, welche Schwierigkeiten im Fremdsprachenlernprozess auftreten können, wo die Ursachen dieser Schwierigkeiten möglicherweise liegen und welche Fördermaßnahmen bei welchen Lernschwierigkeiten indiziert sind. Dabei muss die Lehrkraft zunächst vermittels geeigneter Verfahren (kriteriengeleitete Beobachtung, diagnostische Gespräche, Testverfahren etc.) Lernschwierigkeiten diagnostizieren. Auf der Basis dieser Diagnose können Hypothesen über mögliche Ursachen aufgestellt werden, anhand derer wiederum mögliche Therapien zu entwickeln und abschließend zu evaluieren sind.

Wie bereits erwähnt: den lernschwachen Schüler an sich gibt es nicht. Stattdessen ist anzunehmen, dass jeder Schüler individuelle Schwierigkeiten beim Erlernen einer Fremdsprache haben kann. Ausgehend von der Tatsache, dass der Mensch eine bio-psycho-soziale Einheit darstellt, können die Ursachen dafür also sowohl im biologisch-organischen, im psychologischen wie auch im soziokulturellen Bereich liegen. Dabei ist zu berücksichtigen, dass sich diverse Merkmale (Variablen) nicht immer klar einem Persönlichkeitsbereich zuschreiben lassen, sondern dass sie sich überlappen und wechselseitig beeinflussen. Ein typisches Beispiel dafür ist das frühkindliche exogene Psychosyndrom, wo Schädigungen des Zentralnervensystems Auswirkungen auf Physis und Psyche des betroffenen Individuums gleichermaßen haben können. Das frühkindlich exogene Psychosyndrom ist eine charakteristische Struktur, die bei Kindern beobachtet werden kann, die eine leichte frühkindliche Hirnschädigung während der Zeit der speziellen Gehirnreifung (etwa zwischen dem 6. Schwangerschaftsmonat und dem Beginn des 2. Lebensmonats) durchgemacht haben (vgl. Lempp 1971, S. 133). Diese führt in der Regel zu

▸ optischen oder akustischen Teilerfassungsstörungen,
▸ erhöhter Reizempfindlichkeit,
▸ Empfindlichkeit gegenüber Umweltveränderungen,
▸ Aufmerksamkeitsproblemen,
▸ labiler Stimmungslage,
▸ geringem Durchhaltevermögen oder
▸ einer Neigung zu motorischer Unruhe (vgl. Schröder 2005, S. 174 f.).

Trotz der Schwierigkeiten bei der artifiziellen Trennung biologisch-organischer, psychischer und soziokultureller Lerndispositionen soll der besseren Übersicht wegen im Folgenden eine Zuordnung und Darstellung einer Reihe für das Fremdsprachenlernen relevanter Persönlichkeitsmerkmale vorgenommen werden. Dabei soll jedoch nicht die gesamte Bandbreite an möglichen Ausprägungen von „sehr hoch" („hochbegabt") bis „sehr gering" („behindert") dargestellt werden, sondern nur solche unterdurchschnittlichen Ausprägungen, die zu Schwierigkeiten beim Erlernen der Fremdsprache Englisch führen können.

1.1 Lernschwierigkeiten durch Einschränkungen im biologisch-organischen Bereich

Es erscheint auf den ersten Blick einleuchtend, dass eine körperliche Beeinträchtigung den Lernerfolg eines Schülers negativ beeinflussen kann. Trotzdem gelangen unterschiedliche Studien zu unterschiedlichen Aussagen in Bezug auf die Auswirkungen biologisch-organischer Beeinträchtigungen auf den Sprachlernprozess. Während ein Teil der empirischen Untersuchungen davon ausgeht, dass Beeinträchtigungen zum Beispiel des Hör- und des Sprechapparates sehr wohl den Sprachlernerfolg deutlich einschränken (vgl. Lempp 1971, S. 137 f.; Pimsleur u. a. 1964, S. 135 f.), kommen andere Studien zu dem Ergebnis, dass organische Schädigungen in der Regel für das Phänomen der Lernschwierigkeit nur eine untergeordnete Rolle spielen (vgl. Rautenhaus 1978; S. 93; Krohn 1981, S. 212; Schröder 2005; S. 173). Entscheidend ist wohl in erster Linie die Schwere der körperlichen Beeinträchtigung. In jedem Falle ist bei auftretenden Sprachlernschwierigkeiten aber sehr wohl zu untersuchen, ob ein eingeschränktes Hör-, Seh- oder Sprachvermögen in ursächlichem Zusammenhang damit steht.

1.1.1 Beeinträchtigungen des Hörvermögens

Beeinträchtigungen des Hörvermögens können angeboren oder erworben und natürlich unterschiedlich stark ausgeprägt sein. Fremdsprachenlehrer sollten wissen, dass bereits eine Einschränkung des Hörvermögens um 20–40 dB die Wahrnehmung und Unterscheidung stimmhafter und stimmloser Konsonanten deutlich einschränkt, die korrekte Lautdiskrimination und Lautwiedergabe also zumindest entscheidend erschwert. Die Angaben zur Häufigkeit des Auftretens einer Hörbeeinträchtigung dieser Ausprägung bei Kindern und Jugendlichen im schulpflichtigen Alter schwanken sehr stark. Sie reichen von 13 % (Kinderhilfswerk 2006, S. 6) bis zu 20 % (Hintermaier u. a. 2000). Konkret bedeutet dies, dass durchschnittlich ca. 5 Schüler einer Schulklasse in ihrem Hörvermögen beeinträchtigt sein können. In den Fällen, in denen die Einschränkungen bekannt sind, kann mit technischen Hilfsmitteln kompensiert werden. Allerdings sollte die Lehrkraft immer darauf achten, dass Hörhilfen auch tatsächlich getragen werden und nicht aus falschem Schamgefühl oder aus Angst vor Stigmatisierung in den Schultaschen verschwinden. Weitere Maßnahmen der individuellen Förderung von Schülern mit eingeschränktem Hörvermögen wären die folgenden:

▸ betroffene Schüler in die erste Reihe setzen,
▸ den Nebengeräuschpegel in der Klasse niedrig halten,
▸ die Raumakustik verbessern; eventuell Audiosysteme einsetzen,
▸ viel mit Blickkontakt arbeiten,
▸ deutlich artikulieren,
▸ „Lehrerecho" gezielt einsetzen,
▸ häufig Visualisierungen verwenden.

1.1.2 Beeinträchtigungen des Sehvermögens

Auch das Sehvermögen des Menschen ist von Natur aus interindividuell unterschiedlich ausgeprägt. Besonderer Aufmerksamkeit bedürfen Schüler mit Sehbehinderungen. Als Sehbehinderung gelten alle Beeinträchtigungen, die durch eine Brille nicht korrigiert werden können. Dabei können Einschränkungen im Bereich des Gesichtsfeldes, des räumlichen Sehens, des Farbsehens und des Kontrastsehens auftreten. Problematisch ist, dass Sehbehinderungen sehr häufig unerkannt bleiben, da der Betroffene selbst seine eingeschränkte Sehfähigkeit gewohnt ist, und, sofern nicht eine drastische Verschlechterung eintritt, diese als normal empfindet. Hier muss die Lehrkraft aufmerksam beobachten und im Falle von Auffälligkeiten eine ärztliche Untersuchung einfordern. Für das Fremdsprachenlernen kann das eingeschränkte Sehvermögen zum Beispiel Auswirkungen im Bereich der Lautartikulation (eingeschränkte Wahrnehmung der vorbildhaften Lehrerartikulation), der Textrezeption (Lesen, Hör-Sehen) oder auch der Körpersprache (eingeschränkte Interpretation von Mimik und Gestik) haben.

Folgende Maßnahmen helfen, Schülern mit eingeschränktem Sehvermögen das Erlernen der englischen Sprache zu erleichtern:

▸ technische Hilfsmittel (wie Laptop und digitalisiertes Schulbuch) zur Verbesserung der Lesbarkeit von Texten (Schriftgröße, Schriftfarbe, Schrifttyp, Textanordnung etc.) einsetzen,
▸ Lernumwelt gut strukturieren,
▸ für Barrierefreiheit im Klassenzimmer sorgen,
▸ Sitzplatz des Schülers sorgfältig auswählen (Optimierung des Sichtfeldes im Hinblick auf Blickrichtung, Abstand, Blendung etc.),
▸ fehlende Wahrnehmung der Körpersprache durch Verbalsprache ausgleichen,
▸ wenig mit frontalen Medien arbeiten.

1.1.3 Beeinträchtigungen des Sprachvermögens

Schwierigkeiten beim Erlernen einer Fremdsprache können ihre Ursache auch in einer generellen Beeinträchtigung des Sprachvermögens haben. Dies betrifft zum einen das Sprechen, also Schwierigkeiten bei der Lautartikulation wie zum Beispiel Stottern oder Poltern. Sprechstörungen bedürfen der sprachheilpädagogischen Betreuung und sind in vielen Fällen korrigierbar. Beeinträchtigungen des Sprachvermögens können aber auch den Sprachgenerierungs- und Sprachverarbeitungsprozess betreffen. Hier unterscheidet man phonetisch-phonologische, semantisch-lexikalische und syntaktisch-morphologische Störungen.

Phonetisch-phonologische Störungen. *Phonetische* Störungen sind Störungen bei der Lautbildung, also Artikulationsstörungen. Besonders häufig sind hierbei die *s*-Laute (etwa Sigmatismus) und *ch*-Laute betroffen. Eine *phonologische* Störung liegt vor, wenn die Laute isoliert richtig gebildet werden können, aber in Wörtern nicht korrekt (bedeutungsunterscheidend) verwendet werden. Dies kann zum Beispiel die Veränderung der Silbenstruktur eines Wortes durch Auslassen von Lauten oder Silben, das Angleichen von Lauten an die Lautumgebung oder das Ersetzen von einzelnen Lauten betreffen. Besonders im Englischunterricht mit Schülern mit Einschränkungen im phonetisch-phonologischen Bereich sollte der Arbeit an Phonetik und Phonologie wesentlich mehr Aufmerksamkeit geschenkt werden. Dies betrifft zum Beispiel eine stärkere Integration von Übungen zur Förderung der Identifikations- und Diskriminationsfähigkeit oder auch die stärkere Visualisierung von phonetischen und phonologischen Erscheinungen durch Gebärden oder grafische Darstellungen (vgl. dazu ausführlich Kapitel 4.4).

Semantisch-lexikalische Störungen. Unter semantisch-lexikalische Störungen fasst man neurologisch bedingte Schwierigkeiten bei der Abspeicherung und situations- und intentionsadäquaten Anwendung neuer Wörter. Folgende Symptome deuten auf eine semantisch-lexikalische Störung hin:
▸ geringer Wortschatz,
▸ schwache semantische Repräsentationen von Wörtern,
▸ Unsicherheiten bei der kategorialen Zuordnung von Wörtern,
▸ fehlende Vernetzung von Wörtern,
▸ Wortfindungsprobleme,
▸ Sprachverständnisprobleme,
▸ Ersetzen fehlender Wörter durch ähnlich klingende Wörter,
▸ Übergeneralisierungen,
▸ unnatürlich lange Verzögerungen und Unterbrechungen.

Obgleich der aktuelle Stand der Forschung wenig befriedigend ist, so ist doch davon auszugehen, dass Beeinträchtigungen in der Muttersprache auch das Erlernen der Fremdsprache beeinträchtigen. Folgende didaktisch-methodischen Prinzipien sind deshalb bei der Wortschatzarbeit mit Lernern mit einer semantisch-lexikalischen Beeinträchtigung angezeigt:
▸ eine aktive, handelnde Auseinandersetzung mit dem neuen Wortschatz ermöglichen,
▸ neue Wörter mit bekannten Wörtern vernetzen,
▸ Ähnlichkeiten und Unterschiede von Wörtern deutlich hervorheben,
▸ bei der Erstbegegnung auch die Wortstruktur erarbeiten (Wortbild, Wortstamm, Silbenzahl, Orthografie etc.),
▸ neuen Wortschatz konsequent inventarisieren,
▸ neue Wörter regelmäßig wiederholen („umwälzen"),
▸ neue Wörter in unterschiedlichen syntaktischen Strukturen üben,
▸ Strategien zur Wortschatzarbeit vermitteln und trainieren.

Weiterführende Ausführungen zur Wortschatzarbeit finden sich in Kapitel 4.1.

Syntaktisch-morphologische Störungen. Syntaktisch-morphologische Störungen sind Störungen des grammatischen Spracherwerbs und -gebrauchs, also Einschränkungen in der Fähigkeit, das morphologisch-syntaktische Regelsystem der Sprache korrekt aufzubauen und anzuwenden. Sie äußern sich zum Beispiel im Auslassen von Funktionswörtern (Artikel, Präpositionen, Konjunktionen etc.), fehlerhafter Wortstellung oder Flexionsfehlern. Didaktische Implikationen wären für diese Form der Sprachlernschwierigkeit die folgenden:
▸ die Schüler zur Bildung kompletter Satzstrukturen ermuntern,
▸ Modellierungshilfen geben („Lehrerecho"),
▸ Visualisierungen von Strukturen als Hilfen geben,

▶ eine ausgeprägte Prosodie als Lernhilfe nutzen,
▶ schülergemäße metasprachliche Betrachtungen in den Unterricht integrieren.

Ausführliche Hinweise zur Arbeit an der Grammatik bieten Kapitel 4.2 und 4.3.

1.1.4 Lese-Rechtschreib-Schwäche

Seit etwa 100 Jahren gibt es eine Diskussion um das Phänomen der Lese-Rechtschreib-Schwierigkeiten. Definitorisch ebenfalls schwer fassbar, sollen an dieser Stelle darunter alle Probleme und Schwierigkeiten verstanden werden, die Kinder und Jugendliche beim Erlernen des Lesens, Schreibens und Rechtschreibens haben (vgl. Günther 2007, S. 65). Auch wenn aktuelle Zahlen sehr unsicher sind und stark schwanken, ist davon auszugehen, dass etwa 15–20 % aller Schüler betroffen sind (vgl. Gerlach 2012). Bei einem Teil der Kinder sind diese Schwierigkeiten genetisch oder neurologisch bedingt, sie können aber auch durch psychisch bedingte Entwicklungsstörungen hervorgerufen werden. Fakt ist jedenfalls, dass Kinder mit Lese-Rechtschreib-Schwächen (LRS) beim Erlernen der Fremdsprache stark beeinträchtigt sind. Dass es eine spezifische Fremdsprachenlegasthenie gibt, wird mittlerweile bezweifelt. Vielmehr ist davon auszugehen, dass die auch den muttersprachlichen Schriftspracherwerb betreffenden Defizite das Fremdsprachenlernen erschweren. Typische Hinweise auf das Vorliegen einer LRS sind folgende Symptome:
▶ Störungen in der Analyse und Synthesefähigkeit,
▶ Schwierigkeiten bei der Phonem-Graphem-Zuordnung,
▶ stockendes, langsames Lesen mit Schwierigkeiten bei der Sinnerfassung,
▶ Auslassen und Vertauschen von Lauten, Wortteilen oder Wörtern,
▶ Rechtschreibfehler wie Auslassen und Hinzufügen von Buchstaben, falsche Reihung der Buchstaben, falsche Groß-Kleinschreibung, Doppelungs- oder Dehnungsfehler, Ableitungsfehler oder Wortgrenzenfehler.

Die Komplexität der möglichen Symptome bedingt, dass auf das Phänomen LRS nicht mit einigen wenigen Handlungsanweisungen oder Unterrichtsprinzipien reagiert werden kann. Das Vorliegen einer LRS hat Konsequenzen für den gesamten Bereich des Erlernens der Lese- und der Schreibfertigkeit, die sich in einem veränderten Fremdsprachenunterricht niederschlagen müssen (vgl. hierzu besonders Kapitel 3.3 und 3.4).

1.1.5 Hemisphärendominanz

Forschungen der letzten Jahre haben gezeigt, dass die unterschiedliche Dominanz der jeweils rechten oder linken Hirnhälfte das Sprachenlernen beeinflussen kann. Obwohl beide Hemisphären idealerweise ausgeglichen und kooperativ wirken, scheint es so zu sein, dass bei den meisten Menschen, besonders in Stresssituationen, eine Hirnhälfte dominiert. Dabei dominiert bei der Mehrheit der Menschen in Sprachlernsituationen offensichtlich die linke Hemisphäre, während bei einigen Lernern – auch bei Sprachlernprozessen – die linke Hirnhälfte weniger aktiv ist (vgl. Viskari 2005, S. 24). Sollte dies zutreffen, so wären mindestens zwei Konsequenzen wichtig. Zum Ersten sollte darauf geachtet werden, dass Fremdsprachenunterricht immer in einer emotional entspannten Atmosphäre stattfindet, die negativen Stress weitestgehend vermeidet. Zum Zweiten sollte versucht werden, den Unterricht – nicht nur, aber besonders für solche Lerner – ganzheitlicher, weniger kognitiv orientiert auszurichten.

1.2 Variablen im psychologischen Bereich

Eine Reihe auftretender Sprachlernschwierigkeiten ist sicher auch geringeren Ausprägungen von Persönlichkeitsvariablen im psychologischen Bereich zuzuschreiben. Die Ursachen dafür können einerseits, wie oben ausgeführt, biologisch-neurologisch sein. Andererseits ist ein großer Teil an Defiziten sicher auf Entwicklungsstörungen, zum Beispiel aufgrund eines fehlenden positiven Anreizmillieus (soziokulturelles Umfeld) zurückzuführen. Endogene und exogene Faktoren wirken wahrscheinlich wechselweise verstärkend oder abschwächend. Strittig ist derzeit, in welchem Maße durch gezielte Förderung genetisch oder neurologisch bedingte Defizite ausgeglichen werden können. Dies trifft in besonderem Maße auf die Intelligenz eines Menschen zu.

1.2.1 Intelligenz

Die Feststellung, dass Menschen unterschiedlich intelligent sind, wird in der alltagssprachlichen Kommunikation kaum Verwunderung, erst recht nicht Widerspruch erzeugen. Nähert man sich dem Konstrukt „Intelligenz" aus psychologischer oder gar pädagogischer Sicht, wird die Situation verzwickter. Trotz vielfältiger Ansätze ist eine konsensfähige Definition von Intelligenz gegenwärtig nicht verfügbar. Im Wesentlichen wird heute davon ausgegangen, dass Intelligenz keine einheitliche und unveränderliche psychische Fähigkeit darstellt, sondern vielmehr ein System von Einzelfaktoren, die in einem schwer zu definierenden Verhältnis ererbt und durch Lernprozesse erworben werden (vgl. Schröder 2005, S. 129 ff.).

Fluide und kristalline Intelligenz. Der Hirnforscher Gerhard Roth definiert Intelligenz als Fähigkeit zum Problemlösen unter Zeitdruck (vgl. Roth 2011, S. 149 f.). Dabei unterscheidet er zwei Subkategorien von Intelligenz, die das Potenzial zum Problemlösen ausmachen: die allgemeine (fluide) Intelligenz und die bereichsspezifische (kristalline) Intelligenz. Unter fluider Intelligenz wird die Fähigkeit zu schneller und effektiver Informationsverarbeitung im Gehirn verstanden. Mit kristalliner Intelligenz wird das verfügbare Wissen zu unterschiedlichen

Bereichen erfasst. Anders gesagt: entscheidenden Einfluss auf erfolgreiches Lernen haben die neuronale Verarbeitungsgeschwindigkeit von Informationen und das bereichsspezifische Vorwissen. Diese Faktoren können interindividuell sehr unterschiedlich sein. Unterschiedlich ausgeprägte fluide und kristalline Intelligenz hat dabei auch gravierende Auswirkungen auf das (mehr oder weniger) erfolgreiche institutionelle (Fremd-)Sprachenlernen. Wenn das Verarbeiten von Informationen bei einem Lerner länger dauert als bei anderen Lernern derselben Lerngruppe (Schulklasse), so wird Ersterer zum Beispiel das Erarbeiten eines gelesenen oder gehörten Textes weniger gründlich durchführen können als Letzterer, der in der verfügbaren Zeit erlernte Wortschatz des langsamen Lerners wird kleiner bleiben, ebenso die verfügbare Bandbreite an Strukturen. Wenn Handlungen langsamer vollzogen werden, so wird der Grad der Ausprägung der Fertigkeiten geringer sein – und so fort. Eine vergleichsweise geringere fluide Intelligenz (immer in Bezug auf den Lerngruppendurchschnitt als „Norm") führt in der Regel zu Schwierigkeiten in allen Bereichen des schulischen Fremdsprachenlernens.

Gleiches trifft auf den Bereich der kristallinen Intelligenz zu. Wenn das bereichsspezifische Wissen gering ist, so sind alle Bereiche der fremdsprachlichen Kompetenzentwicklung beeinträchtigt. Lernen ist ein assoziativer und kumulativer Prozess. Neue Informationen werden immer dann besonders effektiv abgespeichert und vernetzt, wenn sie sich mit bereits vorhandenen Wissensbeständen verbinden lassen. Andreas Helmke definiert auf der Basis empirischer Untersuchungen das bereichsspezifische Vorwissen als wesentlichen Faktor für Lernerfolg und Unterrichtsqualität gleichermaßen (vgl. Helmke 2012, S. 85ff.).

Als wichtige Frage bleibt nun, inwieweit geringere Intelligenz als ungünstige Lern- und Leistungsvoraussetzung im Unterricht ausgeglichen werden kann. Auch dazu gibt es bis dato keinen klaren Erkenntnisstand. Jedoch gehen die meisten Psychologen auf der Basis empirischer Daten aus der Zwillingsforschung heute davon aus, dass Intelligenz zu mindestens 50 % genetisch bedingt, also angeboren ist. Einige Forscher sehen das Verhältnis sogar so, dass der IQ eines Menschen durch massive intellektuelle Förderung und Anregung nur um etwa 10 IQ-Punkte veränderbar ist (vgl. Roth 2011, S. 151ff.). Das heißt für den schulischen Unterricht im Allgemeinen und den Englischunterricht im Besonderen: Es wird immer Schüler geben, die aufgrund ihrer genetischen Ausstattung Informationen langsamer aufnehmen, verarbeiten und weniger gut speichern, vernetzen und abrufen können als andere Schüler. Defizite in diesem Bereich lassen sich verringern, aber nicht vollständig kompensieren. Aus dem oben Gesagten ergibt sich auch, dass Lerner aufgrund unterschiedlicher Voraussetzungen im Bereich der Intelligenz zwar prinzipiell die gleiche Kompetenz entwickeln können, aber dass das erreichbare Kompetenzniveau geringer bleiben wird. Es bedeutet auch, dass der Weg der Kompetenzentwicklung ein anderer sein muss als bei Lernern mit besseren intellektuellen Voraussetzungen. Lerner mit schlechteren

Voraussetzungen im Bereich der Verarbeitungsgeschwindigkeit (fluide Intelligenz) brauchen mehr Lernzeit. Lerner mit schlechteren Voraussetzungen im Bereich des Wissens (kristalline Intelligenz) brauchen mehr Unterstützung in diesem Bereich.

Verbale Intelligenz. Ein anderes Intelligenzmodell geht auf den amerikanischen Psychologen Howard Gardner zurück. Gardner meint, dass herkömmliche Intelligenzmodelle nicht differenziert genug seien, um Intelligenz wirklich zu erfassen und intellektuelle Fähigkeiten und Leistungen eines Menschen richtig einzuschätzen. Er vertritt daher einen erweiterten Intelligenzbegriff, in dem er acht Komponenten menschlicher Intelligenz unterscheidet. Es sind dies die sprachlich-linguistische, die logisch-mathematische, die musikalisch-rhythmische, die bildlich-räumliche, die körperlich-kinästhetische, die naturalistische, die intrapersonale sowie die interpersonale Intelligenz. Jeder Mensch weist dabei nach Gardner ein interindividuell unterschiedliches Intelligenzprofil auf. Für den Fremdsprachenunterricht wäre nun von besonderem Interesse, inwieweit eine mehr oder minder ausgeprägte sprachlich-linguistische (verbale) Intelligenz das Fremdsprachenlernen beeinflusst. Studien dazu gibt es recht wenige. Heike Rautenhaus fand jedoch heraus, dass im Englischunterricht wenig erfolgreiche Schüler im Schnitt über eine generell niedrigere verbale Intelligenz als die Vergleichsgruppen verfügen. Sie zog daraus den Schluss, dass Lerner dieser Gruppe größere Schwierigkeiten haben, den Anweisungen und Erklärungen des Lehrers zu folgen und den Unterrichtskontext selbständig zu gliedern. Sie kommt in ihrer Studie auch zu der Erkenntnis, dass die Geschicklichkeit im Umgang mit der deutschen Sprache bei der Einordnung von Schülern in leistungsdifferenzierte Fremdsprachenlerngruppen eine große Rolle spielt. Der Erfolg beim Erlernen einer Fremdsprache korreliert also offensichtlich in hohem Maße mit der vorhandenen muttersprachlichen Kompetenz, die bei schwachen Lernern eher gering ist (vgl. Rautenhaus 1978, S. 46). So verfügen lernschwache Schüler zum Beispiel über einen geringen Wortschatz in der Muttersprache. Ebenso ist die orthografische Sicherheit in der Muttersprache gering. Die geringe muttersprachliche Kompetenz ist auch durch eine geringe gedankliche Fülle gekennzeichnet. Außerdem ist eine stärkere Störanfälligkeit bei der Sprachproduktion zu verzeichnen (vgl. Rautenhaus 1978, S. 48 f.).

Im Englischunterricht mit Schülern mit Lernschwierigkeiten kann also nicht davon ausgegangen werden, dass sprachliche Konzepte in der Muttersprache vorhanden sind, die dann nur noch in der Fremdsprache zu klären wären. Vielmehr muss es darum gehen, eine Art sprachlichen Gesamtunterricht zu erteilen (Piepho zitiert in Rautenhaus 1978, S. 48), der die Vermittlung von Weltwissen miteinschließt. All dies sollte ermutigen, das Verhältnis von Muttersprache und Fremdsprache im Englischunterricht neu zu überdenken. Der häufigere Gebrauch der Muttersprache kann helfen, das allgemeine Sprachniveau zu heben und Unverständnis fremdsprachlicher Konzepte aufgrund fehlender muttersprachlicher Grundlagen zu vermeiden. Das Prinzip der aufgeklärten Einsprachigkeit sollte dabei nicht aufgegeben, aber doch modifiziert werden.

Weiterhin stellt Rautenhaus dar, dass als leistungsschwach eingestufte Schüler auch in der Fremdsprache Teilfertigkeitsdefizite vor allem im verbalen Intelligenzbereich aufweisen. Dies betrifft besonders die von ihr untersuchten Bereiche *„verbal comprehension"* und *„word fluency"* (vgl. Rautenhaus 1978, S. 39 f.). Auch Dieter Krohn führt auf der Basis einer weiteren Studie aus, dass Schüler mit Lernschwierigkeiten („Leistungsversager") im Bereich geringer verbaler Intelligenz am deutlichsten charakterisiert sind durch einen geringen aktiven Wortschatz, Schwierigkeiten in der Hördiskriminationsfähigkeit und beim Erkennen orthografisch korrekter Wörter (vgl. Krohn 1981, S. 270).

1.2.2 Sprachlernbegabung *(language aptitude)*

In enger Beziehung zu dem Konstrukt der sprachlich-linguistischen/verbalen Intelligenz – und schwer abgrenzbar davon – ist das Phänomen der Sprachlernbegabung zu sehen. Die Sprachlernbegabung scheint eine zentrale Persönlichkeitsvariable zu sein, die entscheidenden Einfluss auf den interindividuell unterschiedlichen Erfolg beim Erlernen einer Fremdsprache hat. Viskari sieht in der Sprachlernbegabung sogar den wesentlichen Prädiktor für Sprachlernerfolg (vgl. Viskari 2005, S. 28). Allerdings ist Sprachlernbegabung nicht leicht zu definieren. Gardner versteht unter Sprachlernbegabung alle sprachlichen Fähigkeiten, die das Erlernen einer Fremdsprache befördern (vgl. Gardner u. a. 1997, S. 345). Carroll (vgl. Carroll 1962, S. 129) benennt vier Aspekte der Sprachlernbegabung:

▸ die Fähigkeit, auditorisches Material so zu dekodieren und kodieren, dass es identifiziert, wiedererkannt und über längere Zeit erinnert wird *(phonetic coding)*,
▸ die Fähigkeit, mit Grammatik, das heißt mit Sprachformen und deren Anordnung in natürlichen Äußerungen umzugehen *(grammatical sensitivity)*,
▸ die Fähigkeit, eine große Menge Sprachmaterial in relativ kurzer Zeit zu behalten *(rote memory)* und
▸ die Fähigkeit, Muster und Regeln in komplexer Sprache zu erkennen *(inductive language learning ability)*.

Eine Reihe weiterer empirischer Studien legt in der Tat nahe, dass es einen hochsignifikanten Zusammenhang zwischen Sprachlernbegabung und Sprachlernerfolg gibt (vgl. Sparks 2001, S. 40). Schüler mit einer geringen Sprachlernbegabung werden also beim Erlernen einer Fremdsprache tendenziell weniger erfolgreich sein. Für den deutschsprachigen Raum bestätigte dies Rautenhaus in ihrer empirischen Studie (vgl. Rautenhaus 1978, S. 41 ff.) So fand sie heraus, dass die Lerner der schwächsten von drei niveaudifferenzierten Kontrollgruppen die geringste Sprachlernbegabung besaßen. Allerdings war die Streubreite (Heterogenität) innerhalb dieser Gruppe sehr groß. Interessant ist auch, dass Jungen insgesamt eine geringere Sprachlernbegabung besaßen als Mädchen (vgl. Rautenhaus 1978, S. 45).

Implikationen für den Unterricht mit Lernern mit geringer Sprachlernbegabung wären die folgenden:

▸ Defizite im Bereich der akustischen Diskriminierungsfähigkeit beeinträchtigen den Lernerfolg im Englischunterricht beträchtlich. Lernschwache Schüler haben häufig Schwierigkeiten, Klangbilder zu erfassen und zu behalten. Infolgedessen ist zu vermuten, dass auch Probleme bei der Artikulation auftreten. Deshalb muss der Entwicklung der phonetischen Teilkompetenz im Unterricht große Aufmerksamkeit gewidmet werden (vgl. Krohn 1981, S. 285) (vgl. Kapitel 4.4).

▸ Zudem haben schwache Lerner häufig Schwierigkeiten bei der Analyse von Sprache. Rein imitative Verfahren sind daher bei solchen Schülern nicht besonders effektiv. Schüler mit einer größeren Sprachbegabung sind in der Lage, selbst bei Drill-Aktivitäten den Kern der Struktur zu erkennen, schwache Lerner nicht. Deshalb ist die Analyse und Synthese von Sprachmustern wichtig (vgl. Krohn 1981, S. 285) (vgl. Kapitel 4.2).

▸ Weiterhin benötigen Schüler mit geringer Sprachlernbegabung generell besondere Unterstützung beim Lernen von sprachlichen Mitteln (vgl. Kapitel 4.1 bis 4.5).

1.2.3 Selbststeuerungsfähigkeit

Geringe Selbststeuerungsfähigkeit ist offensichtlich eine Variable, die das Fremdsprachenlernen sehr deutlich beeinträchtigt. So haben weniger erfolgreiche Lerner Schwierigkeiten, eigene Bedürfnisse zu unterdrücken und eine schwache Eigenkontrolle (vgl. Krohn 1981, S. 271). Es fällt ihnen schwer, ihre Lernprozesse zu planen, zu steuern und zu reflektieren, was zu einem mehr oder minder planlosen Arbeitsverhalten führt. Für die Unterrichtsgestaltung bedeutet dies zweierlei: Zum Ersten hat sich gezeigt, dass Beeinträchtigungen im Selbststeuerungsverhalten (und auch in der Intelligenz) der Schüler weniger gravierende Auswirkungen haben, wenn der Unterricht klar strukturiert und in seinen Zielen, Inhalten und Methoden für die Lerner transparent ist (vgl. Kapitel 9.3).

Zum Zweiten: Die Fähigkeit zur Selbststeuerung ist erlernbar. Gerade für Schüler mit Lernbeeinträchtigungen ist es wichtig, Strategien und Techniken immer wieder zu thematisieren, zu trainieren und anzuwenden. Hilfen für das Erfassen von Aufgaben, das Erarbeiten von Lösungsplänen, das Festlegen von Arbeitsschritten und schließlich das Durchführen von Erfolgskontrollen beispielsweise sind essenziell (vgl. Kapitel 6).

1.2.4 Aufmerksamkeit und Konzentration

Die Verankerung eines Inhaltes oder einer Fertigkeit im Gedächtnis und damit der Lernerfolg hängen in hohem Maße von der Aufmerksamkeit des Lernenden ab. Unter Aufmerksamkeit wird dabei ein Zustand erhöhter Wahrnehmung verstanden. Inhalte werden umso deutlicher wahrgenommen, verstanden und behalten, je mehr Aufmerksamkeit der Lerner ihnen widmet (vgl. Roth 2011, S. 129). Je weniger Aufmerksamkeit einem Sinnesreiz gewidmet wird, umso schneller ist er wieder aus dem Gedächtnis verschwunden. Aufmerksamkeit kann dabei von außen (Reizsteuerung) oder von innen (Interessensteuerung) gelenkt werden. Innengeleitete Aufmerksamkeit benötigt keinen auffälligen Außenreiz; sie kann beliebig auch auf Unauffälliges gelenkt werden. Aufmerksamkeit ist allerdings eine beschränkte Ressource, die einen Maximalwert besitzt (vgl. Roth 2011, S. 133). Das heißt, je intensiver einem Inhalt, einem Objekt Aufmerksamkeit gewidmet wird, desto schneller ist die Aufmerksamkeit erschöpft. Psychologen gehen davon aus, das eine Phase hochkonzentrierter Aufmerksamkeit nicht länger als 3–5 Minuten möglich ist (vgl. Roth 2011, S. 133). Lerner, die nur geringe Aufmerksamkeitsspannen besitzen, sind natürlich weniger gut in der Lage, Lerninhalte aufzunehmen und abzuspeichern als Lerner, die länger konzentriert arbeiten können.

Besonders starke Einschränkungen im Bereich der Aufmerksamkeit und Konzentration werden in den Störungsbildern ADS (Aufmerksamkeitsdefizitsyndrom) und ADHS (Aufmerksamkeitsdefizitsyndrom mit einer Hyperaktivitätsstörung) zusammengefasst. Zu den wichtigsten Symptomen dieser sehr komplexen Störungsbilder gehören:

▸ Störung der Aufmerksamkeit, reduzierte Konzentrationsfähigkeit,
▸ Impulsivität, schnelles, unkontrolliertes Handeln,
▸ sensorische Unruhe, leichte Ablenkbarkeit,
▸ schlechtes Schriftbild,
▸ motorische Unruhe (Zappeln, ausladende Bewegungen, ziellose Bewegungsabläufe, ständiger Bewegungsdrang,
▸ ständiges Sprechen.

Lernschwierigkeiten, die aufgrund geringerer Aufmerksamkeit und Konzentration bzw. von Hyperaktivität entstehen, lässt sich durch eine Reihe von Maßnahmen entgegenwirken:

▸ Ablenkungen im Raum vermeiden (zum Beispiel Kinder nicht ans Fenster setzen),
▸ strukturierte Raumgestaltung (zum Beispiel Sitzordnung) beachten,
▸ Reizüberflutung im Klassenzimmer vermeiden (zum Beispiel Poster, Arbeitsmittel etc.),
▸ keine ablenkenden Materialien auf dem Arbeitsplatz dulden,
▸ Stoppsignale einführen und durchsetzen (zum Beispiel Stopp-Karten, akustisches Signal etc.),

▸ strukturierte Unterrichtsgestaltung: klare Ablaufpläne – möglichst mit Angabe von Handlungsschritten – geben und visualisieren,

▸ klare Aufgaben und Arbeitsanweisungen formulieren,

▸ ein Übermaß an Illustrationen in den Arbeitsmitteln vermeiden,

▸ Bewegungsanlässe schaffen.

1.2.5 Gedächtnis

Offensichtlich ist, dass ein schwaches Gedächtnis eine Lernbeeinträchtigung darstellt, da aufgenommene Inhalte nur unzureichend abgespeichert und verarbeitet werden können. Die Psychologie unterscheidet nach der Dauer der Speicherung zwei Gedächtnisarten: das Kurzzeit- oder Arbeitsgedächtnis und das Langzeitgedächtnis.

Das Kurzzeitgedächtnis hält bestimmte Inhalte für wenige Sekunden fest, aktiviert die hiermit verbundenen Gedächtnisinhalte und Vorstellungen und verarbeitet all dies zu einem momentan sinnvollen Gesamtkonstrukt. Ein effektives Arbeitsgedächtnis korreliert mit hoher fluider Intelligenz, das heißt intelligente Menschen haben ein effektives Arbeits- und Kurzzeitgedächtnis (vgl. Roth 2011, S. 141). Störungen im Arbeitsgedächtnis führen zu vielerlei Problemen beim Fremdsprachenlernen. So können zum Beispiel Schwierigkeiten im Leseprozess auf ein schwaches Arbeitsgedächtnis zurückzuführen sein. Kinder mit Leseschwierigkeiten haben dabei Probleme, Teile eines visuell erfassten längeren Wortes im Arbeitsgedächtnis zwischenzuspeichern und beim Sprechen dieses wieder zusammenzusetzen (vgl. Gerlach 2011).

Ein schwaches Langzeitgedächtnis hingegen verhindert, gespeicherte Inhalte auch nach längerer Zeit wieder zuverlässig abrufen zu können. Die didaktischen Implikationen sind auch hier offensichtlich. Die Gedächtnisleistung lässt sich durch Training verbessern. Das immer wieder durchgeführte Aufnehmen und Abrufen (in unterschiedlichen Zeitintervallen) von Informationen führt zu einer Verbesserung der Gedächtnisleistung. Durch spezielle Memotechniken lässt sich dieser Prozess auch bewusst beeinflussen. Eine weitere Lerntechnik wäre zum Beispiel die bewusste Strukturierung der zu lernenden Inhalte (vgl. Kapitel 6).

1.2.6 Motivation

Weniger erfolgreiche Lerner sind häufig durch große Schulunlust gekennzeichnet (vgl. Krohn 1981, S. 271). Das heißt, die Einstellung zur Schule im Allgemeinen ist bereits negativ. Studien haben außerdem gezeigt, dass weniger erfolgreiche Lerner sich durch eine eher geringe Motivation für den Englischunterricht auszeichnen (vgl. Krohn 1981, S. 271). Mädchen haben dabei tendenziell eine positivere Einstellung zum Fremdsprachenlernen als Jungen (vgl. Gardner 1985, S. 43 f.). Studien haben auch gezeigt, dass ausgeprägte Misserfolgsangst eine Lernschwierigkeit zu sein scheint. Dabei wurde auch deutlich, dass das Fach Englisch bei generell leistungsschwachen Schülern besonders angstbesetzt ist (vgl. Krohn 1981, S. 281). Neuere Studien legen zudem den Eindruck nahe, dass es neben der allgemeinen Versagensangst so etwas wie eine Sprachangst gibt, die immer dann auftritt, wenn die Fremdsprache verwendet werden soll. Gerade bei Lernern mit geringer Motivation bzw. großer Misserfolgsängstlichkeit ist es also unumgänglich, den Aspekt der Motivationsförderung ständig bei der Planung und Gestaltung von Unterricht im Blick zu behalten (vgl. Kapitel 7).

1.3 Variablen im soziokulturellen Bereich

Wie eingangs dargestellt, gibt es weder in der Psychologie noch in den Bildungswissenschaften Konsens darüber, inwieweit Persönlichkeitsdispositionen ererbt und damit fix oder veränderbar sind. Während Vertreter einer statischen Sichtweise die erbliche Determiniertheit des Individuums stark betonen, vertreten Anhänger einer eher milieutheoretischen Perspektive die Ansicht, dass der Mensch durch die Umwelt mehr oder weniger beliebig formbar sei. Die Mehrheit der Wissenschaftler nimmt heute eine vermittelnde Position ein. Man geht davon aus, dass Persönlichkeitsmerkmale angeborene Potenzen sind, die in der Wechselwirkung mit der Umwelt und durch entsprechende Stimulation zur Ausprägung kommen können.

Das soziokulturelle Milieu, in dem ein Schüler aufwächst, hat also durchaus entscheidende Auswirkungen auf sein Lernen im Allgemeinen und sein Fremdsprachenlernen im Besonderen. Häufig liegen die Ursachen für Lernschwierigkeiten als erschwerte Lebenssituation im häuslichen Umfeld der Kinder und Jugendlichen. Als wesentliche Merkmale eines solchen beeinträchtigenden Umfeldes wären unter anderem zu nennen:

▶ prekäre sozioökonomische Lebensbedingungen, Armut (fehlende materielle Grundlage für Lernmittel, bezahlten Nachhilfeunterricht, Studienfahrten ins Zielsprachenland etc.),
▶ deprivierende Wohnverhältnisse (fehlende Voraussetzungen für häusliches Lernen),
▶ chronischer Schlafmangel und ständige Reizüberflutung (Fernsehen) (Störung natürlicher, nachhaltiger Lernzyklen),
▶ bildungsferne Einstellung der Eltern gegenüber Fremdsprachen (fehlende Wertschätzung des Lernerfolgs, unzureichende Förderung intrinsischer Motivation, fehlende Vorbildfunktion der Erziehungsberechtigten).

Wenn Lernschwierigkeiten also aufgrund einer fehlenden Förderung im häuslichen Umfeld bestehen, so ist es Aufgabe der Gesellschaft, durch entsprechende schulische Fördermaßnahmen kompensatorisch einzugreifen. Solche Fördermaßnahmen können vielfältig sein und reichen von binnendifferenzierten Angeboten im Unterricht (vgl. Kapitel 11) über Helfersysteme bis hin zu Hausaufgabenbetreuung oder Förderunterricht. Damit allein ist es aber noch nicht getan. Ein weiterer Ansatz zur Vermeidung soziokulturell bedingter Lernschwierigkeiten liegt in einer kultursoziologisch sensiblen inhaltlichen Ausgestaltung des Unterrichts. Allgemein- und fremdsprachendidaktische Konzeptionen haben sich bisher selten um soziokulturelle Sensibilität bemüht. Ein Grund dafür mag sein, dass versucht wurde, dem Vorwurf der Stigmatisierung zu entgehen, indem gleiche Bildungsangebote für alle Lerner bereitgestellt werden sollten. Wenn jedoch zutrifft, dass das soziokulturelle Umfeld eine solch entscheidende Rolle für das Fremdsprachenlernen spielt, dann ist es an der Zeit, Fremdsprachenunterricht nicht länger nur durch die Brille der Sprache, Literatur oder Landeskunde – also fachlogisch – zu betrachten, sondern viel stärker kultursoziologisch zu reflektieren und zu fundieren. Dies betrifft eine Reihe fremdsprachendidaktischer Überlegungen.

▸ So sollten zum Beispiel viele der traditionellerweise im Englischunterricht behandelten Themen daraufhin überprüft werden, ob sie mit der Lebenswirklichkeit der Lerner zu vereinbaren sind. Lernschwierigkeiten können daher rühren, dass im Unterricht Themen behandelt werden, zu denen Schüler aufgrund ihrer Lebenssituation kein Vorwissen haben oder die von ihrer Lebensrealität so weit entfernt sind, dass keinerlei Motivation für eine Auseinandersetzung gegeben ist. Ebenfalls wäre zu überlegen, welche Unterrichtsinhalte, besonders mit Blick auf die überproportionale Anzahl männlicher Lerner mit Lernschwierigkeiten, neu in den Englischunterricht aufzunehmen sinnvoll sein könnte (vgl. Kapitel 8).

▸ Bei der Textgestaltung ist zu berücksichtigen, dass Kinder aus bildungsfernen Milieus Lesen nicht unbedingt als positiv besetzte Erfahrung (frühkindliches Vorlesen) verinnerlicht haben und an längere literarische Texte und Ganzschriften erst behutsam herangeführt werden müssen (vgl. Kapitel 3.4).

▸ Unterschiedliche soziokulturelle Milieus verwenden unterschiedliche Sprache. Die in der Schule gebräuchliche Sprache der gehobenen Mittelschicht konfligiert unter Umständen so stark mit den Sprachgewohnheiten einiger Schüler, dass nicht nur emotionales Unbehagen sondern Unverständnis die Folge sein kann. Unter Umständen sind Schüler nicht gewohnt, über und mit Sprache zu reflektieren. Dies erfordert einen veränderten Umgang mit Sprachreflexion im Englischunterricht (vgl. Kapitel 4.2 und 4.3).

Die Liste der didaktischen Implikationen ließe sich sicher mühelos fortsetzen, ohne annähernd vollständig sein zu können. Wichtig ist, dass jede Lehrkraft täglich neu bei der Unterrichtsplanung und bei der Auswertung des gehaltenen Unterrichts festgestellte Lernschwierigkeiten der Schüler auch auf ihre möglichen soziokulturellen Ursachen hin reflektiert.

2 Kompetenzorientierter Englischunterricht

*"Competences indicate sufficiency of knowledge and skills
that enable someone to act in a wide variety of situations."*
www.businessdictionary.com

SCHREIBKOMPETENZ

LESEKOMPETENZ

KOGNITIVE KOMPETENZ

METAKOMPETENZEN

VOLITIONSKOMPETENZ

INTERKULTURELLE KOMPETENZ

EVALUATIONSKOMPETENZ

DISKURSKOMPETENZ

An allen Ecken hört man heute den geradezu inflationär verwendeten Begriff „Kompetenz" und gewinnt dabei den Eindruck, dass damit die traditionellen Begriffe wie „Wissen und Können", „Fertigkeiten und Fähigkeiten" oder „Schlüsselqualifikationen" nur eine triviale Umetikettierung erfahren haben. Das Bedeutsame in dieser neuen Begrifflichkeit liegt aber auf einer anderen Ebene, nämlich am Willen und in der Bereitschaft der Lernenden zur konkreten Anwendung der erworbenen Lerninhalte in genuinen Situationen. Ich versuche verstärkt, meinen Unterricht auf diese Anwendbarkeit hin auszurichten.

Nachdem im 1. Kapitel ein Überblick über mögliche schwierige Lerndispositionen gegeben wurde, soll nun die Gestaltung von Fremdsprachenunterricht als gesteuerter Lernprozess in den Blick genommen werden. Im Mittelpunkt stehen dabei die Interpretation des noch immer relativ diffusen Konstrukts „kompetenzorientierter Englischunterricht" und die damit verbundenen fremdsprachendidaktischen Implikationen. Beide Begriffe (Englischunterricht, Kompetenzorientierung) erweisen sich dabei bei näherem Hinsehen als durchaus erklärungsbedürftig, weshalb an erster Stelle eine Vergewisserung über diese beiden Schlüsselbegriffe stehen soll.

2.1 Englischunterricht als geplante Lernveranstaltung

In unserem didaktischen Verständnis ist Lehren Anleitung und Befähigung zum zunehmend selbständigen Lernen. Englischunterricht ist also eine durch die Lehrkraft geplante Veranstaltung, in der den Schülern das Erlernen der Fremdsprache Englisch ermöglicht werden soll. Schwierig daran ist, dass man den Lernprozess selbst nicht wahrnehmen kann. Nur anhand der Ergebnisse des Lernprozesses (Handlungen, Produkte, Einstellungen etc.) lässt sich erkennen, ob, was und wie gelernt wurde. In einer sehr allgemeinen Definition kann man Lernen deshalb auch als Verhaltensänderung auf der Basis gemachter Erfahrungen fassen. Für die zielgerichtete Steuerung von Lernprozessen reicht ein so allgemeines Lernverständnis natürlich nicht aus. Es wäre also näher zu untersuchen, wie Lernen tatsächlich abläuft. Dazu wurden in der Geschichte der Geisteswissenschaften eine Reihe unterschiedlicher theoretischer Ansätze entwickelt, die sich grobschnitt in drei grundlegenden Positionen zusammenfassen lassen: 1. behavioristische Lerntheorien, 2. kognitivistische Lerntheorien und 3. konstruktivistische Lerntheorien. Die Grundannahmen der drei lerntheoretischen Grundpositionen lassen sich – in der gebotenen Kürze – wie folgt darstellen.

2.1.1 Behaviorismus

Ausgehend von der Tatsache, dass die internen Lernprozesse selbst nicht feststellbar sind, konzentrieren sich behavioristische Ansätze auf das sicht- und erfassbare Verhalten *(behaviour)* des Individuums. Vertreter des Behaviorismus gehen davon aus, dass sich durch Verstärkung erwünschten Verhaltens (Belohnung) und durch Unterdrückung unerwünschten Verhaltens (Bestrafung) jede gewünschte Reaktion in einem Individuum hervorrufen lässt (Konditionierung). Bei komplexeren Aufgaben und Inhalten gilt es, diese lernförderlich zu portionieren und in eine für den Lernenden optimale Reihenfolge zu bringen. Allen behavioristischen Theorien gemein ist die Annahme, dass der Lernende von sich aus passiv ist und erst auf äußere Reize hin aktiv wird. Der Lehrende hat bei diesem Verständnis von Lernen die zentrale Rolle. Er ist der mit einem Wissensvorsprung ausgestattete Experte, der mit seiner positiven oder negativen Rückmeldung stark steuernd in die Lernprozesse der Lernenden eingreift.

2.1.2 Kognitivismus

Kognitivistische Lerntheorien sehen den Lernenden als Individuum, das äußere Reize (Informationen) aktiv wahrnimmt, selbständig bearbeitet und diese als Kognitionen (Erkenntnisse) abspeichert. Lernen ist aus dieser Position ein kybernetischer Prozess der Informationsaufnahme, Informationsverarbeitung und Informationsspeicherung. Bei diesen Informationsverarbeitungsprozessen werden sowohl Wissensbestände erweitert als auch Können (Fertigkeiten) erworben. Die Rolle des Lernenden rückt stärker in den Fokus des Interesses, da er in diesem Prozess der Informationsverarbeitung stärker aktiv wird. Trotzdem kommt dem Lehrenden nach wie vor eine zentrale Bedeutung im Lehr-Lern-Prozess zu. Er wählt in der Rolle eines Tutors Informationen aus, bereitet sie auf und stellt sie zur Verfügung. Er gibt auch die Problemstellungen vor und unterstützt die Lernenden beim Bearbeiten der Informationen, indem er kritisch beobachtet und, wo nötig, unterstützend – auch durch Zeigen und Vormachen – eingreift.

2.1.3 Konstruktivismus

Aus konstruktivistischer Sicht ist Lernen ein aktiver Prozess der Wissenskonstruktion, bei dem Informationen aufgenommen und interpretiert werden und sich dann als individuell repräsentiertes Konstrukt beim Lerner manifestieren. Die (Um-)Welt – und damit Weltwissen – ist in konstruktivistischem Verständnis kein festes, transferierbares Konzept. Weltwissen ist immer subjektives Wissen, das sich selbst für Lernende, die im gleichen sozialen Kontext lernen, beträchtlich unterscheiden kann. Der Mensch als in sich geschlossenes System organisiert sich selbst und organisiert damit für sich die Welt. Konstruktivistische Lerntheorien sehen den Lernprozess also als Prozess der individuellen Konstruktion von Wissen. Der Schwerpunkt beim Lernen liegt nicht auf der gesteuerten und kontrollierten Vermittlung von Inhalten, sondern beim individuell ausgerichteten und selbst organisierten Bearbeiten von Themen. Der Lerner erarbeitet sich selbständig Informationen, reflektiert mögliche Probleme und löst diese. Die Rolle des Lehrenden ist die eines Lernbegleiters *(coach)*, der mit den Schülern kooperiert und die eigenverantwortlichen und sozialen Lernprozesse der Schüler erleichtert und unterstützt.

In der Abbildung *Übersicht: Lerntheorien* sind die unterschiedlichen lerntheoretischen Grundpositionen noch einmal überblicksartig dar- und gegenübergestellt (vgl. auch Haß/Oettler/Thomale 2008, S. 84 ff.).

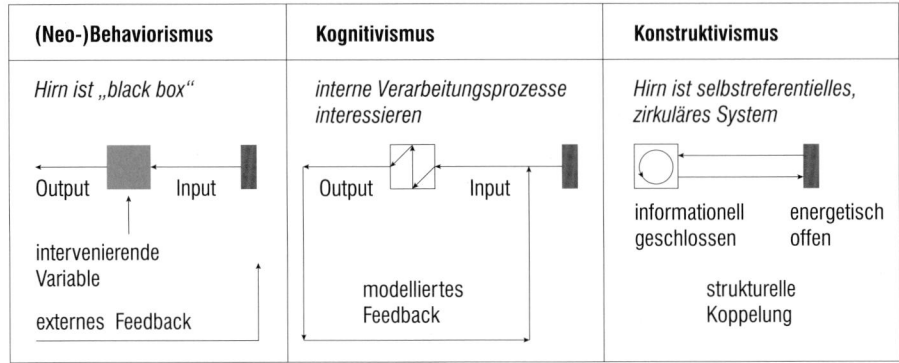

(Neo-)Behaviorismus	Kognitivismus	Konstruktivismus
Hirn ist „black box"	*interne Verarbeitungsprozesse interessieren*	*Hirn ist selbstreferentielles, zirkuläres System*

Übersicht: Lerntheorien (Quelle: Baumgartner/Payr 1999, S. 102, 105, 108)

In der folgenden Abbildung finden sich die erwähnten didaktischen Implikationen der jeweiligen lerntheoretischen Grundposition im Überblick.

Experte	Tutor	Coach
• Faktenwissen, „know-that" • Vermittlung • wissen, erinnern • Wiedergabe korrekter Antworten • merken, wiedererkennen • lehren, erklären	• Prozeduren, Verfahren, „know-how" • Dialog • (aus)üben, Problem lösen • Auswahl und Anwendung der korrekten Methoden • Fähigkeit, Fertigkeit • beobachten, helfen, vorzeigen	• soziale Praktiken, „knowing-in-action" • Interaktion • reflektierend handeln, erfinden • Bewältigung komplexer Situationen • Verantwortung, Lebenspraxis • kooperieren, gemeinsam umsetzen

Übersicht: Didaktische Implikationen lerntheoretischer Grundpositionen (nach: Baumgartner 2003, S. 10)

2.1.4 Integration lerntheoretischer Grundpositionen

In der Vergangenheit wurden die lerntheoretischen Ansätze von unterschiedlichen Vertretern jeweils unter Erhebung eines Ausschließlichkeitsanspruches äußerst polemisch diskutiert. Dies war und ist wenig zielführend, da klar ist, dass es ein allgemeingültiges, umfassendes und ausschließliches Modell der Erklärung menschlichen Lernens nicht gibt und aufgrund der Komplexität des Gegenstandes wahrscheinlich auch nicht geben kann. Es ist an der Zeit anzuerkennen, dass alle drei Positionen praktikable Theorieansätze zum Beschreiben und Erklären von Teilaspekten von Lernprozessen darstellen, die es in Abhängigkeit vom jeweiligen Vorhaben für die Analyse und Gestaltung von fremdsprachenunterrichtlichen Lehr-Lern-Prozessen zu nutzen gilt. Eine behavioristische Sicht auf Lernen wurde in den letzten Jahren häufig diskreditiert und als dem menschlichen Lernen unangemessen angesehen. Gerade die starke Lehrersteuerung wurde kritisch reflektiert. Mit Blick auf die in Kapitel 1 aufgeführten spezifischen Lerndispositionen schwächerer Lerner erscheint eine Neubewertung allerdings angebracht. Wenn Lerner zum Beispiel über geringere Intelligenz oder über defizitäre Fähigkeiten im Bereich der Selbststeuerung und Selbstorganisation verfügen, dann muss der Lernprozess vom Lehrenden natürlich deutlicher vorstrukturiert und gesteuert werden. Neuere empirische Forschungen (vgl. Helmke 2012, S. 154 oder Meyer 2004, S. 162) relativieren die kritische Sichtweise ebenfalls und weisen darauf hin, dass die direkte Instruktion (also im weitesten Sinne Konditionierung) besonders beim Aufbau reproduzierbarer Wissensbestände die effizienteste Unterrichtsmethode zu sein scheint. Allerdings reicht der Aufbau reproduzierbaren Wissens nicht aus. Das Wissen muss vernetzt werden, um übertragbar und anwendungsbereit zu sein. Hierzu sind gesteuerte Prozesse der Informationsverarbeitung notwendig. Nur permanentes Wiederholen und Üben dieser Abläufe führt zur Automatisierung, zu Fertigkeiten oder anders ausgedrückt: Können. Aber auch situationsunspezifisch entwickelte Fertigkeiten reichen für eine erfolgreiche Lebensbewältigung nicht aus. Das Individuum muss lernen, das erworbene Wissen und die erworbenen Fertigkeiten situationsadäquat zur Bewältigung lebensweltlicher Problemsituationen heranzuziehen. Dies erfordert das Training genau dieser komplexen Handlungen in immer wechselnden Situationen.

Fazit: Guter Unterricht ist aus lerntheoretischer Perspektive ein Unterricht, der mit einem Blick auf die Lerndispositionen der Schüler und mit einem zweiten Blick auf die angestrebten Lernziele vielfältige Formen unterrichtlichen Lernens ermöglicht. Dazu gehört, dass Phasen des Wissenserwerbs anders gestaltet werden müssen als Phasen der Fertigkeitsentwicklung und des Problemlösens. Ein guter Lehrer ist dabei im Interesse der Optimierung der Lernprozesse seiner Schüler fähig und willens, unterschiedliche Lehrerrollen einzunehmen: vom Experten über den Tutor bis hin zum Coach.

Die hier dargestellten didaktischen Implikationen korrelieren in hohem Maße mit unserem Verständnis von kompetenzorientiertem Unterricht, das im Folgenden kurz dargestellt werden soll.

2.2 Kompetenzorientierung

Wenn „Lernen" schon immer ein Kernbegriff der pädagogisch-didaktischen Disziplinen war, so ist spätestens seit der Veröffentlichung der Bildungsstandards (KMK 2004) „Kompetenzorientierung" zu einem weiteren Schlüsselbegriff in Bildungspolitik, Pädagogik und Didaktik geworden. Jedoch gilt hier nach wie vor, dass es ein konsensuelles Verständnis von „Kompetenz" in keiner der genannten Sphären gibt. Wenn also im Folgenden über die kompetenzorientierte Gestaltung von Englischunterricht nachgedacht werden soll, so muss zunächst auch dieser Begriff einer Klärung unterworfen werden. Lateinisch *competere* bedeutet „zusammentreffen, zusammenfallen". Was trifft oder fällt beim Kompetenzbegriff zusammen? Nach Wollersheim (1993, S. 89) treffen im Falle der Kompetenz die Herausforderungen einer lebensweltlichen Situation mit den verfügbaren Möglichkeiten des Individuums zusammen. Kompetenzorientierung bedeutet also Befähigung zur Situationsbewältigung. Ein Individuum ist dann zur Bewältigung einer lebensweltlichen Situation fähig (kompetent), wenn es über die Möglichkeiten zur Situationsbewältigung verfügt. Für den Fremdsprachenunterricht übersetzt bedeutet dies: Ein Individuum ist dann kompetent, wenn es in der Lage ist, eine fremdsprachliche Situation sprachhandelnd zu bewältigen. Diese Interpretation des Kompetenzbegriffes hat eine Reihe didaktischer Implikationen.

2.2.1 Kommunikationssituationen definieren

Zum Ersten weist sie auf die Notwendigkeit hin, diejenigen Kommunikationssituationen festzulegen, zu deren Bewältigung der Lerner befähigt werden soll. Eigentlich wäre es eine Aufgabe der bildungspolitischen Leitzielvorgaben (Bildungspläne, Rahmenpläne, Lehrpläne etc.), die als gesellschaftlich relevant erkannten Kommunikationssituationen klar zu definieren. Derzeit ist aber eher das Gegenteil der Fall: Aus der überwältigenden Mehrzahl der bildungspolitischen Rahmenvorgaben sind Themen und damit Situationen entfernt worden. Ein Faktum, das wirklicher Kompetenzorientierung diametral zuwiderläuft. Um wirklich kompetenzorientiert unterrichten zu können, liegt es derzeit also in der Verantwortung der jeweiligen Lehrkraft, zunächst die im Rahmen des thematischen Unterrichtsvorhabens zu bewältigende Kommunikationssituation mit ihren Erfordernissen zu umreißen. Dies stellt einen wirklichen Paradigmenwechsel dar, da im traditionellen Fremdsprachenunterricht in der Regel anders vorgegangen wurde: Hier wurde zunächst unter Gesichtspunkten einer linguistischen Progression festgelegt, welche sprachlichen Mittel (Grammatik, Wortschatz) vermittelt werden sollten. Themen wurden danach ausgewählt, inwieweit sie für die zu vermittelnden Redemittel einen einigermaßen plausiblen situativen Rahmen bieten konnten. Das Thema fungierte also quasi als Vehikel für das gezielte Vermitteln von Redemitteln respektive für die Entwicklung von Fertigkeiten. In einem kompetenzorientierten Fremdsprachenunterricht ist es hingegen so, dass die Festlegung des Themas im Vordergrund steht und aus dem Thema die zur Bewältigung der lebensweltlichen Situation notwendigen Subkompetenzen abgeleitet werden. Die Kriterien für die Auswahl relevanter Themen sind somit also nicht primär linguistischer, sondern soziokultureller Art. Mit Blick auf lernschwächere Schüler gilt es, die Zahl der zu bewältigenden Situationen in einer überschaubaren Größenordnung zu halten und nur solche mit wirklicher lebensweltlicher Relevanz in den Unterricht zu integrieren (vgl. Kapitel 8).

2.2.2 Subkompetenzen klar unterordnen

Ist das Thema und die Kommunikationssituation festgelegt, ist es notwendig, diejenigen Subkompetenzen zu definieren, die das Individuum zur Situationsbewältigung befähigen. Hier herrscht insofern Konsens, als dass diese Voraussetzungen ein vieldimensionales Konglomerat aus Wissen, Fähigkeiten und Fertigkeiten sowie Bereitschaften des Individuums darstellen. Kompetenzorientierter Unterricht muss also

▸ Bereitschaften entwickeln,
▸ Fähigkeiten entwickeln,
▸ Wissen aufbauen,
▸ Fertigkeiten entwickeln,
▸ die Situationsbewältigung trainieren.

Besonders im Unterricht mit lernschwächeren Schülern ist genau zu überlegen, welche Subkompetenzen wirklich als Grundlage der Situationsbewältigung erworben werden müssen.

Wissen. Als Wissen werden die vom Individuum zu diversen Lebensbereichen gespeicherten Informationen betrachtet. Solides Sprachwissen ist natürlich auch in einem kompetenzorientierten Englischunterricht die Basis jeglicher Kommunikation (Primat der Lexik). Auch ein Wissen über das Zusammenspiel der Bausteine der Sprache (Grammatik) ist wichtig. Entscheidend für den Unterricht für Schüler mit Lernschwierigkeiten ist allerdings der Weg zum Aufbau eines solchen Wissens. Deduktives Herangehen oder gar abstrakte Belehrung sind sicher nur begrenzt erfolgreich (vgl. Kapitel 4).

Für den Englischunterricht mit lernschwächeren Schülern reicht der Aufbau von Sprachwissen allein aber nicht aus. Häufig scheitern solche Schüler bei der Situationsbewältigung auch an fehlendem Sach- oder Weltwissen. Dazu zählt auch Kulturwissen. Es ist also wichtig, soziokulturelles Wissen (sowohl zur Kultur des eigenen Landes als auch zur Kultur des Zielsprachenlandes) immer mitzuvermitteln. Nur dann lässt sich auch wirkliches interkulturelles Lernen und interkulturelle Kompetenz anbahnen (vgl. Kapitel 5). Ebenso wichtig ist der Aufbau eines umfassenden Strategiewissens zu allen sprachlichen Handlungsbereichen. Während lernstärkere Schüler Strategiewissen häufig selbst erschließen, kann dies für Schüler mit geringen Fähigkeiten zur Selbstorganisation und Selbststeuerung (vgl. Kapitel 1) Auslöser für Lernschwierigkeiten sein (vgl. Kapitel 6). Wissen als Grundlage einer fremdsprachlichen Situationsbewältigung stellt also immer ein Konglomerat aus Sachwissen (Weltwissen), Kulturwissen, Sprachwissen, Strategiewissen etc. dar.

Fähigkeiten und Fertigkeiten. In der didaktischen Literatur findet sich häufig keine trennscharfe Unterscheidung von Fähigkeiten und Fertigkeiten, häufig wird beides aus Verlegenheit einfach als Begriffspaar zusammengefasst. Unseres Erachtens ist eine klare Abgrenzung aber durchaus möglich: Als Fähigkeiten werden im Folgenden die physiologischen Voraussetzungen für Fertigkeiten bezeichnet. So ist Hörfähigkeit zum Beispiel die Voraussetzung für das Entnehmen von Informationen aus auditiv rezipierter Sprache (Hörverstehen), Sehfähigkeit die Voraussetzung für Leseverstehen etc. Häufig werden Fähigkeiten zu selbstverständlich vorausgesetzt, obwohl Defizite im Fähigkeitsbereich durchaus die Ursache von Lernschwierigkeiten sein können und durch Übung entwickelbar sind (vgl. Kapitel 1).

Fertigkeiten hingegen sind durch Übung automatisierte Handlungsabläufe, die die Grundlage des Sprachhandelns darstellen. Dieses Verständnis von Fertigkeiten stimmt durchaus mit der klassischen fremdsprachendidaktischen Definition von Fertigkeiten überein. Kommunikative Fertigkeiten *(skills)* wurden dort definiert als erlernte und durch Übung automatisierte Handlungsabläufe, als von der spezifischen Sprachhandlungssituation unabhängiges Sprachkönnen (vgl. Stork 2010, S. 64). Traditionell wurden dabei vier Grundfertigkeiten unterschieden: das Hörverstehen, das Sprechen, das Leseverstehen und das Schreiben. Diese vier Fertigkeiten lassen sich in jeweils zwei Dimensionen zusammenfassen: rezeptive (Hörverstehen, Leseverstehen) und produktive (Sprechen, Schreiben) sowie mündliche (Hörverstehen, Sprechen) und schriftliche (Leseverstehen, Schreiben) Fertigkeiten.

Mit der Implementation der Bildungsstandards für die erste Fremdsprache (KMK 2004) kam es zu begrifflichen Verwerfungen, da dort die klassischen Fertigkeiten als „kommunikative Kompetenzen" bezeichnet werden. Dieser Terminologie möchten wir uns nicht anschließen, da sie der oben skizzierten Definition von Kompetenz widerspricht. Ein weiterer Impuls der Bildungsstandards betrifft die Erweiterung des Hörverstehens um das Hör-Seh-Verstehen. Ob es zutrifft, dass die konzeptuelle Erweiterung der Fertigkeit Hörverstehen (auditive Informationsannahme) durch eine visuelle Komponente ausreicht oder ob das Sehverstehen *(visual literacy)* eine viel komplexere Kompetenz darstellt, wird noch zu diskutieren sein. Eine weitere Ergänzung betrifft die Aufnahme der Sprachmittlung als „fünfte Fertigkeit" in den Kanon der Fertigkeiten. Auch dies erscheint uns nicht unproblematisch, verknüpft doch die Sprachmittlung jeweils mindestens zwei der „klassischen" Fertigkeiten und wäre somit auf einer anderen systemischen Abstraktionsebene anzusiedeln. Weiterhin wäre zu hinterfragen, ob kommunikative Fertigkeiten für eine erfolgreiche Situationsbewältigung wirklich ausreichen oder ob die Darstellung nicht vielmehr durch strategische und kulturelle Fertigkeiten ergänzt werden müsste. Denn auch hier reicht Wissen allein nicht aus. Auch hier müssen Handlungsabläufe automatisiert werden, um in der realen Kommunikationssituation verfügbar zu sein.

Die systematische Entwicklung der unterschiedlichen Fertigkeiten ist eine Kernaufgabe des Englischunterrichts. Dabei müssen die Fertigkeiten sowohl integrativ (bei der Bewältigung einer komplexen Kompetenzaufgabe), aber ebenso auch explizit (Übung der isolierten Fertigkeit) entwickelt werden (vgl. Kapitel 3). Wichtig ist es, Phasen der expliziten Übung (manipulativer Sprachgebrauch) von Phasen der auf Situationsbewältigung zielenden Sprachhandlung – auch für Schüler erkennbar – deutlich zu unterscheiden.

Motivation und Volition. Bereitschaften lassen sich untergliedern in Motivation und Volition. Unter Motivation wird dabei die Bereitschaft verstanden, eine Handlung aufzunehmen. Volition hingegen bezeichnet das Durchhaltevermögen, also die Bereitschaft, die Handlung auch bis zum Ende zu führen. Wie in Kapitel 1 bereits dargelegt, stellt eine geringe Motivation eine wesentliche Lernschwierigkeit dar. Geringe Motivation kann dabei ihre Ursachen in der Lernbiografie des Schülers, ebenso gut aber auch im häuslichen oder schulischen Umfeld haben. Hervorzuheben ist, dass die Bereitschaft zur Situationsbewältigung einen Teil von Kompetenz darstellt. Aus diesem Grunde ist der ständigen Motivierung gerade bei Schülern mit Lernschwierigkeiten große Aufmerksamkeit zu widmen. Ein geringes Durchhaltevermögen kann seine Ursache in einer Bandbreite von biologisch-organischen, psychischen oder soziokulturellen Lernervariablen haben (vgl. Kapitel 1). Tatsache ist aber: nur wer eine Handlung zu Ende bringt, ist kompetent. Deshalb ist auch die Entwicklung dieses Persönlichkeitsmerkmals wichtig, zumal gerade Arbeitgeberverbände Durchhaltevermögen und Persistenz bei der Aufgabenbewältigung immer wieder als wesentliches Merkmal der geforderten Ausbildungsreife anführen.

Kompetenz und Performanz. Ein wesentlicher Aspekt kompetenzorientierten Englischunterrichts ist das Training und die Simulation der tatsächlichen Situationsbewältigung. Die Annahme, dass allein die Entwicklung der unterschiedlichen Subkompetenzen ausreicht, um den Lerner zur Situationsbewältigung zu befähigen, hat sich als falsch erwiesen, da Lerner offensichtlich in ganz unterschiedlichem Maße in der Lage sind, die verfügbaren Subkompetenzen in einer realen Kommunikationssituation tatsächlich auch abzurufen. Nur in der Ausführung (Performanz) zeigt sich dann, ob die entsprechende Kompetenz wirklich vorhanden ist. Durch wiederholtes Üben der Situationsbewältigung lässt sich die Performanz verbessern.

2.2.3 Englischunterricht kompetenzorientiert planen und gestalten

Bringt man die Elemente kompetenzorientierten Unterrichts in eine an den schulischen Zeitrhythmen orientierte Struktur, so ergibt sich in etwa folgender Unterrichtsverlauf, der auch die Grundlage kompetenzorientierter Unterrichtsplanung darstellen sollte:

▶ *Das Thema einführen:* Am Anfang des Unterrichts steht die Konfrontation der Schüler mit dem Thema. Dieser Schritt ist äußerst wichtig, steht und fällt mit dem Erfolg der Themenpräsentation doch häufig der Erfolg der weiteren Unterrichtsschritte. Ziel muss es sein, dass die Schüler das Thema annehmen und motiviert sind, sich damit auseinanderzusetzen.

▶ *Die Kompetenzerwartung definieren und kommunizieren:* In einem nächsten Schritt gilt es, den Schülern deutlich zu machen, welche Kompetenz im Rahmen des Themas erworben werden soll. Hier ist es, wie schon erwähnt, wichtig, den Schülern die Relevanz der angestrebten Kompetenz zu verdeutlichen. Nur wenn die Schüler diese Kompetenz annehmen und zu ihrem Ziel machen, ist zu erwarten, dass wirklich etwas gelernt wird.

▶ *Ein Muster analysieren:* Gerade bei Schülern mit Lernschwierigkeiten ist es hilfreich, ein Muster der erwarteten Kompetenz, zu geben. Dies illustriert den Schülern sehr deutlich, was von ihnen am Ende des Lernprozesses erwartet wird. Sehr schwache Lerner werden vielleicht nur in der Lage sein, das vorgegebene Muster leicht zu variieren. Am Ende sind sie aber auch – zumindest auf sehr einfachem Niveau – in der Lage, die Kommunikationssituation zu bewältigen.

▶ *Die Lernausgangslage reflektieren:* Die Selbstdiagnose der Lernausgangslage durch die Schüler ist unumgänglich. Hier muss sich jeder einzelne Lerner im Hinblick auf das angestrebte Lernziel fragen: Was weiß ich schon? Was kann ich schon? Was muss ich noch lernen oder üben? Unter Berücksichtigung der individuellen Lernausgangslage sind dann gemeinsame und individuelle Lernziele festzulegen.

▶ *Subkompetenzen entwickeln:* Auf der Basis der Selbstdiagnose der Lerner und der Einschätzung durch den Lehrer wird dann an der Entwicklung der defizitären Subkompetenzen gearbeitet. Hier wäre also der Ort für explizite Arbeit am Wissen (Wortschatz, Grammatik, Strategien, Kultur etc.) und am Können (Fertigkeiten). Hierbei sollten Phasen gemeinsamen und individualisierten Lernens (Binnendifferenzierung) alternieren. Der wesentliche Unterschied zum traditionellen Vorgehen ist der, dass der Lerner weiß, warum und zu welchem Zweck er an den Subkompetenzen arbeitet.

▶ *Die Situationsbewältigung trainieren:* Wie oben erwähnt, zeigt sich Kompetenz nur in der Performanz. Deshalb ist es wichtig, dass die Lerner Gelegenheit erhalten, die Situationsbewältigung zu üben.

▶ *Die Kompetenzen evaluieren:* Am Ende des Lernprozesses wird natürlich evaluiert, inwieweit die Schüler die angestrebte Kompetenz tatsächlich erworben haben. Diese Fokussierung der abschließenden Lernerfolgskontrolle auf die angestrebte Kompetenzerwartung schließt ausdrücklich nicht aus, dass auch die Überprüfung von Subkompetenzen während des Lern- und Arbeitsprozesses stattfinden sollte.

Abschließend sei noch einmal unterstrichen, dass Kompetenzorientierung keinesfalls eine Reduzierung des Unterrichts auf selbständiges, offenes, problem- und aufgabenorientiertes Arbeiten bedeutet. Gerade für Schüler mit Lernschwierigkeiten wäre dies fatal, da aufgrund der in Kapitel 1 ausgeführten Lernvoraussetzungen ein solcher Unterricht eine weitgehende Überforderung darstellen würde. Viel deutlicher als bei lernstärkeren Schülern ist der Fokus auch auf den Aufbau einer soliden Wissensbasis und auf die nachhaltige Entwicklung der Fertigkeiten zu legen.

2.3 Lerntheorie und Kompetenzorientierung

Legt man die in den beiden vorstehenden Kapiteln getroffenen Aussagen zur Gestaltung guten Unterrichts übereinander, so ergibt sich eine hohe Korrelation in den didaktischen Implikationen (vgl. Abbildung). Anzustrebende Kompetenzstufen korrelieren mit den lerntheoretisch begründeten Unterrichtsverfahren. Diese wiederum korrelieren mit unterschiedlichen Lehrerrollen bei der Planung und Gestaltung von Unterricht. Alles in allem ergibt sich ein relativ klares Bild einer Grundstruktur guten Englischunterrichts, das unter Berücksichtigung der unterschiedlichen Lernschwierigkeiten in den folgenden Kapiteln illustriert und entfaltet werden soll.

Wissen	Fertigkeiten	Kompetenz
• Faktenwissen, „know-that" • Vermittlung • wissen, erinnern • Wiedergabe korrekter Antworten • merken, wiedererkennen • lehren, erklären	• Prozeduren, Verfahren, „know-how" • Dialog • (aus)üben, Problem lösen • Auswahl und Anwendung der korrekten Methoden • Fähigkeit, Fertigkeit • beobachten, helfen, vorzeigen	• soziale Praktiken, „knowing-in-action" • Interaktion • reflektierend handeln, erfinden • Bewältigung komplexer Situationen • Verantwortung, Lebenspraxis • kooperieren, gemeinsam umsetzen

Kompetenzstufen (nach: Baumgartner 2003, S. 10)

3 Die Entwicklung sprachlicher Fertigkeiten

"A speaker is assumed to make a contribution that is adequately informative,
the speaker does not believe to be false, is relevant,
and is clear, unambiguous, brief, and orderly."
Nach Paul Grice

Ich versuche in letzter Zeit, das Hörverstehen und das Hör-Seh-Verstehen häufiger im Unterricht zu üben. Meinen Schülern habe ich das mit einem einfachen Satz erklärt: „God wants us to listen more than we talk, for that is why we have two ears and only one mouth." Ich bin mir allerdings immer noch unsicher, wie ich die Fertigkeiten Hören, Lesen, Schreiben, Sprechen, Sprachmitteln anteilmäßig ihrer Bedeutung im sprachlichen Alltag verteilen soll. Aber vielleicht müssen die unterrichtlichen Bemühungen gar nicht der Realität entsprechen, auch wenn man diese im Unterricht abzubilden versucht.

Im Zentrum eines kommunikativ ausgerichteten Englischunterrichts steht der Erwerb der sprachlichen Fertigkeiten *(skills)*: das Hör- und Hör-/Sehverstehen *(listening and viewing comprehension)*, das Leseverstehen *(reading comprehension)*, die mündliche Sprachproduktion *(speaking)*, die schriftliche Sprachproduktion *(writing)* und die Sprachmittlung *(mediation)*, wobei die ersten beiden als rezeptive Fertigkeiten bezeichnet werden und die anderen drei als produktiv. Den Begriff „rezeptiv" darf man keinesfalls mit „passiv" verwechseln, da die Lernenden sowohl bei der Sprachaufnahme als auch bei der sich anschließenden Sprachverarbeitung höchst aktive mentale Konstruktionsprozesse zu leisten haben.

	mündlich	schriftlich
rezeptiv	▸ Hör- und Hör-/Sehverstehen, z. B. Werbespots, Ansagen, Unterrichtsfilme verstehen können	▸ Leseverstehen, z. B. Schulbuchtexte, einfache Sachtexte lesen und verstehen können
produktiv	▸ Mündliche Sprachproduktion, z. B. sich vorstellen können	▸ Schriftliche Sprachproduktion, z. B. eine Einladung zu einer Party schreiben können
interaktiv	▸ Kurze Dialoge/Multiloge durchführen können ▸ Sprachmittlung, z. B. über einfache Gespräche mündlich berichten können	▸ Korrespondenzen, z. B. E-Mails oder kurze Briefe beantworten können ▸ Sprachmittlung, z. B. einfache Vorschriften schriftlich übertragen können

Im Fremdsprachenunterricht werden diese Fertigkeiten in der Regel isoliert geübt, obwohl sie im sprachlichen Alltag fast ausschließlich integrierend vorkommen: Jemand führt ein Telefonat (Hören und Sprechen), macht sich Notizen (Schreiben) und berichtet darüber einer anderen Person (Sprachmitteln). Durch entsprechende Inszenierungen kann diese Fertigkeitsintegration aber auch im Unterricht erreicht werden, allerdings mit erheblichen Abstrichen im authentischen Kontext.

Während der gesamten Lernjahre werden unterrichtliche Akzente bei der Entwicklung der Fertigkeiten gesetzt. Im Primarstufenbereich *(primary English)* liegt das Hauptaugenmerk auf dem Hör- und Hör-/Sehverstehen sowie auf den einfachen Formen der mündlichen Äußerungen. Im Sekundarstufenbereich I werden die schriftlichen Fertigkeiten, das sinnentnehmende Lesen und die mündlichen Aushandlungsfertigkeiten (Dialoge und Multiloge) stärker betont. Die Fertigkeitsprogressionen müssen gerade für Schüler mit Lernschwierigkeiten genauestens konzipiert werden und den jahrgangsstufenspezifischen Kompetenzbeschreibungen entsprechen, wobei sich die unterrichtliche Umsetzung an den gegebenen Lerndispositionen der Schüler orientiert. Trotz des Primats der Mündlichkeit kann diese im Fremdsprachenunterricht nicht immer im Vordergrund stehen. Interaktives Sprechen erfordert ausreichende Aufmerksamkeits- und Konzentrationsspannen, also Lerndispositionen, die bei weniger leistungsstarken Schülern nicht immer im nötigen Umfang vorhanden sind. Allein deshalb ist ein variabler Wechsel in den Arbeits- und Sozialformen des Unterrichts erforderlich (Stillarbeit). In den folgenden Ausführungen soll herausgestellt werden, wie man mit den sprachlichen Fertigkeiten mit einer weniger leistungsstarken Schülergruppe umgehen sollte.

3.1 Das Hörverstehen

Während sich das Hören allein auf die Wahrnehmung von Schallwellen (Geräusche) beschränkt, bezeichnet Hörverstehen die Informationsentnahme aus der gesprochenen Sprache, eine fremdsprachliche Fertigkeit, der im Vergleich zum Lesen, Schreiben und Sprechen beim Fremdsprachenerwerb absolute Priorität eingeräumt wird. Das Hörverstehen im Unterricht dient entweder der direkten Aufrechterhaltung kommunikativer Beziehungen im unterrichtlichen Lehrer-Lernergespräch, der Informationsentnahme aus medialen Tonquellen (CD) oder der fremdsprachlichen Interaktion der Schüler im Klassenverband. Die folgenden Ausführungen zum Hörverstehen beschränken sich hauptsächlich auf die klassische Hörverstehensschulung im Unterricht, wobei ein Hörtext über eine Tonquelle präsentiert wird und die Lernenden die Aufgabe haben, gezielt gestellte Hörverstehensaufträge zu erfüllen.

3.1.1 Die psycholinguistischen Grundlagen des Hörverstehens

Über die dem Sprachverstehen zugrunde liegenden neuronalen Abläufe ist in den letzten zehn Jahren sehr viel mithilfe der beiden wichtigsten bildgebenden Verfahren, die heute in den Neurowissenschaften eingesetzt werden, transparent geworden: PET (Positronen-Emissions-Tomografie) und MRT (Magnetresonanztomografie). Für die Lehrkräfte ist es von hoher Bedeutung, zumindest eine ungefähre Vorstellung von den mentalen Prozessen zu haben, die in den Sprachzentren des Gehirns während der Sprachrezeption ablaufen (Broca-Areal und Wernicke-Areal). Auf der Grundlage dieses Wissens lassen sich lerner- bzw. hirngerechte Übungsabläufe konzipieren und etwaige Überforderungen bei der Überprüfung der Hörverstehensleistung vermeiden. Die Abfolge der mentalen Prozesse, die seriell, parallel oder sequenziell während der Informationsaufnahme, der Informationsverarbeitung und der erhofften Speicherung vermutet werden, zeigt die hohe Komplexität der fremdsprachlichen Hörverstehensleistung und fordert eine sehr bescheidene Erwartungshaltung der möglichen Schülerleistungen vor allem seitens der Lehrkräfte, die weniger leistungsstarke Schüler unterrichten. Um das Anspruchsniveau einer reduzierten Hörverstehensleistung festzulegen, ist es nötig, die volle Komplexität des Hörverstehens zu kennen (vgl. dazu *Der fremdsprachliche Unterricht: Englisch*, Themenheft 64/65: *Hörverstehen*, 2003). Dies soll am Beispiel eines über eine Tonquelle präsentierten Dialogs verdeutlicht werden.

Mentale Prozesse beim Verstehen eines Dialogs	Erläuterungen
1 Wahrnehmung und Selektion der akustischen Signale	Der Hörer nimmt das Lautkontinuum wahr und dekodiert dies z. B. als Dialog zwischen zwei Personen. Zu laute Hintergrundgeräusche sollten diesen Prozess nicht stören.
2 Diskriminierung der Phoneme und Morpheme	Der Hörer erkennt im Lautkontinuum ihm bekannte Phoneme und Morpheme und ordnet diesen Bedeutung zu.
3 Wahrnehmung von Bedeutungseinheiten *(chunks)*	Durch die Wahrnehmung von Bedeutungseinheiten erspart sich der Hörer die exakte Semantisierung von Einzelwörtern, und dies erleichtert den Dekodierungsprozess erheblich.
4 Semantisierung auf der Satzebene	Die kombinatorische Verbindung der einzelnen *chunks* ermöglicht das Verstehen auf der Satzebene.
5 Voraushören *(predicting)*	Der Hörer stellt beständig Vermutungen über den weiteren Verlauf des Dialogs an.
6 Wahrnehmung und Interpretation der prosodischen Elemente (Intonation und Rhythmus)	Die prosodischen Merkmale der sprachlichen Äußerung verraten dem Hörer die im Gespräch mitschwingenden Gefühlsebenen zwischen den Interlokutoren. Sie sind Ersatz für die mimischen, gestischen und ganzkörperlichen Signale eines menschlichen Gegenübers, auf die man beim reinen Hörverstehen leider verzichten muss.
7 Interpretation der paralinguistischen Merkmale	Der Hörer interpretiert die Lautstärke, die Stimmhöhe, die Sprechgeschwindigkeit und die nichtsprachlichen Signale (z. B. Seufzen, Gähnen).
8 Kompensationsstrategien bei Verstehensproblemen	Der Hörer aktiviert die ihm zur Verfügung stehenden Restaurationsprogramme zur Behebung von Verstehenslücken, wobei er Nichtverstandes entweder ignoriert oder ratend interpretiert.

9 STM-Dekodierung (Satz, Tempus, Modus)	Durch die Aktivierung des STM-Dekoders erfährt der Hörer die nötige Information über die Satzart (z. B. Aussage, Frage oder Aufforderung), über den Zeitbezug einer Äußerung (Gegenwart, Vergangenheit, Zukunft) und über die Modalität (z. B. müssen, können, dürfen, sollen, wollen).
10 Erkennen der Parameter einer Sprechsituation (Personen, Ort, Zeit, Sprechanlass)	Die Lernenden müssen erkennen, wer mit wem über was, wann und wo, aus welchem Anlass und mit welcher Absicht spricht. Diese Parameter gehören zu den basalen Bedingungen des schulischen Hörverstehens.
11 Reaktivierung des K1-Wissens (thematisches Wissen)	Ohne Weltwissen bzw. ohne ein thematisches Teilwissen, das in vertrauten Schemata, *scripts, plans, scenarios* manifestiert, ist ein Verstehen nicht möglich.
12 Reaktivierung des K2-Wissens (sprachliches Wissen)	Die über den Hörtext vermittelten Informationsinhalte können nur auf der Basis der vorhandenen Redemittel verstanden werden, über die ein Hörer domänenspezifisch verfügt.
13 Thematische Reduktion der Informationen auf Informationskerne	Da der Hörer die Fülle der ankommenden Informationen in deren Komplexität nicht behalten kann, muss er diese auf semantische Informationskerne reduzieren.
14 Dekodierung von Dialekt, Regiolekt, Idiolekt, Soziolekt und Funktiolekt	Ein weiteres Hindernis zum Verstehen der gesprochenen Sprache sind alle dialektalen, idiolektalen (spezifische Merkmale des Sprechers), soziolektalen (Gruppen- und Schichtzugehörigkeit) und funktiolektalen (Fachsprachen) Merkmale. Diese müssen in den Hörtexten für leistungsschwächere SchülerInnen in der Regel entfallen bzw. vorentlastet werden.
15 Erkennen von illokutiven Sprechakten	Eine Hörverstehensleistung ist ferner abhängig vom Erkennen des illokutiven Sprechaktes, z. B.: *It's stuffy in here, isn't it?* Hier möchte der Sprecher natürlich jemanden auffordern, diesen Zustand zu ändern, z. B. durch das Öffnen eines Fensters.
16 Interpretation von Verzögerungen und Pausen(füllern)	Pausen oder das plötzliche Verstummen eines Gesprächspartners sind in der Regel absichtsgeleitet und dementsprechend bedeutungstragend.
17 Merkmale der gesprochenen Sprache	Die Merkmale der gesprochenen Sprache, wie z. B. Auslassungen (Elisionen), Schwachtonformen, Vokalreduktionen, Kontraktionen, Tags, fehlende Markierungen der Wortgrenzen etc. können das Verstehen eines Hörtextes ungemein erschweren und sollten deshalb in den Hörtexten nur sehr bescheiden in Erscheinung treten.
18 Erkennen von Diskursstrategien eines Gesprächspartners	Jede verbale Aushandlung ist strategisch motiviert. Die Aushandlungskompetenz eines Gesprächsteilnehmers trägt entscheidend zu dessen Erfolg bei der Durchsetzung seiner Argumente bei.

19 Erkennen von Referenz-strukturen	Der Hörer muss Referenzen erkennen können, z. B. auf welche Personen, Sachverhalte und Namen sich die verwendeten Pronomen beziehen.
20 Erkennen von sprach-lichen Registern	Die Fähigkeit des Hörers, den verwendeten Redemitteln bestimmte Sprechebenen (Register, *registers*) zuordnen zu können, ist oftmals eine Voraussetzung für das Verstehen (z. B. Höflichkeit).
21 Erkennen von sprechbe-gleitenden Handlungen	Der Hörer entwickelt visuelle Vorstellungsbilder von der Hörsituation, den agierenden Personen und deren sprechbegleitenden Handlungen.
22 Anlage eines semantisch reduzierten Verlaufsproto-kolls (Ist-Soll-Zustand)	Der Hörer erstellt ein sogenanntes Verlaufsprotokoll der Dialogpartner, wobei er die semantisch reduzierten Aussagen des jeweiligen Sprechers in einer sinnvollen Reihung abspeichert *(working memory)*.
23 Aktivierung der Prädiktoren	Der Hörer stellt unablässig Vermutungen über den weiteren Verlauf des Informationsflusses auf *(predicting)*. Diese permanent produzierten Hypothesen werden im Verlauf des Dialogfortgangs entweder modifiziert, falsifiziert oder völlig verworfen.
24 Interpretation kulturspezi-fischer Konventionen	Kulturspezifische Konventionen zeigen sich bei der Gesprächsführung beispielsweise in unterschiedlichen Direktheitsgraden oder in den Abtönungspartikeln *(English traffic warden: You can't park here, I'm afraid)*. Sie können leicht zu Verstehensschwierigkeiten führen, wenn man deren Funktion nicht kennt.

Das Hörverstehen ist somit ein Prozess, der einerseits als ein hoch kompliziertes Zusammenspiel zwischen der auditorischen Komponente (Wahrnehmung von Schallwellen), der phonologischen (Intonation und Prosodie), der grammatischen/syntaktischen und der semantischen/pragmatischen Komponente betrachtet werden kann und andererseits abhängig ist von der Qualität des Hörtextes selbst, des Verstehenwollens des Hörenden und vom Niveau der zu erbringenden Hörverstehensleistung. Damit sei die Forderung nach einfachen Hörtexten nochmals untermauert, zumal den Schülern mit Lernschwierigkeiten andauernde Frustrationserlebnisse erspart werden sollten.

3.1.2 Die Niveaustufen der Hörverstehensleistung

Durch ein systematisches Hörverstehenstraining, das sich im Anspruchsniveau progressierend über alle Schuljahre hinweg erstreckt, können die folgenden Schwierigkeitsstufen erreicht werden (vgl. die Deskriptoren zur Hörverstehensleistung im *Gemeinsamen europäischen Referenzrahmen* für Sprachen, Europarat 2002).

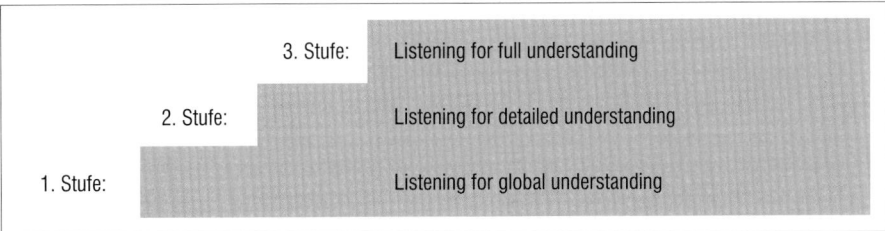

	3. Stufe:	Listening for full understanding
2. Stufe:		Listening for detailed understanding
1. Stufe:		Listening for global understanding

Schwierigkeitsstufen nach dem GeR

Je nach der Thematik eines Textes, dessen Schwierigkeitsgrad, Länge und Authentizität werden in allen Klassenstufen die Anforderungsniveaus jeweils von Fall zu Fall festgelegt. Anhand des folgenden Hörtextes ergäben sich somit die folgenden differenzierten Möglichkeiten:

A Joke

Do you know what happened the other day at the airport?
You don't. Well I'll tell you.
A plane was rolling down the runway.
Suddenly it stopped, turned around and returned to the gate.
After a three hours delay, it finally took off.
A worried passenger asked the stewardess, "What's the problem?"
She answered: "The pilot was bothered by a noise that he heard in the engine," she explained, "and it took us a while to find a new pilot."

‣ Schwierigkeitsgrad Stufe 1 *(global understanding): What is the joke about?*
‣ Schwierigkeitsgrad Stufe 2 *(detailed understanding): What was the pilot bothered about?*
‣ Schwierigkeitsgrad Stufe 3 *(full understanding): Can you retell the joke?*

Für längere oder anspruchsvollere Texte kann ein vollständiges Verstehen nicht eingefordert werden.

3.1.3 Formate und Typen von Hörverstehensübungen und Hörverstehensüberprüfungen

Hierzu gibt es eine Fülle von Möglichkeiten, wovon nur die aufgelistet werden sollen, die sich generell für Schüler mit Lernschwierigkeiten eignen. Fast alle Übungen eignen sich uneingeschränkt auch für Lernstandsüberprüfungen.

Nichtschriftliche Hörverstehensübungen/Hörverstehensüberprüfungen. Hier haben sich die folgenden Verfahren bestens bewährt. Die Progression der Hörverstehensleistung beginnt in der Grundschule, wobei man mit einem niedrigen Niveau beginnt, welches in der Sekundarstufe I in modifizierter Form fortgesetzt wird.

▸ *Listen and point:* Die Schüler suchen eine entsprechende Szene in einem Wimmelbild, die von einer Tonquelle bzw. von der Lehrkraft beschrieben wird, zum Beispiel: *They are shouting at each other. Where are they?*

▸ *Listen and do:* Die Schüler hören einfache oder gering komplexe Anweisungen und führen diese konkret aus, zum Beispiel: *Take a sheet of paper and make a roll like this. Try to catch the ball with your left hand. How many press-ups can you do? Switch the lights off. (Total Physical Response)*

▸ *Listen and draw:* Die Schüler verändern eine ihnen vorliegende Zeichnung, zum Beispiel:

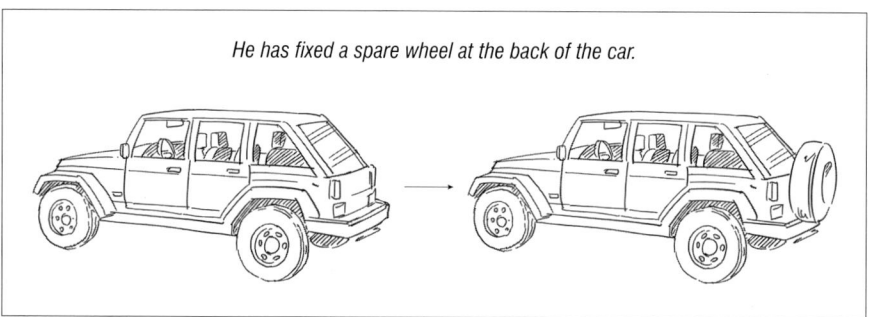

He has fixed a spare wheel at the back of the car.

▸ *Listen and follow the way in a city map:* Die Schüler verfolgen eine Route in einem Stadtplan oder markieren eine solche.

▸ *Listen and colour:* Die Schüler versehen eine ihnen vorliegende Zeichnung mit entsprechenden Farben, zum Beispiel: *He's wearing shoes in different colours, a black one and a brown one. Colour them.*

▸ *Listen and decide:* Die Schüler hören eine Personenbeschreibung und suchen aus einem Angebot die betreffende Person aus, zum Beispiel: *He's got black hair and a cut across his forehead.*

▸ *Listen and sequence:* Die Schüler bringen verwürfelt angebotene Bilder, die den Inhalt eines Hörtextes wiedergeben, in die richtige Reihenfolge.

Diese Übungsformate sollten den Schülern aus der Grundschulzeit bekannt sein. Sie können durch mehr Komplexität in den Höranforderungen beliebig verändert werden.

Hörverstehensübungen/Hörverstehensüberprüfungen zum Ankreuzen bzw. Unterstreichen.

▸ *Listening for details/Error spotting:* Die Schüler suchen in einem vorliegenden schriftlichen Text die Abweichungen vom Hörtext und markieren die entsprechenden Stellen, zum Beispiel Lesetext: *Bears like berries.* Hörtext: *Bears like cherries.*

Dieses Übungs- und Testformat ist auch unter den Begriff „*Same or different?*" als lexikalische Diskriminierungsaufgabe bekannt und ist für die Schulung des genauen Hinhörens (Aufmerksamkeits- und Konzentrationstraining) bestens geeignet.

▸ *Listen and tick the right answer:* Die Schüler suchen die passende Antwort aus den schriftlich vorgegebenen Items *(multiple choice),* zum Beispiel:

The pilot was worried, because
- [ ] the engine didn't work properly.
- [ ] he heard a strange noise from the engine.
- [ ] the engine had stopped.

▸ *True/false-Statements:* Die Schüler lesen Aussagen zum Hörtext, die entweder zutreffen oder falsch sind, zum Beispiel:

	true	false
The pilot was worried about the noise from the engine.	[ ]	[ ]
…	[ ]	[ ]

Hörverstehensübungen/Hörverstehensüberprüfungen in Verbindung mit mündlicher oder schriftlicher Sprachproduktion. Im Anschluss an das (mehrmalige) Hören werden die Schüler sprachproduktiv tätig. Dabei kann sowohl das Mündliche als auch das Schriftliche im Zentrum der zu erbringenden Leistung stehen, zum Beispiel:

▸ *Listen and repeat:* Die Schüler wiederholen Äußerungen der Aktanten, achten dabei auf die Prosodie/Intonation und versuchen diese möglichst authentisch zu imitieren, zum Beispiel: *Watch out! Mind the gap!*

▸ *Listen and summarize:* Die Schüler formulieren eine Inhaltsangabe eines kurzen Hörtextes auf Deutsch.

▸ *Listen and fill the gaps:* Fehlende Wörter müssen in einer entsprechenden Textvorlage ergänzt werden *(listening for specific words/structures).*

▸ *Listen and answer the following questions:* Fragen zum Hörtext können sich sowohl auf den Inhalt *(What happened last night?)* als auch auf die Identifikation der Sprecher *(Who said what?),* auf den Redeanlass und die Redeabsicht *(What did he want her to do?),* auf Ursache und Wirkung von Handlungen *(Why didn't the engine work? What did he do then?)* etc. beziehen. Für Schüler mit gewissen Schwächen beim Hörverstehen müssen die schriftlich zu beantwortenden Höraufgaben sehr bescheiden angesetzt werden. Sie beschränken sich in der Regel auf die sogenannte *wh-questions,* zum Beispiel:

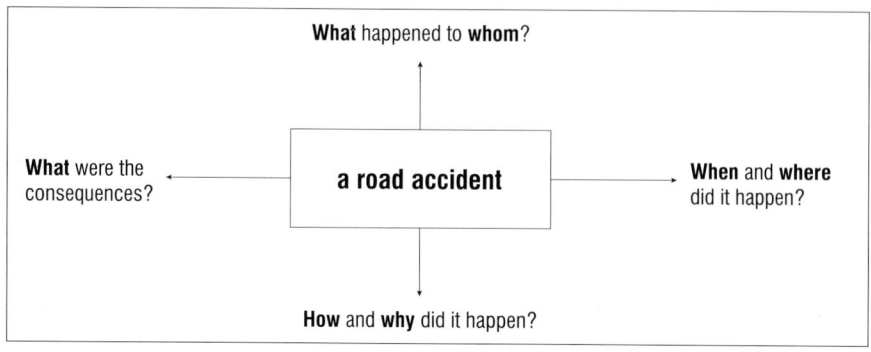

Alle weiterführenden Höraufträge, zum Beispiel Fragen, die eine Interpretation des Gehörten erfordern *(questions involving interpretation)*, eine persönliche Stellungnahme verlangen *(personal response)*, Vermutungen zum weiteren Verlauf anstoßen *(predicting outcome)*, eine Evaluierung verlangen *(questions of evaluation)*, nicht explizit genannte Informationen elizitieren *(questions of inference)* oder weittragende Schlussfolgerungen einfordern, sind für leistungsschwächere Schüler unangebracht und sollten vermieden werden. Bei allen Hörverstehensüberprüfungsaufgaben muss jeweils entschieden werden, ob sie während des Hörens oder im Anschluss daran erledigt werden können. *While-listening activities* müssen äußerst einfach sein, da lernschwächere Schüler nicht gleichzeitig mehreren mentalen Tätigkeiten nachkommen können. *Post-listening activities* sollten ebenfalls im Anspruchsniveau sorgfältig konzipiert sein, da die Gedächtnisleistung nicht überzogen werden kann.

▸ *Filling grids* (Ausfüllen eines Rasters): Diese halbschriftliche Bekundung des Hörverstehens ist für lernschwächere Schüler weitaus besser geeignet als die Vollverschriftlichung der Antworten zu Fragen zum Text. Die Lernenden hören einen Text und füllen in den zeitlich ausreichend gewährten Pausen die Kolumnen, zum Beispiel:

person	age	job	hobby	married?
Mr Hunter	25	car mechatronic	long distant swimming	no
…				

Übungsaufgaben zur Unterstützung der mentalen Prozesse und zur Steigerung der Konzentration. Wenn sich die Hörverstehenskompetenz (Stufe 1) nur sehr bescheiden entwickelt oder im Fortschritt gar stagniert, ist es nicht damit getan, die Anzahl der Übungen einfach zu erhöhen, besonders dann, wenn mit den bisherigen Formaten und Typen bis dato keine zufriedenstellenden Ergebnisse erzielt werden konnten. Es ist vielmehr ratsam, eine Stufe nach unten zu gehen (Stufe 2), um die mentalen Prozesse des Hörverstehens isoliert zu üben. Sollte auch dies nicht ausreichen, müssen die Bemühungen auf der Stufe 3 fortgesetzt werden, auf der man die Voraussetzungen für das Hörverstehen trainiert.

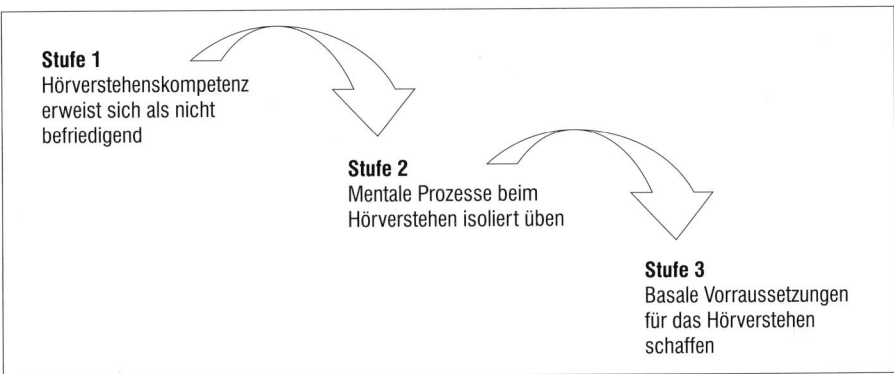

Stufe 1
Hörverstehenskompetenz
erweist sich als nicht
befriedigend

Stufe 2
Mentale Prozesse beim
Hörverstehen isoliert üben

Stufe 3
Basale Vorraussetzungen
für das Hörverstehen
schaffen

3.1.4 Das Üben von singulären mentalen Prozessen

Von der Vielzahl der interagierenden mentalen Prozesse, die an der Hörverstehenskompetenz teilhaben, können selbstverständlich nur diejenigen trainiert werden, zu denen das schulische Lernen Zugang hat und für die entsprechende Hilfen *(scaffolding)* angeboten werden können. Diese Prozesse sind für die Erstellung von Fördermodulen grundlegend, sollte die einschlägige Lernstandsdiagnose einen differenzierten Förderbedarf ausweisen. Die folgenden beiden Verfahren *(listening ahead* und *running memory)* sind vielversprechend und erfolgreich unterrichtserprobt.

Das Voraushören *(listening ahead)*. Die Schüler hören zuerst den folgenden Text, der von der Lehrkraft satzweise vorgetragen wird. Dabei wird ab dem zweiten Satz immer das letzte Wort weggelassen. Dieses muss von den Schülern ergänzt werden, zum Beispiel:

One day two hikers are in the forest when they see a bear.
The bear starts to chase … (them)
They run as fast as the can, but the bear is … (faster)
He gets nearer and … (nearer)
Suddenly one of the hikers stops and sits ... (down)
He takes off his heavy hiking boots and puts on a pair of … (trainers)
Do you really think you can run faster than the …?" (bear)
"I don't have to run faster than … … (the bear)
I just have to run faster than … (you).

Das Voraushören ist eine mentale Tätigkeit, die beim Hörverstehen durch den Prädiktor permanent aktiv ist. Zu Übungs- und Trainingszwecken kann man passende Schulbuchtexte, Jokes aus dem Internet oder selbst verfasste Passagen verwenden. Bei der Einführung des Voraushörens sollte man zuerst den Text ganz vorlesen.

Das Kurzzeitgedächtnistraining *(short term memory exercises)*. Das Kurzzeitgedächtnis ist trainierbar und kann deswegen auch im Englischunterricht verbessert werden. Dazu bietet die folgende Übung erkennbare Erfolgserlebnisse.

▸ *Schritt 1:* Eine kurze Geschichte wird einmal vollständig von der Lehrkraft vorgelesen, wobei die Schüler versuchen, den Inhalt zu verstehen. Man fängt mit kurzen Texten an, zum Beispiel:

Two mice meet and chat.
Suddenly a bat flies by.
One mouse says to the other,
"When I'm big, I'm going to be a pilot, too."

▸ *Schritt 2:* Die Lehrkraft liest den 1. Satz vor.
Sie wiederholt diesen, aber nur bis zu einer
bestimmten Stelle. Die Schüler müssen daraufhin die fehlenden Wörter aus dem Gedächtnis ergänzen *(running memory exercises)*.

Two mice meet and chat.
Two mice meet … …
Suddenly a bat flies by.
Suddenly a bat … …
One mouse says to the other,
One mouse says … … …
"When I'm big, I'm going to be a pilot, too."
"When I'm big, I'm going to be … … …"

Der Schwierigkeitsgrad wird durch die Anzahl der fehlenden Wörter bestimmt.

3.1.5 Konzentrations- und Wahrnehmungstraining

Es kann sein, dass Lernschwierigkeiten durch relativ kurze Aufmerksamkeitsspannen der Schüler hervorgerufen werden. Wenn man die Hörverstehenstüchtigkeit erhöhen möchte, muss dieses Defizit reduziert werden. Dazu gibt es wiederum eine Fülle an Möglichkeiten.

Das Geräuscheraten *(guessing noises)*. Die Schüler haben die Augen geschlossen, während die Lehrkraft verschiedene Geräusche produziert. Sie schaltet bei-

spielsweise das Licht ein und aus, sie zerreißt ein Blatt Papier, zündet ein Streichholz an, spitzt den Bleistift, putzt sich die Nase etc. Die Schüler verbalisieren im
Anschluss ihre gespeicherten Geräusche: *You switched the lights on and off. You
tore up a piece of paper. You stroke a match. You sharpened a pencil. You blew
your nose.*

Sehr zu empfehlen sind die CDs mit Hunderten von Geräuschen aus der Umwelt, die es im Handel gibt, zum Beispiel: *filling a bottle with water; doing the
washing-up.*

Widersprüche zum Hörtext in den dazugehörenden Bildern markieren. Auch
dieses Übungsformat ist motivierend und schult das genaue Hinhören auf eine
attraktive Art und Weise.

He wears a beard.
He looks a bit shabby.
His hair is always in a mess.
…

Finden diese Konzentrationsübungen bei einer motivierenden Kontextvariabili-
tät regelmäßig statt, bleiben Erfolge im Hörverstehensbereich nicht aus. Bei allen
Übungsaufgaben ist strengstens darauf zu achten, dass diese sinntragend und
humorvoll sind, geistige Herausforderungen verlangen (wenn auch auf niedri-
gerem Niveau) und keinesfalls die vorhandenen Leistungsdispositionen überfordern.

3.1.6 Reduzierte Anforderungen an Hörverstehensleistungen für Schüler mit Lernschwächen

Für alle Lernenden und insbesondere für leistungsschwächere Kinder ist das
fremdsprachliche verstehende Hören ein anspruchsvoller Fertigkeitsbereich. Einige grundsätzliche Überlegungen zur Qualität von geeigneten Hörtexten, der
dazu empfohlenen Verstehenshilfen und einige lernstrategische Empfehlungen
sollen das abschließend verdeutlichen.

▸ Die zur Informationsentnahme nötige Konzentrationsspanne sollte 2 Minuten
nicht überschreiten.

▸ Die Thematik muss dem Lebensumfeld der Schüler entsprechen und sollte
ein episodisches Hörerlebnis garantieren. Humorvolle, unerwartete und exzeptionelle Ereignisse wirken nachhaltig und sind den nicht bemerkenswer-
ten Alltagsthemen vorzuziehen.

▸ Die Sprechgeschwindigkeit der Aktanten muss verantwortungsvoll reduziert
werden, auch wenn man sich dadurch von der Authentizität entfernt.

▸ Die Merkmale der gesprochenen Sprache sollten ebenfalls den vorhandenen
Lern- und Leistungsdispositionen der Schüler angepasst sein. Zu verantworten sind allein die *contracted forms (I've got/I'm)* und die *question tags* (zum

Beispiel *She's very nice, isn't she?*). Alle anderen *features of spoken English*, wie beispielsweise Schwachtonformen am Ende eines Satzes (*Where are you going to?* – das *to* ist kaum zu hören), Vokalreduktionen (zum Beispiel *I've been to Norway* – [bɪn]), Elisionen (zum Beispiel *Ever seen one?* anstatt *Have you ever seen one?*), und gehäuft fehlende Wortgrenzmarkierungen (zum Beispiel *I haven't got one*, gesprochen wie ein Wort) sollten wenn immer möglich vermieden werden.

▸ Die Hörtexte sollten bei den Hörern emotionale Betroffenheit auslösen. Das Zusammenspiel von visuellen, tonalen, affektiven, episodischen und kognitiven Elementen ist für die Qualität einer Hörverstehensaufgabe von grundlegender Bedeutung.

▸ Zur Verstehenserleichterung werden textbegleitende Einzelbilder, Fotos oder Bildfolgen gezielt eingesetzt (Folie auf OHP, Beamer). Diese können entweder die konkrete Szene, die Aktanten, eine Skizze (zum Beispiel bei einem Unfallhergang) zeigen, durch welche die Semantisierungsprozesse wesentlich erleichtert werden.

▸ Im Vorfeld einer Höraufgabe *(pre-listening stage)* sollen sprachliche und thematische Informationen als Verstehenshilfen angeboten werden. Das thematisch latent vorhandene Sachwissen und das Wissen über die relevanten Redemittelinventare werden reaktiviert und bilden die Stellen, wo der Hörer die neu ankommenden Informationen gezielt andocken kann. Das Hören wird zu Recht als *bottom-up* und *top-down processing* bezeichnet. Zum Verstehen kann es nur kommen, wenn die Informationen aus dem Hörtext *(bottom-up)* mit den bereits individuell vorhandenen Wissensbeständen *(top-down)* verstehend abgeglichen werden können.

▸ Während des Hörverstehens *(while-listening stage)* müssen ausreichend Pausen gewährt werden, um den Schülern genügend Zeit zur Erledigung der gestellten Aufgaben zu geben. Das Anfertigen von Notizen *(note taking)* während des Hörens ist sehr häufig eine Überforderung für lernschwächere Schüler. Wir favorisieren auch ein völlig aufgabenfreies Anhören eines Textes, wobei eine entspannte Atmosphäre und der fehlende Leistungsdruck das Lernen erst ermöglichen.

▸ Die Hörverstehensaufgaben, die nach dem Anhören bearbeitet werden *(post-listening activities)*, müssen den geringeren Speicherkompetenzen dieser Schüler gerecht werden. Gerade im Hörverstehensbereich zeigen sich oftmals frustrierend geringe Erfolgserlebnisse, die zu einer inneren Ablehnung der Fremdsprache führen bzw. die bestehende Restmotivation erfolgreich beseitigen. Dies darf nicht geschehen.

▸ Im Sinne des generischen Lernens ist es auch für das Hörverstehen durchaus sinnvoll, den Schülern die Struktur bestimmter Textsorten zu erklären, zumal dies für die Verstehensleistung hochgradig wichtig ist. Ein Beispiel aus einem Streitgespräch:

Lena:	Oh, you idiot, Mike! You knocked over my milk shake. It's all your fault.	*jemandem die Schuld geben*
Mike:	Don't blame me. It wasn't my fault. You put it here.	*sich verteidigen*
Lena:	You must be more cautious.	*einen Rat geben*
Mike:	Okay, okay. It was my fault.	*etwas zugeben*
	I'll pay for another drink.	*etwas wiedergutmachen*

▸ Schüler mit Lernschwierigkeiten sind auf erfolgversprechende Lernstrategien ebenso angewiesen wie ihre Mitschüler, die weniger Probleme beim schulischen Fremdsprachenerwerb haben. Die folgenden Lernerstrategien haben sich als effektiv erwiesen: (1) Ein Hörtext muss immer mehrmals angehört werden, wobei der Zuhörende die Kontrolle über den Textfluss haben muss (Pausen/Stopps/beliebige Wiederholungen). (2) Den Schülern sollte erklärt werden, dass sich die Zeit vor dem Zubettgehen als optimal erwiesen hat, wenn danach keine weiteren Aktivitäten unternommen werden. Hier muss die Bedeutung des Schlafs für den Lernprozess herausgestellt werden. Die moderne Schlafforschung hat die hohe Bedeutung des ausreichenden Schlafs als Zugangsmöglichkeit zum Langzeitgedächtnisspeicher exakt beschrieben.

▸ Aus der Praxis erfahren wir immer wieder, dass das schulische klassische Hörverstehen (einen Text hören und Fragen dazu beantworten) für lernschwächere Schüler zu anspruchsvoll sei. Deswegen fordert man allerorts, das „reine" Hörverstehen durch das Hör-Sehverstehen zu ersetzen, zumal dieses weitaus weniger Probleme bereite.

3.2 Das Hör-Sehverstehen

Das Medium Film wurde im traditionellen Fremdsprachenunterricht häufig nur als „Beigabe" zum Erhalt der Motivation eingesetzt. Heute steht die Filmkompetenz als Teil der allgemein zu entwickelnden Medienkompetenz im Zentrum des unterrichtlichen Bemühens. Im Folgenden sollen Antworten auf die Fragen nach der Eignung von Filmen für den Unterricht mit lernschwächeren Schülern und nach den passenden methodischen Verfahren gefunden werden.

3.2.1 Die Überlegenheit des Films gegenüber der Tonquelle

Filmkompetenz (auch *film literacy*) bezeichnet die Fähigkeit, bewegte Bilder lesen, die akustischen Signale von audio-visuellen Formaten deuten sowie das Medium „Film" (kritisch) nutzen und gestalten zu können (Surkamp 2010, S. 64 ff.). Die DVD ist bereits eine selbstverständliche Komponente des Medienpakets geworden, die zu einem Lehrwerk erstellt wird, zum Beispiel *Action UK!* (Klett, Filmsequenzen). Die Vorteile gegenüber dem Hörverstehen liegen auf der Hand:

▸ Durch die mehrkanalige Informationsvermittlung (Bild, Sprache, Geräusche) sind Kommunikationssituationen weitaus leichter zu verstehen als bei rein auditiven Texten. Nonverbale und paralinguistische Aspekte erleichtern das Verstehen erheblich: Mimik, Gestik, Körpersprache sowie Prosodie, Intonation, Sprechtempo, Stimmhöhe etc.

▸ Das fortlaufende Handlungskontinuum (Visualisierung von Geschehensabläufen) ist spontan nachvollziehbar: Sprechen und Handeln/Tun bilden eine Einheit. Dies kommt der verstärkt geforderten unterrichtlichen Handlungs- und Prozessorientierung entgegen.

▸ Als weitere Fertigkeit verbessern sie neben dem Hörverstehen auch die Mündlichkeit und Sprechlust der Schüler (authentische Sprache).

▸ In den Szenen sind die Situationsparameter leicht zu erfassen: das zeitliche und örtliche Szenario, agierende Personen, Sprechanlässe und Sprechabsichten, Thema und Rhema der Inhalte etc. Filmsequenzen sprechen das episodische Gedächtnis an und sind deshalb nachhaltiger wirksam als Hörtexte. Von den Neurowissenschaften wissen wir, dass bei der erstmaligen Abspeicherung von Redemitteln auch immer die Situation mitabgespeichert wird, in der sie zur Anwendung kamen bzw. präsentiert wurden.

▸ Filme sind medial attraktiver und entsprechen den freizeitlichen Sehgewohnheiten der Schüler besser als andere Textsorten.

▸ Filme ermöglichen eine stärkere emotionale Betroffenheit, Einsicht und Verständnis in bzw. für die fremde Lebenswelt (Permeabilität für soziokulturelle Unterschiedlichkeiten, Empathie, interkulturelle Kompetenz).

▸ Technisch ermöglichen DVDs einen schnellen Zugriff auf ausgewählte Filmsequenzen, auf die Sprachwahl und auf Untertitel.

▸ Das mehrmalige Sehen eines Films ist eine geradezu optimale Möglichkeit zum Erlernen des Englischen und rangiert nach dem „Spracherwerb vor Ort" *(language acquisition)* an zweiter Stelle der erfolgreichen Methoden für das Sprachenlernen. Die moderne Erforschung der Spiegelneurone gibt überzeugende Argumente für das mehrmalige Sehen von Filmen. Spiegelneurone sind Nervenzellen für Empathie und motorische Aktivierung und bilden die Grundlage des Lernens am Modell. Sie werden auch dann aktiv, wenn man zuschaut, was ein anderer tut, so als würde man die Handlung selbst ausführen.

Für den Unterricht mit lernschwächeren Schülern sind weiterführende filmana-
lytische Aufgaben nicht geeignet. So kann man auf die Schulung der Sensibilität
für ästhetische Ausdrucksmittel des Films ebenso verzichten wie auf ein vertief-
tes filmtechnisches Wissen oder gar die kritische Gegenüberstellung von Buch
vs. Film (Verfilmung eines Buches oder Verbuchung eines Films).

3.2.2 Welches Filmmaterial eignet sich und was müssen die Schüler und Schülerinnen leisten?

Im Fremdsprachenunterricht werden überwiegend Lehrwerk begleitende Filme
gezeigt, die in kurze Episoden unterteilt sind. Sie sind auf den jeweiligen Lern-
stoff zugeschnitten, zeigen immer wieder die vertrauten Personen und erfordern
kaum ein Hinzulernen weiterführender sprachlicher Mittel. Darüber hinaus gibt
es Hör- und Seherlebnisse mithilfe von authentischen Kurzfilmen (der Kurzfilm
New Boy thematisiert zum Beispiel Ausgrenzung und Mobbing und ist leicht verständlich) oder durch Filmausschnitte aus der Werbung, Zeichentrickfilme, Videoclips, die ad hoc eingesetzt werden können. Auch Vlogs *(video blogs)* sind
bestens geeignet und lassen sich leicht bei YouTube finden. Nach der Beurteilung
der Vlogs als textliche und filmische Selbstdarstellung werden sie gemeinsam im
Unterricht bewertet. Es gibt zahlreiche Schüler, die mithilfe dieses Mediums wieder Interesse am Fremdsprachenunterricht gefunden haben.

Allgemein sollte das Filmmaterial nicht zu informationsdicht konzipiert sein,
eine hohe Bild- und Tonqualität aufweisen, in kurzen Sequenzen unterteilt sein
(3 bis 5 Minuten) und durch gedruckte Begleitmaterialien auswertbar sein, zum
Beispiel ein Begleitheft, das gezielte Hör- und Sehaufgaben und das *film script*
enthält.

Die folgenden Kompetenzbeschreibungen beziehen sich auf die rezeptive
Filmarbeit und sind den Lern- und Leistungsdispositionen der Lernschwächeren angepasst.
▶ Die Schüler können einfachen authentischen Filmsequenzen folgen und dabei wesentliche Informationen zum Inhalt entnehmen.
▶ Mithilfe von Wiederholungen und Standbildern *(freeze frames)* können sie
  sich mit detaillierten Informationen zu den Figuren, Schauplätzen und Hand-
  lungsabläufen austauschen.
▶ Sie können eine Bewertung des Films in einfachen Worten vornehmen.

3.2.3 Methode und Didaktik von Filmarbeit

Auch hier kann man drei Vermittlungsschritte unterscheiden: *pre-viewing
activities, while-viewing activities* und *post-viewing activities.* Bei allem unterrichtlichen Bemühen sollte man allerdings dieses Textgenre nicht zerreden
oder gar durch ein sich anschließendes Wortschatz- oder Grammatikexerziti-
um abwerten. Es gibt auch ein *viewing for fun,* das ohne jegliche Nacharbeit
auskommt.

▸ *Pre-viewing activities:* Vor dem ersten Ansehen werden das thematische und das sprachliche Vorwissen reaktiviert, falls dies bei der Kürze einer Sequenz überhaupt erforderlich sein sollte. Das geschieht auf eine sehr reduzierte Art und Weise. Ein überzogenes Maß an Vorinformationen untergräbt das Hör-Seherlebnis, unterbindet die entsprechenden auditiv-visuellen Dekodierungsstrategien und die Bereitschaft, sich über persönliche Eindrücke auszutauschen. Je nach erwartetem Leistungsniveau können im Vorfeld der Filmbetrachtung die folgenden Aktivitäten stattfinden: (1) Landeskundliche Hintergrundinformationen geben, ohne die eine Filmszene nicht zu verstehen wäre (Kultureme), zum Beispiel *allday-school in Britain.* (2) Reaktivierung der einschlägigen sprachlichen Mittel, zum Beispiel ein themenspezifischer Wort- und Strukturenschatz: *assembly at school.* (3) Mithilfe von Standbildern können bei den Schülern persönliche Erwartungshaltungen elizitiert werden, zum Beispiel: *What do you think will happen in this sequence?*

▸ *While-viewing activities:* Diese Aufgabenvariationen können in der Regel nicht simultan zum Hörverstehen ablaufen. Deswegen muss der Film mehrmals unterbrochen werden. (1) Vor einem weiteren Ansehen werden die Schüler aufgefordert, sich Gedanken über den weiteren Handlungsverlauf (spekulative Unterrichtsphase) zu machen *(freeze frame technique, predicting)*, zum Beispiel: *How do you imagine the film will go on/end?* (2) Beim zweiten Anschauen der Filmsequenz können die Lernenden Sätze und Wendungen, die einen hohen Kommunikationswert haben, imitieren. (3) Jetzt kann der Film auch ohne Ton präsentiert werden *(silent viewing).* Die Schüler kommentieren die Szenen mit eigenen Worten, beschreiben Standbilder oder fassen das bislang Gesehene zusammen, zum Beispiel: *What has happend so far?* (4) Ferner kann man den Bildschirm abdunkeln und nur den Ton anbieten *(dark screen technique, sound track only).* Die Aufgabe besteht nun darin, sich die passenden Szenen in Erinnerung zu rufen und die authentischen Redemittel gezielt herauszufiltern, zum Beispiel: *How did she say that he should leave her?* (5) Die Schüler sollen Merkmale der nonverbalen Kommunikation herausfinden, zum Beispiel Mimik, Gestik, Körperhaltung. (6) Einfache und klar gestellte Hör- und Sehaufgaben werden in Form von *viewing grids* beantwortet, zum Beispiel: *Physical appearance: what does he look like?, Character: What kind of person is he?, How is he related to …?* etc.

▸ *Post-viewing activities:* (1) Die Schüler sollen zunächst ihre Meinung zum Film vortragen, zum Beispiel *I think it was nice/interesting/boring* oder die *characters* nennen, die sie besonders attraktiv oder unsympathisch fanden. (2) Schlüsselszenen können nachgespielt und (3) das weitere Schicksal einzelner Figuren ausfabuliert werden. (4) Für nicht lehrwerksgebundene Filme erstellen die Schüler (5) ein Filmposter, auch (6) eine in kurzen eigenen Worten ausformulierte Inhaltsangabe ist möglich. Als äußerst lerneffektiv hat sich (7) das abwechselnde Lesen des Filmscripts (auch als Hausaufgabe möglich) mit dem mehrmaligen Zeigen einer Filmsequenz erwiesen. Auch das (8) wechselnde Angebot von deutschen oder englischen Untertiteln mit der untertitelfreien Präsentation ist höchst lerneffektiv. Sehr beliebt ist ferner (9) das Ausfüllen von Sprech- und Denkblasen auf den Text begleitenden Arbeitsblättern, zum Beispiel: *Who said what?* (siehe unten). Schließlich ist auch (10) das selbständige Drehen von Kurzfilmen durchaus möglich, wenn sich begeisterte Lehrkräfte mit ebenso begeisterten Schülern in heterogenen Gruppen zusammentun (Handyclips im Englischunterricht; vgl. Mainda/ Struckmeyer 2011).

Who said what?

3.2.4 Wo liegen die Grenzen der schulischen Arbeit?

Die folgenden Aktivitäten sind für Schüler mit Lernschwierigkeiten zu anspruchsvoll und sollten vermieden werden:

▸ das Ordnen von zerstückelten Dialogen während des Sehens,
▸ das Trennen von Ton und Bild beim ersten Ansehen (die „Tongruppe" berichtet der „Bildgruppe" über ihre jeweils gewonnenen Informationen),
▸ das Reflektieren über filmtechnische und filmästhetische Gestaltung (Kameraeinstellungen, Montageverfahren),
▸ das Erstellen einer elaborierten Filmkritik (zum Beispiel Schreiben an den Regisseur)
▸ und das Anfertigen von Notizen während der laufenden Präsentation.

Bei reduzierten Leistungsanforderungen macht die Arbeit mit Filmsequenzen auch Schülern mit Lernschwierigkeiten große Freude. Die größte Aufgabe für die Lehrkräfte besteht darin, diese Lernfreude zu erhalten.

3.3 Sprechen und mündliche Interaktion

Im sprachlichen Alltag wird das Verhältnis von mündlicher zu schriftlicher Kommunikation mit 95 % zu 5 % eingeschätzt. Allein deswegen ist es nicht länger zu vertreten, dass sich dieses Verhältnis im Englischunterricht beinahe umgekehrt wiederfindet. Die traditionelle Favorisierung der Schriftlichkeit, ein Relikt aus den Anfängen des Fremdsprachenunterrichts in den Schulen, muss zugunsten einer deutlichen Erhöhung des Mündlichen zurückgenommen werden. Erfreulicherweise wurde diese Forderung an vielen Stellen bereits umgesetzt, zum Beispiel bei Kernlehrplänen, Kompetenzbeschreibungen und in kultusministeriellen Anordnungen, eine schriftliche Leistungskontrolle durch eine mündliche Sprechfertigkeitsprüfung einmal im Schuljahreszyklus zu ermöglichen. Man hat endlich erkannt, dass ein auf Kommunikationstüchtigkeit ausgerichteter Fremdsprachenunterricht nicht allein oder überwiegend auf Schreibleistungen ausgerichtet sein kann.

Die folgenden Ausführungen zum Sprechen und zur mündlichen Interaktion beziehen sich primär auf das absichtsgeleitete, inhalts- und mitteilungsbezogene Sprechen in authentischen Situationen mit möglichst vollständigen Sprechakten. Dabei geht man von genuinen Sprechanlässen aus, wobei ein Sprecher versucht, ein vorsprachliches Konzept in adäquate Äußerungen umzusetzen und, je nach Reaktion des Gesprächspartners, den weiteren Verlauf der Rede plant.

Wie bringt man nun im Fremdsprachenunterricht auch leistungsschwächere Schüler zum Sprechen? Wie kann man Sprechhemmungen abbauen oder bereits im Vorfeld ihrer Entstehung vermeiden und wie muss man geringere Leistungen bewerten?

3.3.1 Psycholinguistische Grundlagen des Sprechens

Die mentalen Vorgänge, die vor, während und nach einer sprachlichen Äußerung im Kopf eines Sprechers ablaufen, sind die Grundlage für die Konzeption von Unterrichtsstunden, in deren Zentrum die Erhöhung der Mündlichkeit steht. Dazu ist die Einsicht in die Sprachgenerierung essenziell. Ohne eine hinreichend umfassende Vorstellung von diesen Vorgängen können auch keine reduktionistischen Lehr- und Lerninhalte formuliert werden. Die folgenden Parameter einer genuinen dialogischen Sprechsituation zeigen die Komplexität einer situationsadäquaten sprachlichen Äußerung sehr deutlich. So sollte ein Sprecher immer wissen, (1) wer mit (2) wem über (3) was spricht, (4) aus welchem Anlass und (5) mit welcher Absicht er sich an den Partner wendet, (6) an welchem Ort und (7) zu welcher Zeit das Gespräch stattfindet. Diese Kontextualisierbarkeitsprobe (mit sieben Fragen) ist besonders für leistungsschwächere Lernende hochgradig wichtig, denn diese Schüler schätzen den realsituativen Nutzwert der Fremdsprache weitaus kritischer ein als man dies bislang vermutete (Wofür soll ich das lernen? Wozu braucht man das?). Auf keinen Fall sollte man diesen Kindern und Jugendlichen die sinnlosen „Satzleichen" zumuten, die beispielsweise der Grammatikalität wegen gebildet werden: *Am I singing? Am I eating?* (Originalsätze aus einer Unterrichtsmitschau!). Die vereinfachte Skizze auf S. 64 f. zeigt die Einbettung eines Sprechaktes (Ebene 2) in ein Handlungskontinuum (Ebene 1) bei gleichzeitiger Produktion von nonverbalen Verhaltenskomponenten (Ebene 3).

Ebene 1: Das Handlungskontinuum. In alltäglichen Situationen wird zumeist gehandelt und gesprochen, indem man beispielsweise jemandem ein Gerät erklärt oder Tanzschritte demonstriert. Der traditionelle Fremdsprachenunterricht verläuft in der Regel jedoch situationsentbunden, ohne Gegenstände, ohne konkrete Handlungsabläufe und emotionale Beteiligung. Damit verzichtet man auf alle situativ motivierten Merk- und Verankerungshilfen, auf die das Gedächtnis angewiesen ist, das heißt, man schaltet das hochleistungsfähige episodische Gedächtnis aus. Das ist für den Fremdsprachenunterricht mit Schülern, die über ungünstigere Lerndispositionen verfügen, geradezu fatal.

Ebene 2: Die Generierung der sprachlichen Äußerung an sich. Ein hierarchisch geordnetes Gefüge von verknüpften Subsystemen, unterschiedliche Wahrnehmungsvorgänge, Gedächtnisspeicher, Kontroll- und Hilfssysteme und Enkodiermechanismen ermöglicht die Generierung einer sprachlichen Äußerung (Artikulationsgenerierung). Kenntnisse aus der Psychologie der Sprachproduktion und den Neurowissenschaften sind zum Verstehen dieser komplexen Vorgänge unabdingbar nötig. Die folgenden Phasen geben die tatsächlichen mentalen Abläufe nur sehr grob wieder.

▸ *Focus (1):* Die Generierung einer Äußerung beginnt mit der Wahrnehmung eines konkreten Sprechanlasses *(focus)*. Im Beispiel von S. 64f. erkennt die Sekretärin, dass ihr Chef mit dem Kopiergerät Probleme hat.

▸ *Conceptualizer (2):* Ohne konkreten Sprechanlass entsteht kein vorsprachliches Konzept im sogenannten *conceptualizer*, das den Inhalt vorstrukturieren und dann dem *formulator* zur inneren Versprachlichung übermitteln kann. In unserem Beispiel möchte die Sekretärin ihre Hilfe anbieten. Damit ist ihr Mitteilungsbedürfnis klar als Konzept existent. Jedes vorsprachliche Konzept ist protoverbal, das heißt, die Sekretärin denkt hier noch nicht an Wörter, Strukturen oder sprachliche Regeln. Sie empfindet nur ihre eigene Hilfsbereitschaft.

▸ *Formulator (3):* Das vorhandene Konzept wird dann mithilfe des mentalen Lexikons, aus dem die passenden lexikalischen, syntaktischen, semantischen und diskursspezifischen Redemittel entnommen werden, enkodiert und steht nun als psychomotorischer Aktionsplan der mündlichen Versprachlichung zur Verfügung.

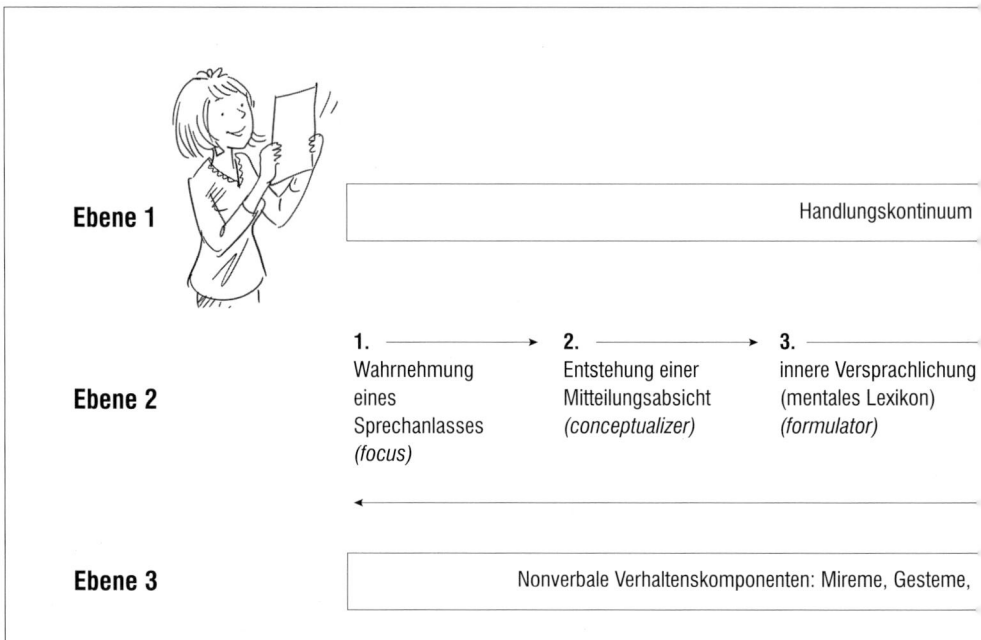

- *Articulator (4):* Erst jetzt kann die eigentliche Artikulation der vorsprachlichen Konzepte beginnen. Hierbei werden gleichzeitig alle intonatorischen, prosodischen und sprachpragmatischen Muster aktiviert und bezüglich der momentanen Situation angemessen eingesetzt. In unserem Beispiel würde die Sekretärin jetzt wohl sagen: *Can I help you with the copy machine, sir?*
- *Feedback (5):* Je nach Art der Reaktion des angesprochenen Vorgesetzten auf ihr Angebot wird die Sekretärin das Gespräch fortsetzen oder beenden.

Bei aller Mühe um die Entwicklung der mündlichen Leistungen, dürfen die natürlichen Parameter einer Sprechsituation niemals aus dem Auge gelassen werden. Eine Missachtung der psycholinguistischen Merkmale, die eine sprachliche Äußerung vorbereiten, steuern und reflektieren, führt zu erschreckend geringen Ergebnissen beim Erwerb der Spontansprache. Diesbezügliche Defizite kann man auch durch ein umfangreiches und regelgeleitetes Sprechen nicht verbessern. Lernschwächeren Schülern wird niemals klar, weshalb sie ohne konkreten Sprechanlass etwas sagen sollen, denn: „The brain is a meaning-driven device, and it is interactional." Ohne kontextuell eindeutig klare Bezüge sind Äußerungen nur zufallsgeneriert und ohne kommunikativen Wert. Eine Mitteilungsabsicht entsteht innengeleitet im Sprecher selbst, also konstruktiv interaktiv (so-

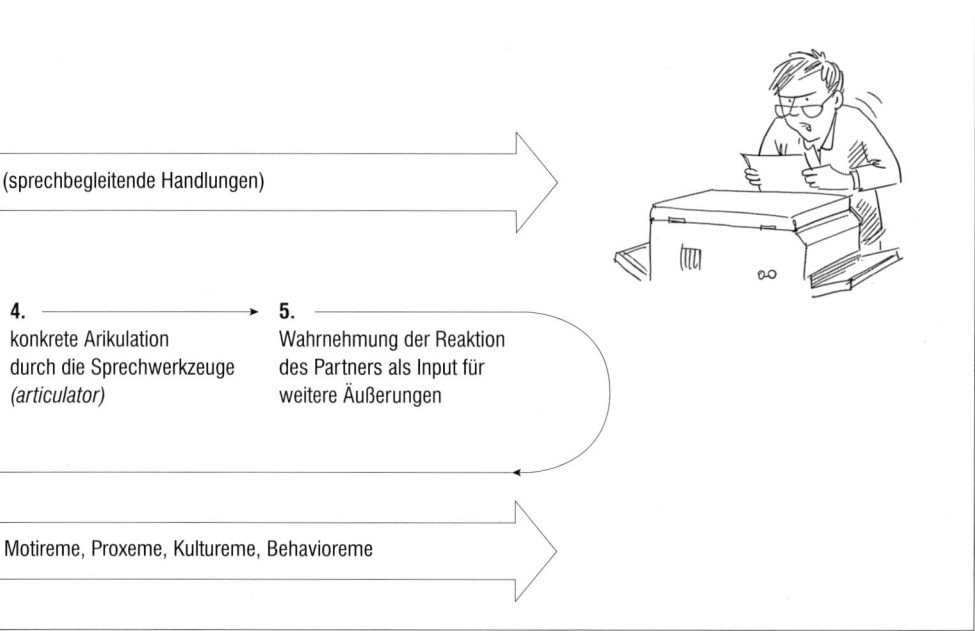

(sprechbegleitende Handlungen)

4.
konkrete Arikulation
durch die Sprechwerkzeuge
(articulator)

5.
Wahrnehmung der Reaktion
des Partners als Input für
weitere Äußerungen

Motireme, Proxeme, Kultureme, Behavioreme

ziale Dimension des Sprachenlernens). Die oftmals praktizierten Verfahren, bei denen die Lernenden mittels vorgegebener Wörter und Strukturen Sätze produzieren sollen, sind auch für leistungsschwächere Schüler nicht geeignet und werden deshalb zu Recht salopp als „time-killing activities which keep the kids off the street" bezeichnet.

3.3.2 Die Rolle des Mündlichen im Englischunterricht

Die durchschnittliche individuelle Sprechzeit der Lernenden bewegt sich pro Unterrichtsstunde nach wie vor im Bereich von wenigen Sekunden. So sind ein Einwortsatz, ein Satzfragment oder ein abgelesenes Statement oftmals die einzige Tagesleistung. Eine Kommunikation über die Satzgrenze hinweg findet kaum statt. Noch bedenklicher ist, dass ca. 30 % der Schüler überhaupt keinen mündlichen Unterrichtsbeitrag leisten. Obwohl die Lehrpläne und die übergeordneten Kompetenzbeschreibungen den Primat des Mündlichen betonen und die nachschulischen Institutionen (Industrie, Handel, Universität etc.) die mangelhafte Sprechtüchtigkeit der Schulabgänger zutiefst beklagen, werden das monologische, dialogische, multilogische Sprechen und die wesentlichen Formen der Sprachmittlung *(mediation)* zu wenig entwickelt. Für den Unterricht mit weniger leistungsstarken Schülern haben sich die folgenden Verfahren zur Erhöhung der Mündlichkeit als besonders effektiv erwiesen.

Sprechen in der Grundschule. Das Hören der englischen Sprache und einfache sprachproduktive Anforderungen stehen im Zentrum des *Primary English* in der Grundschule. Viele der hier praktizierten Methoden und Techniken müssen in der Sekundarstufe I in etwas elaborierteren Formen weitergeführt werden, zum Beispiel:

▸ *Interaktive Sprachroutinen (formulaic language):* Die Schüler erlernen einfache Muster der täglichen Kommunikation, zum Beispiel: *social patterns and simple greetings (How are you? Thanks, I'm fine. Have a nice weekend), help strategies (What does … mean?), daily routines (So who's absent today?), classroom language (Work in pairs; It's your turn), asking permission (May I open the window?).*

▸ *Hochfrequente classroom phrases* werden überall im Klassenzimmer als sogenannte Daueraushänge angebracht und konsequent eingesetzt, zum Beispiel: *Stop talking, please. Can you help me, please?*

▸ *Frage-Antwort-Drills (interaction patterns):* Die Lehrkraft stellt Fragen, die von der Klasse mit *Yes, I do/No, I don't* beantwortet werden. Die Antworten der Schüler müssen mimisch (Gesichtsausdruck), gestisch (Handzeichen: Daumen oben/unten) und ganzkörperlich *(body language)* begleitet werden, wobei auf die Melodie der Sprache (Prosodie) sehr genau zu achten ist, zum Beispiel:

Do you like salami on your pizza, Peter?

Yes, I do.

Do you like toothpaste on your pizza, Frank?

No, I don't.

Grundsätzlich sollten humorvolle bzw. emotional ansprechende Inhalte gesucht werden. Aus den Neurowissenschaften ist bekannt, dass Kognition und Emotion interagieren und dass die Behaltensleistung bei „langweiligen" Inhalten sehr stark abfällt. Um die individuelle Sprechzeit zu erhöhen, können die Sprechübungen in Partner- und Gruppenarbeit verlaufen.

▸ *Auf der Satzebene* sind die folgenden Aktivitäten unterrichtserprobt: das Wiederholen von emotional gefärbten Äußerungen in einer von der Lehrkraft dargebotenen Geschichte *(Little Red Riding Hood: Grandma, what big eyes you've got!), memory games*
(I went to the market and bought …), Ratespiele *(guessing games: I spy with my little eye …)*. Schüler in der Grundschule formulieren begeistert Rätselfragen *(It's a very big animal. It lives in Africa or India. What animal is it?)*, auch für *crossword puzzles*. Sehr beliebt ist das *picture dictation*, wobei ein Schüler beispielsweise ein Monster beschreibt, welches der Partner passend zeichnen muss *(It's got two heads and a long tail)*. Das *shell game* spielen die Schüler ohne Ende. Unter einem der drei Plastikbecher befindet sich eine Münze. Die Becher werden auf eine verwirrende Art verschoben, der Beobachter versucht die Münze zu lokalisieren.

▸ *Auf der Wortebene* gibt es zahlreiche Aktivitäten, zum Beispiel *Look, listen and repeat, feely bag* (Schüler müssen Plastikfiguren in einem Beutel ertasten: *I think it's a dog*), Zuordnungen *(categorizing): Where does the chicken go? – Into the freezer. Where do the eggs go? – Into the fridge.*

▸ *Role play:* Schüler spielen beispielsweise eine Szene aus dem Alltag. *A: Where's the station, please? B: Turn right here. It's not far. A: Thank you. B: You're welcome.*

Die Sekundarstufenlehrkräfte kommen nicht umhin, einen Teil des grundschulspezifischen Übungskomplexes zu übernehmen, weiterzuführen und entsprechend den jetzigen Anforderungen auszuweiten.

Sprechen in der Sekundarstufe I. Durch den Einsatz von abwechslungsreichen Dialogtechniken wird die Sprechzeit wesentlich erhöht. Dies kann nur in Partner- oder Gruppenarbeit geschehen, wobei die Redemittel nun etwas komplexer als in der Grundschule werden. Für die Arbeit mit lernschwächeren Schülern muss allerdings immer bedacht werden, dass für den Fremdsprachenunterricht nur die Stufen 1 und 2 (teilweise Stufe 3) der muttersprachlichen Taxonomie der Spracherwerbsebenen relevant sein kann: Stufe 1: Anbahnung, Stufe 2: Entfaltung, Stufe 3: Gewohnheit, Stufe 4: Mühelosigkeit und Stufe 5: Perfektion. Lernschwächere Schüler haben beim mündlichen Sprachgebrauch oftmals erhebliche Schwierigkeiten und können situationsadäquate Äußerungen nur sehr defizitär produzieren. Dialogische oder multilogische Aushandlungen werden kaum durchgehalten. Wie kann diesen Lernenden nun geholfen werden? Wie sollte man Redemittel einführen und so üben, dass sie später zum Gebrauch abgerufen werden können?

Übungsformen zur Erhöhung der Sprechzeit im Unterricht. Zunächst sollte im Unterricht alles getan werden, um die Sprechzeit der Schüler zu erhöhen. Dies kann natürlich nur in einer entspannten Atmosphäre geschehen, wo sich niemand über fehlerhafte Äußerungen mokiert. Aus Erfahrung mit ihren geringen Lernleistungen im Mündlichen sind viele Schüler äußerst ängstlich und sind folglich bei der interaktiven Anwendung erworbener Redemittel sehr gestresst. Die folgenden Verfahren zur Erhöhung der Sprechzeit haben sich bestens bewährt.

▸ Das *flow-chart*-Verfahren gehört zu den weit verbreiteten Dialogtechniken für Partnerarbeit. Der Schwierigkeitsgrad kann den Leistungsprofilen der einzelnen Lerngruppen angepasst werden, wobei der Steuerungsgrad, die Länge und die thematischen Ansprüche beliebig variiert werden können. Drei Beispiele zur selben Thematik *Planning the weekend*. Zunächst eine *flow chart* mit englisch-deutschen Vorgaben:

Planning the weekend (1)	
You	**Your friend**
What are you doing at the weekend?	Sage, dass du das noch nicht weißt.
I'm staying at home.	Frage, ob ihr euch am Samstagabend treffen könnt.
Yes, great. What time shall we meet?	Frage, ob 18:00 Uhr recht wäre.
That's fine with me. Let's meet at my house.	Stimme zu und verabschiede dich.

Ein Partner übernimmt die linken Sprechabsichten, die bereits ausformuliert sind, der andere muss die rechte Seite versprachlichen. Dann werden die Rollen mehrmals getauscht. Die Lehrkraft hört den einzelnen Tandems zu und greift nur bei schweren Verstößen ein. Anschließend werden die verbesserten Äußerungen angeschrieben und von den Schülern eingetragen. Die *flow charts* werden gesammelt *(portfolio)* und für spätere Übungsphasen aufbewahrt. Vor dem ersten Übungsdurchlauf demonstriert die Lehrkraft zusammen mit einem leistungsstärkeren Schüler die Handhabung dieser Dialogtechnik.

Eine *flow chart* mit deutsch-deutschen Vorgaben:

Planning the weekend (2)	
You	**Your friend**
Frage deinen Freund, was er am Wochenende macht.	Sage, dass du das noch nicht weißt.
Sage, dass du fest vorhast, zu Hause zu bleiben.	Frage, ob ihr euch am Samstagabend treffen könnt.
Stimme zu und frage, wann ihr euch treffen sollt.	Frage, ob 18:00 Uhr recht wäre.
Sage, dass dir das recht sei. Schlage vor, sich bei dir zu Hause zu treffen.	Stimme zu und verabschiede dich.

Mit dieser *flow chart* müssen beide Partner aktiv werden. Rollenwechsel und Vorsprechen vor der Klasse und freies Vortragen des Dialogs ermöglichen Abwechslung und Lernerfolge. Häufige Fehler werden am Ende der Übungsphase gemeinsam erörtert. Den Schülern muss eine pragmatische Realisierung der Sprechabsichten zugestanden werden. So ist es durchaus akzeptabel, die Frage nach dem Zeitpunkt des Treffens einfach mit *When?* zu formulieren. Ein überzogener Vollständigkeitsfimmel, der nur ganze Sätze zulässt, muss entschieden abgelehnt werden, zumal dies eine Verletzung der Sprachpragmatik bedeutet und auch im sprachlichen Alltag nicht praktiziert wird.

Schließlich eine *flow chart* mit einigen offenen Sprechabsichten:

Planning the weekend (3)	
You	**Your friend**
Frage deinen Freund, was er am Wochenende macht.	Sage, dass du das noch nicht weißt.
Sage, was du vorhast.	Schlage etwas vor.
Lehne ab und schlage etwas anderes vor.	Stimme zu und nenne die Zeit und den Treffpunkt.
Lehne ab und schlage vor, sich bei dir zu Hause zu treffen.	Stimme zu und verabschiede dich.

Die offenen Sprechabsichten lassen persönliche Varianten zu, limitieren die Gängelung, und führen nahe an das freie Aushandeln einer Wochenendaktivität heran.

▸ *Generische Muster als Lernhilfen:* Alle Dialoge zeigen bestimmte Grundmuster, sogenannte generische Muster. Wenn man diese den Lernenden nicht vorenthält und häufig nach diesen Mustern verlaufende Dialoge als sprachlichen Input anbietet, trägt dies zum generischen Lernen erheblich bei. Gerade für weniger leistungsstarke Schüler sind diese generischen Muster eine wesentliche Lernerleichterung. Ein Beispiel für generische Muster:

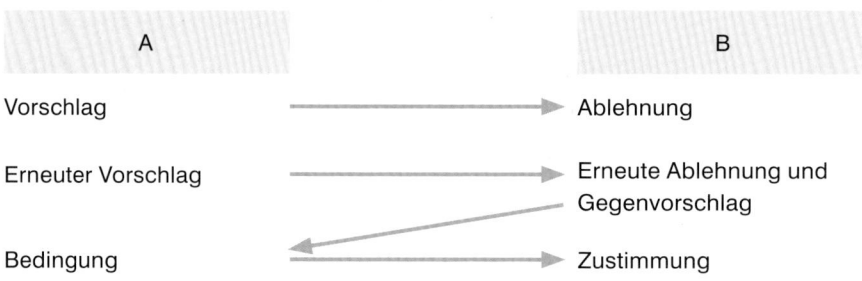

▶ *Das Survey-Verfahren für die Gruppenarbeit:* Es gehört ebenfalls zu den unterrichtserprobten Dialogtechniken, die eine Erhöhung der individuellen Sprechzeit in der Gruppe ermöglichen. Bereits in der Grundschule ermöglicht diese präkommunikative Sprechübung das Einschleifen einer neuen Struktur als Versatzstück eines späteren umfangreicheren Gesprächs beachtlich. Im folgenden Beispiel will man herausfinden, was die Schüler in ihrer Freizeit tun. Dazu arbeiten die Lernenden in Vierergruppen, tragen ihre Namen in die vorgesehenen Spalten ein, befragen sich dann gegenseitig und tragen die Antworten mit einem Plus- oder Minuszeichen auf dem *survey sheet* ein, zum Beispiel:

Survey Sheet: What do you do in your free time?

Answers: Yes, I do. – No, I don't.	Okan	Frank	Andrea	Mona
▶ Do you read a lot?		–		
▶ Do you jog?		+		
▶ Do you watch TV a lot?		–		
▶ Do you hang out with your friends?		–		
▶ Do you help at home?		+		
▶ Do you relax on your couch?		+		

Okan beginnt und stellt Frank die angegebenen 6 Fragen, zum Beispiel: *Frank, do you read a lot?* Dieser antwortet mit *Yes, I do* oder *No, I don't.* Franks Antworten werden von allen Gruppenmitgliedern auf dem *survey sheet* vermerkt (im Beispiel bereits geschehen). Dann ist Frank an der Reihe, Andrea diese Fragen zu stellen – und so weiter. Am Ende dieser Übung werden alle Gruppenergebnisse zusammengezählt und somit die beliebteste Freizeitaktivität der Klasse festgestellt. Mithilfe dieses leicht selbst zu erstellenden Übungsformats kann die Vorstufe zur realen Kommunikation erreicht werden.

▶ *Role-playing cards:* Die Redemittel werden im Vorfeld der Übung erarbeitet, also nicht einfach vorgegeben, zum Beispiel: Ein Jugendlicher möchte ein *date* mit einer englischen Besucherin vereinbaren: *Could we meet again?, Is Saturday afternoon okay for you?* etc.

▶ *Interviews:* Die Interviewfragen werden ausgehandelt und gemeinsam ausformuliert, zum Beispiel Fragen an einen englischen Fußballfan. Das Interview wird dann auf freiwilliger Basis vorgespielt.

▶ *Information gaps:* Jeweils zwei Schüler haben beispielsweise zu einem Fahrzeug unterschiedliche Informationen, die auf einem *grid* angegeben sind. Sie müssen nun die jeweils fehlenden Informationen vom Partner erfragen.

Second hand cars Schüler A		age of the car	mileage done	price	fuel consumtion
mini		15 years	_____	£ 1200	_____
off-road		_____	180,000	_____	14 liters/ 100 km

Second hand cars Schüler B		age of the car	mileage done	price	fuel consumtion
mini		_____	150,000	_____	8 liters/ 100 km
off-road		12 years	_____	£ 3500	_____

▸ *Gadgets:* Sprechen und gleichzeitiges Handeln mit realen Gegenständen sind für das Erlernen der Fremdsprache weitaus günstiger als das Sprechen im Anschluss an einen Textinput. Dies gilt insbesondere für Schüler, die beim Lernen mit größeren Problemen zu kämpfen haben. Überall trifft man auf *gadgets (small, useful and cleverly designed machines or tools),* die sich für Präsentationsaufgaben bestens eignen, zum Beispiel

Vegetable holder for rabbits and guinea pigs

Put in fresh vegetables such as carrots or celery or greens.
It keeps the food off the floor. Dirty food can make your pet sick.
It fits in all cages.

Die Schüler werden aufgefordert, besondere *gadgets* mit in den Unterricht zu bringen und diese dann in der Fremdsprache vorzustellen. Was zunächst als eine nicht zu verantwortende Überforderung der weniger leistungsstarken Schüler beurteilt wurde, erwies sich in den Unterrichtsversuchen als ein motivierendes Unterfangen, das die Lernenden ob des ermöglichten sprachkreativen Gebrauchs geradezu begeisterte.

▸ *Pros & cons (For or against?):* Die Klasse wird in zwei Hälften geteilt. Eine Gruppe trägt ihre Argumente für einen Problemfall vor, zum Beispiel *No dogs in the city*, die andere ist dagegen. Die Redemittel werden direkt aus der Auseinandersetzung der beiden Gruppen entwickelt, zum Beispiel:

FOR	AGAINST
Dogs make good friends.	They foul the streets.
…	…

▸ *Foto gallery:* Die Schüler bringen persönliche Fotos mit und erläutern deren Inhalt, zum Beispiel: *That's me. Last year in Austria. We were there on holiday.* Die traditionelle Bildbeschreibung mit völlig unkommunikativen Äußerungen *(In the picture I can see a …)* ist ein Motivationskiller und sollte nicht länger praktiziert werden.

Bei allen Verfahren, Techniken und Methoden zur Erhöhung der mündlichen Beiträge sollten im Unterricht mit lernschwächeren Schülern die folgenden Prinzipien beachtet werden.

3.3.3 Prinzipien der Unterrichtsführung zur Stärkung der Mündlichkeit

Es gibt keine rundum erfolgversprechende Methode, die zur allgemeinen Ertüchtigung des Mündlichen führt. Der Erwerb der Muttersprache ist ein privilegierter Lernvorgang, der durch die Evolution genetisch-biologisch festgelegt ist (wie das Gehenlernen). Der Erwerb einer Fremdsprache erfordert allerdings ein nichtprivilegiertes Lernen, zu dem unser Gehirn keine Vorbereitungen getroffen hat, und deshalb ist das Lernen in der Schule auch so schwierig (was für alle Schulfächer gilt). Den Lehrkräften bleibt nur die Aufgabe, den Unterricht und die Bedingungen des Lernens so anregend wie möglich zu gestalten und dabei die folgenden Prinzipien zu beachten, die eine Erweiterung der Sprechkompetenz anbahnen könnten:

▸ Anstelle des traditionellen fragend-entwickelnden Unterrichts (Ping-Pong-Unterricht) ergehen an alle Schüler Arbeits- und Denkaufgaben gleichzeitig. Die Lehrkraft stellt also nicht mehr eine Frage an die Klasse und wartet auf einen zur Beantwortung willigen Schüler, sondern formuliert einen Auftrag, dem alle Lernenden nachkommen müssen, zum Beispiel:

Thema: How to get more pocket money?

Teacher: Get together in groups of four. Find out what you can do to get more pocket money. Ask your partners what they do. Take down some notes. And then let us know.

Auch lernschwächere Schüler tragen zu dieser Thematik gerne bei. Also kein Ping-Pong-Unterricht mehr, zumal beim Aufruf eines Schülers sich alle anderen mental zurücklehnen.

▸ Das Primat des Mündlichen ist kein sakrosanktes Gebot, muss aber in einer einfachen und dennoch authentischen Lehrersprache umgesetzt werden. Einfach deutsch zu reden geht nicht! Ausnahmen sind notwendig, zum Beispiel für klare Arbeitsanweisungen, schnelle Überprüfung des Gehörten oder Gelesen *(What was the problem?)*, Vermittlung des nötigen landeskundlichen Wissens, ohne welches ein Textinhalt nicht zu verstehen wäre etc.

▸ Die mündlichen Übungsteile werden sukzessive erweitert und umgewälzt nach dem Motto „Use it or lose it".

▸ Für die mündliche Interaktion werden die Schüler angewiesen, einfache Satzstrukturen anstatt anspruchsvoller Muster zu verwenden, zum Beispiel aktivische Sätze anstatt des Passivs (zum Beispiel *A car knocked her down* anstatt *She was knocked down by a car*), wörtliche Rede anstatt der indirekten Rede (*She said, "I'm from Spain"* anstatt *She said that she was from Spain*), *simple past* anstatt *past perfect* (*I watched TV and then I left the house* anstatt *After I had watched TV, I left the house*), eine Zukunftsform anstatt mehreren (zu empfehlen ist das *simple present* mit *timemarker: We leave tomorrow at ten*), Intonationsfragen anstatt anspruchsvoller Fragestrukturen (*The weather tomorrow?* anstatt *What will the weather be like tomorrow?*), Auflösungen von anspruchsvollen Strukturen (*He was beaten up? Is this right?* anstatt *He might have been beaten up*) etc. Damit ist eine der wichtigsten Kommunikationsstrategien abgedeckt *(simplification strategy)*.

▸ Die Redemittel müssen partnerorientiert in der Ich-Du-Beziehung geübt werden. Individuelle Lernprozesse verlaufen in der Gruppe stabiler als in der Isolation des Einzelnen.

▸ Das Pauken ist die problematischste Lehr- und Lernmethode, zumal die gelernten Inhalte nicht auf andere Kontexte übertragen werden können (ein bedeutsamer Hinweis aus den Neurowissenschaften!).

▸ Unser Lernbegriff widerspricht dem heutigen Verständnis von Lernen. Für das spontane Verwenden von Sprache können die einschlägigen Lernprozesse in der Schule nur gestartet, aber nicht beendet werden. Erst wenn das im Unterricht erlernte Wissen prozedural in außerschulischen Kontexten angewendet und ein entsprechendes Feedback wahrgenommen wird, wäre ein Lernprozess (nahezu) abgeschlossen. Das ist im Unterricht nicht möglich, jeder Lernprozess muss unfertig bleiben.

▸ Die Sprechgeschwindigkeit *(speech fluency)* muss auch bei lernschwächeren Schülern erhöht werden. Die dazu geeigneten Übungen bereiten den Lernenden oftmals Vergnügen, zum Beispiel:

74

Sprich die folgenden Sätze jeweils wie ein Wort:
I'm thirteen. I've got one. No, I didn't.

Dies ist auch ein Weg zum Verstehen und Sprechen von und in Bedeutungs-einheiten. Das vermeintlich einfachere verlangsamte Sprechen ist kontraproduktiv, denn es unterbindet das *chunking*.

▸ Die Fehlertoleranz muss besonders beim Mündlichen wesentlich erhöht werden. Da eine sprachliche Mitteilung zu 70 % aus den Situationsparametern abzuleiten ist und nur zu 30 % von Sprache getragen wird, kann auch ein Gesprächspartner mithilfe seines internen Restaurationsprogramms für defizitär ankommende Sprache entsprechende fehlerhafte Äußerungen verstehen.

▸ Lernschwächere Schüler benötigen umfangreichere Quellen, um die gesprochene Sprache hören zu können, zum Beispiel Unterrichtsvideos, Hörszenarien und eingeladene Experten, also den *native speaker*.

▸ Da die Mündlichkeit im Fremdsprachenunterricht von herausragender Bedeutung ist, muss sie im Vergleich zum Schriftlichen bei der Notengewinnung mehr Berücksichtigung finden.

▸ Die Evaluation einer mündlichen Leistung basiert auf vier Aspekten. So könnte die Leistung von zwei Schülern, die sich in einer dialogischen Auseinandersetzung bewähren müssen, nach folgenden Kriterien beurteilt werden:

Beurteilungsbogen Thema: Pros and cons – No dogs in the city		Schüler:	Anne	Patrick
1	Die Aussprache klang ▸ sehr englisch ▸ nicht immer englisch	(1 Punkt) (2 Punkte)		
2	Die Argumente waren vom Inhalt her ▸ gut zu verstehen ▸ nicht immer zu verstehen	(1 Punkt) (2 Punkte)		
3	Die Sätze waren ▸ fast immer richtig ▸ nur selten richtig	(1 Punkt) (2 Punkte)		
4	Hilfen waren nötig ▸ nie ▸ nur selten	(1 Punkt) (2 Punkte)		
	Mögliche Punkte: 8	**Erreichte Punkte:**		

Schüler mit Lernschwierigkeiten haben in der Regel ein geringeres Selbstwertgefühl, zweifeln oftmals an ihrer Leistungsfähigkeit und sind deshalb auf positive Verstärker angewiesen. Es sollte alles getan werden, um ihnen frustrierende Lernergebnisse zu ersparen. Deshalb darf ein Evaluationsbogen nicht auf das völlige Versagen ausgerichtet sein.

3.4 Lesen und Leseverstehen

Frühere und auch jüngere empirische Studien zur Lesekompetenz machen darauf aufmerksam, dass es allgemein mit der Lesefähigkeit unserer Schüler nicht zum Besten steht. Man musste erkennen, dass die Fertigkeit des Lesens als sogenannte Basiskompetenz zur Informationsentnahme aus geschriebenen Texten in der Muttersprache nur unzureichend entwickelt ist und auch in der Fremdsprache geringe Leistungen anzutreffen sind. Dies hat gerade im Englischunterricht verheerende Folgen, zumal im täglichen Unterricht die sprachlichen Inputs überwiegend textorientiert erfolgen. Schüler mit Lernschwierigkeiten haben auffällige Schwächen beim Dekodieren der Wörter, Segmentieren der Sätze und bei der Interpretation ganzer Textpassagen. Lernschwächere Schüler lesen nicht gerne und lassen sich oftmals nur recht widerwillig auf eine Lektüre ein. Wie kann man diesen *skill*-Bereich ausbauen, was kann erreicht werden und wo sind die schulischen Möglichkeiten am Ende? Die Fragen nach einer erhöhten Effektivität des fremdsprachlichen Leseunterrichts sind legitim und verlangen nach Antworten.

3.4.1 Psycholinguistische und physiologische Leistungen des Lesens

Von allen Lesearten, die weiter unten diskutiert werden, liegt der Schwerpunkt in diesem Kapitel auf dem sinnentnehmenden Lesen, also auf der stillen Informationsentnahme aus geschriebenen nichtliterarischen Texten. Der Prozess der Informationsentnahme, der Informationsverarbeitung und der Informationsweitergabe umfasst sowohl physiologische als auch psychologische Leistungen und wird unter anderem als ein Interaktionsprozess definiert, der auf einer ständigen Bedeutungskonstruktion basiert. Es handelt sich beim Lesen im Wesentlichen um zwei interagierende Prozesse: *top-down* und *bottom-up*. Der Leser gewinnt durch die Dekodierung des Geschriebenen neue Informationen *(bottom-up processing)*, die er auf dem Hintergrund seines gespeicherten Weltwissens und seiner Erfahrungen (vertraute Schemata) interpretiert *(top-down processing)*. Wie verläuft der Leseverstehensprozess nun etwas präziser? Ein grundlegendes Wissen darüber muss den Lehrkräften zur Verfügung stehen, da ansonsten die entsprechenden Maßnahmen zur Steigerung der Lesefähigkeit nicht zum Einsatz kommen.

Der Leser lässt seinen Blick über die Zeilen gleiten, nicht gleichmäßig, sondern in Sprüngen, den sogenannten Saccaden. Lesen ist also kein kontinuierliches Abtasten von Buchstaben, sondern ein Springen von einem Fixationspunkt zum anderen. Die Sprünge sind bei guten Lesern groß (bis zu 30 Buchstaben), bei weniger versierten Lesern hingegen wesentlich kleiner. Lernschwächere Schüler verfügen also nur über eine geringe Fixationsbreite. Hat das Auge einen Fixationspunkt erreicht, ruht es sich scheinbar für 150–500 Millisekunden aus, um dann den nächsten Fixationspunkt anzusteuern. In dieser Ruhephase arbeitet unser Denkorgan auf Hochtouren, denn es muss die Bedeutung des Gelesenen erschließen, speichern und im Negativfall den Augen den Auftrag erteilen zurückzuspringen (Refixierung). Gleichzeitig macht es dem Leser Vorschläge, wie der Satz zu Ende gehen könnte *(predicting)*.

Weitere mentale Prozesse beim sinnentnehmenden Lesen, die die Komplexität des Lesevorgangs unter Beweis stellen, in wenigen Worten:

▸ Erschließung des Wortsinns (Dekodierung über Textzusammenhang, Ableitungen, Wortbildung), des Satzsinns (Segmentierung von Bedeutungseinheiten, Suche nach dem Verb als Ausgangspunkt der Satzanalyse) und der gesamten Textaussage (zum Beispiel Autorenabsicht),

▸ Klärung von Mehrdeutigkeiten (Disambiguierung: Was bedeutet dieses Wort in diesem Kontext?),

▸ Integration einzelner Äußerungen in eine übergeordnete Bedeutungsstruktur,

▸ Erkennen von anaphorischen (rückverweisenden) und kataphorischen (vorausweisenden) Beziehungen,

▸ Aktivierung von Kenntnissen über bekannte Textstrukturen (genrespezifische Schemata, zum Beispiel: Wie ist eine Erlebnisbeschreibung aufgebaut?),

▸ Speicherung von Unverstandenem mit Rekurs auf bereits Gelesenes,

▸ Entscheidungen, etwas zu überfliegen oder auszulassen, weil es nicht wichtig ist,

▸ Entscheidung für eine gewollte Verstehensebene (Grobverstehen, Globalverstehen, Detailverstehen – *reading the lines, reading between the lines, reading beyond the lines*),

▸ Ergänzung von nicht explizit im Text genannter Information durch Inferierungsstrategien,

▸ Werturteile über Verfasser und Textqualität auf der Basis der individuellen Betroffenheit.

Aus dieser sicherlich nicht vollständigen Liste ist zu entnehmen, dass es sich beim Lesen keinesfalls um eine passive Fertigkeit handelt, sondern um eine höchst aktive mentale Tätigkeit des Gehirns.

3.4.2 Lesearten im Fremdsprachenunterricht

Im alltäglichen Leben existiert eine Vielzahl unterschiedlicher Lesearten, die im Folgenden in Hinsicht auf ihre Tauglichkeit für den Unterricht mit leistungsschwächeren Schülern näher betrachtet werden sollen.

▸ *Stilles sinnentnehmendes Lesen:* Dies ist die im Alltag am häufigsten vorkommende Leseart. Niemand liest die Zeitung laut am Frühstückstisch oder im Bus zur Arbeit, und ebenso wenig würde man seine Urlaubslektüre laut am Strand lesen. Deswegen muss auch im Unterricht das stille Lesen die dominierende Leseart für alle Schüler sein. Die Aufgabe der Lehrkraft ist es, sinnvolle Aufgaben zum Text zu formulieren und weniger Verstehensfragen zu stellen, die bei leistungsschwächeren Schülern zu weiteren Motivationsabsenkungen beitragen könnten.

▸ *Vorlesen unbekannter Texte durch die Lehrkraft:* Dies ist durchaus zu begrüßen, wenn dabei die Vorlesetechniken, die richtige Aussprache, die Flüssigkeit und Prosodie, die nonverbalen Elemente wie Gestik, Mimik und Ganzkörpertechnik im Fokus der Aufmerksamkeit stehen. Zur Schulung des natürlichen Lesens (stille Informationsentnahme) ist es nicht geeignet, ja geradezu kontraproduktiv.

▸ *Vorlesen unbekannter Texte durch die Schüler:* Die enormen Schwierigkeiten werden oftmals unterschätzt. Beim Vorlesen hat der Leser vor allem mit den Graphem-Phonem-Beziehungen zu kämpfen, und dabei gelingt es ihm häufig nicht, die Bedeutung des soeben Gelesenen zu erschließen. Beim Vorlesen müssen die Augen vorauseilen, Wörter und sinnschaffende Bedeutungseinheiten erfassen und dekodieren, diese intonatorisch-prosodisch richtig umsetzen und artikulieren, das Minenspiel anpassen, dabei gleichzeitig weiterlesen etc. Nur sehr wenige Menschen können einen unbekannten Text selbst in ihrer Muttersprache vor einem Publikum fehlerfrei laut vorlesen.

▸ *Vorlesen bekannter Texte durch die Lehrkraft und durch Schüler und das Mitlesen:* Der didaktische Ort des Vorlesens im Unterricht ist entscheidend. Soll es gezielt geübt werden, also nicht zur Informationsentnahme, ist sowohl das Vorlesen durch die Lehrkraft als auch durch die Lernenden durchaus angebracht. Auch das Mitlesen bei gleichzeitiger Präsentation des Textes über einen Tonträger ist dann eine sinnvolle Tätigkeit, wenn es keine inhaltlichen Unverständlichkeiten mehr gibt. Dann kann der Fokus der Aufmerksamkeit auf die Graphem-Phonem-Umsetzung gerichtet werden und Intonationskonturen und andere prosodische Merkmale erfasst werden.

▸ *Skimming, reading for gist, scanning:* Das hochgelobte überfliegende Lesen *(skimming)* zur schnellen globalen Erfassung eines Textinhaltes ist für lernschwächere Schüler eine massive Überforderung. Die dazu nötige Lesetechnik wäre das Querlesen, und das ist wirklich nur bei begabten Lesern anzutreffen. Dazu wären mentale Prozesse auf höchster Ebene erforderlich, zum

Beispiel das Ergänzen umfassender Informationen anhand eines Stichworts oder eines Satzfragments, und das wäre nur möglich, wenn der Lesende über ein entsprechend umfangreiches thematisches und sprachliches Wissen und Können verfügt, also bereits lesekompetent ist. Ebenso wenig sind das Lesen zur groben Erfassung des Textinhalts *(reading for gist)* und das nach einer singulären Information im Text suchende Lesen *(scanning)* geeignet, die eine bereits ausgeprägte Lesekompetenz voraussetzen. *Scanning* ist nur in bestimmten Fällen möglich, etwa wenn man eine Abfahrzeit im Fahrplan oder eine Mengenangabe in einem Rezept herausfinden möchte.

▸ *Paired reading (Tandem-Lesen mit einem Tutor):* Die Lernenden lesen zusammen mit einem leistungsstärkeren Partner (Tutor) einen Text allein oder im Wechsel. Sie tauschen sich über den Inhalt, Aussprache und Verstehensschwierigkeiten aus, sprechen über Lesefehler und tragen schließlich als Nachweis ihrer schulischen Arbeit ihr Lernpensen in einen *reading log* (Lesetagebuch) ein. Diese Leseart sollte mit lernschwächeren Schülern häufig gepflegt werden, wofür sich auch der Förderunterricht bestens eignet.

▸ *Traffic lights reading:* Diese Methode ist für lernschwächere Schüler äußerst hilfreich. Sie lesen einen Text und halten dabei drei Farbstifte bereit. Mit dem grünen Stift unterstreichen sie alles, was sie verstanden haben. Mit dem gelben alles, wo sie unsicher sind und mit dem roten alle Stellen (Wörter, Sätze oder Satzteile), die sie nicht verstehen.

▸ *Lesen einer Ganzschrift (literarisches Lesen):* Die Schüler lesen überwiegend Schulbuchtexte, die sich zwar für die 45-Minuten-Taktung des schulischen Unterrichts eignen, aber ob ihrer Kürze kein strategisches Lesen unterstützen. Für leistungsschwächere Schüler ist eine Lektüre *(stage reader, simplified version)* aber auch möglich, wenn sie unter Berücksichtigung eines stark reduzierten Wort- und Strukturenschatzes und umfangreichen Verstehenshilfen ein lohnendes Leseerlebnis versprechen (und halten!). Lesen lernt man durch Lesen, am besten durch ein *reading for fun.*

3.4.3 Das Lesen üben

Schüler mit Leseschwierigkeiten lesen nicht gerne, weil sie es nicht können. Die Aussage „Ich lese nicht gerne" bedeutet immer: „Ich kann nicht richtig lesen". Oftmals sind die grundlegenden Techniken zum visuellen Erfassen von Textelementen oder Bedeutungseinheiten ebenso unvertraut wie das strategische Vorgehen beim Erlesen eines Textes. Wie sollen nun Leseübungen für Schüler mit Lernschwierigkeiten aussehen? Welche Verfahren haben sich im Unterricht bewährt? Wenn die Lesekompetenz sich als defizitär erweist, dann muss man auf die Ursachen zurückgehen und versuchen, diese zu beheben (siehe auch Abb. S. 80): Welche Übungen bieten sich für weniger leistungsstarke Schüler an?

Lesestrategien. Das Üben der wichtigsten Lesestrategien fördert die Entwicklung der nötigen Teilkompetenzen, deren Summe insgesamt die Lesekompetenz ausmacht. Was bietet sich beispielsweise zum Erlesen eines argumentativen Sachtextes an (Thema: *piercing*)? Der übliche Dreischritt in der Konzeption einer entsprechenden Lesestunde (oder Lesestunden) kann hier weiterhelfen: *Pre-reading activities – while-reading activities – post-reading activities.*

▸ *Pre-reading:* Die Schüler müssen wissen, warum sie einen Text lesen sollen: Vielleicht um andere Meinungen zum Problem zu erfahren, das gerade aktuell im Unterricht thematisiert wird *(Now let's read the text about piercing. What does the author say about piercing?)* In dieser Phase fragen sich die Schüler, ob ihnen der Text weiterhelfen kann (Erwartungshaltung aufbauen). Einstimmende Aktivitäten, wie das Aktivieren des thematisch vorhandenen Vorwissens *(What do we already know about piercing?)* und das Erinnern an relevante Redemittel (Wortschatz in Form einer *mind map*, gängige Strukturen) sind immer sehr hilfreich. Langweilige Texte ohne konkreten Bezug zur Lebenswelt der Schüler lassen keine Lesemotivation aufkommen und ermöglichen auch kein Leseerlebnis.

▸ *While-reading:* In dieser Phase wird still gelesen, und immer wieder werden die entnommenen Informationen mit den anderen Schülern der Gruppe diskutiert. Dafür steht der Text auf einem Arbeitsblatt zur Verfügung, auf dem sie zusätzliche Informationen eintragen können. Im Wechsel von stillem Lesen und inhaltlichem Sprechen dekodieren die Schüler unbekannte Wörter aus dem Textzusammenhang, unterstreichen oder heben wichtige Phrasen oder Textpassagen hervor, einigen sich über die Aussprache einzelner Wörter etc. Das individuelle Textverstehen wächst während der Gruppenarbeit weitaus schneller als dies bei der individuellen Textarbeit möglich wäre *(paired reading*, Lesetandems).

▸ *Post-reading:* In dieser Phase werden die von den Gruppen erlesenen Informationen ausgetauscht und das ursprüngliche Gespräch über piercing weitergeführt und abgeschlossen. Dies geschieht stark pragmatisch ergebnisorientiert, zum Beispiel durch die Erstellung einer *Pros-and-cons*-Tabelle.

Um das Lesen nicht zur Qual werden zu lassen, sollte man bei lernschwächeren Schülern auf die üblichen Anschlussprozeduren beim Erlesen eines Textes verzichten, also keine *summaries* und kein Nacherzählen, kein Grammatik- und Wortschatzexerzitium, keine Textsortentransformationen oder Veränderungen in der Erzählperspektive, kein lähmendes Beantworten von Fragen an den Text etc.

▸ *Sensibilisierung für Lesestrategien:* Die Einführen, Bewusstmachung und Anwendung von Lesestrategien und die Reflexion über deren Effektivität muss auch für Schüler mit Lernschwierigkeiten ins Unterrichtsprogramm aufgenommen werden. Am einfachsten geschieht dies durch ein *questionnaire* auf Deutsch, das auch etwas humoristisch sein darf, zum Beispiel:

Wie wird man ein guter Leser?

Dieser Fragebogen soll dir helfen, darüber nachzudenken, wie man am besten einen Text lesen kann. Kreuze an, was für dich zutrifft.

Name: _____

Datum: _____

	oft	manch-mal	nie
Vor dem Lesen eines Textes			
▸ lese ich die Überschrift, schaue mir das dazugehörende Bild an und denke darüber nach, um was es wohl gehen wird.	☐	☐	☐
▸ wische ich mir den Angstschweiß von der Stirn.	☐	☐	☐
▸ denke ich darüber nach, was ich zum Thema bereits weiß.	☐	☐	☐
Wenn ich auf ein unbekanntes Wort stoße,			
▸ versuche ich es aus dem Zusammenhang zu erschließen.	☐	☐	☐
▸ beachte ich es einfach nicht und lese weiter.	☐	☐	☐
▸ verliere ich sofort die Lust am Lesen.	☐	☐	☐
Während des Lesens			
▸ stelle ich mir die Personen und den Handlungsort vor.	☐	☐	☐
▸ habe ich immer Angst vor den späteren Verstehensfragen.	☐	☐	☐
▸ mache ich mir Gedanken, wie es weitergeht.	☐	☐	☐
▸ mache ich Pausen und spreche mit meinem Partner.	☐	☐	☐
Wenn ich etwas nicht verstehe,			
▸ unterstreiche ich die Stelle im Text.	☐	☐	☐
▸ breche ich in Tränen aus und höre auf zu lesen.	☐	☐	☐
▸ frage ich meine Mitschüler oder die Lehrkraft.	☐	☐	☐

81

Nach dem Lesen
▸ frage ich meinen Partner, was er alles verstanden hat. ☐ ☐ ☐
▸ brauche ich eine lange Erholungspause. ☐ ☐ ☐
▸ freue ich mich, dass ich doch einiges verstanden habe. ☐ ☐ ☐
Was könnte man noch tun, um ein besserer Leser zu werden?

_____

_____

_____

Die Lehrkräfte sorgen dafür, dass die durch das Lesen gewonnenen Informationen in das bereits dokumentierte Vorwissen der Schüler integriert werden (elaborative Lernstrategie), um so die Sinnhaftigkeit des Lesens zu untermauern (Schülerfrage: Kann ich nach dem Lesen mit dem Problem besser umgehen?).

Üben der physiologischen Abläufe. Lernstrategische Kompetenzen können nur angebahnt werden, wenn die grundlegenden physiologischen Prozesse stabilisiert sind. Die folgenden Maßnahmen haben sich bestens bewährt:
▸ *Blitzwörter:* Übungen zum ganzheitlichen Erfassen von Wörtern auf einem Blick. Die sekundenschnelle Präsentation erfolgt über OHP oder *flashcards*. Damit kann das serielle Abtasten von Einzelbuchstaben reduziert werden.
▸ *Wortpyramide:* Längere Wörter erraten lassen, wobei man mit dem Aufdecken der Pyramide von oben nach unten beginnt. Der Wettbewerb besteht darin, dass das Wort möglichst früh schon erkannt wird, zum Beispiel:

S
SU
SUP
SUPE
SUPER
SUPERM

Schüler: *Supermarket!*

▸ *Erweiterung der Fokusbreite:* Dazu kann man unterschiedliche Verfahren anwenden. Im ersten Beispiel bietet man den Schülern 2 Tiere an, jeweils eines rechts und links eines Fixierpunktes. Dazu ist eine Lochschablone notwendig, auf der die Folie am Overheadprojektor geschoben wird. Die Schüler haben nur 1 Sekunde Zeit, die Abbildung anzusehen. Sie sollen dabei aber nur auf den Fixierpunkt schauen und nicht nach links oder rechts auf die Tiere.

Dann wird die Anzahl der Tiere auf jeder Seite um 1 erhöht. Die Schüler müssen wiederholen, wie viele und welche Tiere sie gesehen haben, zum Beispiel:

Im zweiten Beispiel wird dasselbe Verfahren mit Satzfragmenten angeboten.

▸ Zergliederung eines Satzes in Verstehenseinheiten *(chunks)*:

chunk 1
I went to the supermarket

chunk 2
to get some bread.

Die Fokusbreite erfasst in der Regel 4 oder 5 Wörter und ist eine wesentliche Voraussetzung für ein effizientes Lesen. Um das Wortgruppenlesen zu erleichtern ist es günstig, einen Lesetext zunächst (1) in kleine Syntagmen zu gliedern, diese (2) dann zu verlängern und schließlich (3) zum normalen Text zu erweitern, zum Beispiel:

(1) *A Football Disaster*
Five passengers
were injured
when a coach
taking a group of Arsenal supporters
to the Cup Semifinal
crashed into a wall
in a small village.
The driver didn't want
to run over a cat
which was crossing the road.

(2) *A Football Disaster*
Five passengers were injured
when a coach
taking a group of Arsenal supporters
to the Cup Semifinal
crashed into a wall in a small village.
The driver didn't want to run over a cat
which was crossing the road.

(3) *A Football Disaster*
Five passengers were injured when a coach taking a group of Arsenal supporters to the Cup Semifinal crashed into a wall in a small village. The driver didn't want to run over a cat which was crossing the road.

- *Segmentierungsaufgaben,* zum Beispiel: *I went/to the supermarket/to get/ some bread.*
- *Wortschlangen/Wortspiralen gliedern* (das genaue Hinschauen üben), zum Beispiel *Heaskedmetohelphim.*
- *Fehlererkennung:* Die Schüler erkennen fehlerhafte Stellen *(error spotting)* oder ergänzen ausgelassene Wörter *(omitted words).*
- *Kurzzeitgedächtnisübungen* mit längeren Sätzen als tägliches *memory training.* Man bietet den Schülern Sätze in unterschiedlicher Länge an und testet deren Merkfähigkeit durch einfaches Nachsprechen:

  1 He entered the shop.
  2 He was wearing a black suit.
  3 He wanted to know what sort of mobile phone I would recommend.

- *Unfertige Sätze oder Textpassagen vervollständigen:* Die Schüler suchen das passende Satzende, zum Beispiel *I wanted to buy some sandwiches, but I had no …* (*… money on me*) (vgl. *Der fremdsprachliche Unterricht: Englisch,* Heft 100/101: *Lesekompetenz,* Seelze, 2009). Etwas umfangreicher sind die Übungen zum mentalen Vorauseilen *(predicting),* wie sie auch schon im Kapitel zum Hörverstehen beschrieben wurden.
- *Sammeln von englischen Beispielen aus der Lernumgebung (reading awareness),* zum Beispiel Werbung, Aufschriften, Filmtitel etc.

▸ *Spielerische Wortwiedererkennungs-Übungen,* zum Beispiel Domino, Snap oder Bingo.

▸ Die Anzahl an effektiven Übungen ist schier endlos. Die Aufgaben sollten so konzipiert werden, dass entweder eine kompetenznahe Anwendung des Leseverstehens per se auf dem momentan erreichten Niveau trainiert, eine Teilfertigkeit geübt oder auch eine basale Fähigkeit als Grundlage zum Aufbau der Lesetüchtigkeit eingeschliffen wird.

3.4.4 Überprüfung des Leseverstehens

Leider wird der Überprüfung des Leseverstehens traditionell mehr Gewicht beigemessen als der systematischen Übung von Teilkompetenzen zum Erwerb der Lesetüchtigkeit. Für die Einschätzung der individuellen Lernprofile der Schüler sind Überprüfungsprozeduren aber nicht zu umgehen. Die folgenden Lernstandskontrollmöglichkeiten sind für unsere Klientel passend:

▸ *Nonverbale Verfahren,* zum Beispiel Bilder in die richtige Abfolge bringen, Bild-Text-Zuordnungen (Welches Bild passt zu welchem Abschnitt?), Veränderungen der Bildinhalte vornehmen (Ergänzen, Wegstreichen, widersprüchliche Bildinhalte markieren, die nicht zum Text passen), Skizzen anfertigen, Tabellen *(grids)* ausfüllen, verwürfelte Sätze in die richtige Reihenfolge bringen, Sprech- und Denkblasen ausfüllen, *true-or-false-statements* zum Lesetext ankreuzen etc.

▸ *Einfache Verstehensfragen* primär inhaltlicher Art (referentielle Inhaltsfragen: *who, what, where, why, …*).

▸ *Bekundung des Verstehens in der Muttersprache:* Dies ist bei lernschwächeren Schülern ein durchaus akzeptables Verfahren.

▸ *Summaries beurteilen:* Die Schüler lesen ein Angebot von drei Inhaltszusammenfassungen und wählen davon die treffendste aus.

▸ *Alternative Textformate lesen:* Dieses Verfahren ist auch bei lernschwächeren Schülern äußerst beliebt. So gehört es zu den besten Verfahren zur Einschätzung der Lesekompetenz, wenn ein bekannter Text auch in unvollständigen Formen gelesen werden kann. Hierzu drei Beispiele, die unterrichtserprobt sind und bestens beurteilt wurden. Aus Platzgründen wählen wir einen etwas kürzeren Text, der im Unterricht bereits gelesen wurde (A). Die Aufgabe der Lernenden besteht darin, die drei Varianten ebenfalls lesen zu können. Beim Cloze-Verfahren (B) wird der 1. Satz vollständig vorgegeben. Ab dem 2. Satz ist jedes 7. (+/−1) Wort ausgelassen. Beim C-Test-Verfahren (C) ist bereits im 2. Satz jedes Wort nur zur Hälfte angegeben. Jedes Kästchen steht für einen fehlenden Buchstaben. Bei ungerader Buchstabenanzahl ist der vorgegebene Teil um einen Buchstaben kürzer. Bei der Variante „Verwürfelte Buchstaben" (D) ist immer wieder erfreulich, wie erstaunt die Lernenden über ihre Fähigkeiten zur Entschlüsselung des Textes sind. Bei allen Wörtern ist immer nur der 1. und der letzte Buchstabe am entspre-

chenden Ort, alle anderen dazwischen sind wild verwürfelt. Die Schüler können bei solchen Übungen erahnen, wie das Gehirn ein Wortbild wahrnimmt.

A Das Original

The old farmer and the young ladies
An old farmer had a large pond on his farm. Surrounded by apple trees, the pond
was really nice. It had some picnic tables by the water and was ideal for swimming.
One evening the farmer went to his pond with a big bucket to bring some fruit. As
he came nearer, he heard voices shouting and laughing. It was a bunch of beautiful
young women swimming naked in his pond. He made the women aware of his pre-
sence and they went to the deep end to shield themselves.
One of them shouted, "We're not coming out until you leave!"
The old man frowned and replied, "I didn't come down here to watch you ladies
swim naked." Holding the bucket up he said, "I'm here to feed the alligator."

B Das Cloze-Verfahren

The old farmer and the young ladies
An old farmer had a large pond on his farm. Surrounded by apple trees, the pond
(1) really nice. It had some picnic (2) by the water and was ideal (3) swimming.
One evening the farmer went (4) his pond with a big bucket (5) bring some fruit. As
he came nearer, (6) heard voices shouting and laughing. (7) was a bunch of beautiful young (8) swimming naked in his pond. (9) made the women aware of his
(10) and they went to the deep (11) to shield themselves.
One of them (12), "We're not coming out until you (13)!"
The old man frowned and replied, "(14) didn't come down here to watch (15) ladies
swim naked." Holding the bucket (16) he said, "I'm here to (17) the alligator."

C Das C-Test-Verfahren

The old farmer and the young ladies

An old farmer had a large pond on his farm. Surrounded b☐ apple tr☐☐☐, the po☐☐ was rea☐☐☐ nice. I☐ had so☐☐ picnic tab☐☐☐ by t☐☐ water a☐☐ was id☐☐☐ for swi☐☐☐☐.
One eve☐☐☐☐ the far☐☐☐ went t☐ his po☐☐ with a big buc☐☐☐☐ to br☐☐☐ some fr☐☐☐. As h☐ came nea☐☐☐, he he☐☐☐ voices shou☐☐☐☐ and laug☐☐☐☐. It w☐☐ a bu☐☐☐ of beau☐☐☐☐☐ young wo☐☐☐ swim☐☐☐☐ naked i☐ his po☐☐. He ma☐☐ the wo☐☐☐ aware o☐ his pres☐☐☐☐ and th☐☐ went to the de☐☐ end to shi☐☐☐ thems☐☐☐☐☐.
One o☐ them sho☐☐☐, "We're n☐☐ coming o☐☐ until y☐☐ leave!"
T☐☐ old m☐☐ frowned a☐☐ replied, "I did☐☐☐ come he☐☐ to wa☐☐☐ you lad☐☐☐ swim na☐☐☐." Holding t☐☐ bucket u☐ he sa☐☐, "I'm he☐☐ to fe☐☐ the alli☐☐☐☐☐."

D Verwürfelte Buchstaben

The old farmer and the young ladies

An old fmerar had a lgare pnod on his fram. Snudroerud by aplpe teres the pnod was rlealy ncie. It had smoe pnicic tleabs by the weatr and was iaeadl for snmimwig. One enivneg the fmerar wnet to his pnod wtih a big bkecu to bnirg smoe furit. As he cmee nerear, he hedar viecos shtinoug and lnghauig. It was a bncuh of befuautil yonug weomn snmimwig nkead in his pnod. He mdae the wmemon arwae of his prneecse and tehy wnet to the deep end to seilhd tmsvheeles.
One of tehm sutehod, "We're not cionmg out uiutl you lavee!"
The old man fworend and rpeleid, "I dndi't cmoe dwon hree to wcath you liedas siwm nekad." Hilndog the bkecut up he siad, "I'm hree to feed the agatollir."

3.4.5 Schülergerechte Textbeurteilung und Lernfortschrittsdokumentation

Erledigte Leseaufgaben müssen dokumentiert werden (Eintrag ins Lesetage-buch). Ferner sollte den Lernenden die Möglichkeit zur persönlichen Quali-tätseinschätzung eingeräumt werden. Auch lernschwächere Schüler – und ge-rade diese – bekommen dazu einen entsprechenden Beurteilungsbogen zum Ausfüllen, der auch zur Selbsteinschätzung tauglich ist. Fremdeinschätzungen zu verstehen und darauf entsprechend zu reagieren ist ohne die Fähigkeit zur Selbsteinschätzung nicht möglich. Die beiden folgenden Beispiele zielen dar-auf ab.

Textbeurteilung *The Old Farmer and the Young Ladies*

Name: _____

Datum: _____

Wie fandest du den Text?
☐ lustig   ☐ geht so   ☐ weniger lustig

Der Text war
☐ sehr leicht   ☐ okay   ☐ zu schwierig

Anzahl der neuen Wörter war
☐ erträglich   ☐ etwas zu hoch   ☐ viel zu hoch

Manche Sätze waren
☐ schwer, aber zu verstehen   ☐ kaum zu verstehen   ☐ nicht zu verstehen

Meine Gesamtbeurteilung des Textes:
☐ sehr gut   ☐ gut   ☐ geht so   ☐ weniger gut   ☐ nicht gut

Meine Fortschritte beim Lesen

Angst vor dem Lesen habe ich
☐ nicht mehr   ☐ jetzt weniger   ☐ immer noch

Die Bedeutung unbekannter Wörter
☐ finde ich allein   ☐ finde ich manchmal   ☐ finde ich nicht

Das Lesen in der Gruppe finde ich
☐ sehr gut   ☐ gut   ☐ nicht gut

Ich kann den Inhalt auf Deutsch wiedergeben
☐ sehr gut   ☐ geht so   ☐ nicht gut

Mein Lesetempo ist
☐ jetzt höher   ☐ jetzt etwas höher   ☐ zu langsam

Das Nacherzählen einer Geschichte ist für mich
☐ nicht schwer   ☐ nun etwas leichter   ☐ noch schwer

3.4.6 Methodisch didaktische Prinzipien für den Leseunterricht

Das Erlesen von fremdsprachlichen Texten bereitet Schülern mit Lernschwierigkeiten oftmals erhebliche Probleme, die eine latent vorhandene Leseunlust verstärken können. Die folgenden Prinzipien sollten deshalb beachtet werden:

▸ Lesetexte müssen den Leseinteressen der Lernenden entsprechen, das heißt, sie müssen interessant, spannend, kurz und sprachlich an die Leistungsdispositionen der Schüler angepasst sein und dürfen nicht „zerredet" werden (zum Beispiel durch zahlreiche *questions on the text*).

▸ Die Texte sollten sprachlich nicht vollständig vorentlastet werden, da sonst die erwünschte Dekodierungsfähigkeit der Schüler unterbunden wird. Die Erschließung der Bedeutung eines bis dato unbekannten Wortes aus dem Textzusammenhang ist auch für weniger leistungsstarke Schüler eine sich lohnende und motivierende Aufgabe. Selbstverständlich muss die Anzahl der „neuen Wörter" gering sein.

▸ Das laute Vorlesen von unbekannten Texten durch die Lernenden ist eine unverantwortliche Überforderung. Lautes Vorlesen ist nur mit bekannten Texten zur Schulung der Prosodie möglich.

▸ Das natürliche Lesen ist die stille Informationsentnahme aus Texten.

▸ Das gleichzeitige Hören und Lesen führt zu Kollisionen der kanalspezifischen Informationsverarbeitungsmodi und kann nur für die Ausspracheschulung eingesetzt werden (Artikulation, Intonation, Prosodie).

▸ Für eine genuine Lese- und Textarbeit eignet sich das Schulbuch nicht, denn der Lernende darf darin weder etwas farbig hervorheben, unterstreichen, deutsche Bedeutungen an den Rand schreiben, Pfeile ziehen oder „Bildchen" malen. Einen Lehrbuchtext, der von den Verlagen in der Regel auch auf CD angeboten wird, sollte man deswegen auf ein Arbeitsblatt übertragen und in der entsprechenden Formatierung die Möglichkeiten zu einer genuinen Textarbeit nutzen. Das könnte nach der Bearbeitung durch einen Schüler dann etwa so aussehen (Beispieltext aus: *Let's go 3*, Stuttgart: Klett, 2006, S. 57):

A bad idea!

Ladentisch

A man called Fred Wilder entered a doughnut shop in a small village in Arkansas. He put a pillowcase over his head and shouted at the man behind the counter to give him all the money. Then Wilder realized that something wasn't right – he had forgotten to cut eyeholes in his pillowcase!

Kopfkissenbezug

bemerken
forget/forgot/forgotten

	So he raised it a bit to see what he was doing. One of the other people in the	*raise: hochschieben*
erkennen	shop recognized Wilder when he did this and later told the police his name. The police found him and sent him to prison. His story was in all the newspapers and the whole nation	
dummy = idiot	laughed at him – what a dummy!	

▸ Lesetexte sollten eine wohldurchdachte Bildbegleitung aufweisen, die den Dekodierungsprozess unterstützt, zum Beispiel Szenenbilder, Abbildungen der handelnden Personen, Skizzen, grafische Darstellungen etc.

▸ Das Lesen literarischer Texte ist für leistungsschwächere Schüler möglich, wenn diese (1) von den Schülern selbst ausgewählt werden dürfen (einen limitierten Kanon an geeigneten Lektüren anbieten), (2) entsprechend vorbereitet werden (landeskundliche Grundinformationen, kurze Leseaufträge), (3) begleitende Visualisierungen bereitstehen (Bilder, Skizzen etc.), (4) wenn der Handlungsablauf einfach in linear angeordneten Episoden verläuft, (5) wenn der Wort- und Strukturenschatz dem Lernjahr entspricht, (6) und wenn der Text allein oder in Gruppen oder durch das lehrerseitige Vorlesen in einem limitierten Zeitumfang erarbeitet werden kann. Auch das Lesen von deutsch-englischen Krimis macht den leistungsschwächeren Schülern großen Spaß. Hierbei handelt es sich um recht ungewöhnliche Lektüren, die nur die gesprochenen Sätze auf Englisch anbieten und alles andere (Narration) auf Deutsch erzählen, zum Beispiel:

> Britta schaute sich um, aber ihr Vater war nirgends mehr zu sehen. Britta atmete durch und ging zu ihrem Gate. Sie hielt der Frau im blauroten Kostüm ihre Bordkarte hin. *„Ah, you must be Britta Schaub"*, sagte die Stewardess erfreut. *„Your father has booked the meet and assist service for you"*.
> Britta war einerseits erleichtert, andererseits wütend. Ihr Vater traute ihr wirklich nichts zu.
> (*Aus:* Holiday Job: Detective!, *Hartmann 2005, S. 6*)

▸ Die Anlage einer Klassenbibliothek sollte ernsthaft verfolgt werden. Darin werden auch Textgenres eingestellt, die bis dato den Weg in die Schule nicht gefunden haben, auf dem Büchermarkt allerdings sehr erfolgreich sind, zum Beispiel die *graphic novels*. Der Begriff bezeichnet ein Comic im Buchformat, der sich aufgrund des thematischen Anspruches und der narrativen Komplexität vom normalen Heftcomic unterscheidet. Es lohnt sich, die Angebote genauer anzusehen und abzuwägen, was sich für den Leseunterricht mit lernschwächeren Schülern eignen würde *(graphic novels for kids)*.

Alle Bemühungen seitens der Lehrkräfte haben eigentlich nur ein Ziel, die Freude am Lesen eines fremdsprachigen Textes zu erhöhen und verlustig gegangene Lesemotivation zu reanimieren.

3.5 Schreiben und schriftliche Interaktion

Das Schreiben gehört zu den hochkomplexen Kulturtechniken und ist für die heranwachsende Persönlichkeit von unschätzbarer Bedeutung. Es ist deshalb unumgänglich, dass in allen Schularten und bei allen Schülern auf eine leistungsprofilgerechte und im Anspruchsniveau fortschreitende Entwicklung der Schreibkompetenz geachtet wird, auch im Fremdsprachenunterricht. Die oftmals zitierte Annahme, dass sich der Schreibbedarf in unserer Telekommunikationsgesellschaft reduziere, ist unrealistisch, denn es wird mehr geschrieben als je zuvor: per E-Mail, Blog, Twitter, Facebook oder Chat. Die Möglichkeiten der Kommunikation über das Internet sind zahllos. Wie soll nun ein Schreiblehrgang für Schüler aussehen, die beim Fremdsprachenerwerb nicht unerhebliche Lernschwierigkeiten aufweisen, aber dennoch ein Mindestmaß an Schreibkompetenz entwickeln sollten?

3.5.1 Psycholinguistische Grundlagen des Schreibens

Der Schreibprozess, in der Mutter- wie in der Fremdsprache, basiert auf automatisierten synaptischen Schaltkreisen, die sich während des Schreibvorgangs beständig modifizieren. Der Schreibende trifft laufend Entscheidungen über seine Schreibintentionen, über den adressatengerechten Umfang an Informationen, über die Textsortenspezifik, über Diktion und Register, über die erhoffte Verstehenstiefe und das Weltwissen des Adressaten, über die Länge und Komplexität der Sätze, über die Wortwahl und anderes. Von herausragender Bedeutung sind ferner die emotionale Beteiligung des Schreibers, die gemeinsamen Wissensbestände von Textproduzent und Textrezipient und natürlich die Beherrschung der wichtigsten Texthandlungsmuster, die durch sein Argumentationsgeschick, durch seine Diskurstüchtigkeit, durch seine Fähigkeiten zur Dramaturgie etc. zum Ausdruck kommen. Zum Ende des schulischen Schreiblehrgangs über die Jahre hinweg sollen die Schüler über ein gesichertes Maß an Schreibkompetenzen verfügen und in den Bereichen der Planungsfähigkeit, der Gestaltungsfähigkeit (sprachlich-stilistische Mittel) und der Fähigkeit des Überarbeitens (Rückkoppelung zwischen dem momentan vorliegenden Textprodukt und dem Zieltext) einigermaßen geübt sein. Dies schließt auch die Freude am kreativen Umgang mit der Schriftlichkeit mit ein. Welche Zielvorstellungen sind nun für unsere Klientel erreichbar und wo verlaufen die Grenzen?

3.5.2 Das Schreiben im Englischunterricht

Die Schreibanlässe und Schreibabsichten im Alltag sind zahlreich und können nicht alle im Fremdsprachenunterricht vertreten sein. Die folgenden Kategorien sind in Schulbüchern am häufigsten zu finden und oftmals auch curricular verordnet:

▶ *Schreiben, um etwas zu lernen oder zu behalten (writing to learn): Copying from the board, taking a dictation, taking notes while reading/listening, filling in questionnaires or worksheets (exercises in the workbook), writing a summary, taking new words down, written mediation.* Das Schreiben wird hier in Form von Arbeits- und Mnemotechniken bedeutungsvoll. Die psychomotorisch gesteuerten Schreibbewegungen tragen zur mentalen Mehrfachkodierung der Wortbilder bei und steigern somit die Behaltensleistung erheblich. Im Gegensatz zur mündlichen Sprachproduktion steht dem Schreiber mehr Zeit zur Generierung von Äußerungen und deren Modifikation zur Verfügung.

▶ *emotives Schreiben (emotive writing to convey feelings):* zum Beispiel alle Arten von *greeting cards, Valentine poems, rhymes.*

▶ *informatives Schreiben (writing to convince):* Auch hier gibt es recht variantenreiche Anlässe, zum Beispiel *letter of application, curriculum vitae (CV), descriptions of people, places, activities, objects and pictures, filling in forms.*

▶ *argumentatives Schreiben (writing to persuade somebody):* zum Beispiel *composition, essay, commend, letter of complaint/request/excuse, pros & cons.*

▶ *unterhaltsames/kreatives Schreiben (writing to entertain):* zum Beispiel *writing a report, writing alternative versions of fairy tales, horoscopes, slogans, role-play, four-item-stories, short poems, diaries, writing dialogues, letters to the Agony Aunt* (Kummerkastentante).

▶ *Schreiben zum Erhalt persönlicher Kontakte (writing to keep in touch with someone/phatic writing):* zum Beispiel *personal letters, postcards, e-mails, chats, blogs, Twitter, Facebook.*

Für Schüler mit Lernschwierigkeiten werden die Schreibaktivitäten privilegiert nach diesen Kriterien ausgewählt: Häufigkeit und Wahrscheinlichkeit der Textsorte im Alltag, nach der berufsbezogenen Relevanz bzw. Realitätsnähe, nach der Machbarkeit im Unterricht (erforderliche Zeitspanne, sprachliche Mittel) und nach den Möglichkeiten für eine kreative Sprachförderung (Freisetzung von Fantasie).

Das Schreiben in der Grundschule. Die Rolle des Schreibens wird in der Grundschule immer noch sehr emotional und nicht minder kontrovers diskutiert. Die etwaigen Vor- und Nachteile umfassen eine Palette von Argumenten, die von der totalen Ablehnung (Interferenzproblem zwischen dem Laut- und Schriftbild, noch ungesicherte Rechtschreibkompetenz in der Muttersprache) bis zur uneingeschränkten Befürwortung reichen (Vermeidung von individuellen riskanten Schreibversuchen nach den gewohnten muttersprachlichen Phonem-Graphem-Beziehungen, zum Beispiel *Ei häf a Börd). Im Allgemeinen hat sich jedoch auf der Wort- und Satzebene ein gering kognitiv ausgerichteter Einsatz des reproduktiven Schreibens als lernunterstützend bewährt. Schreibaktivitäten auf der Wortebene sind:

▸ die Schüler darauf aufmerksam machen, dass ein und derselbe Laut im Englischen verschieden geschrieben wird, zum Beispiel [iː] in *see, sea, key, me, people, ceiling* (vgl. Kapitel 4.1.5),

▸ Wörter von der Tafel abschreiben und alphabetisch ordnen, Einkaufslisten erstellen, ein Wörterheft gestalten oder Bildkarten entwerfen (Bild und Schrift), Wörter klassifizieren (zum Beispiel *animals: wild animals, farm animals, pets*), bildgesteuerte Kreuzworträtsel ausfüllen, Wörter und Bilder richtig zuordnen (Domino, Memory), entdeckte Wörter aus der Lebenswelt der Kinder aufschreiben etc.

Schreibaktivitäten auf der Satzebene sind:

▸ Das *Me-Book* ausfüllen *(a book about me)*, zum Beispiel:

ME-Book for _____

This is me:

My name is _____

I'm _____ years old.

I'm _____ centimeters tall.

I weigh _____ kilograms.

My hair is _____.

I've got _____ sister(s) and _____ brother(s).

I've got a _____ for a pet.

My hobby is _____.

▸ vorgegebene kurze Äußerungen in die noch leeren Sprechblasen der abgebildeten Personen eintragen,

▸ Bildunterschriften *(writing captions)* zu persönlichen Fotos anbringen, zum Beispiel *This is my dog Benny*.

Einige der zahlreichen grundschulspezifischen Aktivitäten können und sollten in der Sekundarstufe I fortgeführt werden.

Schreiben in der Sekundarstufe I – das Grundsätzliche. Es werden hier zunächst die Grundsätze beschrieben, die jeder Schreibunterricht mit leistungschwächeren Schülern beachten sollte.

▸ *Schreibmotivation gezielt aufbauen:* Grundsätzlich darf das Schreiben nicht isoliert betrieben werden, sondern bedarf einer sinnvollen situativen Einbettung. Dies ist in der Integration mit anderen *skills* durchaus möglich (vgl. Kapitel 3.7). Man braucht interessierte Leser für sein Schreibprodukt *(reading)*, man wird darüber sprechen *(speaking)*, das Schreibresultat evaluieren *(evaluating)* und Rückmeldungen an den Schreiber anbieten. Besonders leistungsschwächere Schüler benötigen ein klares Feedback, das ihre Unsicherheit in der Bewertung der eigenen Leistungsfähigkeit abbaut. Das Schreiben darf nur an den Textsorten geübt werden, die eine Beziehung zur konkreten Erlebniswelt der Lernenden herstellen. Literarisches Schreiben, nicht relevante Themen oder gar Textsortentransformationen (zum Beispiel einen Dialog in eine Erzählung umwandeln) entfallen ersatzlos.

▸ *Einsicht in das Textgenre:* Im Sinne des bedeutungsvollen generischen Lernens muss der Lernende zunächst Einsicht in ein Textgenre bekommen, das heißt, er soll erkennen, dass ein bestimmtes Textgenre immer auch eine bestimmte textuelle Strukturierung aufweist. So sind beispielsweise ein Brief oder ein Bewerbungsschreiben immer nach einem bestimmten Muster aufgebaut (generische Form), mit dem der Lernende zuerst vertraut gemacht werden sollte. Die generische Form ist auch die Basis des zu vermittelnden strategischen Vorgehens bei der Erstellung einer schriftlichen Arbeit, zum Beispiel *Writing an e-mail*:

From:	Lena Smith
To:	Emma Häffner
Cc:	
Subject:	holidays
Date sent:	Jan 15, 2012, 11:30

Anrede	Dear Emma,
Eröffnung	thanks a lot for your e-mail. I was so happy to have news from you in my box. It's really great that you can stay with us in August. All of us are looking forward to seeing you.
Planung	How long can you stay? At the end of August we are going to the seaside in our caravan. You can come with us. Don't forget your swimming stuff.

Abschluss	I hope everything will be okay.
	I'm looking forward to seeing you.
Grüße	Give my regards to your family.
	Best wishes,
	Yours,
Unterschrift	Lena
Postskriptum	P.S. Please write soon so that my parents and I can plan ahead.

Mithilfe von mehreren Beispielen (erhöhter Textinput) wird den Schülern das Textgenre „Brief/Einladung" immer vertrauter und sie können bei ihrer späteren Textproduktion relativ schnell nach diesem Muster verfahren.

3.5.3 Den Schreibprozess gestalten *(process writing)*

Das Schreiben eines Textes erfordert ein Operieren mit Gedanken, die schriftlich ausgedrückt werden sollen. Man beginnt also nicht sofort mit der Niederschrift, sondern mit der gemeinsamen Erarbeitung eines Ablaufschemas, das später als Schablone für ähnliche Aufgaben fungiert. Es geht hier also nicht nur um die Struktur eines Textes, sondern um die prozessualen Abläufe in der Erstellung desselben. Um den sozialen Aspekt des Fremdsprachenlernens auch hier zu unterstreichen, muss nochmals darauf hingewiesen werden, dass jeder Schüler in der Gruppenarbeit individuell mehr lernt als in der Einzelarbeit. Diese Sozialform des Lernens hat auch für die Lehrkräfte erhebliche Vorteile. So muss man am Ende einer Schreibübungsphase bei einer Klassenstärke von 30 Schülern keine 30 Textprodukte mehr bearbeiten und bewerten, sondern nur 6 bei einer Gruppenstärke von 5 Schülern – ein beachtlich geringerer Zeitaufwand! Für die Phasierung der Schreibarbeit bietet sich die folgende Schrittigkeit an (Thema: Erstellung einer Einladung zu einer Party):

▸ *Step 1 – planning:* Die Schüler planen den Inhalt. Sie überlegen, wem sie diese Einladung zuschicken (Freunde) zu welchem Zweck (Organisation) und reaktivieren die Merkmale des bereits bekannten Textgenres (Anrede, Eröffnung, Planung, Abschluss, Grüße, Unterschrift, Postskriptum).

▸ *Step 2 – brainstorming:* Sie überlegen sich nun, was in einer Einladung alles vorkommen muss und erstellen dafür eine *mind map:*

▸ *Step 3 – drafting:* Die Schüler bringen die Ideen in eine sinnvolle Reihenfolge:
  – Nenne den Anlass, den Ort, Datum, Beginn und Ende.
  – Braucht man eine Zusage oder Absage?
  – Kann jemand übernachten?
  – Sollen Geschenke mitgebracht werden?
  – Soll etwas zur Unterhaltung mitgebracht werden?
  – Ist eine Wegbeschreibung oder eine Busverbindung nötig?
▸ *Step 4 – writing the first version:* Die Schüler schreiben nun die erste Fassung zusammen mit allen Mitschülern in der Gruppe nieder.

Dear, …
I'm having a party on …
Etc.

Hierbei können einzelne Schüler bestimmte Aufgaben übernehmen:

S1: Grammar Master: kümmert sich um die sprachliche Richtigkeit
S2: Vocab Master: kümmert sich um die nötigen Wörter
S3: Spelling Master: überwacht die Rechtschreibung
S4: Layout Master: kümmert sich um eine gefällige Gestaltung
S5: Writer: schreibt die Einladung in „Reinform"

▸ *Step 5 – editing:* Die gemeinsam erarbeitete Einladung wird nun nach Inhalt und sprachlicher Richtigkeit in der Gruppe überprüft. Dabei werden Unsicherheiten hinterfragt, Verbesserungen eingetragen und andere Gruppen um Korrekturlesen gebeten.

▸ *Step 6 – writing the final version:* Schließlich wird vom Schreiber unter beständiger Beratung der Gruppenmitglieder eine *final version* erstellt. Dies geschieht entweder noch im Unterricht bei ständiger Hilfe und Beratung durch die Lehrkraft oder als singuläre Aufgabe für den *writer* auch zu Hause mit dem Computer. Der damit beauftragte Schreiber versucht auch, die gestalterischen Vorschläge aus der Gruppe umzusetzen (unterschiedliche Schriften, Zierrahmen, Kleinbilder).

Passend zur jeweiligen Aufgabe stehen den Lernenden entsprechende Redemittel zur Verfügung. Bei lernschwächeren Schülern müssen die Hilfen *(scaffolding)* ausreichend umfangreich sein, und sie werden im Verlauf des Schreiblehrgangs nur langsam zurückgenommen. Diese „Gerüste" liefern inhaltliche, sprachliche, aber auch textspezifische Informationen. Als besonders merkfähig haben sich Satzanfänge und idiomatische Strukturen erwiesen, die problemlos gespeichert werden können (sprachliche Informationen), zum Beispiel:

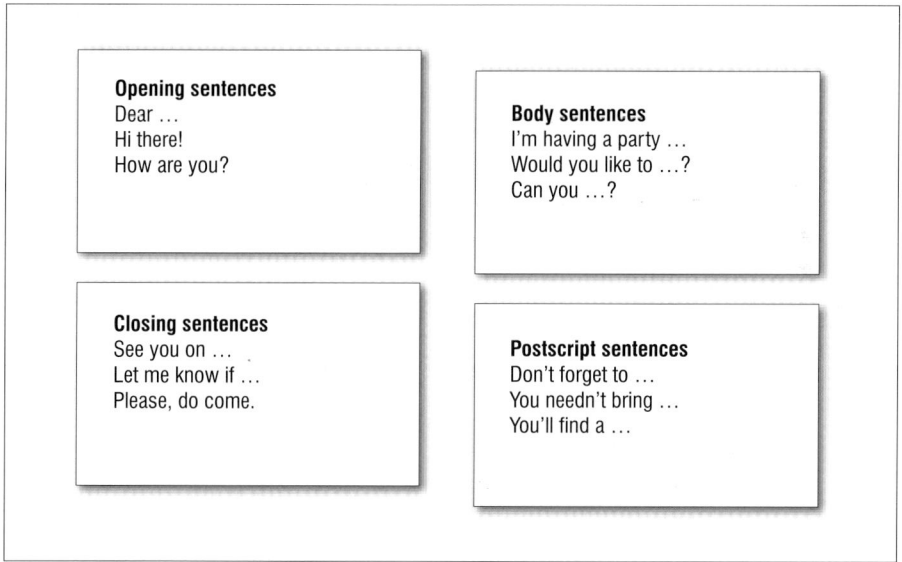

Opening sentences
Dear …
Hi there!
How are you?

Body sentences
I'm having a party …
Would you like to …?
Can you …?

Closing sentences
See you on …
Let me know if …
Please, do come.

Postscript sentences
Don't forget to …
You needn't bring …
You'll find a …

Diese Redemittel werden auf Karteikarten gesammelt und stehen den Schülern beliebig zur Verfügung. Aus der konkreten Unterrichtserfahrung ist bekannt, dass viele Lernende nicht in der Lage sind, eine schriftliche Aufgabe völlig frei, kreativ und freudvoll zu erledigen. Lernprozessbegleitende sprachliche und strategische Hilfen sind deshalb fraglos notwendig.

97

3.5.4 Evaluierung der Schreibprodukte

Die Fähigkeit zur Beurteilung selbständig erbrachter Leistungen (Selbstevaluation) ist die Voraussetzung zum Verstehen einer Fremdevaluation. Ein Lernprozess bleibt ohne die konsolidierend wirkende Werteinschätzung des erworbenen Wissens bzw. ohne die Transparenz des prozeduralen Erwerbs unfertig. Die Evaluierung der schriftlichen Arbeiten geschieht einerseits durch die Lehrkraft und andererseits durch die Schüler selbst, wobei diese entweder das Elaborat von Mitschülern (einzeln oder Gruppen) begutachten oder eine kritische Selbsteinschätzung ihrer persönlichen Leistung vornehmen.

Evaluierung durch die Lehrkraft. Die verwendeten Kriterien werden einfach und transparent formuliert und dürfen auf keinen Fall eine unverständliche Metasprache enthalten. Zur Formulierung der Kriterien lassen sich die Deskriptoren dem gemeinsamen europäischen Referenzrahmen entnehmen. Ebenso können die zahlreichen Kompetenzbeschreibungen aus den Kernlehrplänen verwendet werden. Ein zu detailliertes Beurteilungsverfahren, das den Wortschatzumfang *(active word power)*, die Komplexität der verwendeten Strukturen, die Kohärenz (inhaltlicher Zusammenhang), die Kohäsion (syntaktische Beziehungen im Text), die Diktion (registerbezogene und themengerechte Auswahl der Redemittel), die Idiomatik oder gar den Diskurs (zielorientierte Reihung der Argumente) umfassen, sind für Schüler mit Lernschwierigkeiten weniger geeignet.

Evaluierung von Schülern durch Schüler. Zur Evaluierung schriftlicher Leistungen werden für lernschwächere Schüler primär die Kriterien angewendet, die zum einen den Inhalt per se und dessen Organisation beschreiben (Abfolge von Informationseinheiten) und zum anderen die Verständlichkeit der Sprache beurteilen. Dazu bieten sich relativ einfache Beurteilungsbögen *(evaluation sheets)* an, die sich zielgerichtet auf die jeweilige Schreibaufgabe ausrichten. Es gibt dafür eine Fülle an geeigneten Verfahren, die man zielgenau auf die jeweilige Lerngruppe ausrichten kann. Wenn man diese Evaluierungsprozeduren häufiger durchführt, können die Kriterien durchaus auch auf Englisch ausformuliert werden. Im Falle des genannten Einladungsschreibens könnte das dann etwa wie auf S. 99 oben aussehen (je nach Leistungsprofil auf deutsch oder englisch).

Selbsteinschätzung. Neben der Fremdbeurteilung von schriftlichen Leistungen durch die Lehrkraft ist es sinnvoll, die Schüler immer stärker zu motivieren, ihre individuellen Leistungen selbst einzuschätzen. Aus der Lernpsychologie ist bekannt, dass diese Fähigkeit eine der grundlegendsten Voraussetzungen für das selbständige Lernen darstellt (autonomes/autodidaktisches Lernen). Die Selbsteinschätzungsbögen sind einfach zu erstellen, denn man verwendet grundsätzlich die sogenannten *Can-do*-Statements, wie im Beispiel S. 99 unten gezeigt.

Evaluation Sheet

Task: Writing an Invitation

Date: _____

1 Evaluate the work of group _____ by using a scale from 1 (no)
   to 3 (yes).

	1	2	3
• opening salutation	☐	☐	☐
• occasion	☐	☐	☐
• day	☐	☐	☐
• end	☐	☐	☐
• address	☐	☐	☐
• how to get there	☐	☐	☐
• clothing	☐	☐	☐
• asking for reply	☐	☐	☐
• closing sentence	☐	☐	☐
• closing salutation	☐	☐	☐
• postscript	☐	☐	☐

2 Evaluate the work of group _____ by using a scale from
   1 (poor) to 3 (above average).

	1	2	3
• correctness	☐	☐	☐
• spelling	☐	☐	☐
• layout	☐	☐	☐
• overall	☐	☐	☐

Selbsteinschätzung

Aufgabe: Writing an Invitation

Datum: _____

So schätze ich mich selbst ein auf einer Skala von 1 (kann ich
noch nicht) bis 3 (kann ich schon).

	1	2	3
• Ich kann sagen, was alles in einer Einladung stehen muss.	☐	☐	☐
• Ich kann einen Plan aufstellen.	☐	☐	☐
• Ich kann eine Einladung allein schreiben.	☐	☐	☐
• Ich kann mir fehlende Wörter selbst besorgen und mit einem Wörterbuch richtig umgehen.	☐	☐	☐
• Ich kann zusammen mit einem Partner mein Einladungsschreiben verbessern.	☐	☐	☐
• Ich kann eine Einladungskarte schön gestalten.	☐	☐	☐

Der Selbsteinschätzungsbogen wird anschließend ins Portfolio oder ins Lerner-strategieheft eingeklebt und mit der Lehrkraft besprochen (Vergleich zwischen der Selbsteinschätzung und der Fremdevaluation). Selbstverständlich ist dies nur in einem verständnisvollen und damit konstruktiven Gespräch möglich.

3.5.5 Übungsformen zum Schreiben

Hierzu ist in den Lehrwerken ein umfangreiches Angebot auf der Wort- und Satz-ebene zu finden, weniger allerdings auf der Textebene. Die folgenden Übungs-formen haben sich für leistungsschwächere Schüler als sehr effektiv erwiesen.

Schreibkreativität im Unterricht. Kreativität, Einfallsreichtum und Witz sind auch bei weniger leistungsstarken Schülern vorhanden, wenn man ihnen in ei-ner entspannten Klassenzimmeratmosphäre dazu ausreichend Gelegenheit bie-tet. Einige Beispiele, die sich im Unterricht bestens bewährten:

▸ *Kreative emotional betonte Satzproduktion:* Die Schüler schreiben gerne ein Akrostichon, denn diese Schreibtätigkeit bietet ihnen die Möglichkeit, Emo-tionalität auszudrücken. Sie bekommen ein Wort oder einen Begriff vorge-geben (oder wählen auch selbst) und schreiben zu den Anfangsbuchstaben einen jeweils passenden Satz, der ihre Gefühle zum Ausdruck bringt. Ein po-sitives und ein negatives Gefühl zum Beispiel:

H   ot weather every day.
O   range juice with ice cubes.
L   ying on the beach with my friends.
I   ce-cream for breakfast.
D   ancing the night away.
A   ttractive girls on the beach.
Y   ellow sun above.
S   taying up late.

T   errible stress before, while and after.
E   leven points out of 100. What a shame!
S   erious problems at home if it goes wrong.
T   rue or false tests are great!

▸ *Kreatives Vervollständigen von Texten:* Für leistungsschwächere Schüler bieten sich zahlreiche Textsorten an, die allerdings methodisch anders als beim gewohnten schulischen Vorgehen aufbereitet werden. So müssen die-se Schüler nicht ganze Produkte erstellen (zum Beispiel einen Werbeslogan schreiben), sondern nur Veränderungen bzw. Ergänzungen an vorgegebe-nen Texten vornehmen (zum Beispiel einen Werbeslogan verändern oder erweitern). Die folgenden Aufgaben und Textsorten haben sich unterrichtspraktisch bewährt: Das Zu-Ende-Schreiben einer *open ended story*, das Verändern von Horoskopen für Mitschüler oder Lehrkräfte (sehr beliebt), das Ausfüllen von Sprechblasen als sprachliche Reaktion zu vorgegeben Äußerungen, zum Beispiel:

▸ Weitere erfolgversprechende Möglichkeiten zur kreativen Sprachanwendung sind Streitgespräche *(writing arguments*, zum Beispiel zwischen Vater und Kindern), wobei allerdings nur die Reaktionen der Kinder ausformuliert werden. Auch das Erstellen von Broschüren im Projektunterricht ist empfehlenswert, wenn es sich um das Ausformulieren von einfachen *captions* (Bildunterschriften) handelt. *Gap poems* vervollständigen, Kreuzworträtselfragen formulieren, eine Rolle eines Dialogpartners übernehmen *(completion of a dialogue/defective dialogue)*, Anweisungen für ein *board game* schreiben (zum Beispiel *You've just broken a cap; Go back to square 3*), Schreiben an die Kummerkastentante bzw. Beantworten von Problemen in der Rolle einer Kummerkastentante, Schreiben von lustigen Entschuldigungen (zum Beispiel *My son/daughter couldn't come to school yesterday, because ...*), ein Kochrezept verfassen oder eine Geschichte zu vorgegebenen Gegenständen schreiben, die darin vorkommen müssen, zum Beispiel eine *Three item story*:

▸ Eine sehr kreative Gruppenarbeit wird durch eine unvollständige Erlebniser-
   zählung ausgelöst, bei der sowohl das Ende als auch der Anfang fehlen, zum
   Beispiel:

A Skiing Accident

Who? _____

Where? _____

When? _____

What happend? _____

Mary started to cry. She couldn't move her left foot anymore.

It was getting dark and nobody was on the piste anymore.

The lift stopped and there we sat in the snow. There was no

one around us. "What can I do?" I asked myself.

End _____

_____

_____

_____

Grundsätzlich müssen die folgenden Bedingungen für die Erstellung einer län-
geren schriftlichen Arbeit erfüllt sein:
▸ Die Schüler benötigen umfangreichen Input, das heißt, es müssen mehrere
   Beispiele vorgegeben und besprochen werden.
▸ Die ersten Schreibversuche können sich stark an einer Vorlage ausrichten,
   indem die Schüler nur individuelle Veränderungen vornehmen, das heißt,
   sie schreiben beispielsweise einen *parallel dialogue* zu einem *base dialogue*.
▸ Ein Hilfsangebot an themengerechten Redemitteln steht immer zur Verfü-
   gung.
▸ Ein Elaborat wird in Gruppenarbeit erstellt.
▸ Die Navigation erfolgt durch lernprozessorientierte und genrespezifische
   Hinweise.
▸ Das Thema wird aus der lebensweltlichen Erfahrung der Schüler gewählt
   und muss emotional ansprechend sein.

Bei Beachtung dieser Restriktionen ist ein erfolgreicher Schreibunterricht auch
mit weniger leistungsstarken Schülern durchaus möglich.

Verschriftlichung einer Bildgeschichte. Die (bei Lehrern) beliebte Verschriftlichung einer Bildgeschichte gehört nach unseren Erfahrungen eher zu den Motivationskillern, denn eine Bildgeschichte wirkt durch die Bilder und bedarf keiner mündlichen oder schriftlichen Beschreibung – eine durchaus berechtigte Kritik aus der Motivationspsychologie. Dennoch ist ein durch angebotene Redemittel vereinfachtes Verfahren möglich, wenn man die Bildgeschichte quasi generisch behandelt. So kann den Schülern die Aufgabe gestellt werden, die Informationseinheiten herauszuarbeiten, die man zum Verstehen einer Bildgeschichte unbedingt benötigt, wenn dem Leser die Bilder nicht vorliegen.

Zu allen schriftlichen Arbeitsaufträgen werden Hilfen angeboten, die sich zum einen auf die nötigen Redemittel beziehen und zum anderen die Merkmale des zu erstellenden Textes einschließlich der Abfolge der Erarbeitungsstufen verdeutlichen.

Schreiben im Wechsel zum Mündlichen. Das Schreiben ist nach wie vor eine notwendige Abwechslung zur Mündlichkeit bzw. zum mündlichen Üben im Unterricht. Es bietet sich als ein Wechsel in den Arbeitsformen (mündlich, schriftlich, halbschriftlich) an, ferner in den Unterrichtsmedien und in den Sozialformen des Lernens. Schreibphasen bieten gerade nach emotionsgetragenen Unterrichtsinhalten wichtige Momente zur Beruhigung und Entspannung der Lernenden an (pädagogisch-didaktische Funktion des Schreibens).

Das grammatikalisch motivierte Schreiben im Unterricht. Die Schreibaufgaben im Schülerbuch und im *workbook* sind eigentlich recht umfangreich und bieten sich für das individuelle Üben sowohl im Unterricht als auch als Hausaufgabe an. Grammatikübungen sollten auch schriftlich zu erledigen sein, denn dies gibt den Schülern mehr Zeit zur Reflexion und zur Vertiefung. Es sind aber die Grenzen zwischen sinnvollem Üben und den langweiligen, akommunikativen und uneffektiven Übungsabläufen genau zu beachten.

▶ Grammatisch motivierte Schreibaufgaben müssen in einen genuinen Kontext eingebettet sein. Das Produzieren von isolierten Einzelsätzen der grammatischen Regel wegen kann nicht akzeptiert werden, zum Beispiel: *Bilde Sätze mit dem present perfect.*

▶ Ein formalgrammatisch motiviertes Schreiben in Form von Aktiv-Passiv-Transformationen *(You must take a test → A test must be taken)* oder Aspektveränderungen *(I watch TV → I'm watching TV)* dürften der Vergangenheit angehören. Umwandlungsübungen sind in der Regel wenig sinnvoll: *I meet my friends after school. → I met my friends after school.* Hier muss der Schüler von einer gegenwärtigen Gewohnheit auf ein singuläres Ereignis in der Vergangenheit transformieren – und das kann kein Schülerhirn nachvollziehen, zumal es sich hier um einen Funktionswechsel handelt.

Alle grammatikalisch motivierten Schreibaufgaben müssen folgende Qualitätsmerkmale aufweisen: (1) Ein eindeutiger Übungsanlass und (2) ein klares Übungsziel, (3) motivierende Übungsinhalte, (4) eine passende Sozialform, (5) ein passendes Übungsformat, (6) ein themengerechter Übungstyp, (7) leicht verständliche Selbstkontrollmöglichkeiten, (8) Lernfortschrittsdokumentation, (9) die Einordnung der isolierten Übung in die angestrebte Kompetenz und (10) eine Schwierigkeitsprogression von Simplexaufgaben zu Komplexaufgaben.

Schreibspiele. Hierzu gibt es auf der Wortebene fast unendlich viele, auf der Satz- und Textebene hingegen eher wenige Schreibaktivitäten, die auch als sogenannte *fun elements* im Unterricht immer verwendbar sind. Zu diesen wenigen gehören zum Beispiel:

▸ *Playing consequences:* Die Schüler falten ein DIN-A5-Blatt 4-mal und klappen das Segment jeweils nach hinten. Dadurch bekommen sie eine Art Ziehharmonika mit 5 Segmenten: *(1) Who (2) is doing what (3) when (4) where? (5) why?* Schüler 1 schreibt eine Person ins erste Segment und faltet dieses dann nach hinten um, sodass es der folgende Schüler (2) nicht sehen kann. Dieser trägt dann eine Aktivität ein, klappt sein Segment wiederum um etc. Nachdem der letzte Schüler der Gruppe (5) seine Aufgabe erledigt hat, wird die Ziehharmonika entfaltet. Das Resultat kann sehr skurriler oder lustiger Art sein, aber auch weniger humorvoll.

who		Our teacher
is doing what	?	is watching television
when		in the morning
where		in bed
why		because it's raining.

▸ *Picture puzzles:* Schüler bekommen einige Beispiele zur Lösung vorgelegt und versuchen dann, selbst ähnliche zu gestalten, die sie anderen Gruppen zur Lösung vorlegen. Ein Beispiel (Lösung: *My sister was bitten by our cat*):

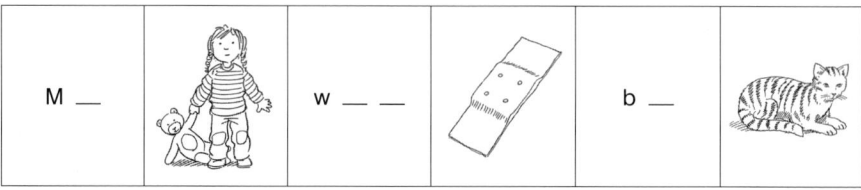

▸ Wer schreibt den längsten richtigen Satz? Ein Satzanfang muss vorgegeben werden, zum Beispiel Tafelanschrieb: *My father reads …* Jede Gruppe soll in einer limitierten Zeitspanne (zum Beispiel 2 Minuten) einen möglichst langen Satz schreiben, wobei der folgende Schüler immer nur ein Satzelement hinzufügen darf: *My father reads the newspaper every morning at the breakfast table before he leaves the house to get to work.*

▸ *The scanner has gone crazy:* Beim Scannen sind zwei Zeitungsmeldungen total durcheinandergekommen. Wer kann sie in kürzester Zeit trennen und richtig aufschreiben? Die Strategie dabei ist, zunächst die Sätze mit verschiedenen Farben zu gruppieren, dann jede Gruppe zu ordnen und schließlich schnell zu Papier zu bringen.

The spectators were far too close to the track.
Yesterday, two people were killed and 12 were wounded seriously.
They were throwing beer cans at the police.
"It can't go on like this," a police officer said.
A racing car lost control and drove into a crowd.
One fan had bullets for a gun with him.
The accident happened during the night race in California.
Yesterday, 11 supporters of Sporting Anderlecht were arrested.
"It was a nightmare," one of the drivers said.
Many of the fans had been drinking heavily.

News item 1:   **News item 2:**

Spectators killed in racing accident   **Hooligans arrested**

_____   _____

_____   _____

_____   _____

Schreibspiele dienen nicht nur der Auflockerung im Unterrichtsablauf, sondern verfolgen auch ernsthaftere Zwecke des Behaltens und des kreativen Umgangs mit der Fremdsprache.

3.6 Sprachmittlung

Der Begriff „Sprachmittlung" stammt aus der Translations- oder Übersetzungs-
wissenschaft und wurde ursprünglich als Zusammenfassung von Dolmetschen
und Übersetzen verstanden. Diese beiden Aufgabenbereiche wurden in den
1970er Jahren ihrer hohen Ansprüche wegen aus den Lehrpläne (fast vollständig)
entfernt, aber später (Ende der 1990er Jahre) wieder aufgenommen, allerdings
unter etwas geänderten Vorzeichen und Begrifflichkeiten: Sprachmittlung/Me-
diation. Wenn sich zwei Menschen mit unterschiedlichen Erstsprachen mündlich
oder schriftlich austauschen wollen, ist Sprachmittlung durch eine dritte Person
notwendig. Sollte der Austausch nur eine sinngetreue Übertragung des Gesagten erfordern, kann auf das exakte Dolmetschen verzichtet werden. Dieses Szenario ist so häufig, dass das Sprachmitteln *(mediation)* den traditionellen *four
skills (listening, speaking, reading, writing)* als fünfte Fertigkeit zugeordnet wurde (KMK 2004). Beim Sprachmitteln hat der Mediator also die Aufgabe, zwischen
zwei Gesprächspartnern zu vermitteln. Weitere Sprachmittlungsszenerien werden weiter unten genannt.

3.6.1. Psycholinguistische Betrachtung der Sprachmittlung
Der Mediator steht zwischen den beiden Gesprächspartnern in einer kommunikativ relevanten Situation:

Entgegen der Annahme, dass das Sprachmitteln eine relativ einfache Aufgabe darstellt, stellt sich die Komplexität der Generierungsprozesse doch etwas anspruchsvoller als gedacht dar. Die dargestellte Episode erfordert etwa die folgenden mentalen Prozesse: (1) Der Mediator nimmt die Notwendigkeit zur Sprachmittlung wahr. (2) Er versteht die Äußerung des Parksünders in der Ausgangssprache und (3) verdichtet diese zu einer knappen und präzisen Mitteilung. Dabei lässt er alles Unbedeutende einfach weg, also hier den sogenannten semantischen Verstärker *(semantic intensifier: ganz ehrlich!)*. (4) Es entsteht ein modifiziertes Konzept für die Mitteilung in der Fremdsprache, das an den (5) Formulator überstellt wird. Erst jetzt findet die (6) Versprachlichung durch den Artikulator statt. (7) Schließlich beobachtet er die Wirkung der Übertragung auf den Parküberwacher und (8) dekodiert dessen verbale Reaktion. (9) Daraus entsteht ein Konzept für die Rückmeldung in der Ausgangssprache, das (10) ebenfalls durch Reduktion verdichtet wird und an den (11) Formulator übergeben wird. (12) Der Artikulator setzt dieses in ausgangssprachliche Äußerungen um – und so weiter.

Aus diesen doch recht umfangreichen und ineinandergreifenden seriellen und parallelen Prozessen wird ersichtlich, dass für lernschwächere Schüler nur leicht durchschaubare Szenarien angeboten werden können. Die Aufgabe des Mediators muss eindeutig erkennbar sein und die Übermittlung darf keinesfalls eine Interpretation der Äußerungen oder gar eine persönliche Meinungsbekundung enthalten. Ferner muss er in der Lage sein, unter Zeitdruck bedeutsame Inhalte von unwichtigen zu unterscheiden, sprachlich komplexe Äußerungen zu vereinfachen und eventuell problematisch erscheinende kulturelle Differenzen zu erläutern (zum Beispiel Beachten von Höflichkeitsformen). Schließlich muss man als Sprachmittler auch entscheiden, welche Passagen einer mündlichen Äußerung oder einer schriftlichen Information entweder sehr genau, also wortwörtlich zu vermitteln sind (Dolmetschen, Übersetzen) und bei welchen die sinngemäße Weitergabe ausreicht (Sprachmittlung).

3.6.2 Unterschiedliche Funktionen der Sprachmittlung

Welche authentischen Sprachmittlungssituationen sind real existent und welche davon können im Unterricht auch mit lernschwächeren Schülern simuliert werden? Die Übungen beginnen mit einer Sprachrichtung und werden dann auf zwei Sprachrichtungen erweitert.

Sprachmittlung in einer Sprachrichtung. Es gibt natürlich eine Fülle an geeigneten Sprachmittlungssituationen, wobei der Ausgangstext entweder als mündliche Äußerung vorliegt oder als Text in schriftlicher Form. Die folgenden Beispiele sollen die Vielfältigkeit exemplarisch darstellen.

▸ Eine Sekretärin führt ein Gespräch mit einem Geschäftspartner auf Englisch und berichtet darüber ihrem Chef, da dieser in der englischen Sprache nicht kompetent genug ist. Je nach Gesprächsinhalt muss sie entscheiden, welche Informationen wichtig sind und welche sie weglassen kann. Dies bedeutet also einen Wechsel zwischen einer exakten und einer sinngemäßen Wiedergabe.

▸ Die Weitergabe der Inhalte eines Gesprächs kann auch schriftlich erfolgen, zum Beispiel in Form eines Memos.

▸ Ein Anlass zum Sprachmitteln in einer Sprachrichtung geben ferner Hinweisschilder aller Art (vgl. *Der fremdsprachliche Unterricht: Englisch*, Heft 93: *Sprachmittlung*, Seelze 2008). Es wird empfohlen, mit einigen skurrilen Verbotshinweisen zu beginnen. Die Lernenden sind in der Regel überrascht, wie man komplizierte Informationen mit relativ einfachen sprachlichen Mitteln weitergeben kann. Dies trägt zur Reduktion von Angstwerten bzw. unsicheren Selbstwertgefühlen erheblich bei, zum Beispiel:

> Auf diesem Parkplatz ist das Halten, Parken und Übernachten an Sonntagen, Feiertagen und an allen Wochentagen von 0:00 Uhr bis 24:00 Uhr verboten!
> Dies gilt in der Zeit vom 1. Januar bis 31. Dezember.
> Zuwiderhandlungen werden geahndet.
> Die Fahrzeuge werden kostenpflichtig entfernt.
> In allen Fällen wird Anzeige erstattet.
>
> Der Eigentümer

▸ Das Informationsmaterial von Behörden und Organisationen ist eine nahezu unerschöpfliche Quelle an Sprachmittlungsaufgaben. Die hier abgebildete Broschüre ist im Internet frei verfügbar (http://www.deutsche-verkehrswacht.de/fileadmin/images/angebote_jugendliche/skate_roll.pdf) und kann verwendet werden, wenn es darum geht, einem Gastschüler oder Freund aus einem englischsprachigen Land die Regeln zum Inline-Skaten in Deutschland anhand einer deutschsprachigen Informationsbroschüre zu erklären.

Sprachmittlung in zwei Sprachrichtungen. Das klassische Sprachmittlungsszenarium im Elternhaus, wobei ein englischer Austauschschüler in seiner Gastfa-
milie in Deutschland aufgrund nicht ausreichender Englischkenntnisse der Gast-
eltern durch einen Sprachmittler (hier der deutsche Schüler) unterstützt werden
muss, wird allerorts praktiziert. Ein Beispiel (Lösungen: *What would you like for
breakfast?*; Er möchte eine Butterbrezel):

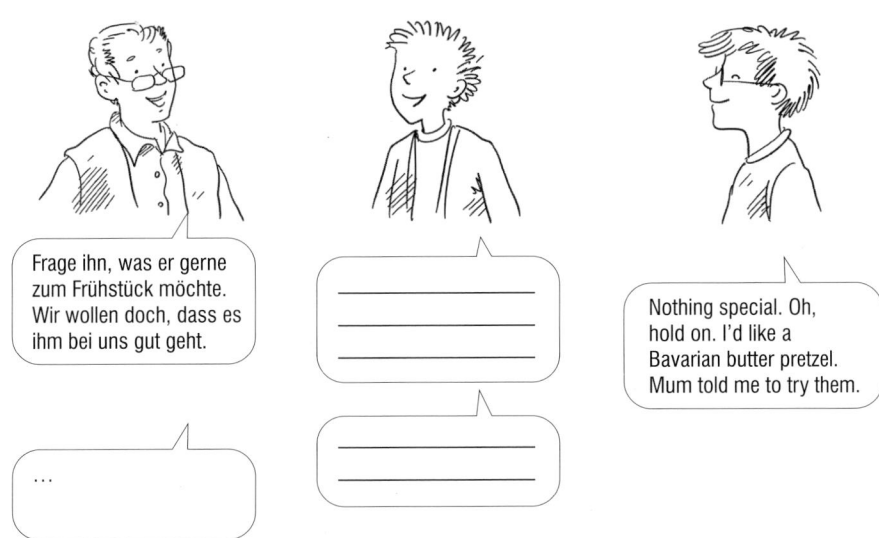

Dieses Sprachmittlungsszenarium ist grenzenlos thematisch variierbar und wird
sehr erfolgreich zur Überprüfung der mündlichen Kompetenz eingesetzt. Es wird
empfohlen, dass die Lehrkraft zu Beginn des Trainings die Rolle des Mittlers
übernimmt. Diese Sprechaufgabe für drei Schüler wird mittels einer *flow chart*
oder durch eine Rollenkarte gesteuert, wobei natürlich nur der Mediator sprachlich gefordert ist. Die *flow charts* dienen auch als schriftliche Hausaufgabe oder
als gezielte Vorbereitung auf eine Simulation.

3.6.3 Übungen zu den Teilkompetenzen der Sprachmittlung und zum strategischen Vorgehen

Das Sprachmitteln muss gezielt geübt werden, da es bereits in vielen Abschlussprüfungen zur Gewinnung von mündlichen Noten eingesetzt wird. Mündliche
Leistungen werden zunehmend den schriftlichen Leistungen gleichgesetzt. Was
können Schüler mit Lernschwierigkeiten leisten und wo sind die eindeutigen
Grenzen? Die folgenden Übungsaufgaben bieten sich für ein strategisches Vorgehen beim mündlichen Sprachmitteln von schriftlich vorliegenden Texten an.
Dies geschieht in Zusammenarbeit mit den Partnern bei beständiger Hilfe durch

die Lehrkraft und erst nach mehreren besprochenen Beispielen, die gemeinsam erarbeitet wurden.

▸ In Texten die wichtigen Informationen von den nicht wichtigen unterscheiden. Die Lernenden unterstreichen bedeutsame Textstellen und streichen unwichtige Sätze oder Passagen.
▸ Schwierige Textstellen markieren und um Hilfe bitten.
▸ Inhalte auf Aussagekerne reduzieren, die unbedingt vermittelt werden müssen. Die Reduktionsstrategien werden am besten geübt, wenn man den Schülern den Auftrag erteilt, eine Passage mit einem Satz wiederzugeben und schließlich den Satz mit einem einzigen Wort ersetzt.

Reduktionsverfahren: Passage ⟶ Satz ⟶ Wort

▸ Sprache vereinfachen: Aktivsätze statt Passivsätze, direkte statt indirekte Rede (zum Beispiel *He told me that he had been ill.* → *He said, "I was ill."*)
▸ Auf häufige Fehler achten, zum Beispiel *She has been married for ten years* vs. *Sie war zehn Jahre verheiratet.*
▸ Umschreibungsstrategien üben und Synomyme verwenden, zum Beispiel *He repairs cars* anstatt *He's a car mechanic* oder *Carry on* anstatt *Continue.*

Die Grenzen der Sprachmittlung liegen in der thematischen Komplexität der Aufgaben, im Anspruchsniveau der dafür nötigen Redemittel und in der lebensweltlichen Beziehung der Aufgaben zu den Lernenden. Abschließend soll jedoch dezidiert darauf hingewiesen werden, dass das Sprachmitteln auch von Schülern mit Lernschwierigkeiten als realistisch und damit sinnvoll bewertet wird. Man sollte es ausschließlich an einfachen Aufgaben exemplifizieren und durch helfende Strategiegespräch begleiten.

3.7 Integrative Fertigkeiten

In der täglichen sprachlichen Kommunikation sind in der Regel zwei oder mehrere Fertigkeiten miteinander verknüpft, im schulischen Fremdsprachenunterricht hingegen werden sie überwiegend getrennt voneinander unterrichtet. Es ist zwar durchaus legitim, das Hörverstehen, das Leseverstehen, die Sprachmittlung, das Sprechen und das Schreiben fertigkeitsorientiert isoliert zu trainieren, will man sich aber der Kommunikationstüchtigkeit bzw. der fremdsprachlichen Kompetenz nähern, ist eine Integration dieser *skills* quasi eine *conditio sine qua non*. Integrierte Aufgabenkomplexe sind lebensnah bedeutsam, machen den Fremdsprachenunterricht varietätenreicher und mindern (zumindest teilweise) die Künstlichkeit des schulischen Fremdsprachenlernens. So benötigt man beispielsweise allein zum Telefonieren mehrere Fertigkeiten: Hören, Sprechen und Schreiben (Notizen anfertigen) und die mündliche oder schriftliche Weitergabe der Informationen. Neben der integrativen Schulung der Fertigkeiten gibt es natürlich auch die Integration der sprachlichen Systeme: Grammatik, Wortschatz, Aussprache, Rechtschreibung im Zusammenspiel mit soziokulturellen Faktoren und sprechbegleitenden Handlungen. Und schließlich muss man ebenfalls die Integration der Lernerstrategien beachten, zum Beispiel das Zusammenspiel von Vereinfachungsstrategien und Umschreibungsstrategien als Teilkomponenten der übergeordneten kommunikativen Strategie (vgl. Kapitel 6). Die Frage ist nun zu beantworten, welche Fertigkeitskomplexionen den Schülern mit Lernschwierigkeiten angeboten werden können. Sind es nur die traditionell überbetonten Kombinationen von Hören und Sprechen, Lesen und Schreiben oder können bzw. sollen komplexere Integrationsformen gefordert werden?

3.7.1 Die psycholinguistische Begründung der Integration
In den realen Kommunikationssituationen kommt es fast immer zum Zusammenspiel von mehreren Teilfertigkeiten. Heutzutage kann man durch die bildgebenden Verfahren das Zusammenspiel von unterschiedlichen Arealen des Gehirns beim Sprechen, Hören, Schreiben etc. sichtbar machen. Dennoch können die Neurowissenschaftler nur sehr wenig oder nichts über die konkreten Wechselbeziehungen oder Synergieeffekte aussagen, die bei einer Integration der Fertigkeiten ablaufen bzw. vermutet werden, und folglich können sie auch keine Empfehlungen für den Unterricht aussprechen. Welche mentalen Prozesse auf welcher Ebene und mit welcher gegenseitigen Unterstützung, in welchen Abläufen und Abhängigkeiten in den Köpfen der Lernenden stattfinden, muss detailliert erforscht werden. Es gibt bis dato eine Fülle an einschlägigen Forschungsdesiderata, aber leider keine empirisch gesicherten Ergebnisse, die eine wissenschaftliche Basis für eine überzeugende Unterrichtskonzeption darstellen. Dennoch wurden und werden für die Unterrichtspraxis funktionierende Konzepte entwickelt, die allein schon aus den konkreten Alltagserfahrungen heraus zu begründen sind, zum Beispiel durch den integrativen Charakter der Kommunikationsfähigkeit per se. Dazu gehören die überzeugenden Konzepte für einen aufgabenorientierten Unterricht *(task-based teaching)*, die konkrete Handlungsorientierung *(TPR: total physical response learning)* der *story line approach* und die zahlreichen Überlegungen zur praktischen Kompetenzentwicklung (Müller-Hartmann/Schocker von Ditfurth 2011).

Die lernpsychologischen Vorteile der Integration der Fertigkeitsbereiche sind überzeugend, denn sie zeigen die effektive Wechselwirkung der einzelnen *skills* untereinander (Synergieeffekte), was sie auf das Zusammenspiel von Sprachrezeption (Erkennen von Perzepten) und Sprachproduktion (die Bildung von Konzepten) äußerst positiv auswirkt. Das dazu folgende Beispiel zeigt wie die Bedeutungseinheiten *(chunks)* in den vier Fertigkeiten aktiviert werden und welche positiven Wechselwirkungen dadurch möglich sind.

Lesen	Sprechen	Hören	Schreiben
Erkennen einer Bedeutungseinheit durch die Segmentierung eines Satzes	Aktivierung der gespeicherten Bedeutungseinheiten durch den Formulator zur Realisierung eines vorsprachlichen Konzepts	Wahrnehmung einer Bedeutungseinheit im Lautkontinuums (Perzept)	Verschriftlichung der aktivierten Bedeutungseinheit auf der syntaktischen Ebene
⬅➡	⬅➡	⬅➡	

Daraus wird ersichtlich, dass nur durch die Kombination bzw. Integration der Fertigkeiten die kommunikative Kompetenz ermöglicht wird.

3.7.2 Integration der Fertigkeiten im Englischunterricht

Eine ganzheitliche Konzeption des Fremdsprachenlernens kann ohne die Integration der einzelnen Fertigkeiten nicht erreicht werden, das heißt, man kann neben der durchaus legitimen isolierten Fertigkeitsschulung nicht ohne eine Kombination bzw. Integration der Fertigkeitsbereiche auskommen. Welche Progression bietet sich für weniger leistungsstarke Schüler an?

Integration von Fertigkeitsbereichen in der Grundschule. Allein die kommunikative Aufbereitung der zu erlernenden Redemittel fordert bereits eine Kombination von Hören und Sprechen. Es werden keine isolierten Sätze gelernt, sondern Reaktionen auf Äußerungen *interpersonaler Art.*

▸ *Hören, Verstehen, Sprechen und Tun:* In der Grundschule sind die Sprechfunktionen grundsätzlich interaktiv personenbezogen und ausschließlich in der Ich-Du-Beziehung konzipiert, zum Beispiel:

persönliche Fragen	LK:	How old are you?	*Hörverstehen –*
beantworten	S:	I'm ten.	*Sprechen*
zustimmen	LK:	I like reading.	*Hörverstehen –*
	S:	So do I./I don't.	*Sprechen*
	LK:	I don't like fish.	
	S.:	Nor do I.	
widersprechen	LK:	Paris is in England.	*Hörverstehen –*
	S:	No, this is wrong. It's in France.	*Sprechen*
Anweisungen beim	LK:	They added a garage to the	*Hörverstehen –*
picture dictation		house.	*Nachfragen – Tun*
ausführen	S:	Which side?	
	LK:	On the left.	

▸ *Hören und Lesen:* Die Schüler hören von der CD, was jemand im Supermarkt alles einkaufte, und haken die Items auf einem Einkaufszettel richtig ab.

▸ *Lesen und Schreiben:* Die Schüler wetteifern beim Dosendiktat. Die einzelnen Wörter werden gelesen, bei geschlossenen Augen memoriert, dann in die Dose geworfen, auswendig aufgeschrieben (vgl. Kapitel 4.1) und schließlich mit dem Original verglichen.

Das interaktive, personenbezogene, lebensweltliche und spontansprachliche Konzept des Grundschulunterrichts erfordert bereits eine Kombination von Fertigkeiten, wenn auch einfachster Art. Dies muss in der Sekundarstufe I fortgeführt und weiterentwickelt werden.

Integration von Fertigkeitsbereichen in der Sekundarstufe I. Durch einfache Aufgaben im Unterricht wird das Grundverständnis für die Integration der *skill*-Bereiche mühelos erreicht. Dafür eignen sich die sogenannten Simplexaufgaben (Zusammenschau von zwei Fertigkeiten), die durch einfache Komplexaufgaben (Zusammenschau von mehr als zwei Fertigkeiten) später erweitert werden, zum Beispiel:

▸ Die Schüler hören mehrmals einen kurzen Text, der ihnen auch schriftlich vorliegt. Dabei unterstreichen sie die Stellen, an welchen der Hörtext nicht mit dem Lesetext übereinstimmt (Hören, Lesen).

▸ Die Schüler beschreiben eine bekannte Persönlichkeit (aus der Sport- oder Musikszene), lesen das Ergebnis vor und lassen ihre Mitschüler raten, um wen es sich dabei handeln könnte (Schreiben, Lesen, Sprechen).

Das isolierte Einüben der unterschiedlichen *skills* muss zugunsten einer integrativen Zusammenschau auch im Unterricht mit leistungsschwächeren Schülern etwas zurückgefahren werden. Ein dafür ausgerichteter aufgabenorientierter Unterricht ermöglicht den Lernenden die Transparenz der Abläufe, die real auch existieren. Ferner kann die Nachvollziehbarkeit durch die Visualisierung der Aufgabenkomplexe wesentlich erhöht werden.

▸ *Visualisierung der integrativen Aufgaben:* Für lernschwächere Schüler müssen die aufgabenorientierten Abläufe einer komplexeren Thematik eindeutig nachvollziehbar dargestellt sein (Psychologisierung der Lernprozesse). Geschieht dies mithilfe einer leicht verständlichen Visualisierung, erkennen auch sie die realen Muster im sprachlichen Alltag. Am Beispiel einer komplexeren Aufgabe kann dies wie folgt erläutert werden (Thema: Vereinbarung eines Termins).

1 Sekretärin bekommt einen Anruf. Ein Geschäftspartner teilt ihr einen möglichen Termin für ein Meeting mit ihrem Chef mit. Die Sekretärin fragt nach den üblichen Details und notiert sich alles auf einem Zettel.

2 Dann geht sie mit diesen Notizen zu ihrem Chef, trägt die Notizen mündlich vor, und bekommt die Zusage mit zwei kleineren Änderungen, die sie sich wiederum aufschreibt.

3 Anschließend schreibt sie eine passende E-Mail an den Geschäftspartner und bittet um die Bestätigung des Termins.

1	2	3
Hören – Sprechen – Schreiben (Notizen anfertigen)	*Lesen – Sprechen – Hören – Schreiben (Notizen anfertigen)*	*Lesen – Schreiben (E-Mail schreiben)*

Bei zahlreichen schulischen Übungen wird die Progression der integrativen Fertigkeiten zu früh abgebrochen und zum Drill der isolierten *skills* zurückgekehrt. Dies hat oftmals zur Folge, dass die Lernenden die lebensweltliche Bedeutung nicht erkennen können, und dies trägt zweifelsohne zum allseits beklagten Motivationsverlust bei.

▸ *Sprachmittlungsaufgaben (mediation):* Sie stellen eine Höchstform der *integrated skills* dar und sind deshalb in einem eigenen Kapitel erörtert (vgl. Kapitel 3.6).

Die Integration der Fertigkeiten in der Lehrwerkskonzeption. Die Konzeption einer *unit* und der *unit*-Abfolge im Schülerbuch beinhaltet im weiteren Sinne ebenfalls eine Integration der *skill*-Bereiche, die der Anzahl der beteiligten Fertigkeiten progressierend angelegt sein sollte. So können beim Thema *Looking for a job* Hörtexte präsentiert *(CD: careers teacher)*, Texte gelesen (Erfahrungsbericht eines Betroffenen), ein Gespräch vorbereitet *(job interview)*, ein CV geschrieben, Statistiken interpretiert *(job figures)*, ein Rap angehört, oder auch Rollenspiele durchgeführt werden. Die nötigen zu aktivierenden *skill*-Bereiche und die empfohlenen Sozialformen des Lernens werden durch Piktogramme angezeigt, ein Verfahren, das sicherlich zur Transparenz beiträgt.

Der Beachtung der integrativen Fertigkeiten muss auch im Unterricht mit lernschwächeren Schülern ein relativ hoher Stellenwert beigemessen werden.

4 Der Erwerb der sprachlichen Mittel

Ich höre heute noch eine Lehrkraft sagen: „Und jetzt kommen wir zum Höhepunkt dieser Englischstunde – zur grammatischen Regel." In meiner Schulzeit stand die Grammatik an oberster Stelle in der Hierarchie der sprachlichen Systeme. Der Wortschatz, die Rechtschreibung, die Aussprache und die Pragmatik nahmen die folgenden Plätze ein. Nachdem an deutschen Schulen nach wie vor so gut wie keine unterrichtbegleitende Forschung im Fremdsprachenunterricht betrieben wird, bleibt die Bedeutung der Grammatik im Vergleich zu anderen Sprachsystemen überwiegend spekulativ. Welche Bedeutung wird dem Regelwissen heute noch zugeschrieben? Dies müsste einmal umfassend untersucht werden.

4.1 Wortschatz

Zweifelsohne ist der Erwerb eines umfangreichen Vokabulars unter den Bedingungen des schulischen Fremdsprachenerwerbs eine große Herausforderung. Das übliche Lamentieren der Lehrkräfte („Sie lernen ihre Wörter nicht") und das oftmals qualvolle häusliche Abfragen elternseits sind uns sehr vertraut und weisen darauf hin, dass eine zufriedenstellende Entwicklung einer lexikalischen Kompetenz mit den traditionellen Vorstellungen des Vokabelpaukens nicht zu erreichen ist. Kann man Wörter wirklich „lernen", wie werden sie „behalten" und wie kann man sie im Bedarfsfall situationsadäquat „abrufen"? Diese Fragen können bis dato nicht ausreichend beantwortet werden, obwohl schon eine ganze Menge über die Bedingungen eines erfolgreichen Wörterlernens bekannt ist. Welche Hinweise aus der Psycholinguistik, aus den Neurowissenschaften und den umfangreich vorliegenden unterrichtlichen Erfahrungen können für Schüler mit Lernschwierigkeiten genutzt werden?

4.1.1 Was heißt es, ein Wort zu können?

Behauptet jemand, dass er ein Wort „kann", dann müsste er oder sie über ein recht beachtliches Bündel an Informationen darüber verfügen. Ein Wort zu „können" bedeutet,

▸ dass man die Bedeutung (oder auch Bedeutungen) eines Wortes kennt: *head* = „Kopf" und *head* = „Leiter/Leiterin" *(She's head of school)*;

▸ dass man es in der geschriebenen und in der gesprochenen Form verstehen kann: *been* (geschrieben) und [bɪn] (in der Schwachtonform wie in *I've been to England)*;

▸ dass es jederzeit abrufbar zur Verfügung steht (Spontansprache);

▸ dass man die entsprechenden grammatischen Formen kennt: Verbformen *(go – went – gone)* oder bei Substantiven den Singular und Plural *(child – children)*;

▸ dass man es richtig aussprechen kann: *woman – women*;

▸ dass man es richtig schreiben kann: *thought*;

▸ dass man weiß, an welcher Stelle im Satz es stehen sollte: nicht *I go always by bus;

▸ dass man weiß, mit welchem Wort es zusammenpasst (Kollokation: Auftretenshäufigkeit mit benachbarten Wörtern): *He talked to me in a low voice* (*silent voice*);

▸ dass man die Beziehung zu ähnlichen Wörtern kennt: *He may come* vs. *He might come*;

▸ dass man die negativen Assoziationen kennt, die damit wachgerufen werden: *bullfighting* (Stierkampf) oder *swot* (Streber);

▸ und dass man die Angemessenheit in der Verwendungssituation kennt (Sprachregister): *Have some more* vs. *Dig in!*

Für lernschwächere Schüler ist dieses Anforderungsprofil sicherlich zu anspruchsvoll, und deshalb sind für sie in der Regel auch nur die ersten 6 Anforderungen von Bedeutung. Das aber allein fordert schon eine umfangreiche Lernleistung ein. Die Auflistung zeigt deutlich, dass man sich von den traditionellen Erwartungen einer umfangreichen lexikalischen Kompetenz trennen muss.

4.1.2 Die Abhängigkeit der Behaltensleistung

Warum werden die fremdsprachlichen Wortschatzinventare so schnell vergessen? Was müsste man gerade den Schülern mit Lernschwierigkeiten anbieten, um Lerninhalte vor dem Vergessen zu retten bzw. deren Wahrnehmungs-, Denk- und Erinnerungsleistungen zu steigern? Eine zufriedenstellende Antwort in Form von funktionierenden Unterrichtsrezepten gibt es bis dato nicht. Sicherlich ist aber eine Steigerung der Behaltensleistung möglich, wenn die folgenden psycholinguistischen Grundlagen bei der Wortschatzvermittlung beachtet werden. Wörter bzw. Syntagmen werden immer dann länger behalten,

▸ wenn bei der Erstbegegnung im Unterricht multisensorisch gearbeitet wird und dabei mehrere Wahrnehmungskanäle angesprochen werden, zum Beispiel visuell (Gegenstand/Bild), auditiv (Lehrkraft, Tonträger), motorisch (Bewegung und konkretes Tun), olfaktorisch (Geruchssinn ansprechen: *garlic – what does it smell like?*), gustatorisch (Geschmackssinn ansprechen: *What does it taste like?*), haptisch bzw. taktil (Tastsinn ansprechen, zum Beispiel Oberflächensensibilität: *fluffy, rough*), edu-kinestetisch (lerngymnastische Übungen zur Konzentrationsschulung), ganzkörperorientiert (*to turn round* vs. *to spin round*), händisch (konkretes Tun: *to fold a piece of paper*), mimisch (*She looked scared*), gestisch (*Straight on and then turn left*);

▸ wenn die Erstbegegnung exzeptionell beeindruckend verläuft (Vormachen von Liegestützen oder Klimmzügen, um *to do press-ups/to do chin-ups* einzuführen – gelegentliche Verbindung mit Sport ist vorteilhaft);

▸ wenn sie individuelle Betroffenheit bzw. intrinsische Motivation auslösen: *bullying at school;*

- wenn sie für die Lernenden von unmittelbarer Bedeutung sind: *My dad is a bricklayer.* Gerade für lernschwächere Schüler ist die Einsicht in die lebensnahe Nützlichkeit der zu erwerbenden Lerninhalte äußerst bedeutungsvoll. Das limbische System ist das zentrale Bewertungssystem des menschlichen Gehirns, welches uns signalisiert, ob ein Lerninhalt wichtig bzw. vorteilhaft ist. Wird eine Lernaufgabe als nicht lohnenswert markiert, bleibt ein Lernerfolg aus;
- wenn sie irgendwie geordnet angeboten werden: *screwdriver* wird bei den *tools* angedockt (vgl. Kapitel 4.1.4);
- wenn sie regelmäßig umgewälzt werden, zum Beispiel mündlich, schriftlich und in unterschiedlichen Kontexten (vgl. die Erläuterungen zum *phrasebook* in Kapitel 4.1.6);
- wenn behaltensfördernde Hilfen angeboten werden, zum Beispiel Mnemotechniken. Das menschliche Gehirn ermöglicht immer dann sehr erfolgreiche Speicherungsergebnisse, wenn die Ebene der Normalität verlassen wird. Das ist bei der kreativen Wortbildgestaltung, bei Übersetzungskuriosita, bei skurrilen Vorstellungsbildern, bei nicht alltäglichen Sprüchen, ferner mithilfe von Reimwörtern oder auch mit falschen Freunden der Fall.

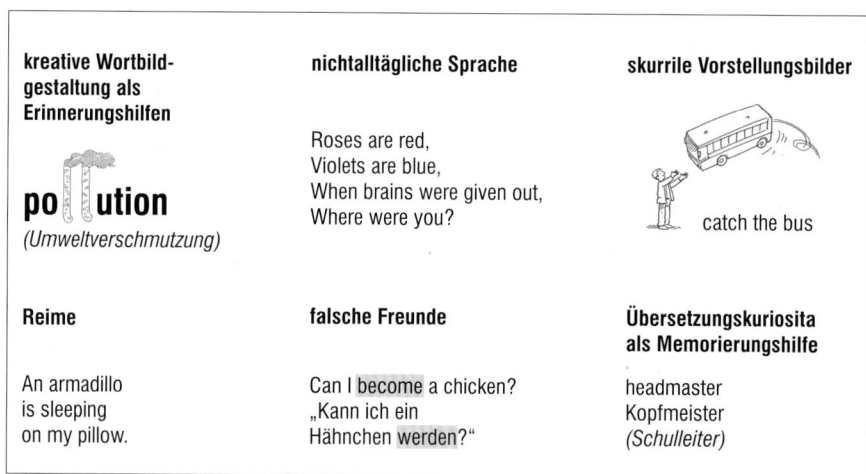

- wenn durch Bewegung, Mimik und Gestik psychomotorische Abläufe gespeichert werden (Motoreme): grobmotorisch *(Push the table into the corner)*, feinmotorisch *(What a nice fluffy jumper!)*, mimisch *(Why are you looking so sad?)* oder gestisch *(Watch out!)*;
- wenn sie konsequent inventarisiert werden (Wortschatzverwaltung, Wortschatzsicherung), zum Beispiel durch das *phrasebook*, das dem traditionellen Vokabelheft überlegen ist;

▸ wenn sie als sinnvoll und knapp formulierte Merksätze angeboten und inventarisiert werden und nicht in der traditionellen deutsch-englischen Wortgleichung. Bates und Goodman (1997) weisen darauf hin, dass zwischen dem Wortschatzerwerb und dem Grammatikwissen eine enge Allianz besteht und man deshalb keineswegs von einer getrennten Modularität in der Entwicklung sprechen kann.

traditionelle Wortgleichung (wenig sinnvoll)	hochfrequenter Merksatz (nachhaltig merkfähig)
to use = gebrauchen	What is it *used* for? Zu was *braucht* man das?

Das bislang ungelöste Problem einer nachhaltigen Speicherung von Wörtern bei nicht ausreichender Übungsfrequenz im Unterricht und bei fehlenden genuinen Anwendungen in außerschulischen Situationen bleibt noch ungelöst.

4.1.3 Semantisierungs- und Kodierungstechniken

Wenn die Lernenden die Bedeutung eines bis dahin unbekannten Wortes nicht selbständig aus einem Kontext erschließen können, setzt die Lehrkraft jeweils passende Semantisierungs- bzw. Kodierungstechniken ein. Damit kann die bloße Vorgabe der deutsch-englischen Wortgleichung vermieden werden. Den lehrerseitigen Erklärungsbemühungen zuzuhören ist hier von Vorteil, zumal dabei bereits vorhandene lexikalische Bestände aktiviert und sinnvoll umgewälzt werden *(bottom-up processing)*. Welche Verfahren sind nun unterrichtserprobt und durchaus erfolgreich?

▸ Die visuell-konkrete Semantisierung/Kodierung mithilfe realer Gegenstände ist zweifelsohne die erfolgreichste Art, den Lernenden die Bedeutung eines Wortes zu erklären: *Look, this is a remote control.* (Die Lehrkraft zeigt eine Fernbedienung.)

▸ Wenn Gegenstände im Unterricht nicht konkret vorgezeigt werden können, benutzt man Abbildungen davon (visuelle Semantisierung bzw. Kodierung): *Look at this picture. It's a power plant.*

▸ Die Semantisierung/Kodierung durch Vormachen hat durch die Entdeckung der sogenannten Spiegelneurone in der motorischen Hirnrinde des Menschen hohe Bedeutung zurückgewonnen.

> Wenn Menschen zuschauen, wenn jemand anders eine zielgerichtete Aktion ausführt, kommt es im Beobachter zu einer stillen Mit-Aktivierung motorischer Nervenzellen, und zwar genau jener Neurone, die in der Lage wären, die beobachtete Handlung selbst zu verlassen.
>
> (Bauer 2009, S. 49 f.)

Handlungen, die mühelos demonstriert werden können, sind unproblematisch: *Blow your nose.* Alle Demonstrationen, die entweder gefährlich sind oder durch die sich eine Lehrkraft lächerlich macht, unterbleiben: *He fell off the chair.*

▸ Einzelne Wörter, eingebettet in passende Strukturen, können überzeugend inszeniert werden (Dramadidaktik bzw. Dramapädagogik). Schüler bekommen kleine Rollen auf einem Zettel mitgeteilt und spielen zusammen mit der Lehrkraft eine Szene am Frühstückstisch:

S1 bohrt in der Nase.	LK: Stop picking your nose.
S2 spricht mit vollem Mund.	LK: Stop talking with your mouth full.
S3 isst sehr schnell.	LK: Stop eating so fast.

Durch die Inszenierung wird das episodische Gedächtnis angesprochen, welches als leistungsstärkste Gedächtnisart hohe Behaltens- und Abrufleistungen ermöglicht.

▸ Semantisierung eines Oberbegriffs: *??? = beans, carrots, peas, ...* Hier und anderswo empfiehlt sich die Verwendung von Plastikartikeln (Obst), die ein operatives Manipulieren (Zuordnen) und damit das Zusammenspiel von visuellen, tonalen, episodischen, affektiven und kognitiven Parametern ermöglichen.

▸ Semantisierung durch einen Dreisatz, zum Beispiel: *A man has a mouth. A bird has a beak. Man, mouth* und *bird* sind bekannt und erklären das neue Wort *beak*.

▸ Semantisierung durch eine Gleichung: 365 days = a year. 366 days = a leap year.

▸ Taktile Semantisierungs- bzw. Kodierungsverfahren sind hochgradig effizient. So findet die aus der Grundschule bekannte „Magic-Box", in der die Schüler Gegenstände ertasten müssen, auch im weiterführenden Fremdsprachenunterricht der 5. und 6. Klasse einen sinnvollen Einsatz.

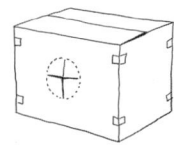

Die meisten Semantisierungsprozesse erfordern ein Mitdenken der Lernenden und sollten deshalb auch im Unterricht mit weniger leistungsstarken Schülern zur Anwendung kommen. Die Meinung, dass man von lernschwächeren Jungen und Mädchen keine kognitiven Leistungen verlangen kann oder darf und sich nur „platte" Einsetzübungen und Wortgleichungen rentieren, ist sicherlich nicht akzeptabel.

4.1.4 Das mentale Lexikon

Man vermutet heute, dass der Wortschatz einer Sprache in geordneten Formen in bestimmten Bereichen des menschlichen Großhirns gespeichert wird. Diese bezeichnet man mit dem Konstrukt „mentales Lexikon". Optimale Speicherungsergebnisse werden immer dann erreicht, wenn ein Wort multisensorisch kodiert wird und dabei bestimmte Ordnungskriterien beachtet werden, zum Beispiel

- Wortfamilien *(drive, driver, driving licence)*,
- Wortfelder *(run, walk, go)*,
- Sachfelder *(At the breakfast table)*,
- Antonyme *(rich* vs. *poor)*,
- Teil-Ganzes-Beziehungen *(foot – toe)*,
- reversible Tätigkeiten *(switch the lights on – switch the lights off)*,
- Ähnlichkeiten mit der Muttersprache *(Haus* vs. *house)*,
- Ableitungen *(height comes from high)*,
- Reime *(right* vs. *night)*.

Das mentale Lexikon speichert aber auch Satzanfänge *(Have you ever ...?)*, chunks *(I'd rather watch television: I'd rather = chunk 1; watch televion = chunk 2)*, idiomatische und andere festgefügte Einheiten *(What's going on in here?)* und Kollokationen *(a slight mistake* anstatt *·a light mistake)* und ist nicht auf isolierte Wörter beschränkt (vgl. Kapitel 4.2). Alle lexikalischen Übungen zur Erhöhung der Speicherqualität und Abrufsicherheit müssen deshalb sorgfältig konzipiert werden.

4.1.5 Die englische Orthografie – ein bekanntes Verwirrspiel

Die Englischlehrkräfte müssen sich der gravierenden Unterschiede bewusst sein, die zwischen den Phonemen und Graphemen im Deutschen und im Englischen bestehen. Das Englisch besitzt eines der komplexesten und damit auch verwirrendsten Korrespondenzverhältnisse zwischen Lautung und Schreibung. Dies muss geradezu zwingend zu erheblichen Problemen beim Erwerb der Rechtschreibkompetenz führen, zumal man (fast) keinerlei Regelhaftigkeiten erkennen kann, die als Merkhilfen nützlich sein könnten. So wird das [i:] graphemisch sehr differenziert wiedergegeben (siehe Abb. S. 122, keine vollständige Aufzählung).

Für Schüler mit Lernschwächen darf die englische Rechtschreibung nicht zum Horrorszenarium entarten. So muss man auch Verständnis dafür aufbringen, dass diese Schüler bestimmte Wörter phonographisch dem Deutschen entsprechend wiedergeben, zum Beispiel *·börd* (statt *bird)*. Nur durch oftmaligen Gebrauch, durch permanente Präsenz des Wortbildes, durch bewusste Kontrastierung *(Haus* vs. *house)* und durch die Hereinnahme der außerschulischen Fundorte in den Unterricht (Musik, Werbung, Medien, Namen) lassen sich bescheidene Erfolge erzielen.

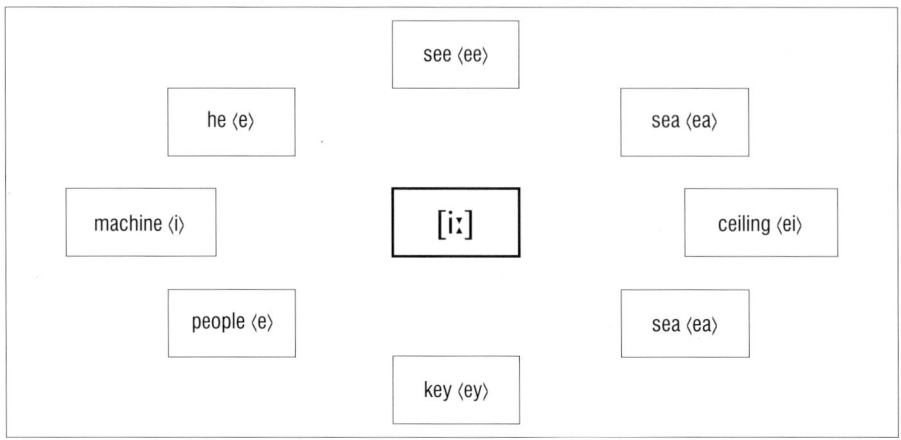

4.1.6 Die Verwaltung lexikalischer Inventare

Das traditionelle Führen eines Vokabelhefts hat sich im Vergleich zum *phrasebook* als weniger effektiv erwiesen. Das *phrasebook* ist nach Sachbereichen durch einen Daumenindex gegliedert, der sich an den Themen der *units* des verwendeten Lehrwerks ausrichtet (meistens sind das zwischen 6 und 8 Themenbereiche), zum Beispiel *Home and family*, *Free time and sports*, *School and work*. Die von den Schülern durchzuführenden Einträge neuer Wörter werden in der Regel in kurzen, merkfähigen Sätzen vorgenommen, die partnerorientiert in Frage- und Antwortform formuliert werden:

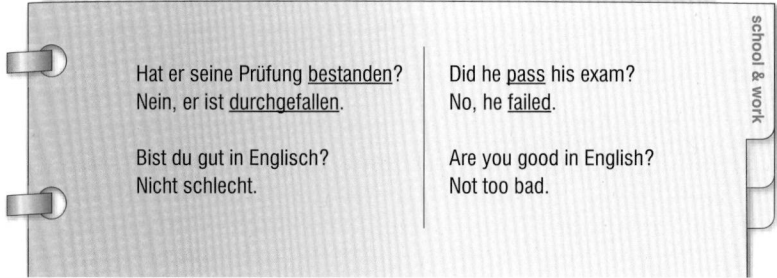

Die beiden Wörter *pass* und *fail* sind assoziativ miteinander verbunden, werden entsprechend kontradiktorisch abgespeichert (eines von vielen möglichen Ordnungssystemen) und können deshalb gleichzeitig gelernt werden. In der 1. Spalte steht das deutsche Beispiel, in der 2. Spalte das englische Äquivalent. Soll ein neuer Eintrag vorgenommen werden, müssen die Lernenden zunächst die bereits eingetragenen themenbereichsspezifischen Beispiele lesen oder sich gegenseitig abfragen. So kann man die notwendige Umwälzung der Redemittel erreichen, was mit der herkömmlichen Vokabelheftführung nicht möglich ist. Bereichsspezifische Sammlungen von Wörtern (zum Beispiel Obst- oder Gemüsesorten) müssen natürlich nicht mit jeweils passenden Merksätzen notiert werden (Zeitmanagement). Es bieten sich abwechslungsreiche alternative Verfahren an, zum Beispiel *displays, mind maps* oder Klebearbeiten, für welche man das Prospektmaterial aus den täglichen Postwurfsendungen verwenden kann.

4.1.7 Das mündliche Abfragen von isolierten Einzelwörtern

Wer kennt es nicht, das leidige individuelle mündliche Abfragen der sogenannten Lernwörter vor der Klasse, wobei man seinen Wortschatzzuwachs in Anwesenheit von feixenden Mitschülern unter Beweis stellen sollte, indem man das englische Äquivalent zu den deutschen Wörtern nennen musste, die von der Lehrkraft genannt wurden? Wurden diese in der Reihenfolge abgefragt, wie sie im Wortschatzanhang einer *unit* im Schülerbuch standen, wurde der Lernerfolg mit einer guten Note gewertet. Änderte die Lehrkraft beim Abfragen die Reihenfolge, kam man ins Schleudern – ein Beweis für die Sinnlosigkeit der praktizierten Lernmethode. Die folgenden kontextbezogenen Verfahren haben sich auch für weniger leistungsstarke Schüler bewährt:

▸ Nach dem Gegenteil fragen:
  LK: What's the opposite of "cheap"? – S: Expensive.
▸ Nach Oberbegriffen fragen:
  LK: Apples, pears and plums are … – S: Fruits.
▸ Nach Unterbegriffen fragen:
  LK: How many vegetables do you know? – S: Carrots, peas, potatoes, tomatoes …
▸ Vorgabe einer Definition eines Gegenstandes:
  LK: An object you need for changing the TV channels. – S: Remote control.
▸ Sprechabsichten auf Deutsch vorgeben:
  LK: Frage nach dem Preis. – S: How much is it?
▸ Sätze höflicher formulieren:
  LK: I want a coke. Say it more politely. – S: I'd like a coke.

Das mündliche Abfragen kann auch mit weniger qualvollen Prozeduren ablaufen, die sich besonders für leistungsschwächere Schüler mit ohnehin höheren Versagensängsten besser eignen, zum Beispiel in Partner- oder Gruppenarbeit, als Wettbewerb oder durch Auswahlverfahren.

4.1.8 Die lexikalische Übungsvielfalt

Wörter und Grammatik getrennt zu unterrichten, zu üben und anzuwenden ist allgemein wenig erfolgversprechend. Deshalb müssen geeignete Verfahren zur Anwendung kommen, die ein sinnvolles Üben ermöglichen und dabei die Lernbereitschaft der Schüler nicht reduzieren. Wörter oder Grammatik zu pauken oder auswendig zu lernen ist eine problematische Lehr- und Lernmethode, die den Nachteil hat, dass sie nichts mit dem semantisch inhaltlich bedeutsamen Lernen zu tun hat. Als Folge davon ist die Übertragung des lexikalischen oder des grammatischen Wissens auf andere Kontexte nicht oder nur sehr eingeschränkt möglich. Die primäre Aufgabe der Lehrkräfte ist es zu verhindern, dass die Schüler die Lust am Erlernen einer Fremdsprache verlieren. Um die Motiviertheit zu erhalten, müssen die für den Lernprozess notwendigen Übungsabläufe einigen Prinzipien gerecht werden. So sollen die zu übenden lexikalischen Einheiten in sinnvollen Syntagmen geübt werden und überwiegend partner- und anwendungsorientiert ausgerichtet sein (Gehirn als Sozialorgan). Die rezeptive Beherrschung der Wörter ist vorrangig (Wörter verstehen können), deren orthografische Wiedergabe kann nur zeitverzögert eingefordert werden. Ferner sollte man in den Schulen einen Fachschaftsbeschluss zur Gewichtung der Rechtschreibleistung herbeiführen, um die noch vorhandene Restmotivation der Schüler mit Lernschwierigkeiten nicht vollständig zu verspielen. In vielen Fällen ist auf die orthografische Leistung völlig zu verzichten, zum Beispiel bei der schriftlichen Bekundung von Hörverstehensleistungen. Geübt wird auf der Wort-, Satz- und Textebene und immer in bekannten Kontexten.

Lexikalische Übungen auf der Wortebene. Hier bieten sich zahlreiche Verfahren an, die allerdings gewissen Grundsätzen entsprechen müssen. Sie sollten motivierend und spaßbesetzt sein, alternativ mündlich oder schriftlich durchgeführt werden können, Einzel-, Partner- oder Gruppenaufgaben ermöglichen (mit oder ohne Wettbewerbscharakter) und über unterschiedliche Medien ablaufen (Tafel, Beamer, Whiteboard, OHP). Neben der Rechtschreibung kann ferner die Artikulation und die Passung zum jeweiligen Kontext geübt werden, zum Beispiel für *I'd like* vs. *I want*. Einige Beispiele einer traditionellen Übungstypologie, die sich im Unterricht bewährt haben.

▸ *Schnellleseübung,* zum Beispiel mithilfe von *flashcards*: Die Lehrkraft zeigt ein Wort für die Dauer von 1 Sekunde. Die Schüler versuchen, dieses wortbildartig zu erfassen (mit oder ohne Wettbewerbscharakter, alternativ mit OHP oder Beamer, mündlich oder schriftlich).

▸ *Erweiterung der Gedächtnisspanne,* zum Beispiel mit *memory games*: Auf einem Tisch liegen zahlreiche Plastiktiere, die mit einem Tuch abgedeckt sind. Das Tuch wird für eine sehr kurze Zeit entfernt. Die Schüler müssen sich möglichst viele Tiere merken. Nach dem erneuten Abdecken sammeln die Gruppen die Tiernamen und tragen die Ergebnisse vor.

▸ *Suchaufgaben,* die einfach zu erstellen sind, zum Beispiel mit *word search*: In einem Buchstabenwirrwarr sind 10 Wörter versteckt (hier: Sportarten):

P	E	S	A	I	L	I	N	G
F	R	T	Z	U	I	O	P	A
O	H	O	C	K	E	Y	D	S
O	R	L	U	K	G	F	P	G
T	E	N	N	I	S	Z	O	O
B	E	A	C	H	B	A	L	L
A	Y	X	Y	V	A	V	O	F
L	A	Q	C	W	S	M	N	W
L	D	E	L	T	E	B	B	A
E	L	U	I	Z	B	R	E	Q
P	O	J	N	J	A	G	D	W
R	U	K	G	M	L	H	C	S
S	U	M	O	Z	L	N	V	X

▸ *Kreuzworträtsel* (bildgesteuerte oder mit einer schriftlichen Fragenliste) werden von den Lehrkräften problemlos mit dem *puzzle maker* erstellt und jeweils passend auf den momentan anfallenden Wortschatz ausgerichtet.

▸ *Übungen zum Auffinden der Bedeutung unbekannter Wörter* in traditionellen Wörterbüchern und Online-Wörterbüchern mit Sprachausgabe: Die Schüler müssen auf die gängigen Angebote aufmerksam gemacht werden. Dabei werden sie erkennen, dass die fehlerfreie Eingabe eines Suchbegriffs von hoher Bedeutung ist. Diese Erkenntnis kann als Problemsensibilisierungsmaßnahme auch für das Rechtschreiben genutzt werden.

▸ *Auswahlübungen (multiple choice)* und *Einsetzübungen (gap filling)* sind durchaus sinnvoll, wenn sie in einem lebensnahen Kontext angeboten werden und personenbezogen formuliert sind:

Can a GPS tell you the speed limit? What do you think?
☐ Yes.
☐ No.
☐ I don't know.

Das Wort *speed limit* wird hier durch den elizitierten Meinungsaustausch unter den Schülern implizit thematisch wiederholt, ein Verfahren, das die Behaltensleistung besonders effektiv erhöht.

▸ *Lip-reading/speech-reading:* Die Schüler erraten die Wörter anhand der Lippenbewegungen der sprechenden Lehrkraft, deren Mimik und Zungenstellung und der Wahrscheinlichkeit des Wortes in der jeweiligen Situation.

▸ *Odd man out:* Die Schüler suchen das Wort, das nicht zu den anderen passt. Die Andersartigkeit kann entweder in der Sachgebietszugehörigkeit (zum Beispiel *spoon, plate, spanner, pot, cup*) liegen oder in der Schreibweise *(right, frighten, fight, bite)*, in der Aussprache *(thief, think, sick, thunder)*, in der Wortart *(at, in, under, on, go, behind)* etc.

▸ *Das Dosendiktat:* Diese Diktatalternative eignet sich nicht nur für Texte, sondern ebenso für Einzelwörter. Die Schüler bekommen beispielsweise 10 Wortkärtchen, die sie mit der Schriftseite nach unten *(face down)* auf den Tisch legen. Sie nehmen dann das erste Wort, lesen es und stecken es dann in die Dose (zum Beispiel in eine Kaffeedose mit Schlitz im Deckel). Dann müssen sie das Wort aus dem Gedächtnis aufschreiben. Dies geschieht mit allen Wörtern. Am Schluss werden die Wortkärtchen der Dose entnommen und mit den notierten Wörtern verglichen. Jede fehlerfreie Übereinstimmung erbringt einen Punkt.

Erfolgreiche Übungsformate sind zeitaufwendig in der Erstellung, aber für lernschwächere Schüler unumgänglich notwendig. Das folgende Format zeigt dies sehr deutlich, zumal hier die Lernenden alle Bedingungen zum erfolgreichen Abspeichern erfahren: den vollständigen deutschen Satz mit der markierten lexikalischen Stelle und den ganzen englischen Satz mit der Lücke:

Wie hoch ist die *Miete*?   How much is the _____ ?
Das kann ich mir nicht *leisten*.   I can't _____ that.

Spielerische Übungen sind besonders beliebt, zum Beispiel Dominos (Bilder und Wörter müssen zugeordnet werden), Memory mit Wortkarten und Bildkarten (das Wort muss auch richtig ausgesprochen werden), Bingo, *Hangman*, Suchaufgaben in Wimmelbildern *(Look at the picture: Try to find ten things from the kitchen)*.

Aus den Neurowissenschaften ist bekannt, dass bei jedem Lerninhalt auch der Ort und die Zeit (Lernsituation, Lernepisode), die Methode und die dabei empfundenen Emotionen mitgelernt bzw. gespeichert werden. Auch der Initiator der Lernprozesse (die Lehrkraft) wird beim Abruf der Lerninhalte „re-aktiviert" und zwar so lange, bis unser Gehirn nicht mehr auf die erlebte Vermittlungs- bzw. Erstbegegnungssituation rekurrieren muss, weil das Wort (oder ein Syntagma) spontan zur Verfügung steht. Die Verarbeitungstiefe hängt also ganz entscheidend von der Qualität der Erstbegegnung und der motivierenden Verwendungshäufigkeit ab.

Lexikalische Übungen auf der Satzebene. Hier werden einige der gängigen Lernerstrategien geübt, die auch von Schülern mit Lernschwierigkeiten zu leisten sind. Mit kommunikationsstrategischen Übungen kann man das positive Selbstgefühl stärken, indem man den Lernenden zeigt, dass man lexikalische Defizite eigenständig ausgleichen kann. Sie sollen erfahren, dass ein Kommunikationsabbruch durch eine selbst formulierte Umschreibung eines unbekannten Wortes vermieden werden kann *(circumlocution strategy)*, zum Beispiel *The chair is broken. I need some … (Leim = glue).*

Ebenso hilfreich ist die sogenannte *asking-for-help strategy* mit der man nach den englischen Äquivalenten (Wörter oder Phrasen) fragen kann: *What's … in English? What does … mean? Can you help me?*

Das selbständige Formulieren von Fragen für ein *crossword puzzle* gehört ebenfalls zu den hoch motivierenden Aufgaben, die in einer Gruppe erledigt werden können. In einer Unterrichtsstunde mussten die Schüler die Fragen zu einem Kreuzworträtsel mit Tiernamen formulieren, zum Beispiel *Elephant: It's big and grey. It lives in Africa and in India. Snake: It's got no feet. Some are dangerous. They can kill people.* Die Verwendung von anspruchsvollen Relativsätzen kann hier völlig unterbleiben. Natürlich sind Hilfen der Lehrkraft dennoch immer nötig.

Mit einem *picture dictation* werden sowohl der passive als auch der produktive Wortschatz umgewälzt, zum Beispiel beim Fahndungsbild-Erstellen: *He's got freckles. He's got a scar on his forehead. He's got both of his ears pierced.* Die Schüler zeichnen die Merkmale in ein Phantombild *(passive word power)* oder formulieren die Merkmale selbst *(active wordpower).*

Wenn immer möglich, sollen die Übungsabläufe mehrere Sinne ansprechen. Vor allem sind es die damit verbundenen Tätigkeiten, die zu einer beachtlichen Steigerung der Behaltensleistung führen (Verbindung von Sprechen und Tun).

Lexikalische Übungen auf der Textebene. Die lexikalische Kompetenz entwickelt sich parallel zur grammatikalischen Kompetenz in gegenseitiger Abhängigkeit. Deshalb ist es auch nicht sinnvoll, beide sprachlichen Systeme getrennt voneinander zu „behandeln". Im Beitrag zum Leseverstehen (Kapitel 3.4) wird die Dekodierfähigkeit als ein verlässlicher Indikator der Lesetüchtigkeit ausgewiesen. Wenn Schüler die Bedeutung eines unbekannten Wortes aus dem Textzusammenhang (Kontext) erschließen müssen, dann ist auch deren lexikalische Kompetenz gefordert. Die traditionelle lehrerseitige Vorentlastung der „neuen" Wörter vor dem Erlesen eines unbekannten Textes wirkt sich unter anderem verheerend kontraproduktiv auf die Wortschatzentwicklung der Lernenden aus (vgl. Kapitel 3.4). Hierzu drei Beispiele:

▸ *Dekodierung von nonsense words:* Aufwendiger in der Erstellung, aber motivierender in der unterrichtlichen Nutzung ist die Bedeutungserschließung von Unsinnswörtern.

My dad is always looking for his *lapibum*. He bought a new *lapibum* last month because he had lost his old one. He often forgets it in the office or in his car or somewhere else. At home he uses my *lapibum* to find his. A *lapibum* which rings when the owner is more than ten metres away from it would be a great thing for him.

Durch das Zusammenspiel von lexikalischer, syntaktischer, kontextbezogener Informationen und eigenem Weltwissen gelingt es den Schülern, die Bedeutung zu finden. Sollte es nicht gelingen, sind die mentalen Anstrengungen, die sich beim Versuch der Dekodierung einstellen, für sich allein schon sehr lohnenswert.

▸ *Cloze-Verfahren (Cloze Procedures):* Bei diesem Aufgabenformat müssen die fehlenden Wörter eingetragen werden, die in regelmäßigen Abständen als Leerstelle angegeben sind. Der Schwierigkeitsgrad ist mittelmäßig, wenn jedes 7. Wort fehlt (n = 7), leichter wenn n > 7 und anspruchsvoller wenn n < 7 (vgl. Kapitel 3.4.4). Die Schüler müssen für die Lösung sowohl ihr grammatisches als auch ihr lexikalisches Wissen einbringen, wobei das wechselseitige Zusammenspiel der beiden sprachlichen Systeme entscheidend wichtig ist. Das *Cloze Procedure* ist ein erneutes Beispiel dafür, dass man die beiden Systeme in ihrer gegenseitigen Bedingtheit trainieren und keine isolierten Aufgaben einfordern sollte. Es werden also unter anderem sowohl die Wortgrammatik als auch die Satzgrammatik gleichzeitig aktiviert.

The Haunted Castle

Last week an American millionaire said to Lord Hamilton, "I'd like to buy your castle, but someone in the village told me that it's haunted." Lord Hamilton answered, "I have never seen a ghost here and I have been living here for over seven hundred years."

Cloze Procedure:
Last week an American millionaire said (1) _____ Lord Hamilton, "Id like to buy (2) _____ castle, but someone in the village (3) _____ me that it's haunted." Lord Hamilton (4) _____, "I have never seen a ghost (5) _____ and I have been living here (6) over seven hundred years."

▸ *C-Test:* Beginnend mit dem 2. Wort des 2. Satzes wird im Text bei jedem 2. Wort die 2. Hälfte der Buchstaben getilgt. Wörter mit einem einzigen Buchstaben und Eigennamen bleiben unberücksichtigt. Bei Wörtern mit einer ungeraden Anzahl an Buchstaben ist die Zahl der getilgten Buchstaben um 1 höher als die Zahl der nicht getilgten Buchstaben. Ein Situationsbild ist äußerst vorteilhaft. Jedes Kästchen bedeutet einen fehlenden Buchstaben.

C-Test:
Last week an American millionaire said to Lord Hamilton,
"I'd li☐☐ to b☐☐ your cas☐☐☐, but som☐☐☐☐ in t☐☐ village to☐☐ me th☐☐ it's hau☐☐☐☐." Lord Hamilton answ☐☐☐☐, "I ha☐☐ never se☐☐ a gh☐☐☐ here a☐☐ I ha☐☐ been liv☐☐☐ here f☐☐ over se☐☐☐ hundred ye☐☐☐."

Für die unterrichtliche Praxis ist es sehr empfehlenswert, Schulbuchtexte oder Teile davon (Länge!) entweder in das C-Test-Format oder in das Cloze-Format zu transformieren. So kann länger und abwechslungsreicher eine vertiefte Textarbeit erreicht werden (vgl. Kapitel 8.4).

4.1.9 Umfang der Wortschatzarbeit im Fremdsprachenunterricht

Für die Unterrichtenden ist die lexikalische Arbeit äußerst anspruchsvoll und erstreckt sich über mehrere Felder.

▸ Sie beginnt mit der passenden Auswahl von Semantisierungstechniken bzw. Kodierungstechniken *(explaining the meaning of a word)* und den Überlegungen zum Andocken und Verankern des neuen Vokabulars an bereits bekanntes *(anchoring function)*.

▸ Eine weitere Aufgabe ist die Vermittlung und Einübung von Lernerstrategien *(learning strategies/learning techniques)*. Nach unseren Erfahrungen sind auch für weniger sprachbegabte Schüler einfache lexikalische Kommunikationsstrategien möglich, zum Beispiel Umschreibung eines Ladegeräts: *A thing for filling an empty battery (= battery recharger)*. Um die deutsch-englische Wortgleichung zu vermeiden, bieten sich zahlreiche alternative Verfahren an, die sich auch als Übungs- und Testvarianten bestens eignen.

▸ Die Fähigkeiten zum erfolgreichen Nachschlagen unbekannter Wörter in einem Wörterbuch können mithilfe von partner- und wettkampforientierten Suchaufgaben gesteigert werden *(improving dictionary skills)*.

▸ Auch die Erschließung der Bedeutung eines unbekannten Wortes aus dem

Kontext kann Schülern mit Lernschwierigkeiten gelingen, wenn man ihnen das passende strategische Vorgehen erläutert. Das Wort *fatal* konnten Schüler der 8. Klasse durch Nachdenken und Reaktivierung ihres Weltwissens erschließen. *He was suffering from a fatal illness. He knew that he had only a few weeks to live.*

▸ Die Merkfähigkeit kann durch eine überzeugend gestaltete Visualisierung wesentlich erhöht werden. Zu Recht spricht man heute von der hohen Kunst der Visualisierung, ein Kompetenzbereich, der den Lehrkräften sehr vertraut sein sollte.

▸ Die meisten Wortschatzübungen bzw. Wortschatzumwälzungsverfahren können auch zur Überprüfung der individuellen Wortschatzkenntnisse verwendet werden. Die Qualität der Verfahren, deren Häufigkeit und Lernerorientiertheit trägt zu einem besseren Behalten bei.

4.1.10 Abschließende Zusammenfassung

Eine überlegte und gekonnt konzipierte Wortschatzarbeit ist für das schulische Erlernen einer Fremdsprache essenziell. Sie muss allerdings von einigen Fehlentscheidungen der traditionellen Fachdidaktik befreit werden:

▸ Die Trennung von Grammatik und Vokabular entspricht nicht der Spracherwerbspsychologie und muss deshalb aufgegeben werden. Lexik und Syntax gehören zusammen.

▸ Das primär textgeleitete Inputverfahren sollte, wo immer dies möglich ist, durch situatives Lernen in interaktiven und handlungsorientierten Kontexten ersetzt werden. Ein situationsentbundenes Lernen, das überwiegend in der Verfremdung der Textwelt stattfindet, wird abgelehnt.

▸ Lernen darf nicht länger durch das häufig anzutreffende *out-sourcing* von lexikalischen Übungs- und Lernaufgaben (Wörter lernt man zu Hause) in die alleinige Verantwortung der Schüler gestellt werden. Die lexikalischen Lernprozesse, die Verwaltung der lexikalischen Inventare und das strategische Vokabellernen gehören primär in den Unterricht und müssen unter fachkompetenter Anleitung entwickelt und eingeübt werden.

▸ Dem strategischen Lernen ist mehr Zeit zu widmen. Dieses Metawissen kann nur mit den Schülern zusammen erarbeitet werden. Einfache Regeln zum Wörterlernen werden sukzessive erarbeitet und als Daueraushang in den Klassenzimmern exponiert, zum Beispiel:

So lernt man Wörter am besten

Lerne ein Wort immer in einem ganzen Beispielssatz.
Klebe oder male ein passendes Bild dazu.
Sprich dir den Beispielsatz so oft wie möglich laut vor.

Hast du das Wort schon einmal außerhalb der Schule gehört oder gelesen?
Kennst du eine Eselsbrücke?
…

▸ Um zum einen die Freude am Fremdsprachenlernen zu erhalten und zum anderen die Vitalitätssysteme des Gehirns zu aktivieren (Dopamin-Ausschüt-
tung) muss der Faktor „Humor" stärker zum Tragen kommen. So findet man
im Internet fast zu jedem Wort ein lustiges Beispiel:

Frage: Why do birds fly south in the winter?
Antwort: Because it's too far to walk!

▸ Der Erwerb der englischen Rechtschreibung ist dreimal anspruchsvoller im
Englischen als im Deutschen. Nyikos (1990) verglich den Wortschatz 10-jäh-
riger amerikanischer Schüler mit dem Wortschatz gleichaltriger deutscher
Schüler und fand heraus, dass 40 Phoneme des Amerikanischen von 511
Graphemen wiedergegeben werden, wogegen die Viertklässler im Deutschen 46 Phoneme mit 170 Graphemen repräsentieren. Durchschnittlich wird
also ein Phonem im Amerikanischen durch 12,8 Grapheme realisiert, wogegen im Deutschen auf ein Phonem 3,7 Grapheme kommt, ungefähr dreimal
weniger (vgl. dazu auch Kapitel 4.4.1). Allein dieses Faktum erfordert eine
erhebliche Absenkung der Rechtschreibleistungen für alle Schüler und für
die Lernenden mit Lernschwierigkeiten beim Erwerb der englischen Sprache ganz besonders. Die orthografische Ahndungsbesessenheit sollte der
Vergangenheit angehören.

4.2 Grammatik

Grammatik als eine Sprache über die Sprache dient primär der Beschreibung
der Regelhaftigkeiten eines sprachlichen Systems (wissenschaftliche Grammatik). Für das schulische Fremdsprachenlernen soll sie den Lernenden kognitive Hilfen bereitstellen (Schulgrammatik), nachdem diese nicht die Möglichkeit
haben, sich die fremdsprachlichen Redemittel im interaktiven genuinen Gebrauch zu erwerben, zu analysieren und anzuwenden. Ein solides Grammatikwissen gilt nach wie vor als Garant für die anzustrebende Sprach- und Sprechkompetenz und steht oftmals unangefochten an der Spitze der Teilkompetenzen,
die in der Summe die kommunikative Kompetenz (KoKo) ausmachen (KoKo =
grammatische + lexikalische + soziokulturelle + strategische Kompetenz). Relativ widerspruchslos wird der Grammatik eine notwendige Hilfs- und Lernpro-
zessbeschleunigungsfunktion bescheinigt, die man allerdings weder in den Ur-
sachenanalysen der Schulversager vorfindet, die am Erwerb einer Fremdsprache
scheitern, noch den persönlichen Interviews mit „Betroffenen" entnehmen kann,

deren defizitäres Grammatikwissen das „Aus" für einen gewünschten Schullabschluss bedeutete.

4.2.1 Was leistet die Grammatik für den schulischen Fremdsprachenerwerb und was leistet sie nicht?

Durch die grammatikalischen Informationen sollen die Lernenden entsprechende Hilfen erfahren, um das fremdsprachliche System zu verstehen, zum Beispiel die Verwendung der Zeiten mit all ihren formalen und funktionalen Unterschieden zum Deutschen. Die kognitive Durchdringung der *grammar items* soll – so die traditionelle Erwartung – die nicht mögliche Anwendung der erworbenen Redemittel in realsituativen und interaktiven Szenarien irgendwie ausgleichen. Bei der unangefochtenen Hochschätzung der Grammatik für das Zustandekommen von fremdsprachlichen Leistungen übersieht man allerdings, dass die kognitiven und metakognitiven Komponenten alle anderen Komponenten ungerechtfertigt überlagern. So spielen die individuell-soziale, die motivational-emotionale, die methodisch-inhaltliche und die institutionell-lebensweltliche Komponente eine weitaus unbedeutendere Rolle, was aber den fremdsprachlichen Erwerbsprozessen keineswegs entspricht. Diese Sichtweise ist letztendlich kontraproduktiv gegen die Natur des Spracherwerbs gerichtet und damit auch gegen die Arbeitsweise des Gehirns, denn das Verinnerlichen eines Regelwerks ist keine Voraussetzung zum Erlernen einer Sprache.

4.2.2 Wobei haben viele Lernende erhebliche Probleme?

Leistungsschwächere Schüler haben bei regelgeleiteten Fremdsprachenerwerbsprozessen erhebliche Probleme. Die Gründe sind vielfältiger Natur. Sie verfügen über geringe Lerndispositionen,

▸ um über eine Sprache oder unterschiedliche Sprachsysteme reflektieren zu können (gilt bereits für den Erstsprachenerwerb),
▸ um Regelhaftigkeiten zu erkennen, zu verstehen und anzuwenden und
▸ um der abstrakten Metasprache der Regelbeschreibung folgen zu können.

Dies ist auch auf die allgemein gering entwickelten Fähigkeiten zurückzuführen, einem Unterricht folgen zu können, der überwiegend auf einer sprachlich-symbolischen Ebene stattfindet, fast ausschließlich textgesteuert verläuft (hoher Textinput) und wenig oder keine Handlungsorientierung aufweist. Sollte man dann nicht einfach auf jegliche grammatische Unterweisung verzichten oder mit alternativen Methoden versuchen, die kognitiven Lerninhalte zu vermitteln? Die Antwort ist sicherlich nicht einfach. Einerseits weisen die Erkenntnisse aus den Neurowissenschaften darauf hin, dass das menschliche Gehirn beständig damit beschäftigt ist, die ankommenden Informationen zu ordnen und an bereits existente Wissensbestände anzudocken. Nicht zu Unrecht wird es deswegen als ein nach Mustern oder Regeln suchendes Organ bezeichnet („The human brain is a pattern-seeking device"). Das Erkennen von Ordnungsstrukturen gehört zu den wertvollen Denkarten, denn diese sind den rein imitativen und repetitiven Formen weitaus überlegen. Andererseits empfinden die Schüler mit Lernschwierigkeiten die Grammatik als ein unüberwindbares Lernhindernis. Was aber ist zu tun, wenn deklaratives Wissen nicht erworben werden kann oder nicht zur Verfügung steht?

4.2.3 Wie kann man die Wahrnehmung von Regelhaftigkeiten alternativ erreichen?

Das Erkennen, Behalten und Abrufen fremdsprachlicher Redemittel gelingt den Lernenden immer dann,

▸ wenn diese in attraktiven Episoden mit visueller und tonaler Unterstützung angeboten werden (motivierender Input),

▸ wenn sie für die Lernenden von Interesse und individueller Relevanz sind (Affektivität) und

▸ wenn deren Lernbarkeit auch machbar ist (*learning load/managable input*, zur Verfügung stehende Lernzeit).

Als Voraussetzung für ein nachhaltiges Behalten sollte man beachten, dass die Lerninhalte in klaren Ordnungsstrukturen angeboten, geübt und gespeichert werden. Diese Bedingungen sind keineswegs nur metasprachlich zu erfüllen, sondern können auch „quasi grammatikfrei" erreicht werden. Hierzu bietet sich eine Fülle an Möglichkeiten an, mit entsprechenden Methoden und Techniken zu arbeiten, um so einen passenden Unterricht für diejenigen Schüler anzubieten, die eine sprachsystematische Betrachtungsweise nicht als Hilfe empfinden. Die Sensibilisierung für fremdsprachliche Strukturen *(structural awareness)* ist keinesfalls nur kognitiv erreichbar, sondern auch (und vor allem bei leistungsschwächeren Schülern)

▸ durch Handlungs- und Aufgabenorientierung, zum Beispiel mit *picture dictation* und TPR,

▸ durch exeptionelle Visualisierungverfahren, zum Beispiel *flip charts* oder *cartoons*,

▸ durch sinnvolles Einschleifen, zum Beispiel *drills*,

▸ durch spielerische Aufgaben, zum Beispiel *OHP games*

▸ und vor allem auch durch eine dramapädagogische Inszenierung der grammatischen Strukturen, zum Beispiel Dramagrammatik (dazu eine sehr empfehlenswerte Lektüre: Küppers/Schmidt/Walther 2001).

Dazu sollen im Folgenden einige Beispiele genannt werden.

▸ *Sensibilisierung durch konkretes Tun:* Die Generierung einer sprachlichen Äußerung ist in der Regel in ein Handlungskontinuum eingebettet und wird von nichtsprachlichen Komponenten begleitet (Mimik, Gestik). Dies wird im Kapitel 3.3 über das Sprechen dezidiert erläutert. Sprache ist verinnerlichtes Handeln, und Sprechen und Tun verlaufen im Alltag oftmals parallel. Diese Gegebenheit wird jedoch im Fremdsprachenunterricht sträflich ignoriert. Dort soll das Sprechen ohne zwingenden Sprechanlass, ohne Tun, ohne Gegenstände, ohne Bewegung, ohne Emotionen und ohne individuelle Betroffenheit gelernt werden. Ein fataler Fehler, denn bei diesem quasi situationsentbundenen Lernen entfallen alle nichtsprachlichen Speicherungshilfen (und später Erinnerungshilfen), die das menschliche Gehirn bei der Erstbegegnung mit einem neuen Redemittel benötigt, um die mentalen Speicherungsvorgänge in Gang zu setzen (Wahrnehmung – Arbeitsgedächtnis – temporäres Gedächtnis – Langzeitgedächtnis). Eine ansprechende und transparente Erstbegegnung mit einer neuen grammatischen Struktur ist eine essenzielle Voraussetzung für den Beginn einer nachhaltigen Speicherung. Eine textgeleitete Einführung von Redemitteln ist für lernschwächere Fremdsprachenlerner in der Regel ungeeignet.

▸ *Changing pictures (picture dictation):* Dieses Verfahren wurde ebenfalls erfolgreich unterrichtserprobt und kann für eine Fülle an Strukturen angewendet werden. Die Schüler bekommen das Bild eines Autos und müssen die Veränderungen zeichnerisch durchführen, die von der Lehrkraft beschrieben werden, zum Beispiel:

Peter bought a second-hand car last year *(Bild 1)*. It looked boring. So he customized it.
(1) He fixed a spare wheel *(Bild 2)*.
(2) He tinted the windows.
(3) He fixed a spoiler.

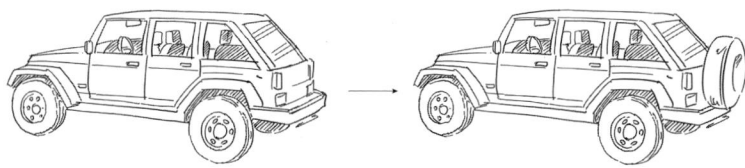

Durch die Verbindung von Hören und Verstehen, konkretem Tun und Nachsprechen lassen sich hohe Behaltensleistungen erreichen. Jeder Schüler präsentiert sein individuelles Ergebnis. Je nach gewähltem Fokus kann hier
entweder das *simple past (He fixed a spare wheel)* oder das *present perfect re-
sultative (He has fixed a spare wheel)* geübt werden, allerdings nicht formalgrammatisch, sondern aufgaben- und handlungsorientiert freudvoll.

▸ *TPR-Learning:* Das aus der Grundschule bestens bekannte *Total Physical
Response learning* eignet sich auch für die weniger leistungsstarken Schüler
in der Sekundarstufe I sowohl zur Entwicklung der Hörverstehenskompetenz
als auch für die Sensibilisierung und Einübung von Strukturen. Die Lehrkraft
erteilt Anweisungen, die von den Schülern konkret ausgeführt werden, zum
Beispiel *classroom phrases* (höfliche Aufforderungen):

Lehrkraft: *Can I borrow your biro, Susanne?*
Schülerin: *Here you are.*

Im Sinne einer Schwierigkeitsprogression werden die Anweisungen komplexer und allmählich von den Lernenden produktiv übernommen:

Lehrkraft: *Linda, please close the door and switch the lights on. And then draw the
curtains, please.*

Mit TPR-Prozeduren können zahlreiche Strukturen eingeübt werden, die keinerlei metasprachlicher Unterstützung bedürfen, zum Beispiel Präpositionen
(Mary, please sit next to Peter), parts of the body (Gymnastik: *Stand on your
toes), action stories* (ganzkörperlich erzählte Geschichten).

▸ *Erkennen und Verinnerlichen von Regelhaftigkeiten durch selbst erstellte flip
charts:* Mithilfe der *flip-chart*-Technik ist die Einsicht in die Funktionalität
einer Struktur (hier das *present perfect*) auch ohne Metasprache möglich.
Durch das Wegklappen der Haare verliert die Figur im folgenden Beispiel
ihre Haarpracht.

He has lost his hair.

Die Schüler werden dann beauftragt, eigene *flip charts* zu erstellen. Die Themen sind vielfältiger Natur und bereiten großen Spaß, zum Beispiel durch das Herausklappen (oder Einklappen) von Elementen aus einer Landschaft, einer Wohnumgebung, aus Charakterköpfen (Brille, Bart, Piercing) etc. Humorvolle Techniken garantieren höhere Speicherungserfolge im Langzeitgedächtnis.

▸ *Erhöhung der Merkfähigkeit durch exzeptionelle Lernepisoden:* Das menschliche Gehirn speichert Normalität nur sehr limitiert, ist aber für alles, was jenseits des Normalen angesiedelt ist, leicht zugänglich. Das folgende Beispiel aus dem Bereich der optischen Täuschungen (*optical illusions* – negativer Imperativ: *Don't ...*) steht für viele weitere (Lösung: Es sieht aus, als sei in der Hand ein Loch).

The hole in the hand

Take a sheet of paper.
Roll it up like this.
Hold it close to your left eye.
Look at the wall.
Both eyes are open.
Don't close one eye.
Put your hand in front of your right eye.
Don't look at the hand.
Look at the wall.
Don't close one eye.
What can you see?

Das episodische Gedächtnis ist das leistungsstärkste, über das der Mensch verfügt, und sollte gerade deshalb das leistungsschwache Strukturengedächtnis (Grammatik) ersetzen (im Beispiel: positive und verneinte Imperativsätze), wenn immer dies möglich ist.

▸ *Gezielter Einsatz von Visualisierungshilfen zur Unterscheidung von sprachlichen Konzepten in der L1 und der L2:* Wird ein Konzept in beiden Sprachsystemen (L1 vs. L2) unterschiedlich versprachlicht, bringt dies natürlich erhöhte Lernschwierigkeiten mit sich. Oftmals ist hier allein schon die visualisierte kontrastive Gegenüberstellung äußerst hilfreich, zum Beispiel *simple past* vs. *present perfect*:

Mithilfe von *grammar pictures* sind auch weniger leistungsstarke Schüler in der Lage, Regelhaftigkeiten zu erkennen und mit eigenen Worten zu versprachlichen (zu Visualisierungstechniken und *grammar pictures* ausführlich Kieweg 2012).

4.2.4 Memorieren von Regelhaftigkeiten mithilfe von Drill-Techniken

Der kommunikative Ansatz des Fremdsprachenlernens drängte die ehemals hoch gelobten Drillverfahren (sprachlicher Behaviorismus, audiolinguale Methode) in den Hintergrund und führte oftmals sogar zu deren Ächtung *(drill-and-kill-exercises)*. Für den gesamten Lernprozess sind aber Automatisierungsphasen von großer Wichtigkeit, denn sie kompensieren die nicht möglichen außerschulischen Anwendungsmöglichkeiten *(feedback)* bzw. die nicht ausreichend zur Verfügung stehende Unterrichtszeit in der Schule selbst. Nach wie vor sind Drill-Techniken gerade für Schüler mit Lernschwierigkeiten eine wichtige Phase beim Erlernen einer Struktur. Sie müssen allerdings eine Reihe von Kriterien erfüllen, damit deren Sinnhaftigkeit auch garantiert werden kann. *Pattern drills*

▸ müssen in einem genuinen Kontext angeboten werden, zum Beispiel *Talking about spare time*. Strukturen aus unterschiedlichen Kontexten sind ungeeignet.

▸ müssen primär interaktiv in der Ich-Du-Beziehung als sogenannter Minimaldialog angeboten werden, zum Beispiel: *S1: What are you doing tonight, Peter? S2: I'm watching football.* Eine Sprache lernt man nur mit einem Partner.

▸ müssen sinnvolle Inhalte transportieren, zum Beispiel: *LK: What do fourteen-year-old teenagers do in their spare time? Let's make a survey.*

Drill-Techniken eignen sich sowohl für Übungen zu Betonung, Rhythmus und Prosodie als auch für das Einschleifen von grammatischen Strukturen. Das wechselseitige Chorsprechen ist überaus beliebt und kann beinahe für alle grammatischen Inhalte eingesetzt werden. Die Muster entsprechen den interaktiv personalen Sprechakten *(personal grammar)* und verbinden die Kognition mit der Emotion. Die Schüler sprechen als sie selbst und müssen nicht die Rolle einer wenig motivierenden Lehrbuchfigur übernehmen, zum Beispiel:

▸ 5. Klasse (Fragewort):
   LK: Where's my ruler? – S: I don't know. –
   LK: Where's my pencil? – S: I don't know. – .... –
   S: You're a slop. – LK: No, I'm not. –
   S: Yes, you are. – LK: No, I'm not. –
   …

▸ 7. Klasse (substantiviertes Possessivpronomen):
   LK: This is my ruler. – S: No, it isn't yours – it's mine. –
   LK: This is my pencil. – S: No, it isn't yours – it's mine. – … –
   LK: You're a liar. – S: No, I'm not. – …

▸ 9. Klasse (*present progressive* als Vorwurf):
   LK: You're always talking with your neighbour. – S: No, we're not. –
   LK: You're always looking out of the window. – S: No, we're not. –
   … –
   LK: Okay then. You're the best pupils in the world.

4.2.5 Formales, präkommunikatives und kommunikatives Üben

Ein Übungskomplex umfasst in der Regel drei Phasen:
▸ das formale (strukturorientierte) Üben,
▸ das präkommunikative Üben und
▸ das kommunikative Üben.

Für Schüler mit Lernschwierigkeiten gilt dies ebenso, aber die Gewichtung liegt anders. Das folgende Beispiel *(present perfect – talking about experience)* zeigt, dass für diese Lernenden die formalen Übungsabläufe etwas umfassender anzusetzen sind (ZE = Zeiteinheiten).

formales Üben (3 ZE)	präkommunikatives Üben (2 ZE)	kommunikatives Üben (1 ZE)
individuelle Übung (Weltkarte oder Länderliste verwenden)	Übung mit dem Partner (auch als Sprechkette möglich)	Unterrichtsgespräch zwischen Lehrkraft und Schülern
→ Formulieren von Aussagen: bejaht/verneint	→ Minidialog	→ realsituative Einbettung in einem Kontext
I've been to Italy. I haven't been to Spain. I've been to London. I haven't been to Paris. ...	S1: Have you ever been to Spain? S2: No, I haven't. Have you ever been to Norway? S3: No, I haven't. ...	S1: Have you ever been to Austria? S2: Yes, I have. I was there last year. S1: Did you like Austria? S2: Yes, I did. ...

Die beiden Satzanfänge *I've been to ...* oder *Have you ever been to ...?* werden als Syntagmen gespeichert *(fixed set of words)* und dürfen auf keinen Fall weiter „zerlegt" werden. Im Gegensatz zu Kollokationen *(He spoke in a low voice)*, idioms *(Blow your nose!)*, oder *every-day phrases (What's going on in here?)* werden abstrakt formulierte Regeln kaum behalten.

Neben diesen sehr erfolgreich eingesetzten methodischen Varianten gibt es aber auch eine Fülle an Drills, die ob ihrer zweifelhaften linguistischen und motivationalen Eignung rigoros abzulehnen sind. Dazu gehören die paradigmatischen Übungsabläufe *(I work, you work, he/she/it works* etc.) und die extrem motivationstötenden Substituierungstabellen *(substitution tables)*, zum Beispiel:

Robert	go	on holiday.
We	goes	swimming.
My friends	is going	out tonight.
The Whites	are going	to the pictures.
...	...	...

Auch alle Übungen, die eine Veränderung in den *tenses* einfordern, sind linguistisch gesehen äußerst dubios und können wohl eher als eine *time-killing activity* denn als ein sinnvoller Drill bezeichnet werden:

Put the following sentences into the *past tense*:
He takes the dog out in the morning. (*Erwartung:* He took the dog out in the morning).
...

Der Transfer von der Versprachlichung einer Gewohnheit *(present tense)* in den Bericht über ein einmaliges Ereignis aus der Vergangenheit ist mental nicht nachzuvollziehen.

Die allseits beliebte Übungsform, aus vorgegebenen verwürfelten Satzteilen einen sinnvollen Satz zu formulieren, gehört ebenfalls zu den Übungstypen, die keinen Lernfortschritt erbringen, denn auch hier werden ohne jegliches vorsprachliches Konzept einfach Sätze generiert, sogenannte Satzleichen. Dies widerspricht den Prinzipien der Generierung von Sprache gänzlich (Sprechpsychologie). Ein Beispiel für eine Vorgabe: *to – last – I – the – went – pictures – night.* Das Verfahren wäre noch tolerierbar, wenn man die Sprechabsicht auf Deutsch vorgeben würde, zum Beispiel: „Wie sagst du, dass du gestern Abend im Kino warst?" Gerade den Schülern mit Lernschwierigkeiten sollte man keine emotionslosen, amodalen und rein grammatisch motivierten Übungskomplexe anbieten. Deswegen müssen Übungsabläufe vermieden werden, die völlig unreflektiert zu erledigen sind (vgl. Kieweg 2010).

4.2.6 Memorieren von Regelhaftigkeiten durch spielerische Aufgaben

Die unterrichtlichen Möglichkeiten zur spielerischen Vermittlung von Strukturen sind schier endlos. Ratespiele, Gedächtnistraning am Overheadprojektor, Riechspiele, Droodles (siehe Abbildung), Geschicklichkeitsspiele etc. gehören zu den lust- und spaßbesetzten Leistungsherausforderungen einer neurodidaktisch begründeten Pädagogik im Fremdsprachenunterricht. Eine metasprachliche Beschreibung erübrigt sich in fast allen Fällen.

4.2.7 Dramapädagogische Inszenierungen von grammatischen Strukturen

Auf der Suche nach geeigneten Verfahren, die lernepisodisch nachhaltig wirken, die eine Mehrfachkodierung der Lerninhalte ermöglichen, die handlungs-, aufgaben- und kommunikationsorientiertes Lernen erreichen, die den Lerndispositionen der Schüler entsprechende kognitive Hilfen nicht ausschließen (Reflexion

Becher oder Blumentöpfe und Ball:
Where's the ball now?

Overhead-Projektor + Büroklammern:
What have I changed?

über Sprache), die individuelle Betroffenheit auslösen etc. bietet sich als ein überzeugendes Lernarrangement die Inszenierung („in Szene setzen" oder „zur Anschauung bringen") von grammatischen Strukturen an (Dramagrammatik/ Performative Fremdsprachendidaktik/Dramapädagogik; vgl. Küppers/Schmidt/ Walther 2001). Das Lernen wird immer dann nachhaltiger, wenn die Kinder oftmals die Gelegenheit bekommen, das zu Erlernende handlungsorientiert zu erleben bzw. das Gelernte szenarisch darzustellen (kommunikatives Mitmachen). Beispiel: Schüler spielen eine Szene beim Essen, wobei die Eltern das Verhalten der Kinder beständig bemängeln. Zur Inszenierung des folgenden Textes sind nur wenige vorbereitende Entscheidungen und Vorbereitungen nötig:

The Whites are having dinner

6 Personen:	Vater, Mutter und 4 Kinder (2 Jungen, 2 Mädchen)
Requisiten:	1 Tisch, 6 Stühle, Pappteller, Pappbecher und Besteck

Text:

Daniel rocks his chair.

Father: Daniel. Don't rock your chair. Stop it!
Daniel: Yes, Dad.

Kathy talks to Fred with her mouth full.

Mother: Kathy! Don't talk with your mouth full.
Kathy: It's empty now.

Oliver eats very fast.

Mother: Oliver! Don't eat so fast. Slow down.
Oliver: But I'm so hungry, Mum.

Emma slurps her soup.

Father: Don't slurp your soup, Emma. It sounds awful.
Emma: But it's so hot.

…

Nach stillem Erlesen, Rollenverteilung (Sechsergruppen), dramaturgischem Rollenlesen, Erlernen der Körpersprache, Mimik und Gestik sowie nach der sich anschließenden konkreten Aufführung vor der Klasse wird die grammatische Struktur (negativer Imperativ) mit einfachen Worten und einer simplen Skizze thematisiert und in das Portfolio eingetragen:

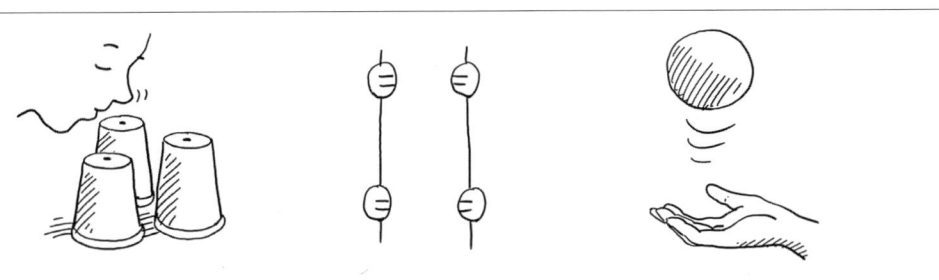

Riechdöschen mit Loch:
What does it smell like?

Droodle: What's this?
It's a bear climbing a tree.

Geschicklichkeitsspiele:
Can you catch the ball with one hand?

Don't rock	on your chair.
Don't talk	with your mouth full.
Don't eat	so fast.
Don't slurp	your soup.
Schaukle nicht	mit deinem Stuhl.
Sprich nicht	mit vollem Mund.
Iss nicht	so schnell.
Schlürfe nicht	deine Suppe.

Durch die kontrastive Gegenüberstellung der L1 und L2 erkennen auch weniger leistungsstarke Schüler die syntaktischen Unterschiede zwischen den beiden Sprachsystemen. Die Dramagrammatik ermöglicht also eine Verbindung von tonalen, visuellen, affektiven, episodischen und kognitiven Elementen und hat sich im Unterricht seit Jahren bestens bewährt.

4.2.8 Sprachrezeptive Übungen

Schüler mit Lernschwierigkeiten bedürfen einer längeren Rezeptionsphase, bevor man von ihnen die produktive Verwendung einer Struktur verlangen kann. Hier bieten sich die bekannten Auswahlverfahren an (zum Beispiel *multiple choice*), die beachtliche Erfolge ermöglichen. Auch hier sind einige Prinzipien zu beachten. Auswahlverfahren

▸ sollen einen Minimalkontext aufweisen und ganze Äußerungen enthalten:

Your friend on the phone: "What are you doing?" You answer:
☐ "I watch TV."
☐ "I'm watching TV."

▸ sollten primär durch muttersprachlich vorgegebene Sprechabsichten gesteuert werden:

Wie bestellst du höflich eine Pizza?
☐ I want a pizza.
☐ I'd like a pizza, please.

▸ dürfen keine formalgrammatisch fehlerhaften Lösungen anbieten:

Wie sagst du, dass du seit einem Jahr einen Hund hast?
☐ I have a dog for one year.
☐ I've had a dog for one year.

Das passive *grammar knowledge* kann auch ohne Metasprache geübt und überprüft werden.

4.3 Reduktionistische Betrachtung der sogenannten *grammar items*

Die Trennung der beiden sprachlichen Systeme „Grammatik" und „Wortschatz" ist historisch-fachdidaktisch nachvollziehbar (Einfluss des Lateinischen), unter entwicklungspsychologischer und neurowissenschaftlicher Betrachtungsweise allerdings nicht mehr haltbar. So wurde bereits beim Erstsprachenerwerb die deutliche Interdependenz von Wortschatz und Syntax erkannt und daraus die phonetisch-phonologischen, semantischen, pragmatischen, morphologischen und syntaktischen Beziehungen der Wörter im sogenannten mentalen Lexikon abgeleitet. Die traditionelle Vorstellung vom Wörterheft und Grammatikheft ist nicht länger gewinnbringend, denn das mentale Lexikon (ein etwas unglücklich gewählter Begriff) umfasst sowohl den Wortschatz als auch die Grammatik.

4.3.1 Reduzierung der Grammatikinventare

Wenn man die curricular verordneten *grammar items* für die ersten Lernjahre durchforstet, stößt man auf viele Möglichkeiten, anspruchsvollere Strukturen durch einfachere zu ersetzen oder einfach zu ignorieren. Einige Beispiele, die besonders für den mündlichen Sprachgebrauch zu empfehlen sind:

▸ Das strukturell anspruchsvolle *past perfect* kann entweder völlig ignoriert oder dem Bereich des rezeptiven Verstehens überantwortet werden, zumal es auch von den *native speakers* in der gesprochenen Sprache kaum verwendet wird. Anstatt *After I had done my homework I watched TV* sagt man *I did my homework. Then I watched TV.*

▸ Alle Passivformen können aktivisch formuliert werden, was erhebliche Lernerleichterungen mit sich bringt. Anstatt *She was taken to hospital* sagt man *They took her to hospital.*

▸ Auf die unterschiedlichen Möglichkeiten, das Futur zu bilden, kann bei leistungsschwachen Schülern verzichtet werden. Wenn man ausschließlich das *present progressive future* verwenden würde, ergäben sich im interaktiven Bereich relativ geringe Verstehensprobleme, zum Beispiel *We are leaving early in the morning.* Nach unseren Erfahrungen nehmen fehlerhafte Äußerungen zu, wenn sich die strukturellen Möglichkeiten, über die Zukunft zu sprechen, erhöhen *(will/shall-future, going-to-future, present tense future, present progressive future, be-about-to-future und be-to-future).*

▸ Die Ort-vor-Zeit-Regel kann ebenfalls entfallen, denn sie entspricht ohnehin nicht den alltäglichen Gebrauchsmodalitäten. Englisch ist eine *end-focus-language* oder *end-weight-language*, wo bedeutungsvolle Information durch die Endposition besonders hervorgehoben werden: *I fly tomorrow to Spain* ist ebenso richtig wie *I fly to Spain tomorrow.*

▸ Die indirekte Rede wird grundsätzlich durch die Wiedergabe des direkt Gesagten ersetzt: *She asked me, "Are you hungry?"* anstatt *She asked me if I was hungry.*

▸ Im Modalbereich sollte man *must* durch *have to* ersetzen, zumal dadurch das Präteritum keine Problem macht: *have to – had to*. Der häufige Fehler *I mus-ted clean my room* wird dadurch ausgeschlossen.

Die Liste der einzusparenden Strukturprobleme könnte noch erheblich erweitert werden.

4.3.2 Grammatik nur auf Anfrage

Das traditionelle Muster zum schulischen Erlernen einer neuen Struktur verläuft dreiteilig: Sprachbegegnung, Sprachbetrachtung und Sprachanwendung. Die Sprachbegegnung ist in der Regel textgesteuert (Lehrbuch), die Sprachbetrachtung regelorientiert analytisch und die Sprachanwendung inhaltlich (prä-)kommunikativ. Die unterrichtlichen Erfahrungen zeigen aber, dass die Schüler eine neue Struktur auch ohne die lehrerseitigen grammatikalischen Erhellungsprozeduren richtig anwenden können, wenn sie deren Funktion erkannt haben. So haben lernschwächere Schüler die folgende Struktur ohne grammatikalisches Exerzitium spontan erfasst („Es wäre besser, wenn du …") und konnten weitere Ratschläge formulieren:

Der sogenannte *sentence head (You'd better do …)* wird auch ohne Metasprache erfolgreich gespeichert.

Neben den grundsätzlichen Überlegungen, ob eine kognitive Phase den Lernprozess nachhaltig begünstigt oder besser unterbleiben sollte, ist das Unterrichtsprinzip der „Grammatik nur auf Nachfrage" *(grammar on demand)* ebenso bedenkenswert. Es gehört zu den Highlights einer Lehrkraft, wenn Schüler von sich aus nach der Klärung eines Problems verlangen, zum Beispiel „Sagt man *It tastes terribly* oder *It tastes terrible?*"

Es bleibt also wiederum den Lehrkräften überlassen, zu entscheiden, ob für Schüler mit Lernschwierigkeiten eine kognitive Phase gewinnbringend ist, ob man auf eine ausformulierte Regelhaftigkeit völlig verzichten kann, ob man sich auf die schülerseits bedarfsorientierte Grammatik einlässt oder ob man mit klugen Visualisierungstechniken das Gespür für Regelhaftigkeiten auslösen kann, was metasprachlich nicht erreichbar ist.

4.3.3 Die Sicherung der grammatischen Inventare

Das traditionelle Grammatikheft, in welches die Schüler alle Regeln mit Beispielsätzen eingetragen haben, wird heute in einer modifizierten Form geführt: entweder als *phrasebook* oder als Sammelwerk für einzuklebende *grammar cards*. Die einfachere Form des *phrasebook* (vgl. Kapitel 4.1.6) ist ein mit einem Daumenindex versehenes Schulheft, in welches englische Beispielsätze mit den deutschen Äquivalenten eingetragen werden. Der Daumenindex (englisch oder deutsch) fungiert als Ordnungsschema für die Sachgebiete, die im Verlaufe eines Schuljahres angesprochen werden, zum Beispiel:

- *Me and my family*
- *School and holidays*
- *Spare time and sports*
- *Pets and hobbies*
- *Traffic and travelling*
- *Food and shops*
- *Clothing and parties*
- *Mixed*

Immer wenn ein neuer Eintrag angefügt wird, lesen die Schüler zuerst die bislang angefallenen Beispielsätze:

Spare time and sports

What's your favourite sport? Mountain biking.	Was ist dein Lieblingssport? Mountainbiken.
Are you good at football? No, not really.	Bist du gut in Fußball? Eigentlich nicht.
I jog a lot.	Ich jogge viel.
What do you do in your spare time? Nothing special.	Was machst du in deiner Freizeit? Nichts Besonderes.

Auf diese Weise werden Strukturen *(grammar + vocabulary)* laufend wiederholt (Umwälzung der Redemittel), ein Vorteil, den kein anderes Verfahren ermöglicht.

Ein zweite Art der Inventarisierung von Strukturen bieten die sogenannten *grammar cards*. Diese werden den Schülern zum gemeinsamen Ausfüllen ausgehändigt und dann in ein Schulheft oder in das Portfolio eingeklebt:

Grammar Card No. 7   Date: *24/09/2012*

Das muss ich lernen:
> *Fragen, ob jemand ein Haustier besitzt.*
> *Sagen, dass man ein Haustier besitzt.*

1 Ich lerne immer 4 Sätze.

Informationsfrage:	*What kind of pet have you got?*
	Was für ein Haustier hast du?
Aussage:	*I've got a cat.*
	Ich habe eine Katze.
Verneinung:	*I haven't got a pet.*
	Ich habe kein Haustier.
Yes/no-Frage:	*Have you got a pet?*
	Hast du ein Haustier?
	Yes, I have. – Ja.
	No, I haven't. – Nein.

2 Ich übe einen Dialog in der Klasse.

You:	Your partner:
Have you got a pet?	*No, I haven't.*
Have you got a pet?	*Yes, I have.*
What kind of pet?	*A hamster.*

3 Ich präge mir die Satzanfänge ein.

I've got	*a …*
I haven't got	*a …*
Have you got	*a … ?*

Auf der *grammar card* können auch die Funktionen einer Struktur oder der Unterschiedlichkeit zum Deutschen thematisiert werden.

4.4 Aussprache und Orthografie

Eine geringe Aussprachekompetenz bzw. eine sehr individuelle Artikulationsfähigkeit führt zu Irritationen beim Gesprächspartner und kann im ungünstigen Falle sogar zur Stigmatisierung des Sprechers Anlass geben. Die Beurteilung der Aussprache würde sich dann auch auf die Beurteilung der Person des Sprechers ausweiten. Die Toleranzbereitschaft von Muttersprachlern ist im Bereich der Aussprachefehler weniger ausgeprägt, als man das annehmen sollte. Der *native speaker* erwartet zwar kein *Oxford English*, *BBC English* oder *Queen's English*, ist aber auch nicht bereit, jegliche Defizite mit der Rolle des Englischen als

Lingua franca zu entschuldigen. An welchen Inhalten sollte sich nun die Aussprachesschulung und Beherrschung der englischen Orthografie für weniger leistungsstarke Schüler orientieren? Können beide Bereiche mehr oder weniger an den Rand des Fremdsprachenunterrichts gedrängt werden oder sind sie nach wie vor von Bedeutung?

4.4.1 Psycholinguistische Anmerkungen zur Aussprache

Bei der Generierung einer sprachlichen Äußerung werden vom Formulator (siehe Kapitel 3.3.1) bestimmte Inputs an den Artikulator zur direkten Versprachlichung weitergeleitet. Dort werden neben den nonverbalen Verhaltenskomponenten auch die prosodischen Elemente (Sprachmelodie, Würze und Lebendigkeit) ausgewählt und eingesetzt (Emphasengenerator: Prosodiemarkierung des Enkodierinputs). Durch die Art der Betonung, der Intonation, der Stimmhöhe, der Satztypenauswahl etc. wird die Emotionalität einer Äußerung erkennbar und somit die Aufmerksamkeit des Gesprächspartners gelenkt. Für lernschwächere Schüler sind gerade diese nichtvokalen Äußerungskomponenten sowohl für die Speicherung als auch für den späteren Abruf von Redemitteln besonders wichtig, zumal sie durch ihre emotionale Markierung zusätzliche Verankerungsmöglichkeiten im episodischen Gedächtnis ermöglichen. Allein deswegen darf ein emotionsloses Sprechen auch bei weniger leistungsstarken Schülern nicht toleriert werden. Die meisten Schwierigkeiten bei der Aussprache liegen im perzeptorisch-psychomotorischen Bereich, wo besonders lernschwächere Schüler große Probleme haben, indem sie die englischen Laute nach ihren muttersprachlichen Mustern aussprechen.

4.4.2 Die Inhalte und Verfahren der Ausspracheschulung

In Verbindung mit der Entwicklung des Hörverstehens, mit dem jede Ausspracheschulung beginnen sollte, und der Orthografie sind Artikulationsübungen unabdingbar notwendig. Entgegen der traditionellen Unterrichtspraxis unterstützen wir eine Ausspracheschulung, die mit prosodischen Elementen beginnt und nicht mit Einzellauten.

Die Prosodie. Sie ist die Melodie oder die Farbe einer Sprache, auf die schon der Fötus im Mutterleib positiv reagiert, wenn die vertraute Stimme der Mutter zu hören ist. Aus der Erforschung des limbischen Systems ist bekannt, dass Äußerungen, die affektiv anspruchsvoll vermittelt wurden, weitaus leichter zu behalten sind als solche, die mehr oder weniger monoton bzw. emotionslos zu hören waren. Da das limbische System gleichzeitig auch die Bewertungsstelle unseres Gehirns für ankommende Informationen ist und das emotionale Erfahrungsgedächtnis beinhaltet, ist es äußerst wichtig, dass die Lehrkräfte selbst ein prosodisch authentisches Englisch sprechen und dies auch von den Lernenden einfordern. Phrasen, die mit der Agilität einer Wanderdüne vorgetragen oder vorgelesen werden, können nur schwer ins Langzeitgedächtnis übermittelt werden.

▸ Mit Nachsprechübungen (zum Beispiel: *Where the hell have you been?*), mit engagierten Rollenspielen, mit erlernter Stimmmodulation (emotionale Färbung, Lautstärke, Stimmhöhe, nonvokale Äußerungen) oder durch das gestaltende dramatisierende Vorlesen können auch lernschwächere Schüler ihre Imitationstüchtigkeit steigern und etwas näher an die Authentizität der englischen Sprache heranrücken. Welche weiteren Verfahren zur Verbesserung der Aussprache bieten sich an?

▸ *Imitationsübungen:* Sie gehen vom Einzellaut auf der Ebene der Phoneme aus und werden dann isoliert und kontrastierend im Wort betrachtet, zum Beispiel *minimal pair exercises*: *head* vs. *hat*. Anschließend erscheinen die Laute in ganzen Äußerungen:

He's always wearing a silly hat on his head.

Übungen zur Aussprache von einzelnen Lauten werden nur ad hoc angesetzt und sollten, wenn immer möglich, in humorvollen Kontexten ablaufen.

▸ *Emotionsgeladenes Chorsprechen:* Die Intonationskonturen sollten auch gestisch untermalt werden. Den Schülern muss immer wieder vorgesprochen werden, wie man beispielsweise sein Mitgefühl, Überraschung, Ärger, Angst, Freude, Erleichterung oder Zuneigung ausdrückt. Die dazu gehörenden Redemittel kann man nicht ohne emotionale Färbung erlernen. Das Üben verläuft also kontextsensitiv in vollständigen Äußerungen und dient der Schulung einer natürlichen Aussprache.

LK: Would you like a day off?
Klasse: Yes, of course.
LK: Would you like school more if there was no homework?
Klasse: Yes, of course.
…

Tonquellen auf CD oder Lernvideos zum Lehrwerk, Videoclips und geeignete Kurzfilme bieten etliche Möglichkeiten dazu an. Leider wird die Rolle der Aussprache beim Erlernen einer Fremdsprache immer noch erschreckend unterbewertet.

▸ *Sinngestaltendes und dialogisches Vorlesen:* Das Vorlesen ist die anspruchsvollste Art des Lesens (vgl. Kapitel 3.4.1) und überfordert die Schüler mit Lernschwächen oftmals erheblich. Die entsprechend ausgebildete Lehrkraft hingegen sollte so oft wie möglich vorlesen. Die Schüler haben die Aufgabe, sie genau beim Sprechen zu beobachten (Lippenbewegungen, Mimik, Gestik) oder auch den Text satzweise in den dafür vorgesehenen Pausen nachzusprechen. In den Pausen versprachlichen die Zuhörenden auch ihre Reaktionen zum Text, stellen selbst Fragen oder berichten über ähnliche selbst erlebte Situationen (dialogisches Vorlesen). Das richtige Zuhören ist immerhin die wichtigste Voraussetzung für eine gute Aussprache.

▸ *Übungen mit Wörterbüchern mit Sprachausgabe:* Die Schüler testen ihre Aussprache mit CD- oder Internet-Wörterbüchern, die überwiegend bereits eine sehr hohe Qualität erreicht haben. Dabei erlernen sie die Aussprache sowohl im isolierten Wort als auch auf der Satz- und Textebene. Die beiden letztgenannte Ebenen sind allerdings immer noch ein Desiderat und eine Herausforderung an die Technik.

▸ *Imitation, Kognition und Produktion:* Auch kognitive Hinweise auf die Artikulationsorte der Lautbildung (also die Stellen im Mundraum) und die Artikulationsorgane (Lippen, Zunge, Glottis) sind keinesfalls überzogen und helfen gerade den lernschwächeren Schülern zum Erkennen der Unterschiede ähnlich klingender Laute in der Fremdsprache und Muttersprache. Das Zusammenspiel von imitativen, kognitivierenden und produktiven Übungskomplexen ist wesentlich. Ein bloßes Nachahmen von Lauten, Intonationskonturen, Silben- und Wortbetonung zur Verbesserung der Aussprache reicht mit Sicherheit nicht aus. Passende Handbewegungen zu *rising/falling intonation* oder entsprechende Visualisierungen im Schriftlichen sind durchaus recht hilfreich:

S o m e   m o r e   c o f f e e ?

Die Bedeutung der Kontraktionen. Von herausragender Bedeutung für die Aussprache sind die Kontraktionen *(contractions, short forms)*, die bei häufigen Hilfs- und Modalverben eine typische Vereinfachung in der englischen Wortstruktur darstellen, zum Beispiel: *I'm, we're I'd, I've.* Diese Verkürzungen müssen von An-

149

fang an, also bereits in der Grundschule, entsprechend gesprochen werden, denn sie gehören zu den wichtigsten Merkmalen der gesprochenen Sprache. Man kann sie auch nicht einfach durch die *long form* ersetzen, zumal sich im Vergleich zur *short form* oftmals auch wesentliche Bedeutungsunterschiede ergeben können. Wenn ein deutscher Austauschschüler einem ihm bis dahin unbekannten Engländer seine Herkunft verrät mit den Worten *I am from Germany*, dann klingt das leicht überheblich, die *short form* hingegen völlig neutral *I'm from Germany*.

Lautschrift (phonetische Umschreibung). Die phonetische Umschreibung der Mitlaute und Vokale umfasst insgesamt 49 Lautschriftzeichen: 24 Zeichen für Konsonanten (zum Beispiel *view*), 12 Zeichen für Laute, die mit einem Vokal gebildet werden (Monophthonge; zum Beispiel *calm*), 8 Zeichen für Laute, die mit 2 Vokalen realisiert werden (Diphthonge, zum Beispiel *boat*) und 5 Zeichen für Laute, die mit 3 Vokalen zu bilden sind (Triphthonge, zum Beispiel *tyre*). Mit den *phonetic symbols* haben auch Schüler mit Sprachbegabung größere Probleme, wenngleich nur deren rezeptive Beherrschung eingefordert wird. Weniger leistungsstarken Schülern sollte man diese *learning load* ersparen, zumal die Lerninhalte durch andere Medien weitaus transparenter präsentiert werden können, zum Beispiel durch sprechende Wörterbücher.

Native Speaker im Unterricht. Neben dem Wissen-Lernen (Was soll gelernt werden?), dem Können-Lernen (Entwicklung von Fertigkeiten, Fähigkeiten, Kompetenzen) und dem Lernen-Lernen (lernstrategisches Vorgehen) ist das Leben-Lernen eine bedeutsame Lernform, die unter anderem die Lebensbewältigung und Lebensbefähigung ausmacht (Anthropologie des Lernens; vgl. Göhlich/Zirfas 2007). Gerade der weniger begabte Fremdsprachenlerner braucht konkrete Beispiele zur sinnvollen außerschulischen Anwendung der zu erlernenden Inhalte. Deswegen müssen Experten eingeladen werden, die den Schülern erläutern, dass sich die Lernanstrengungen in der Schule lohnen. Durch ihren Besuch in einer Klasse haben Muttersprachler oder Personen, die eine Fremdsprache zur Berufsausübung brauchen, bislang schon manchen Motivationszusammenbruch verhindert. Auch Gegenbeispiele aus dem Internet können zur Problematisierung der Ausspracheleistung herangezogen werden. Man findet auf Videoportalen wie Youtube zahlreiche Kostproben für ein Englisch, das einfach nicht mehr zu verstehen ist – der Sinn einer guten Aussprache wird nachvollziehbar. Im Unterricht werden Aussprachefehler sehr sensibel korrigiert. Dies geschieht am didaktisch richtigen Ort, mit der nötigen Zurückhaltung (Korrekturverhalten), mit der passenden Art der Fehlerverbesserung bei gleichzeitiger Akzeptanz der defizitären Schülerleistung. Ein zu häufiges Unterbrechen führt nicht zur Verbesserung der Aussprache, sondern eher zu Sprechhemmungen.

4.5 Orthografie

Trotz aller Bedenken bezüglich einer möglichen Überforderung sind phonetische Übungen langfristig im schulischen Kontext effektiver, wenn sie in Verbindung mit der Rechtschreibung durchgeführt werden (Graphem-Phonem-Beziehungen; Graphem = kleinste Einheit im Schriftsystem, Phonem = kleinste Einheit
im Lautsystem). Dies gilt in einem geringeren Umfang für die Grundschule, obwohl man auch dort erkennen musste, dass ein völliger Verzicht auf das Schriftliche nicht zu verantworten ist.

4.5.1 Psycholinguistische Grundlagen

In der englischen Sprache sind die Beziehungen zwischen der Schreibung und
der Lautung geradezu verwirrend. Die Phonem-Graphem-Relationen (Relation
zwischen Sprachlaut und Schriftsymbol) sind nur schwer oder überhaupt nicht
nachvollziehbar. Dies sollte man auch den Schülern durch ein einfaches Beispiel
demonstrieren, um Verständnis für deren Rechtschreibprobleme zu zeigen. Man
nehme nur einmal den Zischlaut [ʃ], der graphemisch in zahlreichen Varianten
umgesetzt wird. Hier ein reduziertes Beispiel, das man noch genauer auffächern
könnte:

[ʃ] → **s**ugar, ma**ch**ine, **sh**ine, a**c**tion, o**c**ean

Erklärt man den Schülern, dass dies historisch zu begründen ist, hilft das auch
nicht weiter. Bekanntlich hat sich seit dem 15. Jahrhundert die Schreibung nicht
verändert, aber die Aussprache ständig. Dadurch entwickelte sich eines der komplexesten Korrespondenzverhältnisse zwischen Schreibung und Lautung, die
man in modernen Sprachen finden kann. Die englische Phonem-Graphem-Kor-
respondenz ist etwa dreimal umfangreicher als die deutsche, das heißt dass ein
Phonem im Englischen durch ca. 12 Grapheme wiedergegeben wird, wogegen
ein Phonem im Deutschen durch ca. 4 Grapheme repräsentiert wird (vgl. Kapitel 4.1.10). Daraus kann man folgern, dass sich die englische Orthografie auch
dreimal anspruchsvoller als die deutsche erweist. Ein regelgeleitetes Schreiben
ist für unsere Schüler völlig unmöglich. Deswegen kann die Fremdsprachener-
werbsfähigkeit auch nicht an der orthografischen Richtigkeit einer Schülerleistung gemessen werden. Schüler mit Schwierigkeiten im Bereich der Rechtschreibung haben eine verminderte phonologische Bewusstheit – die Zergliederung
von Wörtern in Laute (Phoneme) bereitet Schwierigkeiten –, eine geringere in-
tuitive Sicherheit im Gebrauch, können nur unzureichend Buchstaben in Laute
übersetzen (phonologisches Rekodieren), haben Aufmerksamkeits- und Konzen-
trationsprobleme und zeigen oftmals auf den familiären Kontext zurückgehende
Defizite (Stimulusdeprivationen).

4.5.2 Inhalte und Verfahren der Rechtschreibschulung

Wie kann man trotz aller Schwierigkeiten ein Mindestmaß an orthografischer Tüchtigkeit auch bei Schülern, die gewisse Lernschwierigkeiten beim Fremdsprachenerwerb zeigen, erreichen? Uns sind leider noch keine empirisch gesicherten Eingreifprogramme für Schüler mit Lese-Rechtschreib-Schwierigkeiten bekannt, die eine erfolgversprechende Anwendung im Fremdsprachenunterricht garantieren. Die folgenden methodisch-didaktischen Verfahren haben sich bewährt.

Rechtschreiben in der Grundschule. Der Weg zur Schrift geht in der Muttersprache von der gesprochenen Sprache aus. Deshalb sollte man beim Frühenglisch *(Primary English)* den Schülern zugestehen, dass sie sich neue englische Wörter zunächst nach der im Deutschen häufiger anzutreffenden phonografischen Verschriftlichung aufschreiben (man schreibt so wie man spricht), zum Beispiel *Börd* anstatt *bird.* Dass das phonografische Prinzip im Englischen kaum Gültigkeit hat, muss jeder Lerner erst verinnerlichen, und das braucht Zeit. Es ist ein langer Weg bis zu einer befriedigend gesicherten Rechtschreibsicherheit, wozu in der Regel die Schulzeit nicht ausreicht.

Weitere Möglichkeiten:

▸ *Namensschilder in der Klasse:* Die Methode, den Schülern englische Namen zu geben, ist nicht unumstritten. Als primäre Einsicht in die Unterschiedlichkeit zwischen der Lautung der gesprochenen Sprache und deren Verschriftlichung hat sich diese Namensgebung als sehr vorteilhaft erwiesen. Die Schüler nehmen durch die beständige Präsenz und Hochfrequenz der Namen (visuell und auditiv) die basale Erkenntnis mit, dass die englischen Laute völlig anders verschriftlicht werden als dies im Deutschen der Fall ist.

▸ *Rechtschreibspiele in der Grundschule:* Viele Schreibspiele dienen der orthografischen Sensibilisierung der Schüler und lassen sich auch in modifizierter Form in der Sekundarstufe I weiterführen. Nachdem der Erwerb der Rechtschreibung kein linearer Vorgang ist und Rechtschreibfälle eher episodenhaft summativ gespeichert werden, sind erlebnishafte Lernszenarien, die sich spielerisch ergeben, sehr wertvoll:

‣ Blitzwörter (nur für eine Sekunde am OHP sichtbar oder auf *flash cards* angeboten) aus dem Gedächtnis aufschreiben,
‣ Wörter in die Luft schreiben oder Schwammschreiben an der Tafel,
‣ Wörter ausmalen:

‣ *Memory games:* Memory-Spiele gibt es fertig bei den Verlagen en masse, können aber auch leicht selbst erstellt werden. Die Schüler prägen sich spielend durch den häufigen Gebrauch die Rechtschreibung ein.

🦜	**parrot**	🦜 parrot 🦜 parrot

‣ *Crossword puzzles:* Die Schüler füllen in Partnerarbeit bildgesteuerte Kreuzworträtsel aus.
‣ *Hidden words:* Die Schüler suchen in einem recht komplexen Buchstabenfeld nach Wörtern, die entweder waagrecht, senkrecht oder diagonal zu finden sind. Wort- oder Volldiktate sind für die Grundschule nicht geeignet.

Rechtschreibspiele und Rechtschreibübungen in der Sekundarstufe I. Neben den weiterentwickelten Spielen aus der Grundschule bieten sich viele Übungsmöglichkeiten für fortgeschrittene Lerner an. Von entscheidender Bedeutung für den Erwerb einer basalen Rechtschreibsicherheit ist allerdings immer der feste Wille zum „Richtig-Schreiben-Wollen". Der Eintritt in die Sekundarstufe I erfordert eine Reihe von Fähigkeiten und Fertigkeiten, die man nicht immer spielerisch erwerben kann. Die Neurowissenschaften weisen darauf hin, dass zum Lernen eine zielgerichtete Aufmerksamkeit nötig ist, die man durch bloßes Spielen nicht erreichen kann. Ein „zu kuscheliges Lernen" führt nicht zu einer ausreichenden Ausschüttung des lernfördernden Noradrenalins. Zu wenig von dieser

Überträgersubstanz (Neurotransmitter) bewirkt einen Motivationsabfall, verringerte Antriebsstärke, erzeugt Konzentrationsschwäche und führt in der Folge zu einer kognitiven Einbuße. Um das zu verhindern wäre ein leichtstressiger Rhythmus von Anspannung und Entspannung weitaus angebrachter. Das kann man mit einer überzogen praktizierten „Kuschelpädagogik" nicht erreichen. Was kann man nun im Bereich der Rechtschreibschulung in der Sekundarstufe I tun? Welche Übungen lassen sich gezielt zur Entwicklung der Rechtschreibfertigkeiten einsetzen?

▸ *Look – read – write – exercises:* Die Lernenden bekommen ein Wort zu sehen, schließen die Augen und versuchen das Wort in der Vorstellung „zu sehen". Dann schreiben sie es aus dem Gedächtnis auf und vergleichen es mit dem Original. Mit diesem Verfahren kann das buchstabenfixierte Abschreiben reduziert werden.

▸ *Laufdiktate und Dosendiktate* haben sich als sehr effektiv erwiesen. Sie funktionieren ähnlich dem obigen Verfahren und können sowohl auf der Wortebene, der Satzebene und der Textebene durchgeführt werden.

▸ *Wörter vorwärts oder rückwärts buchstabieren:* Die Fähigkeit ein Wort rückwärts buchstabieren zu können ist ein Garant für eine langfristig erfolgreiche Speicherung.

▸ *Kreative Wortbildgestaltung:* Sie gehört zu den erfolgreichsten Mnemotechniken, die im Fremdsprachenunterricht zum Einsatz kommen. Zusammen mit der Klasse werden einige Beispiele an der Tafel entwickelt und anschließend die Schüler zur Selbsttätigkeit angehalten, zum Beispiel:

Eine Aufgabe für die Schüler: „Wie kann man das Wort *sad* gestalten, damit man es leichter behalten kann?"

▸ *Aussprachekuriosita:* Wenn die Lehrkraft ein Wort nach der deutschen graphophonetischen Art und Weise ausspricht führt dies in der Regel zu humoristischen Erkenntnissen über die Rechtschreibproblematik in der englischen Sprache.

▸ Wörter nach Rechtschreibfällen ordnen, zum Beispiel

s…: sink, sick
th…: think, thick

▸ *Same or different?* Rechtschreibprobleme sollte man vor allem über eine Verbesserung der Hörfähigkeit und der Lautdiskriminierungstüchtigkeit beim Sprechen beheben, indem man die phonologischen und visuellen Voraussetzungen schafft, wozu zum Beispiel auch soliette Übungen durchaus angebracht sind, wenn diese entsprechend (humorvoll) verpackt werden:

The bear doesn't like beer, but he likes pears.

▸ *Nachschlagewettbewerbe* im Wörterbuch oder im *online-dictionary*: Wer findet am schnellsten zwei verschiedene Bedeutungen von *head*?
▸ *Einzelne Rechschreibfälle auf der Satz- und Textebene:* Das Anspruchsniveau verlagert sich von der Wortebene nun auf das kontextorientierte Rechtschreiben auf der Satz- und Textebene:

I ☐ink the ship is going to ☐ink.

▸ *Schrifttypen als Merkhilfe:* Auch die farbige oder schrifttypische Kennzeichnung der orthografischen Problemstellen (Computerschriften) ermöglicht ein fehlerprophylaktisches Vorgehen. Die rechtzeitige Warnung vor Fehlerquellen gehört zu den Serviceleistungen, die lehrerseits zu erbringen sind:

get – get**t**ing   furi**ou**s

▸ Auf *Homophone* aufmerksam machen, zum Beispiel

I **knew** that the car was **new**.

▸ *Wortfamilien* zusammenstellen:

child – children – childhood – childish

▸ *Graphem-Phonem-Beziehungen:* Diese sollten als Daueraushang (auch in Form von selbst erstellten Rechtschreibposter), in den Klassenzimmern zu sehen sein, zum Beispiel

[u:] = r**oo**m – T**u**esday – t**w**o – n**ew**

Grundsätzlich sollten alle Übungsangebote motivierend konzipiert sein und mit der Einstellung durchgeführt werden, dass eine orthografische Sicherheit unserer Schüler nicht erreicht werden kann. So könnten ein lustloses Üben und überzogene Leistungserwartungen vermieden werden.

4.5.3 Korrektur und Bewertung der Orthografie

Orthografische Fehler sollten nur dort gekennzeichnet und verbessert werden, wo dies im Alltagsbereich ebenfalls erforderlich ist, zum Beispiel bei Bewerbungsschreiben oder schriftlichen Einladungen zu einer Party. Müssen die Schüler ihr Hör- oder Leseverstehen schriftlich bekunden *(questions on the text)*, so sollte die Rechtschreibung in den Antworten nicht gewertet werden. Die Heftführung in der Schule (Phrasikon oder Hausaufgabenhefte) darf auch bei den leistungsschwächeren Schülern nicht unkontrolliert verlaufen. Die Lehrkräfte sollten die Aufgaben so stellen, dass ein Minimum an Rechtschreibleistung erforderlich ist und andere Verstehensüberprüfungsverfahren den Vorrang haben, zum Beispiel *multiple-choice*-Aufgaben, Satzhälftenzuordnungen etc. Bei anerkannter Lese- und Rechtschreibschwäche müssen die ministeriellen Verordnungen ohnehin respektiert werden.

4.5.3 Ausblick

Will man die Orthografie nachhaltig verbessern, kommt man um eine Gesamtanalyse des Bedingungsgefüges der auftretenden Lernschwierigkeiten nicht herum. So müsste den Lehrkräften ausreichend Zeit zur Verfügung stehen, um die jeweils individuellen Lernvoraussetzungen zu analysieren (Lernerfahrungen, vorhandene Rechtschreibkompetenz), das Lern- und Arbeitsverhalten und die Lernmotivation zu beobachten und die innerschulischen Förderkonzepte durchzuführen. Wir können nur die Bedingungen des Lernens verbessern, aber nicht die Lernprozesse von außen steuern. Lernen ist ein individueller Akt.

5 Die Entwicklung interkultureller Kompetenz

"An Englishman, even if he is alone, forms an orderly queue of one."
George Mikes

Im Unterricht bemühe ich mich immer wieder, den Schülern zu erklären, dass man nicht versuchen soll, die Andersartigkeit der Menschen aus anderen Kulturen zu überwinden, sondern dass man versuchen sollte, diese zu verstehen und zu nutzen. Die erstrebenswerte interkulturelle Sensibilität kann heute mithilfe der Medien relativ problemlos bereits im Klassenzimmer erreicht werden, wenn man die Neugier der Schüler gegenüber dem Fremden unterstützt. Ohne eine gewisse interkulturelle Sensibilität ist der Erwerb einer Fremdsprache ohnehin sehr problematisch – das gilt für alle Lernenden.

Die sogenannte Landeskunde war immer ein wichtiger Bestandteil des Englischunterrichts. Studien und praktische Erfahrung haben dabei gezeigt, dass gerade Schüler, die Schwierigkeiten im Fach Englisch hatten, diesen Bereich des Unterrichts recht gerne gemocht haben. In den letzten Jahren hat sich jedoch bezüglich des Umgangs mit der Landeskunde ein Paradigmenwechsel vollzogen. Es hat sich im Kontext der zunehmenden Bedeutung des Englischen als internationale Verkehrssprache *(lingua franca)* herausgestellt, dass traditionelles Landeskundewissen allein (häufig geografisch-politisches Faktenwissen) für die Gestaltung gelingender Kommunikation über Länder- und damit auch Kulturgrenzen hinweg nicht ausreicht. Es muss vielmehr darum gehen, dass die Schüler neben sprachlichen Fertigkeiten auch die Fähigkeit des sensiblen Umgangs mit den kulturellen Hintergründen ihrer Gesprächspartner erwerben. Beides zusammen wird heute als interkulturelle kommunikative Handlungsfähigkeit (interkulturelle kommunikative Kompetenz) zum Hauptbildungsziel des Englischunterrichts der allgemeinbildenden Schule.

Konkret bedeutet dies, dass die Schüler lernen sollen, zwischen zwei oder mehreren Kulturen sprachlich und kulturell zu vermitteln, also

▸ mit anderen Sprechern (auch anderer kultureller Hintergründe) in der Zielsprache Englisch zu kommunizieren,
▸ dabei gemeinsam Bedeutungen auszuhandeln und
▸ mit kulturellen Missverständnissen zurechtzukommen.

Während in den vorigen Kapiteln das Augenmerk auf der Entwicklung kommunikativer Kompetenz lag, soll es in diesem Kapitel um die Entwicklung interkultureller Kompetenz gehen. Natürlich kann das eine nicht völlig losgelöst vom anderen betrachtet werden, da sich interkulturelle Kompetenz letztlich immer nur in und durch Kommunikation – in welcher Form auch immer – entwickeln kann.

5.1 Interkulturelle Kompetenz

Wie jede andere Kompetenz auch (vgl. Kapitel 2) setzt sich interkulturelle Kompetenz aus diversen Subkompetenzen zusammen. Es sind dies Bereitschaften, Wissen sowie Fähigkeiten und Fertigkeiten.

▸ *Bereitschaften:* Hierzu gehört vor allem, dass die Schüler (emotional-affektiv) offen, neugierig und unvoreingenommen bezüglich anderer Kulturen sind und kulturelle Vielfalt akzeptieren. Weiterhin gehört zu interkultureller Kompetenz die Bereitschaft, sich auf fremde Situationen einzustellen, Ungewohntes auszuhalten (*tolerare* = aushalten) und sich in die Befindlichkeiten und Denkweisen der Kommunikationspartner hineinzuversetzen. Schlussendlich beinhaltet interkulturelle Kompetenz auch die Bereitschaft, sich in fremden Situationen angemessen zu verhalten beziehungsweise sich über kulturelle Differenzen, Missverständnisse und Konfliktsituationen zu verständigen.

▸ *Wissen:* Zur Wissensebene gehört in erster Linie ein soziokulturelles Orientierungswissen. Dieses soziokulturelle Orientierungswissen beinhaltet auch das klassische Landeskundewissen, aber es geht weit darüber hinaus. So spielt zum Beispiel das Wissen über alltagskulturelle Gegebenheiten (Wie verhält man sich in der Situation XY?) für gelingende interkulturelle Kommunikation eine große Rolle. Auch das Wissen um Stereotype, sowohl der anderen, wie auch der eigenen Kultur, darf nicht unterschätzt werden. Es gehört dazu aber auch das (selbstreflexive) Wissen um die Subjektivität der eigenen Sichtweise bezüglich der eigenen und der anderen Kultur(en) sowie das Wissen um die Subjektivität fremdkultureller Perspektiven auf die fremde wie auch die eigene Kultur.

▸ *Fertigkeiten:* Zur Ebene der Fertigkeiten gehört die Fähigkeit, das erworbene Wissen in unterschiedlichen Kommunikationssituationen auch tatsächlich anzuwenden. Dies betrifft sowohl die medial vermittelte wie auch die direkte *(face to face)* Kommunikation.

Interkulturelle Kompetenz drückt sich dann darin aus, dass der Lerner in der Lage ist, sowohl die eigene wie auch die andere(n) Kultur(en) im Bewusstsein seiner Subjektivität kritisch zu betrachten und in der Vermittlung beider Sichtweisen eine neue, eigene Sichtweise zu entwickeln.

In diesem Sinne geben auch die Bildungsstandards Erste Fremdsprache für den Mittleren Schulabschluss für den Bereich der interkulturellen Kompetenzen folgende Definition vor:

> Interkulturelle Kompetenzen sind mehr als Wissen und mehr als eine Technik. Sie sind auch und vor allem Haltungen, die ihren Ausdruck gleichermaßen im Denken, Fühlen und Handeln und ihre Verankerung in entsprechenden Lebenserfahrungen und ethischen Prinzipien haben.

> Interkulturelle Kompetenzen beinhalten Einsicht in die Kulturabhängigkeit des eigenen Den-
> kens, Handelns und Verhaltens sowie die Fähigkeit und Bereitschaft zur Wahrnehmung und
> Analyse fremdkultureller Perspektiven. (KMK 2004, S. 16)

5.2 Der Kulturbegriff: *Culture und culture*

Zentraler Begriff interkultureller Kompetenz ist der der Kultur. Dieser hat in den
letzten Jahrzehnten einen deutlichen Wandel erfahren. Während in der Vergangenheit „Kultur" häufig mit „Hochkultur" (Musik, darstellende Kunst, Literatur
etc. = *Culture*) gleichgesetzt wurde, hat sich in Folge des US-amerikanischen Ansatzes der *Cultural Studies* der 1950er Jahre ein etwas anderes Kulturverständnis
etabliert. Kultur wird heute verstanden als „the whole way of life" einer Gesellschaft, also viel stärker auch als Alltagskultur *(= culture)*. Für die Entwicklung interkultureller kommunikativer Kompetenz spielt das insofern eine wichtige Rolle, als dass mögliche Störquellen viel häufiger im Bereich der Alltagskultur als
im Bereich der Hochkultur liegen. Über Shakespeares Stücke lässt sich gepflegt
konversieren, aber wie sieht es mit folgenden Fragen aus:

▸ Gebe ich ein Trinkgeld im Restaurant? Wenn ja, wie viel? Und wie übergebe
  ich es?
▸ Erscheine ich pünktlich zu einer Verabredung? Oder lieber früher? Wie viel
  früher? Oder lieber etwas später?
▸ Stelle ich mich beim Bäcker an? Am Bus? Wie sieht die Schlange aus?
▸ Wie verhalte ich mich, wenn ich zu einer Veranstaltung zu spät komme? Ent-
  schuldige ich mich beim Leiter oder nicht? Unmittelbar oder am Veranstal-
  tungsende?

Generationen amerikanischer Austauschschüler fühlten sich unwohl und unge-
wollt, ganz einfach weil Amerikaner und Deutsche unterschiedliche Verhältnisse
zu offenen und geschlossenen Türen haben. Andere litten Hunger, weil man sich
über das Konzept des „Anstandsstückchens" nicht einig war etc.

Wir sehen also, der Teufel steckt im Detail der Alltagskultur viel mehr als in
der Hochkultur. Deshalb nennen die KMK-Bildungsstandards auch sehr genau
die (alltagskulturellen) Bereiche, für die interkulturelle kommunikative Kompetenz erworben werden soll:

> Die Kenntnisse und Fertigkeiten beziehen sich insbesondere auf Charakteristika der eigenen
> und der fremdsprachlichen Gesellschaft und Kultur aus folgenden Bereichen:
> ▸ das tägliche Leben (Alltag, Schule und Freizeit, Essen und Trinken, Arbeitszeiten und Ge-
>   wohnheiten, Feiertage u. a.).
> ▸ Lebensbedingungen (Lebensstandard, geografische, soziokulturelle Merkmale u. a.).
> ▸ zwischenmenschliche Beziehungen (Geschlechterbeziehungen, Familienstrukturen, Gene-
>   rationsbeziehungen u. a.).

▸ Werte, Normen, Überzeugungen, Einstellungen (in Bezug auf regionale Kulturen, Traditionen, Geschichte, Minderheiten, Kunst u. a.).   (KMK 2004, S. 16 f.)

Unserer Erfahrung nach haben heutige Schüler ein sehr breites Kulturverständnis. Mit einem *culture alphabet* lässt sich eruieren, was die Schüler unter „Kultur" verstehen. Dazu erhalten die Schüler ein Arbeitsblatt mit den Buchstaben des Alphabets und Leerzeilen. Aufgabe ist es, zu jedem Buchstaben ein Wort zu finden, das mit Kultur zu tun hat.

Culture Alphabet

A_____

B_____

C_____

D_____

...

Die Klärung des Kulturbegriffes ist unseres Erachtens eine Grundvoraussetzung jedweder Aktivitäten zur Entwicklung interkultureller Kompetenz.

5.3 Interkulturelles Lernen als gestufter Prozess

Der Weg hin zu interkultureller Bildung oder interkultureller Kompetenz wird als interkulturelles Lernen bezeichnet. Von interkulturellem Lernen sprechen wir, wenn ein Mensch bestrebt ist, im Umgang mit Mitgliedern anderer Kulturen deren spezifisches Wahrnehmen, Denken, Werten und Handeln zu verstehen, dieses vor dem Hintergrund der eigenen Kultur zu reflektieren und als nützlich erkannte Elemente in das eigene Wahrnehmen, Denken, Werten und Handeln zu integrieren (vgl. Thomas 1988, S. 83).

Interkulturelles Lernen vollzieht sich dabei als gestufter Prozess. In der Zusammenschau unterschiedlicher Ansätze (vgl. Winter 1988, Leenen/Grosch 1998 oder Nieke 2000), besonders aber in Anlehnung an Byram (1997) lassen sich folgende fünf Ebenen interkulturellen Lernens ausmachen:

▸ die Ebene der Einstellungen,
▸ die Ebene des Wissens um die eigene und die andere(n) Kultur(en),
▸ die Ebene der Fertigkeit, Texte aus anderen Kulturen zu interpretieren,
▸ die Ebene der Fertigkeit, in Echtzeit zu kommunizieren und
▸ die Ebene des kritisch kulturellen Bewusstseins.

Die genannten Ebenen sind nicht als Progression im klassischen Sinne so zu verstehen, als dass in der Primarstufe und im Anfangsunterricht zunächst an den Einstellungen der Schüler zu arbeiten sei und mit zunehmendem Schul- und Lebensalter an den höheren Ebenen. Vielmehr ist es so, dass die unterschiedlichen Ebenen (mit unterschiedlicher Gewichtung) bei jeder Sequenz interkulturellen Lernens zum Tragen kommen (müssen). Insofern zeigen die nun folgenden Unterrichtsbeispiele auch keine vollen Unterrichtssequenzen, sondern nur schwerpunktmäßig mit Bezug auf die jeweils zu illustrierende Ebene Teile davon.

5.3.1 Die Ebene der Einstellungen

Zunächst geht es beim interkulturellen Lernen darum, beim Lerner Offenheit, Kontaktbereitschaft und Neugier anderen Kulturen gegenüber (bestenfalls) zu erhalten oder aber zu entwickeln. Bei einer Reihe von Schülern mit Lernschwierigkeiten kann es (als Ursache oder aber auch als Resultat der Lernschwierigkeiten) sein, dass eine negative Grundeinstellung zu den Zielsprachenländern und Zielsprachenkulturen vorherrscht. Bei diesen Schülern ist es besonders wichtig, diese negative Grundeinstellung positiv zu verändern. Das Vorbild der Lehrperson spielt hier eine große Rolle. Der Lehrer, der selbst eine positive Einstellung zum Fach und zu den Zielsprachenländern und -kulturen hat, wird diese auch übertragen können. Des Weiteren gibt es sicher Bereiche der Zielkultur(en), für die sich Schüler auch mit einer negativeren Grundhaltung interessieren. Sport, Musik und Film gehören sicher dazu. Häufig ist es dabei wichtig, nicht kontrastiv Unterschiede zwischen den Kulturen („us and them") in den Vordergrund zu stellen, sondern zunächst von Gemeinsamkeiten auszugehen.

Einstellungen haben sehr viel mit Emotionen zu tun. Emotionen lassen sich sehr gut über Songs transportieren. So ist es zum Beispiel ein deutlicher Unterschied, ob eine Unterrichtssequenz zu den Konflikten in Nordirland mit einem klassischen (historisch-faktischen) Lesetext eröffnet wird oder mit *Zombie* von den Cranberries oder *Belfast Child* von den Simple Minds oder *Sunday Bloody Sunday* von U2. Songs sind emotional und sprechen Emotionen an, haben also besonders für diese Ebene interkulturellen Lernens ein großes Potenzial. Um besonders die Schüler mit Lernschwierigkeiten nicht zu überfordern, empfiehlt sich folgendes Vorgehen:

▸ Schritt 1:
  – Das Lied wird vorgespielt.
  – Die Schüler sollen mit einem Wort (eventuell als *word bank* vorgeben) die Stimmung des Songs beschreiben.
  – Die Schüler vergleichen ihre Wörter.
  – Die Schüler vervollständigen den Satz: *The song is about ...*
  – Mit den Schülern wird diskutiert, warum sie dieser Meinung sind.
▸ Schritt 2:
  – Das Lied wird mit Unterbrechungen (eventuell Strophe für Strophe) vorgespielt.
  – Die Schüler notieren oder nennen Wörter und Wendungen, die sie verstanden haben.

– Diese Wörter und Wendungen werden an der Tafel gesammelt.

– Fehlende wichtige Wörter und Wendungen werden erläutert.

▸ Schritt 3: In Gruppen vergleichen die Schüler ihre Sätze *(The song is about …)* mit den erarbeiteten Wörtern und Wendungen. Sie vervollständigen in der Gruppe die Sätze: *The song is about … The singer wants/the group want to …*

▸ Schritt 4: Die unterschiedlichen Gruppenergebnisse werden im Plenum diskutiert. Folgende Leitfragen (vgl. Tomalin/Stempleski 1993, S. 25) können (eventuell sprachlich vereinfacht) als Hilfe gegeben werden:

What is the main theme or idea of the song?

Which words tell you the main theme or idea?

What social or cultural values are reflected in the song?

What kinds of people have these values?

Which of these values do you agree with?

Which of these values do you disagree with?

Do you think any of these values in the song are universal, or are they specific to the country or culture represented by the song?

Da kulturelles und nicht nur sprachliches Lernen im Vordergrund steht, kann die Diskussion der Leitfragen in schwächeren Klassen eventuell auch auf Deutsch geführt werden. Weitere Songs, die sich hervorragend für diesen Unterrichtszweck eignen sind *Pride (In the Name of Love)* (U2, ein Song über Martin Luther King); *Beds Are Burning* (Midnight Oil, über das Verhältnis zu den Aborigines in Australien); *I Don't Like Mondays* (Boomtown Rats, über Amokläufe in amerikanischen Schulen); *Telegraph Road* (Dire Straits, *Exploring the West*) und viele andere mehr.

Zur ersten Ebene interkulturellen Lernens gehört unseres Erachtens auch die Interpretation körpersprachlichen Verhaltens. Schüler müssen lernen, dass es kulturuniverselle und kulturspezifische Körpersprache gibt, die folgende Bereiche betreffen kann:

▸ Körperdistanz,

▸ Körperhaltung,

▸ Mimik/Gesichtsausdruck,

▸ Gesten,

▸ Berührungen,

▸ Blickkontakt,

▸ Einsatz der Stimme (Sprechtempo, Stimmhöhe, Lautstärke),

▸ Sprechpausen.

Gerade das Nichtwissen um kulturspezifische Besonderheiten (Gesprächsdistanz, Kontaktberührungen, Gesprächswinkel etc.) kann zu emotionalen Verspannungen und damit Beeinträchtigungen in Gesprächssituationen führen. Die Sensibilität für Körpersprache muss immer wieder im Unterricht über Stegreifspiele, Rollenspiele, gespielte Dialoge etc. trainiert werden. Ein gewisses Verständnis für unterschiedliche Interpretationsmöglichkeiten für Gesten lässt sich mithilfe eines geeigneten Arbeitsblattes anbahnen:

Für einen vertieften Überblick zum Thema Körpersprache fehlt hier leider der Platz; es sei aber Molcho 1998 als weiterführende Lektüre empfohlen.

5.3.2 Die Ebene des Wissens um die eigene und die andere(n) Kultur(en)

Die Ebene des soziokulturellen Orientierungswissens beinhaltet wohl auch klassisches Landeskundewissen, geht aber weit darüber hinaus. Es geht vielmehr darum, über Wissensvermittlung zunächst die Erkenntnis zu vermitteln, dass menschliches Verhalten immer kulturgebunden ist. Dafür müssen die Schüler Wissen über die Werte, Haltungen und Normen der anderen Kultur(en) erwerben. Genauso wichtig aber, und dies in zunehmendem Maße, ist, dass die Lerner auch Wissen über die eigene Kultur reaktivieren, reflektieren und, wo nötig, auch erwerben. Auch wenn dies bisher nicht als Aufgabe des Fremdsprachenunterrichts gesehen wurde, so ist doch eine Perspektivenvermittlung ohne Kenntnis/Bewusstsein der eigenkulturellen Perspektive nicht möglich. Gerade Schüler deren Lernschwierigkeiten von prekären Lebenssituationen herrühren, haben in diesem Bereich häufig Nachholbedarf.

Unterrichtsbeispiel „Culture shock". Das folgende Unterrichtsbeispiel eignet sich, je nach Leistungsvermögen der Schüler, für die Durchführung etwa in Klasse 8/9. Es basiert auf einem Lehrwerkstext (Ashford u. a. 2000, S. 12), der wiederum dem amerikanischen *GAPP Magazine* entnommen wurde. Dort wurde in Form eines *leaflets* dargestellt, auf welche kulturellen Gegebenheiten sich US-amerikanische Schüler einzustellen hätten, wenn sie Deutschland besuchten:

What Americans can expect when they come to Germany:

- Germans close room doors, and they lock bathroom doors.
- Germans don't always take a shower or change clothes every day.
- Girls often don't shave legs and under arms.
- Short phone calls – even local calls – are charged for.
- Up early – to bed early.
- Small refrigerators – don't raid them.
- Hot meal at noontime.
- Germans eat almost all kinds of meat. (Don't worry – it's examined.)
- No ice in sodas – so strong cokes.
- Meals are social events (so hold back with your fork until everyone is there).
- In many families no prayers at the table.
- Germans like to have flower and vegetable gardens.
- Dogs and cats are important (and may even be taken into restaurants).
- On visiting friends flowers are often brought as a gift (uneven number, no red or white roses unless in love!).
- Hand shaking at any time you meet people.
- Girls may be arm in arm and dance together.
- Three types of high school (but none of them with water fountains!).
- Kids are more often politically involved.
- Young people are often very mature for their age.
- Wartime history is different from US TV movies (so difficult for us to talk about!).
- FKK – magazines! – Sex scenes on TV!
- You may find restroom attendants (give them a tip!).
- Careful with numbering of floors in buildings: main (1st) – 1st (2nd) – 2nd (3rd) – and so on.
- Different greetings: "Grüß Gott" (in the south), "Moin" (in the north), "Guten Tag" (in general)

(Quelle: *Red Line New* 6. Stuttgart: Klett, 2000, S. 12)

Wie könnte eine Unterrichtssequenz interkulturellen Lernens auf der Basis dieses *leaflets* aussehen? Zunächst müsste die Situation „Besuch amerikanischer Austauschschüler" eingeführt werden. Dann könnte man gemeinsam überlegen, welche Hilfe und Hinweise diese Schüler unter Umständen in Deutschland benötigen könnten. In diesem Gespräch wird schon deutlich werden, über welches Vorwissen die Schüler bezüglich möglicher kultureller Unterschiede verfügen.

Danach lesen die Schüler das *leaflet* und reflektieren, welches Bild von Deutschland hier zum Ausdruck kommt und was die Ursachen dafür sein könnten. Im Anschluss wird reflektiert, was das *leaflet* über die amerikanische Kultur aussagt. Abschließend erhalten die Schüler den Auftrag, ein *leaflet* zu verfassen, das der Situation in der jeweiligen Region angemessen ist und eine wirkliche Hilfe für die Austauschschüler darstellen würde.

Unterrichtsbeispiel „Stereotype". Ein wichtiger Bereich interkulturellen Lernens auf dieser Ebene (und recht motivierend dazu) ist die Auseinandersetzung mit Stereotypen. Dies betrifft Heterostereotype (Stereotype bezüglich der anderen Kultur) wie Autostereotype (Stereotype bezüglich der eigenen Kultur) gleichermaßen. Durch die Konfrontation mit und die Diskussion von stereotypen Darstellungen unterschiedlicher Kulturen lassen sich selbige thematisieren, diskutieren und gegebenenfalls relativieren. Als Materialgrundlage für solche Unterrichtssequenzen eignet sich wunderbar zum Beispiel die Serie *How to be British* von LGP-Cards, die unter http://www.lgpcards.com im Internet verfügbar ist. Auch „Sinnsprüche" wie der folgende, eignen sich hervorragend:

HEAVEN is ...
... where the police are British, the cooks are French, the mechanics German, the lovers Italian and it is all organized by the Swiss.

Die Fortsetzung *HELL is ...* können Schüler dann selbständig ergänzen, was zu wunderbaren Gesprächsanlässen führt. Die „offizielle" Version lautet übrigens folgendermaßen:

HELL is ...
... where the cooks are British, the mechanics are French, the police German, the lovers Swiss and it is all organized by the Italians.

5.3.3 Die Ebene der Fertigkeit, Texte aus anderen Kulturen zu interpretieren

Prinzipiell eignen sich hierfür die meisten Texte, da Texte immer in einer Kultur verortet sind und damit gleichsam diese Kultur (implizit oder explizit) repräsentieren. Für Schüler mit Lernschwierigkeiten kann es sinnvoll sein, eher solche Texte zu wählen, die Kultur und kulturelle Differenz recht explizit thematisieren. Der Text auf S. 167 entstammt einer Ausgabe des *Guardian* und schildert die authentischen Eindrücke eines nordenglischen Mädchens während ihres Aufenthaltes in Aurich. Der Text sowie die dazugehörigen Aufgaben (vgl. Haß/Reisener 2000, S. 136) erscheinen beispielsweise für den Einsatz in Klasse 9/10 recht gut geeignet.

A legal alien in northern Germany

after Unit 4

Every year thousands of students take part in exchange programmes. Here is what university student Kerrie Thackery wrote about her six month stay in northern Germany:

I'm a legal alien, I'm a legal alien, I'm an English girl in Aurich ...

Maybe the parallels between Sting in New York and me in a small north German town aren't obvious, but after six months here, there are still times when life in Aurich feels worlds apart from my uni existence in Cardiff, from the different education system and methods of refuse recycling to Schlagermusic.

There are several things the British would do well to learn from the Germans (Schlagermusic not being one of them), but there are things unique to Britain which make me especially proud to be British.

Coming from Manchester, I thought I was more than prepared for the rainfall in Aurich. What I wasn't prepared for was having to travel everywhere by bike, in allweather gear. Several flu symptoms later, I was beginning to think differently. Germany is certainly more liberal on fashion: no dress codes in clubs, no school uniform; the crazier the better, if school hairstyles are anything to go by.

I also prefer Germany's longer opening hours – no last orders until 5.30 am! It still feels strange to be able to drink coffee and hot chocolate in pubs, to order food when I'm hungry, to be served at my table and pay when I leave. I have distanced myself from the unique British pub experience – complete with queues at the bar and warm pints — for such continental luxury. (One thing still amazes me about Germany's open-all-hours mentality: how do they manage to get up so early in the morning?)

And why did I, like the Queen, bother to bring a year's supply of English tea with me, assuming that Deutschland was a nation of coffee drinkers, when they also drink tea? Though, there is still quite a contrast between the English cuppa and an East Frisian brew, with its cream, Kluntje (sugar lumps), Stovchen (no tea cosies here) and espresso-size cups. And, of course, no invitation to tea in the home of an East Frisian would be complete without cakes. It is considered inhospitable not to offer your guest at least four different varieties. It surprises me that more Germans aren't all the size and shape of their Chancellor; but I suppose that's an advantage of all that bike riding ...

I admire the openness – and brutal honesty of the Germans, which is in complete contrast to British platitudes of politeness. Germans don't queue, preferring to push, and enjoy helping themselves at the dinner table.

This no-nonsense attitude isn't rudeness, but simply a different social convention. It is considered impolite for a German host to put food on a guest's plate and to ask if they would like a second helping. The rule is that if it tastes good, take more!

However, my patriotic tendencies have strengthened since I moved to Germany. I even enjoy watching Mr Bean over here, and I accept praise for the great British sense of humour, even though Herr Bean is probably one of the unfunniest examples of comedy I can imagine.

I have also realized how lucky I am to be a native speaker of the world language and to be able to watch Hollywood blockbusters with the original actors' voices. But this is a small comfort to a country that increasingly comes second to the all-important things – Germany's beer, cars and football. In fact, soccer probably reflects the most significant similarity between the English and the Germans – love of competing with one another. Roll on the World Cup!

1. *What are the main cultural differences Kerrie mentions in her article? What things were similar to Britain? Make a list: + for the things she liked about Germany and – for the things she wasn't too enthusiastic about. Which of these points do you agree or disagree with?*
2. *Have you ever taken part in an exchange programme? Describe your experiences abroad.*

136 *one hundred and thirty-six*

〈Extra line〉

A legal alien in northern Germany (Quelle: *Orange Line New 6*, Stuttgart: Klett 2000, S. 136)

5.3.4 Die Ebene der Fertigkeit, in Echtzeit zu kommunizieren

Auf dieser Ebene geht es darum, die vorher erworbene Sensibilität, das Wissen und die Fertigkeiten in „Echtzeitkommunikation" anzuwenden. Dazu eignet sich natürlich hervorragend der „Ernstfall" des Schüleraustauschs bzw. der Studienfahrt, wie er an den allermeisten Schulen in Deutschland inzwischen üblich ist. Wichtig ist hierbei, dass den Schülern nicht vorgegaukelt wird, dass interkulturelle Kommunikation immer reibungslos verläuft, sondern dass auch auf mögliche Konfliktsituationen und auf den konstruktiven Umgang mit Konflikten vorbereitet wird.

5.3.5 Die Ebene des kritisch kulturellen Bewusstseins

Diese Ebene stellt die höchste Ebene interkulturellen Lernens dar. Hier geht es wirklich darum, auf der Basis soliden Wissens durch die (selbstkritische) Vermittlung zwischen eigener und anderer Kultur die eigene Position zu überdenken, vielleicht sogar eine neue Position zu finden. Diese Ebene interkulturellen Lernens wird von eher lernschwächeren Schülern sicher nur selten erreicht werden. Trotzdem erscheint dies nicht gänzlich unmöglich. Das Unterrichtsbeispiel auf S. 169 (vgl. Haß/Reisener 2000, S. 72) lässt sich auch mit lernschwächeren Schülern realisieren.

5.4 Methodische Zugänge zu interkulturellem Lernen

Wie bei anderen Bereichen des Fremdsprachenunterrichts auch, ist es wichtig, durch Methodenwechsel den Unterricht interessant zu halten. Dies trifft besonders auf Schüler mit Lernschwierigkeiten zu. Im Folgenden werden einige Unterrichtsverfahren skizziert, die für das interkulturelle Lernen besonders geeignet sind.

5.4.1 Explorative Verfahren (Befragung, Sozialstudie)

Explorative Verfahren sind geeignet, mehr Wissen über die andere Kultur anzuhäufen. Im Unterricht kann dies zum Beispiel durch gegenseitige Schülerbefragung erfolgen. In diesem Falle würde man die Potenzen eines multikulturellen Klassenzimmers voll ausschöpfen können. Andererseits lassen sich solche Befragungen (medial vermittelt) heute relativ unkompliziert auch mit Kommunikationspartnern aus anderen Ländern oder Kulturen durchführen.

Unterrichtsbeispiel „Find someone who ...". Häufig wissen die Schüler einer Klasse recht wenig über ihre kulturellen Hintergründe. Die Neuzusammenstellung einer Klasse (zum Beispiel zu Beginn der Sekundarstufe) ist eine gute Gelegenheit, die Lerner für ihre unterschiedlichen kulturellen Hintergründe zu sensibilisieren. In Form einer Befragung *(Find someone who ...)* lassen sich solche Fakten herausfinden.

3 Contrasting and comparing values

This questionnaire was originally developed by an American university professor to test the differences in values of people of different nations. Knowing about these differences can help people to understand each other better.

a) Copy the questionnaire onto a separate sheet of paper. (You may use your computer.) Rate the values according to what you think is most important (1) down to what is least important (12). Compare your results.

b) If you know some people of different nationalities, ask them to fill in the questionnaire and compare the results.

Rate the items according to their importance in each column.	Typical U.S. American values	Typical German values	My personal values
Being honest			
Honoring one's parents			
Being patriotic			
Having personal freedom			
Getting a good education			
Gaining goods and money			
Helping other people			
Obeying the laws			
Being punctual			
Standing up for what you think is right			
Being religious			
Trying out new things			

72 *seventy-two*

© Ernst Klett Verlag GmbH

Unit 4

Contrasting and comparing values (Quelle: *Orange Line New 6*, Stuttgart: Klett 2000, S. 72)

Find someone who …
- speaks three or more languages.
- likes going on holiday to other countries.
- has friends in or from other countries.
- has been to church within the last two weeks.
- likes pork better than beef.
- …

Unterrichtsbeispiel „Who is the most …". Bei dieser Unterrichtssequenz geht es darum, herauszufinden, welche Personen in welcher Kultur bekannt sind oder für wichtig gehalten werden. Wenn Schüler unterschiedlicher kultureller Hintergründe in einem Klassenzimmer versammelt sind, wird diese Heterogenität unter Umständen bereits recht vielfältige Aussagen und damit Gesprächsanlässe bringen. Noch interessanter wird es allerdings, wenn ein Austausch (per E-Mail, Chat etc.) mit Schülern aus einem anderen Land stattfinden kann. Ob die Auswahlmöglichkeiten dabei nur auf lebende Personen eingegrenzt werden sollen, liegt im Ermessen der Lehrkraft und der Schüler.

Who is …
- the most important monarch?
- the most important president?
- the most important politician?
- the most important poet?
- the most important writer?
- the most famous actor?
- the most famous actress?
- the most famous criminal?
- the most famous sportsman?
- the most famous sportswoman?
- the most famous TV star?
- the most important scientist?
- the most important inventor?
- the most famous singer?
- the most important historical figure?
- the most important German?
- …

5.4.2 Aufsuchende Verfahren (Exkursion, Erkundung, Feldstudie)

Aufsuchende Verfahren lassen sich natürlich besonders gut im Rahmen eines Auslandsaufenthaltes durchführen. Denkbar wäre auch, eine Situation in Deutschland zu nutzen, wo mehrere Kulturen vertreten sind (Flughafen, Sportveranstaltung, Konferenz etc.).

Unterrichtsbeispiel „Dating customs". Im Rahmen einer solchen Erkundung lie-
ßen sich zum Beispiel interessante Fakten zur Alltagskultur herausfinden. Im folgenden Beispiel werden die Gesprächspartner gebeten, die Fragen zu beantworten. Für schwächere Lerner sollte ein *yes* oder *no* als Antwort ausreichen. In der
Regel ergibt sich aus den Frageimpulsen ein Gespräch, das lernstärkere Schüler
aufgreifen können.

In your country,
- do young men and women go to parties together?
- do boys and girls go on dates (parties, dances, cinema) in their mid-teens?
- do parents choose dates for their children?
- do teenagers usually date people of their own age?
- does a boy often collect the girl at her home?
- do girls invite boys to parties?
- do boys and girls share the expenses of a date?
- do boys and girls of different economic, ethnic or religious backgrounds date?
- …

5.4.3 Analytische Verfahren (Arbeit mit Fällen, Filmen, Fotos, Liedern, Literatur)

Diese Methode zielt ganz klar auf die Ebenen des Wissens- und des Fertigkeits-
erwerbs auf der Basis von Texten. Die Menge an möglichen Texten, Filmen und
Liedern hier aufzuzählen, würde den Rahmen sprengen. Bei Schülern mit Lernschwierigkeiten ist jedoch immer zu bedenken, dass die Komplexität der Texte nicht zu groß werden darf. Das folgende Unterrichtsbeispiel basiert auf eher
überschaubaren Texten.

Unterrichtsbeispiel „How well do you know Germany?". Das folgende Unterrichtsbeispiel wird bei lernschwächeren Schülern in etwa in Klasse 9/10 ein-
setzbar sein. Es beruht auf einer Informationsbroschüre für US-amerikanische
Deutschlandtouristen, die eine Reihe stereotyper Vorstellungen beinhaltet. Das
unterrichtliche Vorgehen ist so, dass die Schüler anhand vorgegebener Leitfragen zunächst ihre Vorstellungen zur deutschen Kultur reflektieren. Danach lesen
sie die (arbeitsteilig) die Broschürentexte. Abschließend reflektieren und diskutieren sie beide Sichtweisen:

How well do you know Germany?

The following worksheet is a test American students had to take after a couple of
lessons on Germany: about the country, its people, about its history, its traditions,
its lifestyle etc. Would you pass it?
- What is the most common form of greeting in Germany?
- Do people greet strangers in the street?

- When do people address each other by their first names?
- When invited to a party, when would you arrive?
- Would you bring flowers for the hostess? If yes, what kind of flowers?
- Is it necessary to arrange a visit in advance?
- Where do you keep your hands while eating?
- Do you cut potatoes with your knife?
- Is it seen as polite to leave food on the plate?
- Is tip included in restaurant bills?
- Is it appropriate to chew chewing gum in public?
- What gesture do you use to wish a person good luck?
- Name three adjectives to characterize the typical German.
- What are the main differences between people who grew up under capitalism (in the West) and people who grew up under socialism (in the East)?
- When are traditional costumes worn in public?
- What is the Germans' attitude towards cosmetics?
- What role do dialects play in Germany?
- What is the average number of children in a German family?
- Do more people live in privately owned houses or in rented flats?
- At what age do people usually marry in Germany?

Culturegram Germany A

Greetings
A handshake is the most common form of greeting. If a person's hand is dirty, he may offer an elbow or forearm to be shaken. A man waits for a woman to extend her hand before he shakes it; in mixed company he shakes a woman's hand before a man's. In groups, several people do not shake hands at once, because crossing someone else's handshake is inappropriate. Germans do not generally greet strangers on the street. Smiles are always appreciated when sincere. By tradition, only family members and close friends address each other by their first names. Others use titles and surnames. However, this is changing among the youth, who use more informal forms of address. The most common term for greeting is *Guten Tag!* (Good Day!).
A simple *Hallo* (Hello) is also common. Many people in southern Germany use *Grüß Gott!* as a greeting.

Gestures
Chewing gum in public is not appropriate, nor is cleaning one's fingernails. Talking with one's hands in the pockets is disrespectful. Legs are crossed with one knee over the other and not placed on any furniture. Pointing the index finger to one's own head is an insult to another person. Crossing one's fingers for luck is done by

placing the thumb between the index and middle fingers. In some areas, public displays of affection are not appropriate.

General Attitudes
Germans are known for being industrious, thrifty, and orderly. They appreciate punctuality, privacy, and skill. Germans who grew up under capitalism are well educated, well traveled and well informed. They appreciate intelligent conversation but may receive different ideas critically. Pessimism is a common trait. They often have a strong classical education because of Germany's rich heritage in music, history, and art. They are not impressed by those who cannot relate to that background. Those who lived under Communist rule share this approach to culture and are proud of how they have nurtured their cultural heritage through a network of theaters, museums, operas, and concert halls. Indeed, Germans in the east feel they retained important German traditions better than those in the more modern west.
Tensions exist between people in the west and east over matters relating to unification. Easterners feel they are treated as second-class citizens, receiving lower salaries, getting blamed for tax hikes, and being ridiculed by their western counterparts. Westerners resent the economic burden of rebuilding the east; they feel the Easterners are less capable and unrefined. [...]

Culturegram Germany B

Visiting
Punctuality is important and very much appreciated, but it is not an insult for guests to arrive a few minutes late. Dinner guests often bring an odd number of flowers to the hostess, but not roses (symbols of love) or carnations (for mourning). Flowers are unwrapped before the hostess sees them. Guests usually stand when the host enters the room and remain standing until offered a seat again. It is also courteous to stand for a woman entering the room. Not everyone adheres to these rules of etiquette, but it is polite to do so. Refreshments are almost always served to guests, even during short visits. Spontaneous visits, even between neighbors, are not very common. It is more appropriate to arrange a visit in advance. Germans enjoy gathering for conversations and social events. While dinner invitations may last well into the night, daytime visits are usually short, except afternoon invitations for *Kaffeetrinken* (coffee drinking, where tea or coffee and snacks are served).

Personal Appearance
German clothing styles are similar to those in North America, except for a distinct European flavor. In southern Germany (mostly Bavaria), traditional clothing such as *Lederhosen* (leather pants, either short or knee-length) *Dirndlkleider* (dresses with gathered waists and full skirts, worn with an apron), Bavarian suits, and alpine hats

may be part of a more modern wardrobe. Traditional costumes of other regions are worn during festivals and celebrations. Shorts and sandals are commonly worn in summer. Cosmetics are worn sparingly. Sloppy or overly casual attire is inappropriate in public.

Dating and Marriage
Dating is different in Germany than in the United States. There isn't even a word in the German language for it. Boys and girls socialize on a casual basis. If one wants to go out with another, either sex can suggest a *Verabredung* (appointment). They each pay for their own food and entertainment (unless one offers to pay for a special occasion). Young people usually marry in their 20s, but they often wait until they have some financial security. It is common for young people to live together before or instead of marriage. Legal marriages are performed at city hall: religious ceremonies are optional.

(Quelle: David M. Kennedy Center for International Studies,
Brigham Young University, Provo, Utah, 1993)

Der ausführliche Unterrichtsentwurf nebst allen Materialien findet sich bei Haß (2009b, S. 16 ff.)

5.4.4 Rezeptive Verfahren (Referat)

Hierunter fallen alle Formen der textlichen Informationen. Besonders wirkungsvoll ist aber nach wie vor der Vortrag, der auf eigenem (Lehrer-)Erleben basiert. Wenn der Lehrer von seiner letzten Reise nach XY erzählt, den Vortrag mit kleinen Anekdoten und persönlichen Erlebnissen (auch Pleiten, Pech und Pannen) garniert und diesen Vortrag dann noch mit Mitbringseln und Realien anreichert, so ist diese Form der landeskundlichen Information nicht zu übertreffen. Natürlich sollte immer dann, wenn ein Schüler eine Zeitlang im Ausland verbracht hat, auch diese Gelegenheit beim Schopfe ergriffen und selbiger Schüler zu einem Vortrag seiner Erlebnisse ermutigt werden.

5.4.5 Produktionsorientierte Verfahren (szenisches Darstellen, Collagen, Fotoserien, Videoproduktion)

Gerade für Schüler, die Schwierigkeiten beim Erlernen des Englischen haben, ist es wichtig, dass die im Unterricht zu erarbeitenden Produkte nicht immer Texte im klassischen Sinn darstellen. So lässt sich zum Beispiel ein Perspektivwechsel auch einmal in Form eines Rollenspiels vollziehen (vgl. Teschner 2009, S. 30 f.). Zu Liedtexten mit kulturellen Gehalten (und das sind bei Weitem die meisten) lassen sich Collagen oder Fotoserien anfertigen etc.

5.4.6 Selbstreflexive Verfahren (Biografiearbeit, Selbsteinschätzungsbögen)

Die Selbstreflexion ist ein wichtiges Element bei der Entwicklung eines (inter)kulturellen Bewusstseins. Die Reflexion des eigenen kulturellen Hintergrundes und die Reflexion der anderen Kultur vollziehen sich dabei immer im Wechselspiel. Im Prinzip lässt sich durch Hinzufügen eines fremdkulturellen Elementes eine solche selbstreflexive Phase in die meisten Themen des Englischunterrichts integrieren. Die folgenden beiden Unterrichtsbeispiele sind dabei eher im Anfangsunterricht der Sekundarstufe zu verorten.

Unterrichtsbeispiel „A day in the life of …". Im Anfangsunterricht der Sekundarstufe I (in der Regel in Klasse 5 oder 6) lernen die Schüler über ihren Alltag zu berichten und dabei den Ablauf eines normalen Tages zu beschreiben. Eine Komponente interkulturellen Lernens lässt sich dieser Unterrichtssequenz dadurch hinzufügen, dass den Schüler Tagesabläufe von gleichaltrigen Kindern aus anderen Teilen der Welt bekannt gemacht werden und sie über Gleiches und Unterschiedliches reflektieren (für einen ausführlichen Unterrichtsentwurf vgl. Haß 2009a, S. 4 ff.).

Unterrichtsbeispiel „Don't ever step on a snake". Ebenfalls im Anfangsunterricht der Sekundarstufe I spielen in der Regel Haus-, Wild- und Zootiere eine Rolle. Auch hier lässt sich eine Phase interkulturellen Lernens in den Unterricht integrieren. Die meisten Kinder haben unterschiedlichen Tieren gegenüber relativ fixe emotionale Einstellungen, über die man im Unterricht sprechen kann. So werden Schlangen vielleicht als gefährlich empfunden, Mäuse und Ratten als eklig, Meerschweinchen hingegen als niedlich. Dass die Einstellungen diesen Tieren gegenüber in anderen Kulturen völlig anders sein können, wissen viele Schüler in diesem Alter nicht. Anhand entsprechender Texte können sie aber lernen, dass Schlangen in Australien sehr verehrt werden, dass Mäuse in Kenia als Delikatesse, Ratten in Teilen Indiens als heilig gelten und Meerschweinchen in Südamerika in erster Linie als Festtagsbraten wertgeschätzt werden. Anhand des neuen Wissens reflektieren die Schüler dann ihre Einstellung gegenüber unterschiedlichen Tieren neu (für einen ausführlichen Unterrichtsentwurf vgl. Eisermann 2009, S. 8 ff.).

5.4.7 Szenische Interpretationsverfahren (Rollenspiel, Simulation, Konfliktlösungsübung)

Szenische Interpretationsverfahren haben den Vorteil, dass die Lerner sich sehr stark mit den angenommenen Rollen identifizieren und relativ frei agieren. Hierin liegt aber auch die Schwierigkeit für lernschwächere Schüler. Wenn solche Verfahren eingesetzt werden, müssen die einzelnen Rollen sehr gut vorbereitet (Rollenkarten) und mit dem entsprechenden *language support* versehen sein. Eine Reihe an Ideen für die Gestaltung szenischer Interpretationsverfahren im

Rahmen interkulturellen Lernens finden sich im Heft 95 von *Der Fremdsprachliche Unterricht: Englisch.*

5.5 Lernerfolgskontrollen

Die Frage, ob interkulturelle Kompetenz in Form von Tests überprüft werden kann, soll oder darf, ist nicht einfach zu beantworten. Wahrscheinlich muss die Frage auch für die unterschiedlichen Aspekte und Ebenen interkultureller Kompetenz unterschiedlich beantwortet werden. Was sich ganz sicher überprüfen lässt, ist die Ebene des Wissens. Hierfür sind viele Testformate denkbar und auch etabliert. Was sich eventuell noch testen lässt, ist, ob der Lerner eine gewisse Sensibilität *(awareness)* entwickelt hat. Hierfür wären Testfragen wie *What would you do in the following situation: ...* denkbar. Ein großes Fragezeichen steht noch hinter der Frage, ob man Werte, Einstellungen, Haltungen überprüfen und vor allem bewerten darf, ob dies ethisch legitim ist. Einstweilen gibt es in Deutschland keine regionalen, überregionalen oder gar zentralen Tests, die interkulturelle Kompetenz überprüfen oder gar einschätzen.

6 Methodische Kompetenzen

*"It is common sense to take a method and try it. If it fails,
admit it frankly and try another. But above all, try something."*
Franklin D. Roosevelt

Die Vorgangsweise, wie man ein bestimmtes Ziel erreichen kann, ist ebenso wichtig wie die Bereitstellung der dafür nötigen Redemittel. Ich lege großen Wert auf ein Methodentraining. Ich habe mit meinen Schülern vereinbart, ein sogenanntes Methodenheft (oder Strategieheft) zu führen. Nach anfänglichem Murren sind sie jetzt fest der Überzeugung, dass dies etwas bringt. Wir haben die Aufgabe, methodische Wege vorzustellen und die Schüler zum Ausprobieren und Beurteilen zu motivieren.

Lernschwierigkeiten können auch dadurch entstehen, dass Schüler nicht gelernt haben, richtig zu lernen. Die Ursachen dafür können vielfältig sein. Sie können sowohl im Elternhaus (zum Beispiel Desinteresse der Eltern), in der vorschulischen Bildung (Kinder werden nur „aufbewahrt"; Lernen wird nicht gefördert) als auch in der Schule selbst (zum Beispiel stark lehrerzentrierter, geschlossener Unterricht) liegen. Bildung heißt heute aber sehr stark – auch mit Blick auf die Notwendigkeit zu lebenslangem Lernen im privaten, gesellschaftlichen und besonders im beruflichen Bereich – Befähigung zur Selbstbildung. Insofern ist es gerade für lernschwächere Schüler wichtig, zu lernen, das eigene Lernen

▶ zu planen und vorzubereiten,
▶ zu strukturieren und zu gestalten,
▶ zu beobachten und zu reflektieren,
▶ zu kontrollieren und zu bewerten und
▶ zu regulieren.

Dafür ist es notwendig, dass die Lerner Strategien (komplexere Handlungspläne) und Techniken (weniger komplexe Einzelmaßnahmen und Arbeitsschritte) zum Lernen und Arbeiten im Englischunterricht erwerben. Einen Überblick über die wichtigsten Strategien zeigt die Abbildung.

Typologie der Lernerstrategien (vgl. Haß 2006, S. 170)

6.1 Metakognitive Strategien

Viele Lerner haben nicht gelernt, wie man richtig lernt. Daraus resultieren natürlich Schwierigkeiten beim häuslichen und beim schulischen Lernen. Metakognitive Strategien erleichtern solchen Lernern die individuelle Organisation, Planung und Überwachung des Lernprozesses sowie die selbständige Reflexion, Kontrolle und Regulierung des Lernerfolges.

▸ *Seine Arbeitszeit richtig einteilen:* Viele Schüler realisieren überhaupt nicht, welch chaotisches Zeitmanagement sie haben und dass ihre Lernschwierigkeiten dort ihre Ursache haben könnten. Der erste Schritt zur Verbesserung des eigenen Zeitmanagements wäre also eine Reflexion des eigenen Tagesablaufs. Dies kann dadurch geschehen, dass man die Schüler bittet, ihren Tagesablauf einmal über eine Woche zu dokumentieren. Im gemeinsamen Auswertungsgespräch kann man dann die „persönlichen Zeitdiebe" entlarven und ein verbessertes Zeitmanagement anbahnen.

▸ *Seinen Arbeitsplatz sinnvoll gestalten:* Eine wichtige Voraussetzung für erfolgreiches Lernen ist ein Ort, an dem man genau dies ungestört tun kann. Zunächst ist es wichtig, dass die Lerner selbst wissen, wie ein Arbeitsplatz sinnvoll gestaltet ist (Anordnung, Lichteinfall, Raumtemperatur, Materialien etc.). In einem zweiten Schritt ist es sicher häufig nötig, dieses Gespräch auch mit den Eltern zu führen, da es ja in deren Verantwortung liegt, für die Realisierung zu sorgen.

▸ *Sich unter bewusster Ausblendung von Störfaktoren konzentrieren:* Die Ursache vieler Lernschwierigkeiten ist eine mangelnde Konzentrationsfähigkeit. Diese lässt sich aber verbessern. Also gilt es zunächst zu ergründen, wo Ursachen der mangelnden Konzentrationsfähigkeit liegen könnten (fehlende Motivation, falsche Ernährung, zu wenig Bewegung etc.) und dann an deren Verbesserung zu arbeiten.

▸ *Einen Lernplan aufstellen:* Viele Schüler lernen zu unsystematisch. Deshalb kann es hilfreich sein, gemeinsam mit ihnen das Lernen über einen gewissen Zeitraum zu planen. Dazu gehört unter anderem sich einen Überblick über die anstehenden Lernpensen zu verschaffen, diese Pensen zu portionieren und sich erreichbare Teilziele zu setzen sowie die einzelnen Lernschritte auf dem Weg zu den Teilzielen dann zu planen.

▸ *Das eigene Lernen bewusst reflektieren, analysieren, dokumentieren:* Ein Lerntagebuch ist heute integrativer Bestandteil der meisten Englischlehrwerke. Häufig werden diese Lerntagebücher aber noch zu wenig genutzt. Gerade für Schüler mit Lernschwierigkeiten können solche Tagebücher helfen, sich des eigenen Lernens besser bewusst zu werden.

▸ *Fehler erkennen, analysieren und für den eigenen Lernfortschritt nutzen:* Viele Schüler haben in ihrer bisherigen Schulkarriere gelernt, Fehler als Versagen zu empfinden. Erfolgreiche Lerner sehen das häufig anders: „Man sollte Fehler machen, um etwas zu lernen" oder „Nur durch Fehler lernt man". Fehler als normalen Bestandteil von Lernprozessen, ja als Lernchancen zu begreifen, ist eine Grundeinstellung, von der der Unterricht besonders mit Schülern mit Lernschwierigkeiten getragen werden sollte (vgl. ausführlich Kieweg 2007).

6.2 Soziale Strategien

Manchmal entstehen Lernschwierigkeiten, weil Schüler nicht gut mit Mitschülern zusammenarbeiten können. Formen des effizienten Zusammenarbeitens müssen bewusst gemacht und trainiert werden.

‣ *Mit einem Partner oder in Gruppen arbeiten:* Hierzu gehört zum Beispiel, dass zu Beginn der Partner- oder der Gruppenarbeit die Rollen geklärt werden. In der Regel sind dies

– *der Gruppenleiter:* Er ist für den Gesamtablauf verantwortlich, strukturiert den Arbeitsprozess und koordiniert initiativ die Arbeit der Gruppenmitglieder.

– *der Protokollant:* Er hält die Arbeitsergebnisse der Gruppe schriftlich fest.

– *der Zeitwächter:* Er achtet auf das Einhalten der zur Verfügung stehenden Arbeitszeit insgesamt und der einzelnen Arbeitsphasen.

– *der Präsentator:* Er hat die Aufgabe, die Arbeitsergebnisse der Gruppe vor anderen Gruppen oder im Plenum vorzustellen.

Weitere Gruppenrollen sind natürlich denkbar.

‣ *Sich in Gesprächspartner (auch anderer Kulturen) hineinversetzen:* Empathiefähigkeit ist eine Eigenschaft, die Lerner in unterschiedlichem Maße mitbringen. Sich in einen anderen Menschen hineinzuversetzen, dessen Gefühle und Gedanken aufzuspüren und zu reflektieren, kann trainiert werden, indem im Unterricht immer wieder solche Phasen integriert werden. Auch bei der Arbeit an literarischen Texten sollte das Sich-Hineinversetzen in Protagonisten immer wieder eingefordert werden.

‣ *Erfolgreiche Lerner beobachten und imitieren:* Für Schüler mit Lernschwierigkeiten kann es hilfreich sein, sich in erfolgreiche Lerner hineinzuversetzen und deren mentale Prozesse und Modellierungen nachzuvollziehen. Allerdings ist dafür ein von Toleranz und gegenseitigem Respekt geprägtes Klassenklima die Grundvoraussetzung.

‣ *Bei Unsicherheiten nachfragen:* Auch wenn es trivial klingen mag, es gibt Schüler, die aufgrund ihrer Persönlichkeitsstruktur zu gehemmt sind, um Fragen zu stellen, wenn sie etwas nicht verstanden haben. Hier muss der Lehrer vorbildlich agieren, indem er selbst immer nach Phasen der Erläuterung, Erklärung oder Vermittlung die Möglichkeit zum Nachfragen einräumt oder explizit zum Nachfragen auffordert. In Phasen der selbständigen Schülerarbeit (zum Beispiel bei Präsentationen) ist darauf zu achten, dass immer

Raum für Nachfragen gelassen wird. Findet der Unterricht weitgehend in der Fremdsprache statt, sind auch die nötigen Redemittel zu trainieren.

▸ *Um Korrektur bitten:* Wenn Fehler nicht als Versagen, sondern als natürlicher Bestandteil des Lernprozesses angesehen werden, dann sollte es zur Selbstverständlichkeit werden, dass Schüler andere (lernstärkere) um Durchsicht und Korrektur ihre Produkte und Arbeitsergebnisse bitten. Entscheidend ist auch hier das richtige Klassenklima.

6.3 Affektive Strategien

Aus der Lernpsychologie und besonders aus den Forschungen der Neurowissenschaften wissen wir, dass zwischen Kognitionen und Emotionen/Affekten ein enger Zusammenhang besteht. Das richtige Maß an Emotionen kann kognitives Lernen verbessern. Affektive Strategien sind solche, die das bewusste Einbringen von Emotionen in den Lernprozess steuern.

▸ *Eine bewusst positive Einstellung zum Lernen finden:* Selbstmotivierung ist eine wichtige Grundlage erfolgreichen Lernens. Schüler mit einer negativen Einstellung zur Schule generell oder zum Unterrichtsfach Englisch im Besonderen, werden keine erfolgreichen Lerner werden. Um eine positive(re) Grundhaltung zu entwickeln, gilt es zunächst, die bisherige Einstellung zu reflektieren. Eine Analyse der persönlichen Grundeinstellung des jeweiligen Schülers hilft, Entwicklungsmöglichkeiten aufzuzeigen. Dazu sollte zunächst einmal definiert werden, welche persönlichen Ziele der Schüler mit dem Besuch der Schule oder des Englischunterrichts verfolgt (vgl. Kapitel 7). Danach ist eine Stärken-Schwächen-Analyse (Was sind deine Stärken? Wie helfen sie dir, dein Ziel zu erreichen? Was sind deine Schwächen? Wie können sie dich hindern, dein Ziel zu erreichen?) die Grundlage zur Erstellung eines konkreten Handlungsplanes (Was will ich tun, um mein Ziel zu erreichen?).

▸ *Ein Lerntagebuch führen:* Ein über einen gewissen Zeitraum geführtes Lerntagebuch kann dem Schüler helfen zu erkennen, wann und weshalb er sich im Unterricht gut gefühlt hat und wann und weshalb er sich nicht gut gefühlt hat. Aus der Analyse der unterschiedlichen Befindlichkeiten lassen sich dann Handlungspläne ableiten.

▸ *Entspannungstechniken anwenden:* Entspannungstechniken können helfen, Lerner in eine lernbereite Grundhaltung zu versetzen. Sie sind Methoden, die gezielt und effektiv beitragen, negativen Stress, innere Unruhe, Anspannung sowie Ängste abzubauen und bewusst Entspannung herbeizuführen. Man unterscheidet hierbei körperliche (zum Beispiel Atemübungen, progressive Muskelentspannung) und mentale (zum Beispiel autogenes Training, Fantasiereise).

▸ *Fehler nicht als Versagen empfinden:* Es wurde nun bereits mehrfach erwähnt, aber es ist auch essenziell wichtig: Schüler dürfen Fehler nicht als

Versagen empfinden. Die gesamte Schul- und Unterrichtskultur muss daraufhin angelegt sein. Dies zu vermitteln ist natürlich insofern nicht ganz einfach, als dass die Fehler am Ende des Lernprozesses, in der Lernerfolgskontrolle, dann doch wieder eine Rolle spielen und dass die Person, von der diese veränderten Sichten auf den Fehler (die Lehrkraft) ausgehen, dieselbe ist. Dieser Konflikt in der professionellen Rolle des Lehrers lässt sich nur puffern, indem Phasen des Lernens und des Leistens im Unterricht klar getrennt werden (vgl. Kapitel 12).

▸ *Sich selbst für Lernerfolge belohnen:* Schüler mit Lernschwierigkeiten müssen häufig wieder lernen, sich auch über kleinere Erfolge zu freuen und sich dafür zu belohnen. In welcher Form diese Belohnung stattfindet, hängt natürlich stark von der jeweiligen Persönlichkeit des Lerners ab.

6.4 Strategien beim Arbeiten mit Medien

Die Arbeit mit Medien im Englischunterricht ist vielfältig (vgl. Kapitel 10). Schüler müssen im Umgang mit Medien lernen, sich zunehmend selbständig Informationen zu beschaffen, diese aufzubereiten und zu präsentieren. Dabei sollte auf eine Ausgewogenheit der Einbeziehung verschiedenster Medien (klassisch – neu, elektronisch – nichtelektronisch etc.) geachtet werden.

▸ *Informationen aus unterschiedlichen Medien beschaffen:* Informationen können sich Lerner prinzipiell aus allen Medien beschaffen. Der Umgang mit den wichtigsten Medien sollte dabei unbedingt geübt werden. Dies beginnt schon bei der richtigen Nutzung des Englischbuchs, die am Schuljahresanfang zum Beispiel in Form einer *textbook rallye* angebahnt werden kann. Dies betrifft auch den richtigen Umgang mit Nachschlagewerken (Wörterbücher, Schülergrammatiken) und nicht zuletzt die Recherche im Internet.

▸ *Informationen medial gestützt aufbereiten:* Auch hier gilt es wiederum, elektronische und nichtelektronische Medien gleichermaßen im Blick zu haben. Informationen lassen sich mit Papier und Bleistift verarbeiten, aber natürlich ebenso mit den entsprechenden Computerprogrammen.

▸ *Informationen medial gestützt präsentieren:* Gleiches trifft für die Aufbereitung und Präsentation von Informationen und Inhalten zu. Schüler sollten ebenso lernen, nach welchen Kriterien eine gute Wandzeitung aufgebaut sein sollte, wie sie das für die Arbeit mit einem Präsentationsprogramm tun.

▸ *Lernsoftware nutzen:* Die Fülle angebotener Lernsoftware für das Erlernen der englischen Sprache ist riesig, ebenso riesig sind auch die qualitativen Unterschiede. Hier sollten Schüler mit Kriterien vertraut gemacht werden, die ihnen helfen, gute von schlechter Qualität zu unterscheiden. Dass der Umgang mit der zum eingeführten Lehrwerk gehörigen Lernsoftware geübt werden sollte, versteht sich von selbst.

6.5 Strategien zum Erwerb sprachlicher Mittel

Strategien zum Erwerb sprachlicher Mittel sind Strategien, die dem Lerner helfen, ein neues Sprachsystem aufzubauen. Hierbei sind solche Strategien ausgeklammert, die der Lerner beim selbständigen Erschließen von Redemitteln im Rahmen der Rezeption von Texten anwendet (vgl. Kapitel 6.7).

▸ *Wortschatzlerntechniken nutzen:* Hier bieten die gängigen Lehrwerke bereits eine Vielzahl an Hinweisen, wie Wortschatz besser gelernt werden kann, unter anderem:
  – Wörter nicht als Einzelwörter, sondern in Wendungen lernen,
  – Wörter und Phrasen in Wortfeldern lernen und „merkwürdig" gestalten (kreative Wortbildtechnik),
  – Wörter und Phrasen sinnvoll portionieren,
  – wichtige Wörter und Phrasen auf Klebezetteln am Kühlschrank positionieren.
  Wichtig ist, die Schüler zum Ausprobieren anzuhalten, sodass jeder Lerner die für ihn geeigneten Strategien und Techniken auch wirklich herausfindet.

▸ *Den Wortschatz inventarisieren:* Wichtig ist auch, dass die Lerner lernen, den Wortschatz zu inventarisieren. Verschiedene Formen der Inventarisierung haben dabei unterschiedliche Vor- und Nachteile. Eine Vokabelkartei ermöglicht die flexible Anordnung des Wortschatzes (thematisch, nach Neuigkeit, nach Grad der Beherrschung etc.), bringt jedoch häufig Transport- oder Aufbewahrungsprobleme mit sich. Ein Ringordner ermöglicht auch eine flexible An- und Umordnung des Wortschatzes, ist aber groß und sperrig. Das klassische Vokabelheft ist gut zu transportieren und zu führen, macht aber bei der Um- und Neuordnung des Wortschatzes einen hohen Schreibaufwand erforderlich. Letzten Endes muss bezüglich der Art der Inventarisierung des Wortschatzes eine gemeinsame Entscheidung von Schülern und Lehrer in Abhängigkeit von den jeweiligen Rahmenbedingungen und Möglichkeiten getroffen werden.

▸ *Texte auswendig lernen:* Ein lange Zeit misstrauisch betrachtetes, aber aus unserer Sicht durchaus probates Mittel zum Training des zum Wortschatzlernen unumgänglichen Gedächtnisses ist das Auswendiglernen kurzer Texte. Dies können Gedichte, Songs, *nonsense rhymes, limmericks, tongue twisters* und Ähnliches mehr sein.

6.6 Strategien zur Sprachreflexion

Strategien zur Sprachreflexion nutzt der fortgeschrittene Lerner, um bewusst über Sprachstrukturen und Sprachfunktionen nachzudenken. Dabei ist es Teil der Sprachlernbegabung bzw. der sprachlich-linguistischen Intelligenz (vgl. Kapitel 1), dies mehr oder weniger intuitiv, unbewusst zu tun. Lernschwierigkeiten können entstehen, wenn Lerner dies nicht können. Diese Schüler müssen solche Strategien explizit erläutert bekommen. Aus diesem Grund ist es auch falsch zu behaupten, schwache Lerner brauchten keine Phasen der Sprachreflexion (*focus on form*/Grammatikunterricht). Genau das Gegenteil ist der Fall, denn: was nicht verstanden wurde kann auch nicht flexibel und sicher angewendet werden. Die Strategien, die der Lerner zur Reflexion und zum Erwerb sprachlicher Strukturen anwenden sollte, orientieren sich dabei an den Phasen und Schritten eines kommunikativ-funktional ausgerichteten Grammatikunterrichts (vgl. auch Kieweg 2006b, S. 130 ff.).

▸ *Schritt 1: ein neues grammatisches Phänomen wahrnehmen:* In einem ersten Schritt nehmen die Lerner wahr, dass es ein – in einem typischen situativen Kontext präsentiertes – grammatisches Phänomen gibt, dass ihnen bis dahin nicht bekannt ist.

▸ *Schritt 2: den Zusammenhang zwischen Funktion und Form erkennen:* In einem zweiten Schritt versuchen die Lerner, den Zusammenhang zwischen Form und Funktion zu erkennen. Wo dies nicht gelingt, muss die Hilfe des Lernpartners oder des Lehrers ansetzen.

▸ *Schritt 3: Analyse und Verbalisierung der kommunikativen Funktion:* Anhand weiterer unterschiedlicher Beispiele wird die Funktion des grammatischen Phänomens konkretisiert und verbalisiert.

▸ *Schritt 4: aus den Beispielen das Bildungsprinzip und das Paradigma ableiten:* Durch die Sammlung und Analyse genügend vieler Beispiele wird das Formulieren der Formel zur Bildung der entsprechenden Struktur durch die Lerner deduziert und das Paradigma der Struktur erstellt.

▸ *Schritt 5: das grammatische Phänomen mit anderen Sprachen vergleichen:* Der Sprachvergleich zur Muttersprache oder weiteren Fremdsprachen kann helfen, gewisse Phänomene besser zu verstehen. So gibt es das Phänomen des Aspektes wie im Englischen auch im Russischen oder Türkischen, nicht aber im Deutschen.

▸ *Schritt 6: das grammatische Phänomen von anderen Phänomenen der Zielsprache abgrenzen:* Auch dieser Schritt ist wichtig, verstehen doch viele Lerner das englische Zeitensystem erst durch Kontrastierungen, zum Beispiel past simple vs. present perfect.

▸ *Schritt 7: Funktion und Form verbalisieren:* Das Formulieren einer Regel „mit eigenen Worten" hilft, das Phänomen mental zu modellieren und zeigt letzten Endes, ob es wirklich verstanden wurde.

Nach der Erarbeitung (Kognitivierung) der sprachlichen Struktur muss der Lehrer sicherstellen, dass im Unterricht eine gewisse Automatisierung (Geläufigkeitstraining) in zunächst nicht- und halbkommunikativen Übungen stattfindet und schlussendlich durch kommunikativ orientierte Anwendung das grammatischen Phänomen an den situativen Kontext rückgebunden wird.

Eine Fehlerstatistik zu führen ist gerade für lernschwächere Schüler wichtig, da diese häufig nicht wissen, welche Fehler sie machen und wie man Fehler überhaupt klassifizieren kann. Sind Fehlerschwerpunkte ausgemacht, kann an die sukzessive Ausmerzung derselben gegangen werden.

6.7 Strategien zum Lesen und zur Textreflexion

In unseren stark textlich geprägten westlichen Kulturen kommt dem Lesen und Leseverstehen eine große Bedeutung zu. Demgemäß sollte auch dem Erwerb von Lesestrategien im Englischunterricht für Schüler mit Lernschwierigkeiten entsprechende Bedeutung zukommen.

▸ *Leseziele und Lesearten definieren:* Zunächst einmal muss den Lernern klar sein, dass es unterschiedliche Arten gibt einen Text zu lesen. Viele Schüler beginnen nach wie vor, jeden fremdsprachigen Text sofort zu übersetzen. Als Zweites muss den Lernern bewusst werden, dass die Leseart vom Leseziel abhängt:
  – Erfassen der globalen Textaussage → orientierendes Lesen *(skimming)*
  – Heraussuchen bestimmter Informationen aus dem Text → selektierendes Lesen *(scanning)*
  – Verarbeitung aller Textinformationen → detailliertes Lesen *(reading for full understanding)*
  – intensive Auseinandersetzung mit dem Text zum Zwecke der Interpretation und Bewertung → sach- bzw. sprachanalytisches Lesen
  Lesen zum Vergnügen → ganzheitliches Lesen
  Die unterschiedlichen Lesearten müssen im Unterricht (unterschiedlich gewichtet, vgl. Kapitel 3.4) permanent anhand vielfältiger Texte trainiert werden.
▸ *Bewusst eine Erwartungshaltung aufbauen:* Bevor Schüler zu lesen beginnen, sollten sie sich den Titel sowie zum Text gehörige Illustrationen, Grafiken etc. ansehen und aus der Interpretation des Titels und der Bildelemente eine oder mehrere Hypothesen zum Text formulieren. Die Textrezeption verläuft zielgerichteter, wenn während des Lesens permanent die Überprüfung (Verifizierung, Falsifizierung) der zuvor aufgestellten Hypothesen stattfindet.
▸ *Fragen an den Text stellen:* Hilfreich ist es, wenn die Lerner vor dem Lesen eines Textes (entsprechend ihrer Leseintention) Fragen an den Text formulieren. In den meisten Fällen werden die typischen W-Fragen ausreichen: Wer tut was mit wem warum, wie, wann und wo?
▸ *Mit dem Text arbeiten:* Während des Lesens sollen die Lerner mit dem Text arbeiten, indem sie Wichtiges farbig unterstreichen, Bezüge kennzeichnen (zum Beispiel durch Pfeile), Randnotizen anfertigen oder Unverstandenes kennzeichnen. All dies muss permanent geübt werden. Leider läuft die gän-

gige Ausleihpraxis von Schulbüchern der Entwicklung dieser Strategien zuwider. Es ist deshalb notwendig, im Englischunterricht immer einmal wieder auch mit Textkopien zu arbeiten.

▸ *Wichtiges zusammenfassen:* Da viele Schüler sich erlesene Informationen nicht lange merken können, kann es hilfreich sein, Textabschnitte während des Lesevorgangs schriftlich zusammenfassen zu lassen (in der Muttersprache oder auf Englisch).

▸ *Dekodierungsstrategien anwenden:* Eine Ursache von Lernschwierigkeiten im Englischunterricht ist ein begrenzter Wortschatz. Um beim verstehenden Lesen nicht permanent an nichtverstandenen Wörtern zu scheitern oder viel Lesezeit mit dem Aufsuchen von Wörtern im Wörterbuch zu verbringen, sollten die Schüler zumindest über wichtige Worterschließungsstrategien verfügen. Sie sollten wissen, dass man unbekannte Wörter
   – aus dem Textzusammenhang (Kontext und Kotext),
   – mithilfe bekannter Wörter derselben Wortfamilie,
   – mithilfe bekannter Wörter in anderen Sprachen (zum Beispiel der Muttersprache) erschließen kann.

▸ *Wörterbücher nutzen:* Der Umgang mit dem Wörterbuch bereitet vielen Schülern Probleme. Häufig dauert es sehr lange, bis sie ein Wort gefunden haben. Auch sind sie häufig nicht in der Lage, alle verfügbaren Informationen zu verstehen. Die Nutzung des Wörterbuchs sollte deshalb unbedingt, besonders mit Schülern mit Lernschwierigkeiten, geübt werden.

▸ *Reciprocal reading:* Das ist eine Methode kooperativen Lernens, die wunderbar verschiedene Lesestrategien verknüpft. Die Klasse wird dazu in Gruppen zu je 4 Schülern aufgeteilt. Jede Gruppe erhält einen Text, der in 4 oder eine durch 4 teilbare Zahl an Paragraphen enthält. Jeder Schüler erhält nun eine Aufgabe oder Rolle, in der er den ersten Abschnitt liest:
   – *summarizer* ⟶ fasst den Inhalt des Abschnittes mit eignen Worten zusammen,
   – *questioner* ⟶ formuliert zum gelesenen Abschnitt 3 bis 4 Fragen,
   – *clarifier* ⟶ erschließt schwierige Wörter und Passagen mithilfe des Wörterbuchs genauer,
   – *predictor* ⟶ stellt Vermutungen über den weiteren Textverlauf auf.

Nachdem alle Schüler einer Gruppe still den jeweiligen Textabschnitt gelesen und bearbeitet haben, diskutieren sie ihn in der Gruppe. Danach werden die Rollen getauscht und der nächste Abschnitt bearbeitet. Mit dieser Methode wird gleichzeitig ein tiefes Textverständnis gefördert und die Anwendung von Lesestrategien geübt.

6.8 Strategien zum Hör- und Hör-Sehverstehen

Die Strategien zum Hör- und Hör-Sehverstehen sind denen zum Leseverstehen sehr ähnlich, geht es doch bei beiden Fertigkeiten um Sinnentnahme aus rezipierten Texten. Die Unterschiede ergeben sich lediglich aus der häufigeren Unmittelbarkeit der Kommunikationssituation und aus der Flüchtigkeit des gesprochenen Wortes. Zusätzliche Strategien für das Hör- und Hör-Sehverstehen, mit besonderer Berücksichtigung der Schüler mit Lernschwierigkeiten, sind die folgenden:

▸ *Auf Stimmungen achten:* Die emotionale Färbung der Stimme und gewisse paraverbale Elemente (Stimmhöhe, Lautstärke, Sprechgeschwindigkeit, Modulation etc.) können bei gesprochener Sprache helfen, den Inhalt zu erschließen. Schüler sollten möglichst früh angehalten werden, auf solche Merkmale gesprochener Sprache zu achten.

▸ *Auf die Körpersprache achten:* Bei Hör-Sehtexten erleichtern die nonverbalen Elemente der Kommunikation (Gestik, Mimik, Körperhaltung, Gesprächsdistanz, Gesprächswinkel etc.) häufig das Verständnis der Kommunikationssituation und des Inhaltes. Besonders Schüler mit Sprachlernschwierigkeiten sollten über die Kanäle nonverbaler Kommunikation recht früh informiert werden. Weiterhin sollten sie die Interpretation körpersprachlicher Äußerungen anhand von Filmsequenzen und auch im Rahmen der unterrichtlichen Kommunikation gezielt trainieren.

▸ *Verstandenes in geeigneter Form festhalten (note-taking):* Eine Reihe von Schülern hat Probleme beim Hör- und Hör-Sehverstehen, weil sie das Verstandene nicht lange genug im Gedächtnis behalten können. Neben Übungen zum Gedächtnistraining sollten deshalb Übungen zum Anfertigen von Notizen eine große Rolle im Unterricht mit Schülern mit Lernschwierigkeiten spielen. Dabei sollten folgende Elemente besonders geübt werden:
  – Erhöhung des Schreibtempos durch Schnellschreibübungen,
  – Verwendung von Abkürzungen, Zeichen, Ziffern und Symbolen,
  – Markierung von Bezügen durch Zeichen,
  – Wahrung der Übersichtlichkeit der Notizen durch unterschiedliche Formen der Strukturierung (vgl. *graphic organizers*, Kapitel 6.10).

6.9 Strategien zum Sprechen und zur mündlichen Interaktion

Die mündliche Kommunikation in der Fremdsprache stellt an den Lerner hohe mentale Anforderungen, weshalb es gerade im Unterricht mit Schülern mit Lernschwierigkeiten nicht leicht ist, die richtige Balance zwischen Mündlichkeit und Schriftlichkeit zu finden. Im Wesentlichen müssen drei Bereiche mündlicher Kommunikationsfertigkeit entwickelt werden:

▸ die Beherrschung von Phonetik und Phonologie,

▸ das monologische Sprechen,

▸ die mündliche Diskursfähigkeit.

Alle damit zusammenhängenden Strategien darzustellen, würde den Rahmen dieser Publikation sprengen. Im Folgenden sollen die wichtigsten Strategien kurz angerissen werden.

▸ *Phonetische/phonologische Sachverhalte visualisieren:* Häufig hilft es Schülern mit Lernschwierigkeiten bei der Erarbeitung laut-, wort- oder satzphonetischer Erscheinungen, wenn sie Möglichkeiten der Visualisierung beherrschen. Hierzu gehören zum Beispiel die Lautschrift, Zeichen für Wortbetonung (betonte vs. unbetonte Silben), Wortbindungen, Satzintonationsmuster etc. Solche Visualisierungen sind übrigens nicht nur schriftlich, sondern auch vermittels Mimik und Gestik möglich.

▸ *Regelhaftigkeiten in den Phonem-Graphem-Beziehungen erkennen:* Das Bewusstmachen und Üben regelmäßiger Phonem-Graphem-Beziehungen gibt den Lernern eine gewisse Sicherheit *(intelligent guessing)* im Aussprechen auch bis dahin unbekannter Wörter. Nebenher ist diese Strategie auch für das Anbahnen einer Rechtschreibsicherheit immens wichtig.

▸ *Monologe schriftlich vorbereiten (note-making):* Im Wesentlichen ähnelt das Vorbereiten einer monologischen Äußerung der eines Schreibens. Die mentalen Prozesse, die der Lerner als strategische Orientierung kennen sollte, sind hier wie dort: das Festlegen des Kommunikationsziels, die Sammlung von Ideen und Redemitteln, das Ordnen und Organisieren der Ideen und Redemittel, das Anfertigen eines Entwurfs, das Verfertigen des endgültigen Textes (vgl. Kapitel 6.10). Ein erster Unterschied zum Verfassen eines schriftlichen Textes ist der, dass der Text nicht voll ausformuliert wird, sondern dass ein Notizzettel angefertigt wird. Die Schüler sollten also lernen, wie ein Notizzettel aussehen sollte (Größe, Material, Struktur der Notizen etc.) und sie sollten den Vortrag des Textes trainieren. Ein zweiter Unterschied ergibt sich daraus, dass beim mündlichen Vortrag das Verfolgen der Reaktionen der Adressaten und die Reaktion darauf möglich sind. Beides sollte ebenfalls trainiert werden.

▸ *Strukturen interaktiver Kommunikation kennen:* Die Schüler sollten unbedingt den Aufbau der wesentlichsten interaktiven Kommunikationsmuster kennen. So folgt ein Kontaktgespräch zum Beispiel häufig folgendem Muster: *contact* → *socialising* → *orientation* → *transaction* → *(socialising)* → *conclusion*. Solche generischen Muster (vgl. Hallet 2011, S. 2ff.) kann man gemeinsam mit den Schülern erarbeiten, sodass diese später Gespräche auf der Basis solcher Muster gestalten.

▸ *Kompensationsstrategien anwenden:* In der Regel eilen die Kommunikationsbedürfnisse der Lerner besonders in der mündlichen Kommunikation (Unmittelbarkeit der Kommunikationssituation) ihren Kommunikationsmöglichkeiten (= Beherrschung der sprachlichen Mittel) weit voraus. Dies trifft besonders auf lernschwächere Schüler zu. In der Regel versuchen aber gerade diese Lerner, Sachverhalte in der Fremdsprache so auszudrücken, wie sie das in der Muttersprache tun würden. Wenn das nicht funktioniert, verstummen sie. Aus diesem Grunde ist das Kennenlernen und Üben von Kompensationsstrategien für diese Lerner besonders wichtig. Sie sollten zumindest lernen, anstelle eines nicht gewussten Wortes Umschreibungen *(circumlocution)*, ähnliche Begriffe *(approximation)*, synonyme Begriffe *(synonyms)*, gegensätzliche Begriffe *(antonyms)*, Oberbegriffe *(headwords)* oder Vereinfachungen *(simplification)* zu verwenden.

▸ *Um Hilfe bitten:* Eine sehr einfache, aber gleichzeitig sehr wirksame Strategie. Besonders Schüler mit Lernschwierigkeiten sollten hierfür ein Repertoire an Redemitteln erwerben.

▸ *Körpersprache nutzen:* Es muss den Lernern bewusst gemacht werden, dass auch der Körper ein legitimes Mittel der Kommunikation darstellt. Das pantomimische Übermitteln von Botschaften *(miming messages)* zum Beispiel kann dafür sensibilisieren und bereitet zudem noch viel Vergnügen. Ebenso sollten szenische Darstellungen (Rollenspiele, Stegreifspiele, Vorspielen von Lehrbuchdialogen etc.) immer auch den Aspekt der nonverbalen Kommunikation thematisieren.

6.10 Strategien zum Schreiben und zur schriftlichen Interaktion

Das Schreiben erfüllt im Englischunterricht mehrere Funktionen, die es zu unterscheiden gilt: Zum einen unterstützt es den fremdsprachlichen Lernprozess in allen seinen Phasen und Bereichen (lernprozessorientiertes Schreiben). So werden Wörter oder Phrasen, die mehrmals geschrieben wurden, besser behalten. Andererseits ist das Schreiben aber auch die Grundlage der schriftlichen Kommunikationsfähigkeit und somit eine Zielfertigkeit des Englischunterrichts (produktorientiertes Schreiben). Das komplexe, produktorientierte Schreiben bereitet vielen Schülern Schwierigkeiten, da es diesen Schülern häufig nicht oder nicht gut gelingt, den eigenen Schreibprozess zu steuern. Dies kann aber erlernt werden, indem man den Lernern die Phasen des Schreibprozesses in sehr einfacher Form verdeutlicht und das Schreiben in diesen Phasen dann mit ihnen trainiert:

▸ *Schritt 1: Das Schreibziel festlegen:* Wichtig, gerade bei Schülern mit Lernschwierigkeiten, ist es, dass die Lerner das Schreiben nicht als angstbesetzten Prozess erleben. Hier spielt vor allem die Fähigkeit des Lehrers zur Motivierung der Schüler eine große Rolle, aber auch die Fähigkeit der Schüler zur Selbstmotivierung ist nicht unwesentlich. Was immer wichtig ist, ist Klarheit und Transparenz bezüglich des Schreibzieles: Wer schreibt was an wen aus welchem Anlass mit welcher Absicht wann und wo?

▸ *Schritt 2: Ideen und Redemittel sammeln:* Das Zusammentragen von Ideen und den dazu passenden Redemitteln fällt Schülern oft schwer. Hier empfiehlt es sich, zunächst in Partner- und Gruppenarbeit themenbezogene Redemittel zu sammeln und zu dokumentieren. Dazu sollten unterschiedliche Verfahren trainiert werden. Unterschiedliche Formen von *graphic organizers* sind hier sehr hilfreich, zum Beispiel:
  – *spider diagrams,*
  – *flow charts,*
  – *timelines,*
  – *concept maps,*
  – *brainstorm maps,*
  – *story hills,*
  – *fishbone planners,*
  – *survey grids* oder
  – *writing stars.*

▸ *Schritt 3: Die Ideen ordnen und organisieren:* Nachdem die Ideen und die Redemittel gesammelt worden sind, müssen sie geordnet werden. Für Schüler mit Lernschwierigkeiten ist eine Dreiteilung in Einleitung, Hauptteil und Schluss völlig ausreichend. An dieser Stelle empfiehlt es sich auch, mit den Lernern textstrukturierende Redemittel zu erarbeiten, beispielsweise gute Einleitungen, Überleitungen, Kontrastierungen etc.

▸ *Schritt 4: Einen Entwurf schreiben:* Die Ideen werden nun in einen ersten Entwurf umgesetzt. Wichtig ist, den Schülern von Anfang an zu verdeutlichen, dass dieser erste Entwurf überarbeitet werden wird. Ein Signal dafür könnte sein, dass der Entwurf immer mit Bleistift geschrieben wird.

▸ *Schritt 5: Den Entwurf überarbeiten:* Der Entwurf wird nun durch die Schüler zunächst selbst kritisch gelesen. Hilfreich ist es, den Schülern dafür verschiedene „Lesebrillen" vorzugeben, wie zum Beispiel Textstruktur, Zeiten, Satzgliedfolge, Orthografie etc. Nachdem der Text von mehreren Mitschülern gelesen und mit Anmerkungen versehen wurde (Klebezettel), erfolgt nun die Reinschrift (in Tinte).

7 Lernziele

"People with goals succeed because they know where they are going."
Earl Nightingale

Lehrziele werden durch Lehrpläne bestimmt, die im Unterricht in angemessener Form den Schülern zu vermitteln sind. Für die Planung der einzelnen Unterrichtsstunden werden diese Lehrziele in Lernzielen aufbereitet, und dies macht die wesentliche Aufgabe aus, die wir als Lehrkräfte zu erfüllen haben. Lernziele hingegen werden allein von den Lernenden selbst gewählt, entsprechend ihrer persönlichen Leistungsdispositionen. Dies ist der wesentliche Grund, weshalb ich mit den Schülern immer wieder ein Gespräch über Leistungsanforderungen führe.

Der Begriff „Lernziel" wird in der fremdsprachendidaktischen Literatur recht unterschiedlich verwendet. So spricht man aus der Sicht der Unterrichtenden von Lehrzielen, Stundenzielen, Unterrichtszielen und Teilzielen, die durch die Vermittlung von Fähigkeiten und Fertigkeiten kurz- oder langfristig erreicht werden sollen. Lernziele sind administrativ curricular oder durch schulinterne Lehrpläne verordnet. Im alltäglichen Unterricht werden also kommunikative, kognitive, affektive und psychomotorische Lernziele als Unterrichtsziele angestrebt. Die Bewertung der fremdsprachlichen Leistungen der Schüler richtet sich danach, wie weit sie diesen Zielen nahekommen.

Wir wollen im Folgenden einen anderen Ansatz beschreiben, der unter „Lernziel" nur die Ziele erfasst, die sich ein Lernender für den Erwerb der Fremdsprache selbst setzen kann. Dies entspricht dem heutigen Verständnis von Lernen als einem aktiven und vom Individuum selbst zu verantwortenden Prozess der Änderung von Verhaltensdispositionen, der alle Arten des Lernens umschließt: das explizite und das implizite Lernen (eine Lernaufgabe wird bewusst oder weniger bewusst erledigt), das deklarative fachimmanente Lernen (zum Beispiel Regelhaftigkeiten in den sprachlichen Systemen erkennen), das anwendungsorientierte prozedurale Lernen (Einsatz von Lernerstrategien, Erwerbsstrategien, Kommunikationsstrategien), das interkulturelle und affektive Lernen (Erwerb von soziokulturellen Kenntnissen der Zielsprachenkultur, Einstellungen und Werthaltungen).

Der Vollständigkeit halber soll schließlich noch das nicht planbare inzidentelle (zufällige) Lernen erwähnt werden, mit welchem sich Lernerfolge quasi beiläufig einstellen können. Für diese Art des Lernens können allerdings nur die Bedingungen geschaffen werden, zum Beispiel in der Gestaltung von offenen und attraktiven Lernszenarien, die ein späteres Erinnern ermöglichen *(priming)*.

Lernziele sind auch für Schüler mit Lernschwierigkeiten verbindlich und dürfen nicht beliebig reduziert werden. Allerdings ist eine etwas reduktionistische Betrachtungsweise unumgänglich. Aufgrund der geringer ausgeprägten Lerndispositionen muss die Gewichtung der Lernziele, die Niveaustufen in der Beherrschung und die alternativen Vermittlungsmethoden der Lerngruppe angepasst werden. Welche Lernziele kann sich ein Schüler nun selbst setzen und erreichen und unter welchen Bedingungen ist das möglich?

7.1 Lernziel: „Ich möchte mit dem Erlernten etwas anfangen können" (anwendungsbezogenes Wissen und Können erwerben)

Im Englischunterricht mit weniger leistungsstarken Schülern werden die Wissensinhalte so vermittelt, dass sie sich lebenspraktisch verwendbar dem Könnensbereich annähern. Eine bloße Wissensvermittlung ist nicht angebracht, denn Wissen ist nicht Können. Ein primäres Lernziel besteht folglich darin, den Schülern durch das Erkennen der konkreten Anwendbarkeit der sprachlichen Mittel die Freude am Erlernen einer Fremdsprache zu ermöglichen bzw. zu erhalten. So erscheint beispielsweise das folgende sehr pragmatisch gesetzte Lernziel „einen Hotelmeldeschein richtig ausfüllen können" den Lernenden als realistisch und ist deshalb von Interesse.

Hotel Splendid Registration Form

Please note directions before completing this registration form.

	Guest	Accompanying spouse
Date of arrival		
Anticipated date of departure		
Surname (including former surnames, e.g. name at birth)		
Christian name (first name only)		
Date of birth (day/month/year)		
Place of birth		
Nationality		
Postal code, permanent residence		
Street, number		
Country, State (if residence is outside of Great Britain)		
No. of accompanying children		
Signature(s)		

Oftmals haben diese Schüler keine grundlegend positive Einstellung zum Fremdsprachenlernen, zeigen wenig Interesse und verfügen somit nur über eine geringe Motivationsbreite. Interessen müssen zuerst geweckt werden. Dies kann immer dann gelingen, wenn sie sich der möglichen bzw. prognostizierten Rollen
bewusst werden, in welchen sie die englische Sprache jetzt und zukünftig verwenden können. Die Lehrkraft sollte also alle Möglichkeiten zur transparenten
Darstellung der möglichen Lernerfolge nutzen. So besucht sie mit den Lernenden beispielsweise lokale Betriebe oder Behörden, deren Mitarbeiter ohne eine
Fremdsprache nicht auskommen können, oder sie bringt *native speakers* oder
Personen mit in den Unterricht, die einen Beruf ausüben, der fremdsprachliche
Kompetenz einfordert. Neben der Verwendung von authentischen Materialien
müssen konkrete Anwendungsbeispiele die Sinnhaftigkeit des Lernens erlebbar
machen, zum Beispiel „Ich kann auch mit meinem Englisch jemandem erklären,
wie man den Fahrkartenautomat bedient" (prognostizierbarer Sprechakt). Das
menschliche Gehirn steuert die Lernbereitschaft überwiegend durch das lymbi-
sche System immer dann auf eine positive Art und Weise, wenn die Lernsituation
sich als attraktiv und realistisch erweist.

Auch weniger leistungsstarke Schüler sind bereit, sich selbst pragmatische
Lernziele zu setzen, wenn die folgenden Qualitätskriterien des Unterrichts eine
Wertschätzung des Unterrichtsfachs ermöglichen. So muss der Unterrichtsverlauf
die klassischen Qualitätsmerkmale aufweisen, das heißt er muss strukturiert, auf-
gaben- und zielorientiert *(task-based)*, (teil-)kompetenzorientiert und in möglichst
authentischen Szenarien affektiv ansprechend sein. Ferner müssen die Lernenden
die nötigen Unterstützungsangebote erhalten *(scaffolding)*, indem man ihnen erfolgversprechende Lernstrategien zeigt, anstehende Probleme einsichtig darstellt
(zum Beispiel durch Visualisierung), mediale Vermittler richtig einsetzt und inter-
aktiv-soziale Lernformen praktiziert (Partner- und Gruppenarbeit, Projektarbeit).

Die Schüler erfahren, dass man ohne Wissen nur wenig Können erreicht. Redemittel, die durch bloßes Pauken bzw. Auswendiglernen erworben wurden,
sind nicht oder nur gering transferierbar (Ergebnisse aus der Neurowissenschaft;
vgl. Herrmann 2009, S. 65 ff.). Deshalb haben Schüler mit Lernschwächen auch
einen Anspruch auf kognitive Aktivierung *(deep learning)*. Die Meinung, dass
diese Schülerklientel auch ohne sprachbetrachtende Erklärungen auskommen
kann, teilen wir nicht. So sind analytische Betrachtungsweisen durchaus zu empfehlen, zum Beispiel bei Sprachsystemvergleichen (zum Beispiel: *She has been
ill for two weeks* vs. *Sie ist seit zwei Wochen krank*) oder bei Wortbildungsregel-
haftigkeiten. Gerade in den kognitiven Bereichen können sich die Lernenden erreichbare Ziele setzen, zum Beispiel: „Ich beherrsche zwei Formen, um über Ver-
gangenes zu sprechen" *(I was walking down the street. Suddenly I head a strange
noice)* und: „Ich kann sagen, was man damit ausdrückt".

Um sich selbst erreichbare Lernziele zu setzen, benötigen die Schüler einen Unterricht, der aktivierend wirkt: kognitiv aktivierend durch den Einsatz von Lern-

strategien, sozial aktivierend durch unterschiedliche Formen des kooperativen Lernens und Lernformen, emanzipatorisch aktivierend durch echte Mitbestimmung der Lernenden bei der Auswahl der Unterrichtsinhalte und physisch aktivierend durch alternative Formen des Lernens in Verbindung mit Bewegung und konkretem Handeln. In einem überwiegend fremdgesteuerten Unterricht können keine individuellen Ziele gesetzt werden.

7.2 Lernziel: „Ich möchte vor allem Englisch sprechen können" (die Mündlichkeit ausbauen)

Das oberste Ziel des Englischunterrichts ist die mündliche Ausdrucksfähigkeit, die den wichtigsten Teilbereich der kommunikativen Kompetenz ausmacht. Im Unterricht mit lernschwächeren Schülern stehen die Fähigkeiten und Fertigkeiten zum Lösen von einfachen alltäglichen Sprechaufgaben quasi als Schlüsselqualifikation zentral im Mittelfeld des Unterrichts. Mit kommunikationsstrategischen Anleitungen, verantwortlicher Fehlertoleranz, in einem positiven Klassenklima, frei von Ängsten und unter Verwendung der gängigen Dialogtechniken kann eine beachtliche Erhöhung der individuellen Sprechzeit erreicht werden (vgl. Kapitel 3.3). Welche Möglichkeiten gibt es für Schüler, die sich bis dato vor mündlichen Unterrichtsbeiträgen fürchteten?

▶ Den Schülern soll gezeigt werden, auf welche Art und Weise man sich verständlich machen kann. Der Kommunikationserfolg beruht nicht nur auf den rein sprachlichen Fertigkeiten, sondern auch auf den nonverbalen Merkmalen (Mimik, Gestik, Körperhaltung) und den aktuellen Situationsparametern, zum Beispiel Ort, Zeit, Gegenstände, Gesprächspartner, manipulativer Umgang mit Gegenständen, Zeichnungen und Skizzen, die eine Sprechabsicht transparent werden lassen.

▶ Den Schülern muss die Angst vor Fehlern in den mündlichen Beiträgen genommen werden. Man sollte gerade den lernschwächeren Schülern anhand vieler Beispiele zeigen, wie sich Fehler auf den Kommunikationserfolg auswirken. Welche Fehler spielen eine nur geringe Rolle, weil sie die Mitteilungsabsicht nicht beeinträchtigen? Welche Fehler führen zu Irritationen und welche gar zum Zusammenbruch der Kommunikation, weil man die Redeabsicht nicht mehr erkennen kann? Erkennen die Schüler, dass man auch mit defizitären Phrasen durchaus erfolgreich sein kann, verringern sich die Angstwerte, die ansonsten die Sprachproduktion blockieren. Im folgenden Beispiel haben die Schüler den Auftrag, einzuschätzen, welche Fehler sich wie stark auf den Kommunikationserfolg auswirken. Wenn die ständig Beurteilten selbst einmal die Rolle des Beurteilers einnehmen können, wirkt dies zum einen motivierend und zum anderen sensibilisierend für etwaige Kommunikationsprobleme.

	zu verstehen	schwer zu verstehen	nicht zu verstehen
"Last Friday I go for a bike ride."	☐	☐	☐
"The roads was icy."	☐	☐	☐
"Suddenly a cat walked over the road."	☐	☐	☐
"I musted break and I fall from the bike."	☐	☐	☐

7.3 Lernziel: „Ich möchte wissen, wie man am besten lernt" (die Lernkompetenz ausbauen)

Besonders lernschwächere Schüler zeigen oftmals eine nicht ausreichend vorhandene Lernkompetenz. Deshalb muss man ihnen erfolgversprechende Lernwege, imitationsfähige Lernstrategien und verwendungsfreundliche Lern- und Arbeitstechniken aufzeigen, die sich beim schulischen und außerschulischen Erwerb einer Fremdsprache bewährt haben. Wie kann diese Lernkompetenz nun gesteigert werden? Neben den unumgänglich notwendigen Lernstrategien (vgl. Kapitel 6) soll das generische Lernen vorgestellt werden, das eine Optimierung der Lernprozesse auch für Schüler mit Lernschwierigkeiten ermöglicht.

7.3.1 Was bedeutet „generisches Lernen"?

Sprachliche Interaktionen folgen immer einer bestimmten Struktur, egal ob es sich hierbei um eine dialogische Auseinandersetzung, eine Aushandlung einer gemeinsamen Wochenendaktivität oder um ein Vorstellungsgespräch handelt – sprachliche Kommunikation ist grundsätzlich eine regelgeleitete, strukturierte und kulturell konventionalisierte Form der sozialen Interaktion (vgl. *Der fremdsprachliche Unterricht: Englisch*, Themenheft 114: *Generisches Lernen*. Seelze, 2011; sowie Hallet 2011). Wenn man diese Strukturen kennt und versteht, können sowohl sprachrezeptive als auch sprachproduktive Fähigkeiten wesentlich leichter erworben und verbessert werden. Das klingt zunächst alles sehr anspruchsvoll und suggeriert die Frage nach der Eignung des generischen Ansatzes für Schüler, die mit Lernschwierigkeiten zu kämpfen haben.

7.3.2 Beispiele aus der Unterrichtspraxis

Zwei einfache Beispiele sollen die Vorteile aufzeigen, die das generische Lernen auch für weniger leistungsstarke Schüler garantiert.

Beispiel 1: Lesetext. Im Anschluss an die übliche Arbeit mit einem Lesetext, wird dessen Struktur gemeinsam mit den Schülern erarbeitet.

Text	Struktur
Father: What time do you call this, my boy? It's half past ten.	
I told you to be back by half past nine at the latest.	Vorwurf
Son: Well, er. I was at the club and somehow missed the bus. We	
had to clear up because someone broke a bottle.	Erklärung
Father: If you can't be back on time, then you just won't go to that	
club anymore.	Drohung
Son: Next week I'll be back on time, I promise.	Versprechen
Father: Well, one more chance, then.	Nachgeben
Son: Oh, thanks, Dad. It'll be okay next week.	Dank
Father: All tight. And now off to bed with you.	Beendigung

Das Textschema ist eine Hilfe für das Erlesen oder Anhören thematisch ähnlicher Dialoge und leistet selbst für die Sprachproduktion beachtliche Hilfe. So können auch leistungsschwächere Schüler entsprechende Dialoge in Anlehnung an das vorgegebene und analysierte Modell verfassen und vortragen. Dabei ergibt sich noch ein weiterer nicht unerheblicher Vorteil der Bewusstmachung von generischen Mustern, der sich auf die prosodischen Merkmale bezieht. Sprachmelodie, Sprechtempo, Lautstärke, Intonation und die nonverbalen Elemente werden erkannt und imitiert und wirken nachhaltig behaltensfördernd (gestalterisches Lesen).

Beispiel 2: Eine Ansichtskarte schreiben. Sobald die generische Form erkannt wird, gibt es nur noch wenige Probleme beim Schreiben von Ansichtskarten:

Begrüßung	Hi Julie,
Aufenthaltsort, Dauer, Personen	I've been here in Italy on holiday for two weeks with my brother and my parents.
Ortsbeschreibung	The campsite is wonderful and the people are very nice.
Erlebnisse	I've met a nice boy – Adriano. He is teaching me how to surf. It's not easy. We meet every day.
Wetter, Essen	The weather is great and the food excellent.
Mitgefühl	I'm sorry you couldn't come with us. Maybe next year.
Grüße	Best wishes,
Unterschrift	Yours Mary

(Thomas Bear, 211, Highstreet, Smalltown BT321YZ, England)

Der Erwerb einer generischen Kompetenz ist allemal auch für leistungsschwächere Schüler oder gerade für diese von hoher Bedeutung.

7.4 Lernziel: „Ich möchte wissen, wie die Jugendlichen in England so sind" (interkulturelle Kenntnisse erwerben)

Die Schüler sollen erkennen, dass man im Englischunterricht nicht nur ein international taugliches Kommunikationsmittel erwerben kann, sondern darüber hinaus aktuelle Einsichten in die Denkweisen, Sitten und Gebräuche anderer Länder gewinnt. Zunächst gilt es, die Neugier und Offenheit für andere Kulturen in authentischen Kontexten zu wecken. Für Schüler, die wenig Interesse an und für andere Länder und deren Bewohner und nur eine geringe Empathiefähigkeit zeigen, hat sich die Arbeit mit gängigen Klischees bewährt, wozu sich aktuelle Fallstudien bestens eignen. Wie kann Offenheit, Toleranz und Kommunikationsbereitschaft auch bei Lernenden erreicht werden, die aufgrund schlechter Englischnoten ein bereits gestörtes Verhältnis zur englischsprachigen Welt entwickelt haben? Hier ein paar Vorschläge: Eine Wandzeitung oder ein Wandfries im Klassenzimmer wird fortlaufend aktualisiert, natürlich mit wenig Text und umfangreichem Bildmaterial. Die Bereiche Musik, Mode, Sport, Freizeit, aber auch weniger erfreuliche Ereignisse (zum Beispiel Hooligans) liefern ein umfangreiches Bildmaterial und Gesprächsanlässe. Kontakte mit *native speakers* zeigen die Sinnhaftigkeit des Fremdsprachenlernens konkret. Gleichaltrige Schüler aus dem Zielsprachenland oder auch aus anderen Nationen berichten quasi als „Zeitzeugen" über ihre Schule, Freizeit oder Beruf (Schüleraustausch, Besuche der Partnerschaftsstädte).

Ein bloßes Faktenwissen im Sinne der früheren Landeskunde wird natürlich nicht mehr vermittelt.

7.5 Mit welchen Unterrichtsarrangements lassen sich diese Ziele realisieren?

Um diese Lernziele zu erreichen, sollte man die favorisierten Unterrichtsarrangements der leistungsschwächeren Schüler berücksichtigen, die bei einer Befragung immer wieder genannt werden. Wir gehen im Folgenden auf fünf davon ein.

7.5.1 „Wir lernen am liebsten in der Gruppe"

Die soziale Dimension des Fremdsprachenlernens ist offenkundig, denn Sprache ist ein Kommunikationsmittel und muss auch so unterrichtet werden. Für den Unterricht mit lernschwächeren Schülern sollten die folgenden Bedingungen zur Entwicklung eines vorteilhaften kooperativen Lernens beachtet werden: Phrasen werden immer in Frage-Antwort-Mustern und in der Ich-Du-Beziehung vermittelt, gelernt, angewendet und überprüft:

How do you get to school? – I walk.

Gerade Schüler mit Lernschwächen bedürfen der kommunikationsrelevanten Aufbereitung der Redemittel. Phrasen allein im sogenannten Statement-Charakter zu lernen ist wenig sinnvoll. Neben dem Unterricht im Klassenverband und dem Individualunterricht sollte mindestens ein Viertel der Unterrichtszeit für die angeleitete Gruppenarbeit zur Verfügung stehen. Die durchschnittlichen Lernzuwächse der einzelnen Schüler sind beim gemeinsamen Lernen in der Gruppe höher als beim individuellen Büffeln, und Gruppenergebnisse haben für alle Beteiligten den höchsten Stellenwert. Ferner ist die Evaluation eines Produkts durch die Gruppe *(peer evaluation)* bedeutungsvoller als die Fremdevaluierung durch die Lehrkraft. Aus der Forschung wissen wir, dass kooperatives Lernen zahlreiche positive Effekte auslöst. Es erhöht beispielsweise die Redeanteile der Lernenden und steigert die Bereitschaft zur Zusammenarbeit in der Gruppe oder mit dem Partner, was sich wiederum sehr positiv auf die Beziehungsebene auswirkt (Entwicklung sozialer Kompetenzen; vgl. *Der fremdsprachliche Unterricht: Englisch*, Themenheft 99: *Kooperatives Lernen*, Seelze, 2009). In kooperativen Lernarrangements werden einfache Projekte durchgeführt (zum Beispiel englischsprachige Werbung sammeln) oder Klassenumfragen mithilfe eines Fragebogens gestartet (zum Beispiel *How long do you sit in front of your computer each day?*), durchgeführt und ausgewertet.

7.5.2 „Wir wollen im Englischunterricht auch mal lachen"

Neben zahlreichen anderen Wirkungen hilft Humor dabei, Spannungen und Stress im Unterricht abzubauen, und fördert die Lernmotivation. Demnach wäre es also äußerst vorteilhaft, so oft wie möglich humorvolle Lerninhalte durch ebenso gestimmte Lehrkräfte an für Humor geöffnete Schüler zu transportieren. Aber leider ist das nicht so einfach, wie sich das anhört. Untersuchungen zur Humorentwicklung bei Kindern und Jugendlichen, zum Humorverstehen (zum Beispiel Ironieverständnis), zur lehrerseitigen und schülerseitigen Humorkompetenz bzw. Humorrezeptivität, zur Kompatibilität von Lehrer- und Schülerhumor haben bewiesen, dass die Interaktionsprozesse zwischen dem Humorüberbringer und dem Humorrezipienten von vielen Parametern abhängig sind, die den Erfolg im Interaktionsraum Klassenzimmer ausmachen (Raaf 2005). Auf welche Humorquellen kann man im Fremdsprachenunterricht mit lernschwächeren Schülern rekurrieren, wenn das Lehrwerk nicht unbedingt zu den angesagten Humorspendern gehört und der britische Humor oftmals schwer oder überhaupt nicht zu verstehen ist? Authentisches Humormaterial ist oftmals sprachlich zu anspruchsvoll und führt deshalb eher zu Frustrationen als zur Lustgewinnmaximierung auf der Schüler- und Lehrerseite. Für Schüler mit Lernschwierigkeiten müssen geeignete Materialen ausgewählt werden, bei denen sie ohne sprachliche oder inhaltliche Schwierigkeiten die Pointe verstehen können, auch wenn damit das eigentliche Ziel einer mehrdimensionalen Verwendung des Humors im Fremdsprachenunterricht nicht erreicht werden kann. Es geht hier also mehr um *fun* als um *humour*. Welche Quellen bieten sich an? Hier einige Beispiele:

▸ *Cartoons* und *jokes*:

Teacher: Lena, you have the same twelve mistakes in your dictation as your neighbour. How can you explain that?
Lena: Well, it's easy. We have the same teacher!

▶ *Droodles* (*nonsense word* aus *doodle* + *drawing* + *riddle*): Die Schüler bekommen den Auftrag, Beispiele zu sammeln und im Unterricht vorzustellen.

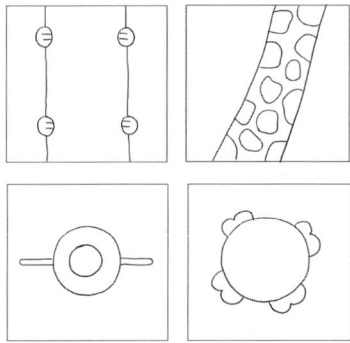

Try to guess what this is!

Solutions:
A bear climbing a tree.
A giraffe going past a window.
A Mexican riding his bike.
A family looking for something under the table.

▶ Filser-Englisch (wörtliche Übersetzungen von Redewendungen): Dazu gibt es zahllose Beispiele. Die Schüler müssen versuchen, die vorgegebenen englischen Äquivalente richtig zuzuordnen.

Wie jemand etwas gesagt hat:	Wie müsste es richtig heißen?
You are on the woodway. (Du bist auf dem Holzweg.)	You're on the wrong track.
She is heavy on wire. (Sie ist schwer auf Draht.)	She's on the ball.
Your English is under all pig. (Dein Englisch ist unter aller Sau.)	Your English is hopeless.

▶ *The Highway Code:* Die Schüler betrachten lustige Bilder von Verkehrssündern und versprachlichen die Verstöße gegen den *Highway Code.*

▸ *Valentines:*

No. 10 on the mean scale
Roses are red
Violets are blue,
I was born beautiful
But what happened to you?

No. 9 on the mean scale
Roses are red
Violets are blue,
When brains were given out
Where were you?

▸ Peinliche Fehler: Zum Beispiel, wenn der Satz *Mein Chef ist ein großer Unternehmer* übersetzt wird als: *My chef is a great undertaker* („Mein Koch ist ein großer Leichenbestatter").

Die Möglichkeiten zum Einsatz weiterer Fun-Elemente sind natürlich grenzenlos: *funny advertisements, best school excuses, funny stories, graffiti humour, nonsense rhymes, funny games* etc.

7.5.3 „Wir wollen im Englischunterricht auch spielen"

Im Fremdsprachenunterricht hat das Spiel eine doppelte Bedeutung. Es ist einerseits auf den Lernprozess ausgerichtet (spielend lernen) und andererseits soll es eine motivierende und die Lernlust fördernde Funktion ausüben. Im Gegensatz zur ziel- und produktgerichteten Arbeit bezeichnet man das Spiel als lustbetont und zweckfrei. Wir gehen allerdings davon aus, dass alle Lernaufgaben sowohl unter arbeitsspezifischen als auch spielbetonten Vorzeichen gestaltet werden können. Die Meinung, dass es nur beim Spiel zu der erfreulichen Dopaminausschüttung kommen könne und Arbeit immer nur als Stress zu empfinden sei, wird nicht nur in der modernen Spieltheorie sondern auch von der Gehirnforschung infrage gestellt. Welche Sprachlernspiele eignen sich nun für Schüler mit Lernschwierigkeiten? Einige Beispiele aus der Sprachlernspieltypologie, an welchen die Kriterien zur Eignung für unsere Schülerklientel erörtert werden sollen (vgl. Klippel 1998).

▸ Sprachlernspiele sollen weniger wettkampforientiert und stärker kooperativ angelegt werden. Hierzu eignen sich Spiele, die in der Gruppe oder mit einem Partner durchgeführt werden, etwa *jigsaw*-Spiele. Die Lernenden bekommen jeweils einen Zettel mit einem Teil eines Textes mit der Aufgabe, diese Teile in die richtige Reihenfolge zu bringen. Ebenso eignen sich Sammelspiele, bei welchen möglichst viele Wörter zu einem vorgegebenen Themenfeld zusammengetragen werden. Auch Fragespiele, bei welchen die Anzahl der möglichen Fragen limitiert ist, tragen spielerisch zu einer stärkeren Kooperationsbereitschaft bei und vermeiden ein zu starkes Konkurrenzverhalten, zum Beispiel *Twenty Questions*. Bei diesem Ratespiel muss eine Person oder ein Gegenstand mit zwanzig Fragen erraten werden.

▸ An Spielen mit Wettkampfcharakter sollten nur Gruppen teilnehmen. So wird ein gemeinsamer Sieg als Gruppenleistung empfunden und bei eventuellem Scheitern eine Stigmatisierung einzelner Kinder vermieden.

▸ Spiele, die auf das frühzeitige Ausscheiden von Spielteilnehmern abzielen, kommen nicht zum Einsatz. Jedes Spiel verläuft sanktionsfrei.

▸ Spiele verfolgen in der Regel sowohl ein Spielziel als auch ein Lernziel, wobei Letzteres eine angenehme Spielatmosphäre nicht gefährden darf. So wäre es sicherlich bedenklich, wenn man in einem Dialogspiel die falschen Zeitformen beständig verbessern würde.

▸ Parameter, die den Spielverlauf belasten, sollten entweder völlig fehlen oder sich nur positiv motivierend auswirken, zum Beispiel ein Zeitlimit *(How many lines can you read in two minutes?)*. Ebenso problematisch wäre das Zählen der Verstöße gegen die Rechtschreibung oder Aussprache.

▸ Partyspiele eignen sich für den Fremdsprachenunterricht bestens, zum Beispiel *Who's the baby?* Den Schülern werden Babyfotos von Klassenkameraden über Beamer gezeigt, die sie erraten müssen.

▸ Zahlreiche Spiele können auch selbst hergestellt werden. Ein Tabu-Spiel ist völlig problemlos zu erstellen, wobei allerdings eine sehr vereinfachte Auswahl an Begriffen zu beachten ist, deren man sich bei der Beschreibung nicht bedienen darf.

APPLE
fruit
tree

▸ Spiele müssen aktuell sein, zum Beispiel *Who wants to be a millionaire?* Auch dieses weltweit betriebene Ratespiel kann dem Leistungsniveau der Schüler bestens angepasst werden:

Which of these European countries doesn't have the Euro?
a) Poland; b) Portugal; c) United Kingdom; d) Finland

▸ Elektronische Sprachlernspiele in hoher Qualität gibt es mittlerweile in kaum überschaubarer Fülle. Diese „Spielwiese" darf nicht unbeachtet bleiben. Die Lehrkräfte demonstrieren einige Beispiele über Beamer und motivieren die Schüler zum häuslichen Spiel.

▸ Improvisationsspiele oder komplexe Simulationen, die ein freies spontanes Sprechen erfordern, sind weniger geeignet.

Spiele dürfen kein Schattendasein am Rande des Fremdsprachenunterrichts fristen, sondern gehören zum integralen Bestand der Unterrichtsinhalte.

7.5.4 „Wir wollen moderne Songs hören und darüber sprechen"

Schüler mit Lernschwierigkeiten hören ebenso wie alle anderen gerne Lieder in englischer Sprache. Sie gehören allerdings nicht zu den Hörtypen, die den Liedtext gezielt genau verstehen wollen. Deshalb sollten beim Umgang mit dem Liedgut einige Grundsätze beachtet werden.

▸ Viele Schüler interessieren sich stärker für die *lifestory* einer Gruppe oder eines Interpreten, sammeln die entsprechende Musik, haben Abbildungen ihrer Idole in ihren Zimmern und verfolgen alle öffentlichen Auftritte im Fernsehen oder im Hörfunk. An der genauen Übersetzung der Liedtexte sind sie weniger interessiert.

▸ Ihr Lieblingsinterpret ist Teil ihrer Privatsphäre, in welcher die Schule nichts verloren hat. Die Auswahl eines aktuellen Songs kann deshalb nur durch ein Mehrheitsvotum der Klasse vorgenommen werden.

▸ Die fremdsprachliche Textanalyse hat ihre deutlichen Grenzen, zumal die Schüler in der Regel eigentlich nur ein Grobverstehen anstreben. Lehrkräfte verzichten natürlich auf ein lexikalisches, grammatisches, genrespezifisches oder landeskundliches Exerzitium und gehen auf Geschmacksfragen nicht ein.

▸ Vorteilhaft sind alle auf der Basis der Freiwilligkeit stattfindenden Präsentationen durch eine Gruppe an Schülern, die gemeinsame Lieblingsinterpreten haben. Als besonders geeignet erwiesen sich Musikvideoclips, also Kurzfilme, die ein Musikstück filmisch umsetzen, und natürlich auch die vielen Karaoke-Videos, die man sich problemlos besorgen kann. In jeder Klasse sollte man den Schülern, die ein Instrument spielen (zum Beispiel Gitarre), einen Auftritt ermöglichen.

▸ Auf keinen Fall sollte man den Schülern den Liedtext als Arbeitstext aufbürden, sie zum Vor- oder Mitsingen zwingen oder gar ihr favorisiertes Musikgenre abwerten.

▸ Die pädagogische Verantwortung für das Liedgut liegt natürlich nach wie vor bei den Lehrkräften (Textqualität, Aggressivität, politische Ausrichtung, Stigmatisierung von Gruppen etc.); ein *everything goes* ist nicht möglich.

7.5.5 „Wir wollen nicht immer nur Texte lesen und Grammatik pauken"

Für Schüler mit Lernschwierigkeiten ist ein ausschließlich verbaler Unterricht, der sich überwiegend an Formen und Regelhaftigkeiten orientiert, wenig erfolgreich. Wir konnten feststellen, dass in der Gestaltung einer konkreten Situation im Unterricht, in welcher der Schüler als Person (Ich-Identität) konkrete Handlungen ausführt, weitaus einfacher entsprechende Redemittel vermittelt werden können als dies durch ein textgeleitetes Verfahren möglich ist. Ein Text ist immer eine Verfremdung einer Realsituation, das heißt der Schüler erfährt die Situation nicht real, sondern nur in der Vorstellung. Das hat den großen Nachteil, dass die weniger sprachbegabten Kinder, die auf individuell erlebbare Erfahrungen in genuinen Situationen angewiesen sind, allein schon an der Texthürde scheitern können. Wir haben deshalb einige Möglichkeiten zusammengestellt, wie man im Unterricht Sprechen und Tun miteinander verbinden kann.

▸ Konkretes Messen: Möchte man beispielsweise den Kindern beibringen, mit welchen sprachlichen Mitteln sie Gegenstände, Personen oder Ereignisse vergleichen können, ist das konkrete Tun dem textgeleiteten Input vorzuziehen:

– Konkretes Messen und Wiegen im Klassenzimmer (Messlatte/Waage):

How much do you weigh? How tall are you? They are (about) the same size.

– Konkretes Nachmessen bei optischen Täuschungen: Hierzu gibt es zahllose Beispiele im Internet und auch in der Fachliteratur.

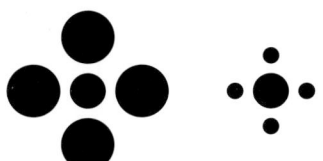

Is the first ball in the middle smaller?
It's an optical illusion.

▸ *Vorstellen von Gegenständen aller Art:* Hierfür sind alle kleineren nützlichen, aber nicht alltäglichen Gegenstände geeignet *(gadgets)*, die von den Schülern vorgestellt und deren Gebrauch demonstriert wird, zum Beispiel ein Handy-Ladestationshalter *(holder for mobile chargers)*, der niemandem mehr im Weg ist.

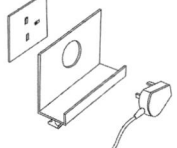 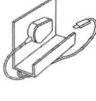 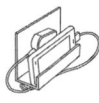

▸ *Sportliche Aktivitäten:* Gymnastische Übungen im Klassenzimmer oder eine bilinguale Phase in der Turnhalle ermöglichen eine problemlose Semantisierung von Strukturen und Wörtern in motivierenden Lernepisoden:

How many sit-ups   chin-ups   press-ups   can you do?

Bewegung und Körperwahrnehmung sind grundlegende Fundamente des ganzheitlichen Lernens. Auch im Englischunterricht können hohe Behaltensleistungen durch aktives Tun erreicht werden.

▸ *Entspannungsübungen zu Unterrichtsbeginn:* Das Lernen im hektischen Wechsel von Unterrichtsfächern, Lehrpersonen und Unterrichtsräumen ist äußerst problematisch. Schüler mit Lernschwierigkeiten benötigen ein entspanntes und lockeres Lernklima, in welchem Lernfreude und Lernmotivation entstehen können. Mit entsprechenden Entspannungsübungen können gerade bei weniger leistungsstarken Schülerinnen die Lernunlust bzw. extreme Leistungsverweigerungen abgefangen werden. Sehr erfolgreich sind Entspannungsmaßnahmen, die Teil einer Unterrichtsstunde sind. Eine Konzentrationsschulung für das Hörverstehen könnte dann so ablaufen:

– *Step 1:* Entspannung zu Beginn der Unterrichtsstunde. Nachdem sich absolute Ruhe im Klassenzimmer eingestellt hat, beginnt die Lehrkraft mit ruhiger Stimme und bei leiser, entspannt wirkender Begleitmusik die Entspannungsphase:

Put your hands on the table. One on top of the other. Close your eyes.
Breathe in and breathe out. Let the air come and go.
Breathe in and breathe out.
Let your forehead rest on your hands.
Relax.
You are all ears now. Listen what's happening around you. Listen carefully.

– *Step 2:* Die Lehrkraft präsentiert nun unterschiedliche Geräusche: sie spitzt einen Bleistift, putzt sich die Nase, entzündet ein Streichholz, schaltet das Licht ein, schreibt etwas an die Tafel, öffnet das Fenster, zählt Geldmünzen etc.

– *Step 3:* Die Lehrkraft bricht die Entspannungsphase ab und fordert die Schüler auf zu berichten, was sie alles wahrgenommen haben. Als Formulierungshilfe wird die Antwortstruktur angeschrieben:

I heard somebody sharpening a pencil.
I heard somebody …

– *Step 4:* Es findet keine weitere Vertiefung der Redemittel in dieser Unterrichtsstunde statt. Die Antworten werden erst in der folgenden Unterrichtsstunde angeschrieben und in die Hefte übertragen. Grammatikalische Betrachtungen entfallen, denn die Schüler haben die beiden *chunks* bereits gespeichert:

chunk 1:   I heard somebody
chunk 2:   doing something.

Auch kurze Entspannungsgeschichten eignen sich vorzüglich. Beispiele dafür findet man im Internet reichlich.
▸ *Activities* sollten zumindest einen semi-authentischen Charakter aufweisen, der genuinen Alltagssituationen nahekommt. Mit den Anweisungen auf einem Brettspiel (siehe Abbildung) können machbare Leistungen eingefordert werden: *Do ten press-ups in front of the class* oder *Spell the word "Friday" backwards.*

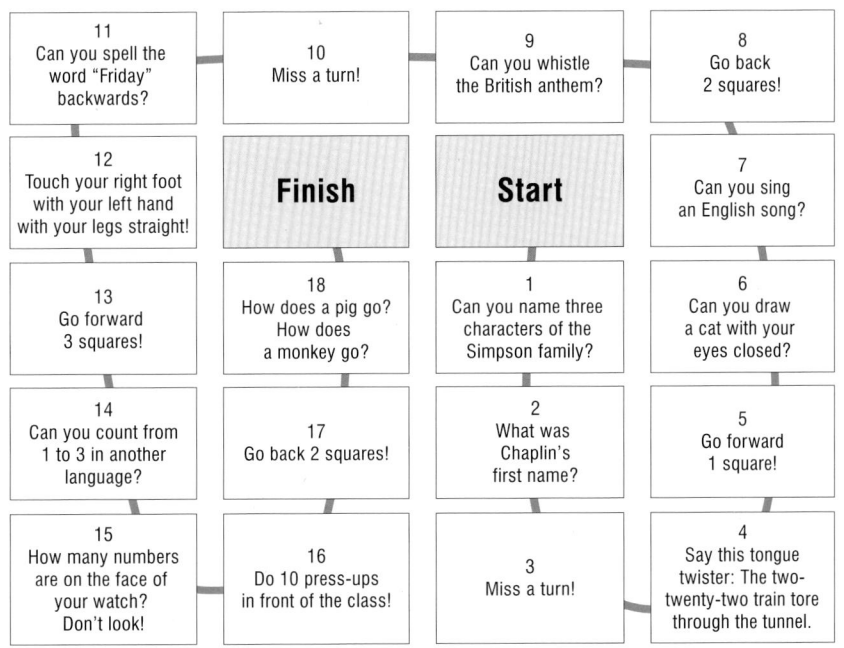

▸ *Konkretes Ausführen von Handlungsanweisungen:* Die Schüler kennen diese Art des Bewegungslernens bereits aus der Grundschule *(TPR: Total Physical Response Learning).* Die Lernenden versuchen die Anweisungen der Lehrkraft zu verstehen und konkret auszuführen: *Go to the overhead projector and plug it in.*

Diese Übungen sind äußerst effektiv, denn sie dienen aufgrund ihrer handlungsorientierten Konzeption der Integration mehrerer *skill*-Bereiche, zum Beispiel Hörverstehen, Sprechen und Sprachmittlung. Die Redemittel werden immer dann nachhaltig memoriert, wenn es sich um humorvolle Anweisungen in entspannten Lernepisoden handelt.

8 Unterrichtsinhalte

Meiner Meinung nach sollte all das gelernt werden, was die Freude am Erlernen einer Fremdsprache erhält, eventuell sogar steigert, also keinesfalls reduziert oder gar völlig beseitigt. Natürlich gibt es ein riesiges Bündel an Lerninhalten, die nicht ausschließlich spaßorientiert vermittelt werden können. Man kann allerdings davon ausgehen, dass alle Unterrichtsinhalte interessant aufbereitet werden können und damit die Lernenden auch erreichen. Interesse ist die Voraussetzung für jegliche Form der Motivation.

Im vorigen Kapitel wurde ein Verständnis von Lernzielen dargelegt, das sehr stark von der Schülerperspektive ausgeht. Natürlich muss auch der Lehrer eine klare Vorstellung davon haben, was das Ziel seines Unterrichts sein soll. Aus Lehrersicht ließe sich ein Lernziel demnach auch definieren als das vom Lehrer erwartete und durch den Lerner gezeigte Verhalten bezüglich eines Inhaltes (vgl. Köck 2005, S. 191 ff.). Ein Lernziel hat demnach immer zwei Komponenten: eine inhaltsbezogene (Was soll gelernt werden?) und eine verhaltensbezogene (Wie soll sich der Lerner bezüglich des Inhaltes verhalten?). Nähert man sich zielorientiertem Englischunterricht aus dieser Denkrichtung, so wird klar, dass die Unterrichtsinhalte für die Planung und Gestaltung von Unterricht eine große Rolle spielen. Häufig wird Inhaltsorientierung als ein Qualitätsmerkmal modernen Englischunterrichts genannt. Allerdings bereitet schon die Beantwortung der Frage, was im Englischunterricht unter einem Unterrichtsinhalt zu verstehen ist, Schwierigkeiten.

8.1 Die Auswahl von Unterrichtsinhalten

Prinzipiell lässt sich „die ganze Wirklichkeit der Welt" (Meyer 1987, S. 78) zum Unterrichtsinhalt machen. Da dies im Rahmen schulischen Unterrichts an zeitliche Grenzen stoßen dürfte, ist klar, dass eine Auswahl aus der Bandbreite möglicher Unterrichtsinhalte getroffen werden muss. Dies impliziert die nächsten Fragen: Wer wählt aus? Nach welchen Kriterien wird ausgewählt? Zur ersten Frage wäre anzumerken, dass Unterrichtsinhalte bisher in curricularen Vorgaben verankert waren. Traditionell fanden sich dort die Kategorien „Sprache", „Landeskunde" und „Literatur" wieder (vgl. Heuer/Klippel 1987, S. 3), es gab also (je nach Bundesland in unterschiedlicher Ausprägung) Informationen darüber, welches Sprachwissen und welche sprachlichen Fertigkeiten wann wie zu entwickeln wären. Weiterhin war dort festgelegt, welches landeskundliche Wissen und welche Literatur wann im Unterricht „zu behandeln" war. Und es gab Angaben, an welchen Themen all dies entwickelt werden sollte. Im Zuge der „Output-Orientierung" der letzten Jahre haben sich die curricularen Vorgaben stark verändert. Mit Blick auf eine falsch verstandene Kompetenzorientierung (vgl. Kapitel 2) sind viele der inhaltlichen Vorgaben, vor allem aber die im thematischen Bereich, entfernt worden. Es liegt also aktuell in der Verantwortung jeder einzelnen Lehrkraft, Unterrichtsinhalte und Unterrichtsthemen auszuwählen. Es ergibt sich die Frage, nach welchen Kriterien Unterrichtsinhalte auszuwählen bzw. nach welchen Kriterien die Inhaltsauswahl der Lehrwerksautoren (bei Verwendung eines Lehrwerks als Leitmedium) zu evaluieren sind. Unseres Erachtens stellen nach wie vor die Klafki'schen Fragen zur didaktischen Analyse (vgl. Klafki 1969, S. 15 ff.) von Unterrichtsinhalten eine mögliche Hilfe dar:

‣ *Exemplarizität:* Welche größeren bzw. welchen allgemeinen Sinn- oder Sachzusammenhang vertritt oder erschließt dieser Inhalt? Welches Urphänomen oder Grundprinzip, welches Gesetz, Kriterium, Problem, welche Methode, Technik oder Haltung lässt sich in der Auseinandersetzung mit ihm exemplarisch erfassen?
‣ *Gegenwartsbedeutung:* Welche Bedeutung hat der betreffende Inhalt bzw. die an diesem Thema zu gewinnende Erfahrung, Erkenntnis, Fähigkeit oder Fertigkeit bereits im geistigen Leben meiner Klasse; welche Bedeutung sollte er – vom pädagogischen Gesichtspunkt aus gesehen – darin haben?
‣ *Zukunftsbedeutung:* Worin liegt die Bedeutung des Themas für die Zukunft der Lerner?
‣ *Thematische Strukturierung:* Welche Struktur des Unterrichts ergibt sich für den durch die obenstehenden Fragen in den Fokus gerückten Inhalt? Wie muss die Unterrichtseinheit strukturiert sein und warum so und nicht anders?
‣ *Zugänglichkeit:* Wie bringt man den Inhalt in den Erfahrungs- und Fragehorizont der Kinder? Welches sind besondere Fälle, Phänomene, Situationen, Versuche, in oder an denen die Struktur des jeweiligen Inhaltes den Kindern dieser Bildungsstufe, dieser Klasse interessant, fragwürdig, zugänglich, begreiflich, „anschaulich" werden kann?

Für den Englischunterricht nennt Hallet (2011, S. 97 ff.) vier Kriterien der Auswahl von Unterrichtsinhalten:

‣ *Relevanz:* Unterrichtsinhalte müssen für den Lerner relevant sein, das heißt, die Lerner müssen auf der Basis ihres bisherigen Erfahrungshorizontes am Diskurs der Inhalte teilnehmen können.
‣ *Bedeutsamkeit:* Unterrichtsinhalte müssen bedeutsam sein, das heißt, sie müssen einen Neuigkeitswert haben, nicht banal sein und dürfen sich nicht ohne eine gewisse Anstrengung erschließen.
‣ *Problemgehalt:* Unterrichtsinhalte müssen problemhaltig sein, das heißt, sie müssen zur (kritischen) Auseinandersetzung anregen.
‣ *Handlungsorientierung:* Unterrichtsinhalte müssen zu (Selbst-)Reflexionen animieren, die wiederum einen Anstoß zu diskursiven Handlungen geben .

Wichtig wäre noch zu erwähnen, dass die Schüler, wann immer möglich, bei der Auswahl der Unterrichtsinhalte, namentlich der Themen, zu beteiligen sind.

Wenn Schüler, ganz besonders solche mit Lernschwierigkeiten, das Gefühl haben, über die im Unterricht behandelten Themen mitentscheiden zu dürfen, so bewirkt das in der Regel einen Motivationsschub und aktiviert die Schüler.

8.2 Themenfelder des Englischunterrichts

Die Auswahl der „richtigen" Unterrichtsthemen ist also für gelingenden Englischunterricht essenziell. Die Bandbreite der möglichen Themen ist dabei riesig und bedarf zunächst der Strukturierung. Prinzipiell lässt sich „die ganze Wirklichkeit der Welt" in drei Sphären kategorisieren: die private, die öffentliche (natürliche und gesellschaftliche) und die berufliche (vgl. Hallet 2011, S. 102). Diese drei Sphären lassen sich dann wiederum mit Themenfeldern untersetzen. So gehören zum privaten Bereich zum Beispiel die Familie, Freunde und Freizeitbeschäftigungen. Zum öffentlichen Leben gehören unter anderem die politischen Systeme, die Massenmedien, Geschichte, Literatur, Kunst etc. Zur beruflichen Sphäre lassen sich Themenfelder wie Schulabschlüsse und Ausbildung oder Berufsfelder zuordnen. Wichtig bei der inhaltlichen Ausgestaltung dieser Themenfelder ist allerdings, den Erfahrungshorizont und die Lernvoraussetzungen nicht aus den Augen zu verlieren (vgl. Kapitel 8.1). Gerade bei lernschwächeren Schülern können zu abstrakte, zu komplexe und theoretisierende Themen demotivierend wirken. Es hat sich gezeigt, dass bei Schülern mit Lernschwierigkeiten pragmatische Themen, also solche, die einsichtig mit der unmittelbaren alltäglichen Lebensbewältigung verknüpft sind, eine größere Motivierung und Aktivierung auslösen können. Aus diesem Grund sollten unserer Meinung nach die hier aufgeführten Themenfelder und Themen unbedingt in den Unterricht für lernschwächere Schüler integriert werden.

Themenfelder für den Unterricht

Der private Bereich
▸ Psyche (Charakter, Vorlieben, Hobbies, Tagesablauf, Bildung, Sprachen, Geburtstag)
▸ Physis (Alter, Aussehen, Blutgruppe, Ernährungsgewohnheiten, Gesundheit, Körperhygiene, Kleidung)
▸ Familie (Eltern, Geschwister, Haustiere, Familienfeiern, Sitten, Bräuche)
▸ Zuhause (Wohnung, Zimmer, Einrichtung, Gebrauchsgegenstände, Garten)
▸ Besitz (Kleidung, Unterhaltungsmedien)
▸ Freunde (Name, Herkunft, Alter, Aussehen, Charakter, Hobbys)

Der öffentliche Bereich: die natürliche Umwelt
▸ Pflanzen (Nutzpflanzen, Wildpflanzen, Gartenpflanzen, Zimmerpflanzen)
▸ Tiere (Nutztiere, Wildtiere, Zootiere, Haustiere)
▸ Wetter (Klima, Wettererscheinungen, Temperatur)
▸ Jahreskreis (Jahreszeiten, Wettererscheinungen, Tag und Nacht, Temperaturen)
▸ Umweltschutz (Klimaveränderung, eigener Beitrag, regionale Projekte)

Der öffentliche Bereich: die soziale Umwelt
▸ Schule (Schulgebäude, Schulweg, Fächer, Lehrer, Mitschüler, Ganztagsangebote)
▸ Freizeiteinrichtungen (Clubs, Vereine, Sport, Hobbys)
▸ Arzt (Arztbesuch, Krankenhaus, Krankheiten, Sozialversicherung)
▸ Kaufhaus (Abteilungen, Waren, Lebensmittel, Preise, Währungen)
▸ Post (Briefe, Postkarten, Briefmarken, Kosten für Dienstleistungen)
▸ Bank (Währung, Wechselkurs, Kreditkarten, Geldautomaten, Konten, Gebühren)
▸ Sportveranstaltungen (Sportarten, Sportstätten, Sportausrüstung, Sportclubs)
▸ Musikveranstaltungen (Musikrichtungen, Musikvorlieben, Konzerthallen, Ticketkauf, Ticketpreise)
▸ öffentliche Verkehrsmittel (Arten, Preise, Netzqualität, Sauberkeit, Sicherheit)
▸ Restaurant (Restaurantbesuch, Speisekarte, Gerichte, Getränke, Preise, Trinkgeld)
▸ Apotheke (Rezepte, Medikamente, Kosten)
▸ Autowerkstatt (Schäden, Reparatur, Kosten, Mietwagen)
▸ Polizei (Diebstahlmeldung, Vermisstenanzeige, Vandalismus)
▸ Reisebüro (Buchung, Preise, Reiseziele)
▸ Touristeninformation (Informationen, Übernachtung, Sehenswürdigkeiten)
▸ Hotel (Buchung, Zimmer, Ausstattung, Preise, Beschwerden)

Der berufliche Bereich
▸ Berufsfelder
▸ Berufsbilder
▸ Bewerbung (Lebenslauf, Bewerbungsschreiben, Bewerbungsgespräch)
▸ Ferienjobs (Stärken – Schwächen, Interessen, Bezahlung)

8.3 Themenfelder operationalisieren

Anhand der Themenfelder der privaten, öffentlichen und beruflichen Sphäre gilt es nun zu überlegen, welche Kompetenzen (Befähigung zur Situationsbewältigung) mit den jeweiligen Themenfeldern verknüpft sind. Wenn die Schüler zum Beispiel befähigt werden sollen, einen Arztbesuch in einem englischsprachigen Land absolvieren zu können, so gilt es zu überlegen, welche Sprachhandlungen und Sprechakte für die Bewältigung dieser Situation beherrscht werden müssen. Es könnten in etwa die folgenden sein:

- einen Termin beim Arzt vereinbaren,
- den Arzt begrüßen,
- Fragen des Arztes nach Beschwerden verstehen,
- einen Unfallhergang oder eine Krankheitsgenese schildern,
- Symptome schildern,
- Anweisungen des Arztes bei der Untersuchung verstehen und entsprechend handeln,
- Hinweise zum Rezept und zu Medikamenten verstehen,
- Hinweise zur weiteren Behandlung verstehen,
- gegebenenfalls nachfragen,
- sich bedanken,
- sich verabschieden.

Dies könnte dann in ein dem sprachlichen Niveau der Schüler angepasstes musterhaftes Modellgespräch umgesetzt werden:

Boy: I'd like to make an appointment with Dr Smith.
Secretary: What about next Tuesday at 12 o'clock?
Boy: Could I have an earlier appointment?
Secretary: What about tomorrow at seven a.m.?
Boy: That's fine. Thank you very much.

Doctor: Good morning. Come in, please. Sit down.
Boy: Good morning, Sir.
Doctor: How can I help you?
Boy: I've got a terrible headache.
Doctor: When did it start?
Boy: Thursday night.
Doctor: Have you been sick?
Boy: No, I haven't.
Doctor: Do you have a temperature?
Boy: Yes, 38.6° Celcius.
Doctor: It looks like you've caught a cold. You must stay in bed for three days. And take one of these tablets every twelve hours. Come and see me again on Tuesday.
Boy: Thank you very much. Goodbye.

In Form eines Praxeogramms (vgl. ausführlich Kieweg 2011, S. 8 ff. oder Haß 2011a, S. 22 ff.) könnte den Schülern dann der Zusammenhang zwischen dem generischen Muster der Textsorte Arztgespräch und dessen fremdsprachiger Ausgestaltung bewusst gemacht werden. In einem nächsten Schritt würden anhand des Modelltextes die sprachlichen Mittel für mögliche Variationen (anderer Termin, andere Symptome, andere Krankheit, andere Medikation etc.) erarbeitet und gesammelt. Auf der Basis der vorher erarbeiteten generischen Struktur und der erarbeiteten Redemittel könnten dann Varianten des Modelltextes zunächst stark gesteuert, zunehmend aber freier trainiert werden. Am Schluss sollten die Schüler in der Lage sein, die Situation „Arztbesuch" zumindest simulativ zu bewältigen.

8.4 Umgang mit Texten

Themen und Situationen sind in unserer Kultur immer mit Texten verknüpft. Aus diesem Grunde lohnt es sich, darüber nachzudenken, mit welchen Texten ein Lerner in der Alltagskommunikation konfrontiert werden könnte und welche Sprachhandlungen/Sprechakte mit der jeweiligen Textsorte verknüpft sind. Viele der im Folgenden angegebenen Texte können in Form generischer Modelle (siehe oben) der Produktion von Schülertexten dienen. Der methodische Umgang mit diesen Texten müsste dann aus folgenden Schritten bestehen:

▸ den Modelltext inhaltlich verstehen,
▸ den Modelltext inhaltlich diskutieren,
▸ den Modelltext inhaltlich bewerten,
▸ den Modelltext sprachlich erarbeiten (Textstruktur, Redemittel),
▸ eigene Texte verfassen,
▸ eigene Texte präsentieren,
▸ eigene Texte diskutieren,
▸ eigene Texte überarbeiten,
▸ eigene Texte bewerten,
▸ eigene Texte benutzen.

Natürlich können Texte darüber hinaus auch Grundlage einer Reihe weiterer kommunikativer Handlungen sein. Ziel für den leistungsschwachen Schüler muss dabei in erster Linie das Verstehen, das nichtfremdsprachliche Handeln und das fremdsprachliche Handeln mit begrenzten, einfachen sprachlichen Mitteln sein. Entsprechend den soziokulturell bedingten Gewohnheiten besonders leistungsschwacher Schüler im Umgang mit Texten und aufgrund der bei solchen Texten vorhandenen nonverbalen Kommunikationselemente sollten Hör-Seh-Texte im Englischunterricht mit leistungsschwächeren Schülern die größte Rolle spielen, danach Hörtexte und Lesetexte. Manche Textsorten lassen sich sowohl der mündlichen als auch der schriftlichen Kommunikationssphäre zuordnen.

Es folgt nun in Anlehnung, Erweiterung und Ergänzung an Edelhoff (1985) eine (sicher noch unvollständige) alphabetisch geordnete Darstellung von Textsorten und damit zu verknüpfenden Sprachhandlungen, die im Englischunterricht für Schüler mit Lernschwierigkeiten eine Rolle spielen könnten.

Hör-Seh-Texte

▸ Ansagen im Fernsehen → verstehen → Konsequenzen diskutieren
▸ Auftritte von Persönlichkeiten → verstehen → diskutieren → bewerten
▸ Auszüge aus Spielfilmen → verstehen → diskutieren → bewerten
▸ Auszüge aus Theaterstücken → verstehen → diskutieren → bewerten → Skripte lesen → Skripte schreiben → eigenes Theaterstück einstudieren → eigenes Theaterstück aufführen
▸ Biografien in Fernsehsendungen → verstehen → diskutieren → weiterrecherchieren → Biografien anderer schreiben → eigene Biografie schreiben → Biografien vorstellen
▸ Cartoons → verstehen → diskutieren → bewerten
▸ Gespräche in Fernseh-Talk-Shows → verstehen → diskutieren → bewerten → eigene Talk-Show simulieren
▸ Fernsehinterviews → verstehen → diskutieren → bewerten → Interviews verfassen → Interviews durchführen und aufzeichnen → Interviews präsentieren
▸ Fernsehkommentare → verstehen → diskutieren → bewerten → eigenen Kommentar verfassen → eigenen Kommentar vortragen
▸ Fernsehprogramme (Vorankündigungen) → verstehen → diskutieren → Konsequenzen diskutieren → bewerten
▸ Fernsehreportagen → verstehen → diskutieren → weiterrecherchieren → eigene Reportage verfassen → eigene Reportage aufzeichnen → eigene Reportage präsentieren
▸ Fernsehwerbung → verstehen → diskutieren → bewerten → eigene Fernsehwerbung gestalten → eigene Fernsehwerbung aufzeichnen → eigene Fernsehwerbung präsentieren
▸ Fernsehnachrichten → verstehen → diskutieren → bewerten
▸ Hinweisschilder → verstehen → entsprechend handeln → eigene Hinweisschilder gestalten → eigene Hinweisschilder veröffentlichen
▸ Koch-/Backrezepte → verstehen → diskutieren → bewerten → entsprechend handeln → eigene Rezepte verfassen → eigene Rezepte veröffentlichen
▸ Lieder/Videoclips → verstehen → diskutieren → bewerten → eigenen Videoclip gestalten → eigenen Videoclip präsentieren
▸ Podiumsdiskussionen → verstehen → diskutieren → bewerten → eigene Podiumsdiskussion durchführen
▸ *Poetry slams* → verstehen → diskutieren → bewerten → eigenen *poetry slam* gestalten
▸ Reden von Persönlichkeiten → verstehen → diskutieren → bewerten → eigene Rede verfassen → Rede vortragen
▸ Reisereportagen → verstehen → diskutieren → weiterrecherchieren → eigene Reportage verfassen → eigene Reportage aufzeichnen → eigene Reportage präsentieren
▸ *Soap opera* → verstehen → diskutieren → bewerten → eigene Episode verfassen → eigene Episode aufnehmen → eigene Episode präsentieren

▸ Städtereportagen —→ verstehen —→ diskutieren —→ bewerten —→ eigene Reportage gestalten —→ eigene Reportage aufnehmen —→ eigene Reportage präsentieren

▸ Stellungnahmen —→ verstehen —→ diskutieren —→ bewerten —→ eigene Stellungnahme verfassen —→ eigene Stellungnahme präsentieren

▸ Theaterstücke —→ verstehen —→ diskutieren —→ bewerten —→ eigenes Theaterstück entwerfen —→ eigenes Theaterstück aufführen

▸ Trailer von Spielfilmen —→ verstehen —→ diskutieren —→ bewerten

▸ Veranstaltungsprogramme —→ verstehen —→ diskutieren —→ bewerten —→ eigenes Veranstaltungsprogramm entwerfen —→ eigenes Veranstaltungsprogramm präsentieren

▸ Wettervorhersage —→ verstehen —→ Konsequenzen diskutieren

▸ Zuschauerbriefe —→ verstehen —→ diskutieren —→ bewerten —→ eigenen Zuschauerbrief verfassen

Hörtexte

▸ Ansagen am Telefon (Anrufbeantworter) —→ verstehen —→ reagieren

▸ Anweisungen im Unterricht (Medien oder Lehrer) —→ verstehen —→ reagieren —→ diskutieren

▸ Berichte in Radiosendungen —→ verstehen —→ diskutieren —→ bewerten —→ eigenen Bericht verfassen

▸ Biografien in Radiosendungen —→ verstehen —→ diskutieren —→ weiterrecherchieren —→ eigene Biografie verfassen

▸ Gespräche in Radio-Talk-Shows —→ verstehen —→ diskutieren —→ bewerten —→ eigene Talk-Show simulieren

▸ Hörerbriefe —→ verstehen —→ diskutieren —→ bewerten —→ eigenen Hörerbrief verfassen

▸ Hörspiele —→ verstehen —→ diskutieren —→ bewerten —→ eigenes Hörspiel schreiben —→ eigenes Hörspiel aufnehmen

▸ Lautsprecheransagen (Bahnhof, Flughafen, Veranstaltungen, Stadion) —→ verstehen —→ Konsequenzen diskutieren

▸ Lieder —→ verstehen —→ diskutieren —→ bewerten —→ singen

▸ Polizeihinweise —→ verstehen —→ diskutieren
  Radioansagen —→ verstehen —→ Konsequenzen diskutieren

▸ Radioreportagen —→ verstehen —→ diskutieren —→ bewerten —→ weiterrecherchieren —→ eigene Reportage verfassen —→ eigene Reportage vortragen

▸ Radiointerviews —→ verstehen —→ diskutieren —→ bewerten —→ eigenes Interview entwerfen —→ eigenes Interview durchführen —→ eigenes Interview präsentieren

▸ Radiokommentare —→ verstehen —→ diskutieren —→ bewerten —→ eigenen Kommentar verfassen —→ eigenen Kommentar präsentieren

▸ Radionachrichten —→ verstehen —→ diskutieren —→ bewerten

▶ Radiowerbung → verstehen → diskutieren → bewerten → eigene Werbung gestalten → eigene Werbung präsentieren

▶ Reden von Persönlichkeiten → verstehen → diskutieren → bewerten → eigene Rede verfassen → eigene Rede vortragen

▶ Rundfunkprogramme (Vorankündigungen) → verstehen → diskutieren → bewerten

▶ Stellungnahmen → verstehen → diskutieren → bewerten → eigene Stellungnahme verfassen → eigene Stellungnahme vortragen

▶ Veranstaltungsprogramme → verstehen → diskutieren → bewerten → eigenes Veranstaltungsprogramm verfassen → eigenes Veranstaltungsprogramm präsentieren

▶ Verkehrsdurchsagen → verstehen → Konsequenzen diskutieren

▶ Wettervorhersage → verstehen → Konsequenzen diskutieren

▶ Zollhinweise → verstehen → diskutieren

Lesetexte

▶ abgedruckte Reden von Persönlichkeiten → verstehen → diskutieren → bewerten → eigene Rede schreiben → eigene Rede vortragen

▶ Bedienungsanleitungen für technische Haushaltsgeräte → verstehen → entsprechend handeln → eigene Bedienungsanleitung verfassen

▶ Bedienungsanleitungen für öffentliche technische Geräte (Münzfernsprecher, Ticket-Automat, Schließfach) → verstehen → entsprechend handeln → eigene Bedienungsanleitung verfassen

▶ Berichte in Zeitschriften und Magazinen → verstehen → diskutieren → bewerten → dem Verfasser Rückmeldung geben → eigenen Bericht verfassen → eigenen Bericht veröffentlichen

▶ Bewerbungsschreiben → verstehen → diskutieren → bewerten → eigenes Bewerbungsschreiben verfassen

▶ Biografien in Zeitschriften → verstehen → diskutieren → bewerten → weiter recherchieren → Biografien veröffentlichen → eigene Biografie verfassen → eigene Biografie veröffentlichen

▶ Bildunterschriften in Zeitschriften → verstehen → diskutieren → bewerten → eigene Bildunterschriften verfassen → eigene Bildunterschriften veröffentlichen

▶ Broschüren → verstehen → diskutieren → bewerten → dem Verfasser Rückmeldung geben → eigene Broschüre verfassen → eigene Broschüre veröffentlichen

▶ Diagramme → verstehen → diskutieren → bewerten → weiterrecherchieren → eigene Diagramme erstellen → eigene Diagramme präsentieren

▶ Einträge in Nachschlagewerken → verstehen → diskutieren → weiterrecherchieren → eigenen Eintrag verfassen → eigenen Eintrag veröffentlichen

▶ E-Mails → verstehen → diskutieren → bewerten → beantworten → eigene E-Mails verfassen → eigene E-Mails abschicken

▸ formelle Schreiben von Institutionen → verstehen → diskutieren → beantworten

▸ Formulare → verstehen → diskutieren → ausfüllen

▸ gesetzliche Vorschriften → verstehen → diskutieren → bewerten

▸ Hausordnungen → verstehen → diskutieren → bewerten → eigene Hausordnung verfassen

▸ Hotelordnungen → verstehen → diskutieren → bewerten → eigene Hotelordnung verfassen

▸ informelle Briefe → verstehen → diskutieren → bewerten → beantworten → eigenen Brief verfassen

▸ inoffizielle Fragebögen → verstehen → diskutieren → bewerten → eigenen Fragebogen verfassen → Umfrage durchführen → Umfrage auswerten → Ergebnisse präsentieren/veröffentlichen

▸ Jugendherbergsordnungen → verstehen → diskutieren → bewerten → eigene Jugendherbergsordnung verfassen

▸ Kataloge → verstehen → diskutieren → bewerten → eigenen Katalogeintrag gestalten → eigenen Katalogeintrag veröffentlichen

▸ Koch-/Backrezepte → verstehen → diskutieren → bewerten → ausführen → eigenes Rezept verfassen → eigenes Rezept veröffentlichen

▸ Kurzgeschichten → verstehen → diskutieren → bewerten → eigene Kurzgeschichte verfassen → eigene Kurzgeschichte veröffentlichen

▸ Landkarten → verstehen → diskutieren → bewerten

▸ Leserbriefe → verstehen → diskutieren → bewerten → beantworten → eigenen Leserbrief verfassen → eigenen Leserbrief veröffentlichen

▸ literarische Kleinformen (Reime, Witze, Bildergeschichten, Anekdoten, Karikaturen) → verstehen → diskutieren → bewerten → Rückmeldung an der Verfasser geben → eigene literarische Kleinform verfassen → eigene literarische Kleinform veröffentlichen

▸ öffentliche Bekanntmachungen → verstehen → diskutieren → bewerten → schriftlich reagieren

▸ offizielle Fragebögen → verstehen → diskutieren → ausfüllen

▸ Pläne von Verkehrsmitteln → verstehen → Konsequenzen diskutieren

▸ Plakate → verstehen → diskutieren → bewerten → eigenes Plakat gestalten → eigenes Plakat veröffentlichen

▸ Postkarten → verstehen → diskutieren → beantworten → eigene Postkarte verfassen

▸ Preislisten → verstehen → Konsequenzen diskutieren → eigene Preisliste verfassen

▸ Produktverpackungen → verstehen → Konsequenzen diskutieren → eigene Produktverpackung gestalten

▸ Prospekte → verstehen → diskutieren → bewerten → eigenen Prospekt gestalten → eigenen Prospekt veröffentlichen

▸ Reiseführer → verstehen → diskutieren → bewerten → eigenen Reiseführer erstellen

▸ Rundfunk- und Fernsehprogramme (Vorankündigungen) $\longrightarrow$ verstehen $\longrightarrow$ Konsequenzen diskutieren

▸ Schaubilder $\longrightarrow$ verstehen $\longrightarrow$ diskutieren $\longrightarrow$ bewerten $\longrightarrow$ eigenes Schaubild erstellen $\longrightarrow$ eigenes Schaubild veröffentlichen

▸ Schlagzeilen $\longrightarrow$ verstehen $\longrightarrow$ diskutieren $\longrightarrow$ bewerten

▸ Schulordnung $\longrightarrow$ verstehen $\longrightarrow$ diskutieren $\longrightarrow$ bewerten $\longrightarrow$ eigene Schulordnung verfassen $\longrightarrow$ eigene Schulordnung veröffentlichen

▸ Notizen am „Schwarzen Brett" $\longrightarrow$ verstehen $\longrightarrow$ diskutieren $\longrightarrow$ bewerten $\longrightarrow$ auf Notiz reagieren $\longrightarrow$ eigene Notiz verfassen $\longrightarrow$ eigene Notiz veröffentlichen

▸ Speisekarten $\longrightarrow$ verstehen $\longrightarrow$ diskutieren $\longrightarrow$ bewerten $\longrightarrow$ Konsequenzen diskutieren $\longrightarrow$ eigene Speisekarte gestalten $\longrightarrow$ eigene Speisekarte veröffentlichen

▸ Stadtführer $\longrightarrow$ verstehen $\longrightarrow$ diskutieren $\longrightarrow$ bewerten $\longrightarrow$ eigenen Stadtführer erstellen $\longrightarrow$ eigenen Stadtführer veröffentlichen

▸ Stadtpläne $\longrightarrow$ verstehen $\longrightarrow$ diskutieren $\longrightarrow$ Konsequenzen diskutieren

▸ Stellungnahmen $\longrightarrow$ verstehen $\longrightarrow$ diskutieren $\longrightarrow$ bewerten $\longrightarrow$ darauf antworten $\longrightarrow$ eigene Stellungnahme verfassen $\longrightarrow$ eigene Stellungnahme veröffentlichen

▸ Straßenkarten $\longrightarrow$ verstehen $\longrightarrow$ Konsequenzen diskutieren

▸ Straßenschilder $\longrightarrow$ verstehen $\longrightarrow$ Konsequenzen diskutieren

▸ Tabellen $\longrightarrow$ verstehen $\longrightarrow$ diskutieren $\longrightarrow$ bewerten $\longrightarrow$ eigene Tabellen erstellen $\longrightarrow$ eigene Tabellen präsentieren/veröffentlichen

▸ Veranstaltungsplakate $\longrightarrow$ verstehen $\longrightarrow$ diskutieren $\longrightarrow$ bewerten $\longrightarrow$ darauf reagieren $\longrightarrow$ Konsequenzen diskutieren $\longrightarrow$ eigenes Plakat entwerfen $\longrightarrow$ eigenes Plakat veröffentlichen

▸ Veranstaltungsprogramme $\longrightarrow$ verstehen $\longrightarrow$ diskutieren $\longrightarrow$ bewerten $\longrightarrow$ Konsequenzen diskutieren $\longrightarrow$ eigenes Veranstaltungsprogramm entwerfen $\longrightarrow$ eigenes Veranstaltungsprogramm veröffentlichen

▸ Wegeskizzen $\longrightarrow$ verstehen $\longrightarrow$ diskutieren $\longrightarrow$ Konsequenzen diskutieren $\longrightarrow$ eine eigene Wegskizze anfertigen $\longrightarrow$ eine eigene Wegskizze veröffentlichen

▸ Wettervorhersage $\longrightarrow$ verstehen $\longrightarrow$ diskutieren $\longrightarrow$ Konsequenzen diskutieren

▸ Werbeplakate $\longrightarrow$ verstehen $\longrightarrow$ diskutieren $\longrightarrow$ bewerten $\longrightarrow$ darauf reagieren $\longrightarrow$ eigenes Werbeplakat entwerfen $\longrightarrow$ eigenes Werbeplakat veröffentlichen

▸ Zeitungsanzeigen (Beruf, Wohnraum, Verlust, Verkauf, Kaufgesuche, Partnersuche) $\longrightarrow$ verstehen $\longrightarrow$ diskutieren $\longrightarrow$ bewerten $\longrightarrow$ darauf reagieren $\longrightarrow$ eigene Zeitungsanzeige verfassen $\longrightarrow$ eigene Zeitungsanzeige veröffentlichen

▸ Zeitungsartikel $\longrightarrow$ verstehen $\longrightarrow$ diskutieren $\longrightarrow$ bewerten $\longrightarrow$ darauf reagieren $\longrightarrow$ einen eigenen Zeitungsartikel verfassen $\longrightarrow$ einen eigenen Zeitungsartikel veröffentlichen

▸ Zeitungsinterviews $\longrightarrow$ verstehen $\longrightarrow$ diskutieren $\longrightarrow$ bewerten $\longrightarrow$ weiterrecherchieren $\longrightarrow$ darauf reagieren $\longrightarrow$ ein eigenes Interview entwerfen $\longrightarrow$ ein eigenes Interview durchführen $\longrightarrow$ ein eigenes Interview veröffentlichen

▸ Zeitungskommentare $\longrightarrow$ verstehen $\longrightarrow$ diskutieren $\longrightarrow$ bewerten $\longrightarrow$ weiterrecherchieren $\longrightarrow$ darauf reagieren $\longrightarrow$ einen eigenen Kommentar verfassen $\longrightarrow$ einen eigenen Kommentar veröffentlichen

▸ Zeitungsnachrichten $\longrightarrow$ verstehen $\longrightarrow$ diskutieren $\longrightarrow$ bewerten

▸ Zeitungsreportagen $\longrightarrow$ verstehen $\longrightarrow$ diskutieren $\longrightarrow$ bewerten $\longrightarrow$ weiterrecherchieren $\longrightarrow$ darauf reagieren $\longrightarrow$ eigene Reportage verfassen $\longrightarrow$ eigene Reportage veröffentlichen

▸ Zeitungswerbung $\longrightarrow$ verstehen $\longrightarrow$ diskutieren $\longrightarrow$ bewerten $\longrightarrow$ darauf reagieren $\longrightarrow$ eigene Werbung verfassen $\longrightarrow$ eigene Werbung veröffentlichen

▸ Zollhinweise $\longrightarrow$ verstehen $\longrightarrow$ diskutieren

9 Lehrverfahren

"Great teachers are made, not born. These are not mysterious talents you have to be granted at birth, but skills that you can learn."
Stanford Teaching Goals

Am Ende der Diskussion über die zahllosen Merkmale und Prinzipien, die eine effektive Unterrichtsqualität bedingen, steht immer die Lehrkraft als Persönlichkeit. Sie allein ist verantwortlich für eine stimmige Klassenführung, für ein lernförderndes Klassenklima und natürlich für die Vermittlung und Konsolidierung der Lerninhalte. Guter Unterricht ist immer strukturiert, helfend ausgerichtet, also lernunterstützend angelegt und kognitiv fordernd. Letztgenanntes gilt auch für den Unterricht mit lernschwächeren Schülern.

Ein Kapitel zu Lehrverfahren? Ist das wirklich nötig? Und ist „Lehrverfahren" nicht ein völlig veralteter Ausdruck? Wir meinen: nein. Auch wenn es eine Binsenweisheit zu sein scheint, die doch eigentlich schon die Berufsbezeichnung „Lehrer" zum Ausdruck bringen sollte; es ist nötig, wieder einmal deutlich festzustellen: die Hauptaufgabe eines Lehrers ist es, zu lehren. Im Kontext Schule wird „lehren" gleichgesetzt mit der Planung und Gestaltung von Unterricht. Und bei der Planung und Durchführung von Unterricht geht es eben darum, alle Schüler, auch und besonders die mit Lernschwierigkeiten, im Kopf und im Blick zu haben. So weit, so gut. Wenn die Hauptaufgabe des Lehrers darin besteht, zu unterrichten, dann müsste ja eigentlich auch klar sein, was unter Unterricht denn eigentlich zu verstehen sei. Dem ist aber nicht so. In der pädagogischen Literatur finden sich Dutzende unterschiedlichster empirisch-anthropologischer, wertphilosophischer, psychologischer, soziologischer, pädagogischer, politischer, systemtheoretischer Ansätze. Wie kann man etwas planen oder gestalten, von dem man nicht genau weiß, was es ist? Bevor es überhaupt möglich ist, über Lehrverfahren zu sprechen, muss also zunächst erst einmal der Begriff „Unterricht" definiert werden. Der Didaktiker Hans Glöckel (vgl. 2003, S. 323 f.) meint, dass Unterricht zwar nicht definier-, aber zumindest beschreibbar sei. Er nennt eine Reihe von Merkmalen von Unterricht:

▸ Unterricht besteht aus Elementen.
▸ Unterricht ist Struktur.
▸ Unterricht ist eine Abfolge von Situationen.
▸ Unterricht ist ein Prozess.
▸ Unterricht ist zielstrebige Handlung.
▸ Zweck des Unterrichts ist Lernen.
▸ Unterricht ist planmäßiges Handeln.
▸ Unterricht bedarf der Führung und Steuerung.
▸ Unterricht ist ein Ereignis.
▸ Unterricht ist Dialog zwischen Personen.
▸ Unterricht bedarf der Institution.
▸ Unterricht hat eine gesellschaftliche Funktion.

Hilbert Meyer (1997, S. 27) hat diese Merkmale in einer prägnanten, noch immer gültigen, schon kompetenzorientierten Definition zusammengefasst, der wir uns hier anschließen wollen: „Unterricht ist die planvolle pädagogische Interaktion von Lehrenden und Lernenden zum Zwecke der Aufklärung und der Vermittlung von Handlungskompetenz."

Wenn Unterricht also ein vom Lehrer geplantes und gesteuertes Ereignis ist, dann stellt sich die Frage, wie Unterricht denn zu planen sei. Antworten sollte man hier von der Berufswissenschaft des Lehrberufs, der Didaktik erwarten.

9.1 Didaktik

Didaktik ist die Berufswissenschaft des Lehrers oder sollte es zumindest sein. Dies sagt schon der Begriff „Didaktik", der sich vom griechischen *didáskein* („lehren, unterweisen, unterrichten, bilden") ableitet. *Didaktiké téchne* ist die Lehrtechnik bzw. die Lehrkunst. Leider befindet sich die Didaktik als Wissenschaft nach über 400 Jahren nicht im besten Zustand. Eine Zerfaserung und Zersplitterung hat dazu geführt, dass Kron (2004, S. 68) 40 unterschiedliche theoretische (allgemeindidaktische) Ansätze feststellt. Die Fachdidaktik Englisch ergänzt diese Vielzahl um einige weitere. Dieser eher verwirrende als hilfreiche Zustand hat dazu geführt, dass viele Lehrer ihren Unterricht nicht mehr theoriegeleitet planen. Trotzdem hat jeder Lehrer eine didaktische Grundhaltung; trotzdem denkt jeder Lehrer (theoriegeleitet oder intuitiv) didaktisch, wenn er Unterricht plant. Im Folgenden soll dieses Denken in der gebotenen Kürze reflektiert und ein wenig strukturiert werden.

Didaktisches Denken findet auf unterschiedlich abstrakten Ebenen statt (vgl. dazu ausführlich Haß 2010c): auf einer makro-, einer meso- und einer mikrodidaktischen Ebene.

9.1.1 Makrodidaktik: Didaktische Grundhaltungen

Wenn man unterschiedliche didaktische Ansätze analysiert und wenn man mit Kolleginnen und Kollegen über Unterricht spricht, dann kristallisieren sich recht schnell drei unterschiedliche Sichtweisen, Grundverständnisse von Unterricht heraus. Unterricht kann gesehen werden als Bildungsprozess, als Lernprozess oder als Kommunikationsprozess. Während unterschiedliche didaktische Theorien jeweils einen Aspekt in den Vordergrund stellen, vertreten wir die Ansicht, dass jeder Lehrer bei der Unterrichtsplanung alle drei Aspekte bedenken muss.

Unterricht als Bildungsprozess. Unterricht soll zu Bildung führen. Allerdings stellt sich die Frage: Was ist Bildung? Ein einheitliches Verständnis von Bildung ist in der aktuellen Bildungsdiskussion in unterschiedlichen gesellschaftlichen Dimensionen nicht auszumachen. In neueren bildungstheoretischen und bildungspolitischen Diskussionen wird Bildung häufig verstanden als Prozess der Kompetenzentwicklung, also als Prozess der Befähigung zur Lebensbewältigung. Und hier stellt sich die Frage, welche Lebenswirklichkeit dem jeweiligen didaktischen Denken zugrunde gelegt werden soll. Mit Blick auf Schüler mit Lernschwierigkeiten sollte dies sehr pragmatisch geschehen. Bildung sollte hier in erster Linie verstanden werden als Befähigung zur elementaren Lebensbewältigung („Leben-Lernen") in der privaten, gesellschaftlichen und vor allem auch der beruflichen Lebenssphäre (vgl. Kapitel 8). Vor dem Hintergrund dieses Bildungsverständnisses sollten die Unterrichtsziele (vgl. Kapitel 7 und Kapitel 8) für Schüler mit Lernschwierigkeiten festgelegt werden.

Unterricht als Lernprozess. Unterricht soll Lernen bewirken. Dies kommt schon im Begriff „Didaktik" zum Ausdruck: *didáskein* („lehren, unterweisen, unterrichten, bilden") ist das Bewirkungswort zu *daenai* („lernen"). Es gilt bei der Unterrichtsplanung also immer auch zu antizipieren, welche Lernprozesse im Lernenden während des Unterrichts ablaufen sollen und wie diese zu steuern und zu unterstützen sein könnten. Und es sollte immer auch mitbedacht werden, welche individuellen Lerndispositionen welche Schwierigkeiten hervorrufen könnten (vgl. Kapitel 1).

Unterricht als Kommunikationsprozess. Unterricht ist ein vielschichtiger Kommunikationsprozess zwischen den beteiligten Partnern im Klassenzimmer und darüber hinaus. Im Englischunterricht sind Sprache und Kommunikation dabei gleichzeitig Unterrichtsgegenstand und Unterrichtsmedium. Umso sorgfältiger gilt es beide Aspekte zu planen: Was soll im Unterricht über Kommunikation gelernt werden? Wie soll im Unterricht kommuniziert werden? Dabei gilt es wiederum zu antizipieren, welche individuellen Lerndispositionen den Kommunikationsprozess im Unterricht negativ beeinflussen könnten und wie man hierbei gegensteuern kann. Auch beim Lernen über Sprache und Kommunikation können Lerndispositionen vorhersehbare Schwierigkeiten auslösen (vgl. Kapitel 1), die es durch die Unterrichtsplanung aufzufangen gilt.

9.1.2 Mesodidaktik: Unterrichtsprinzipien

Auf einer konkreteren Ebene didaktischen Denkens findet sich eine Kategorie, die leider in den letzten Jahren etwas in Vergessenheit geraten ist, die aber eine besonders große Praxisrelevanz hat: die Kategorie der didaktischen Prinzipien. Dabei können didaktische Prinzipien auf eine lange Tradition zurückblicken. Noch heute finden sich in der Literatur Unterrichtsprinzipien, die bereits Comenius in seiner *Didacta Magna* formuliert und eingefordert hat. Didaktische Prinzipien werden hier verstanden als allgemeine Grundsätze der inhaltlichen und organisatorisch-methodischen Gestaltung schulischen Unterrichts. Sie spiegeln sowohl normative schulpolitische Zielstellungen und Positionen als auch gesetzmäßige, meist auf Erfahrungen, teils auf empirischer Forschung basierende, pädagogische, didaktische und fachdidaktische Richtlinien wider und geben somit eine Handlungsorientierung bezüglich der bei der Planung und Gestaltung von Unterricht zu treffenden Entscheidungen. Dabei findet sich in der Literatur eine Vielzahl didaktischer Prinzipien unterschiedlichster Komplexität, die sich zumeist als allgemeindidaktisch, also fachunabhängig, verstehen. Hinzu kommt eine Reihe fachspezifischer, also fremdsprachen- oder englischdidaktische Prinzipien. Sie alle in Vollständigkeit darzustellen, würde den Rahmen dieser Veröffentlichung sprengen. Stattdessen sollen einige wichtige Prinzipien mit besonderem Blick auf den Englischunterricht für Schüler mit Lernschwierigkeiten ausgewählt und kurz erläutert werden. Die Anordnung der Prinzipien (vgl. Abbildung S. 240) orientiert sich an den unterschiedlichen, bei der Unterrichtsplanung zu berücksichtigenden Dimensionen (Ziel-, Inhalts-, Methoden- und Mediendimension) von Unterricht.

Das Prinzip der ausgewogenen Kompetenzentwicklung. Ausgewogenheit in den Kompetenzzielen hat hohe Priorität für den Englischunterricht mit lernschwächeren Schülern. Die Priorität des „Leben-Lernens" impliziert, dass im Englischunterricht nicht nur der Entwicklung fremdsprachlicher oder kommunikativer Kompetenz Aufmerksamkeit geschenkt werden darf, sondern dass die Entwicklung von Selbst-, Sozial- oder Lernkompetenz ebenso wichtig genommen werden muss. Ausgewogenheit ist auch für den Bereich der Subkompetenzen, zum Beispiel der kommunikativen Fertigkeiten, einzufordern. Lange Zeit wurde postuliert, dass bei Schülern mit Lernschwierigkeiten die Schriftlichkeit zugunsten der Mündlichkeit weitgehend reduziert werden sollte. Dies muss überdacht werden. Eine zu starke Fokussierung der Mündlichkeit wirkt im Unterricht sehr schnell ermüdend, da hierbei hohe Anforderungen an die Konzentrationsfähigkeit der Schüler gestellt werden. Schriftliche Unterrichtsphasen können für Schüler und Lehrer gleichermaßen auch entlastend wirken. Auch sollte das lernprozessunterstützende Schreiben (Schreiben von Wörtern, Wortgruppen, Sätzen etc. zum Zwecke des Übens und des besseren Behaltens) nicht unterschätzt werden. Außerdem stellt spontane Mündlichkeit eine hohe mentale Anforderung dar. Gerade für Schüler mit Lernschwierigkeiten ist eine schriftliche Vorbereitung der mündlichen Phase oft sinnvoll.

Das Prinzip der Zielorientierung. Weiter oben wurde dargelegt, dass Unterricht ein zielgerichteter Prozess ist. In den Kapiteln 7 und 8 wurden dabei unterschiedliche Sichtweisen auf den Begriff „Lernziel" dargestellt. Zum einen verfolgen die Lerner bestimmte Ziele im Unterricht (vgl. Kapitel 7); zum anderen jedoch der Lehrer (auf der Basis der curricularen Vorgaben) auch. Ein guter Lehrer wird seine Unterrichtsziele niemals nur an den curricularen Vorgaben orientieren, sondern in der Vermittlung beider Sichtweisen. Wichtig ist auch, die Schüler immer über die jeweiligen Unterrichtsziele zu informieren. Lernprozesse finden immer dann statt, wenn ein Schüler weiß,

▸ was er gerade lernt,
▸ wozu er das lernt und
▸ wie er das lernt.

Besonders für Schüler mit Lernschwierigkeiten ist eine klare Struktur, Transparenz und Klarheit des Unterrichts enorm wichtig.

Das Prinzip der ständigen Vergewisserung über den Lernstand. Lernen ist ein kumulativer Prozess. Neues Wissen und neues Können schließt immer an bereits vorhandenem Wissen und Können an. Um Unterricht wirklich lernerorientiert gestalten zu können, muss sich die Lehrkraft permanent ein Bild von den Lernständen der Schüler machen. Dies muss nicht immer nur vermittels eines (diagnostischen) Tests geschehen. Andere, weniger aufwändige Mittel zur Vergewisserung über die individuellen Lernstände der Schüler sind gezielte Beobachtung (Beobachtungsbögen), diagnostische Gespräche (mündliche Kompetenzen), die Analyse von Arbeitsprodukten (schriftliche Kompetenzen) oder das Führen von Portfolios und Lerntagebüchern. Wichtig ist auch, Unterricht so zu gestalten, dass am Ende einer Lernphase eine Ergebnissicherung stattfindet.

Das Prinzip der Ausgewogenheit von objektiver und persönlichkeitsfördernder Beurteilung. Leistungsbeurteilung findet im Englischunterricht primär aus zwei Gründen statt: zur Feststellung des aktuellen Leistungsstandes mit dem Ziel der besseren Lernförderung (förderdiagnostisch orientierte Leistungsbeurteilung) und zur Feststellung des Leistungsstandes mit dem Ziel der Einordnung der jeweiligen Schülerleistung in ein Bezugssystem (selektionsdiagnostisch orientierte Leistungsbeurteilung) (vgl. hierzu ausführlich Kapitel 12). Im Vordergrund, für Schüler und Lehrer gleichermaßen, steht häufig die selektionsdiagnostische Leistungsbeurteilung mit dem Ziel der Notenvergabe. Da Schüler mit Lernschwierigkeiten dabei häufig Misserfolgserlebnisse verkraften müssen, ist es wichtig, die objektive, an regionalen oder nationalen Standardvorgaben orientierte Leistungsbeurteilung durch eine am Individuum orientierte, persönlichkeitsbezogene Leistungsbeurteilung zu ergänzen. Wie könnte dies aussehen?

▸ Noten werden ergänzt durch verbale Einschätzungen, die die Leistungsentwicklung würdigen.
▸ Noten müssen nicht immer nur für kognitive Leistungen vergeben werden. Auch soziale Kompetenzen (zum Beispiel Organisationstalent im Projektunterricht), künstlerische Fertigkeiten (Gestaltung einer Collage zu einem Lesetext), handwerkliche Fähigkeiten (Anfertigung eines Mobile) etc. können in eine kompetenzorientierte Leistungsbeurteilung mit eingehen.
▸ Leistung ist nicht nur an Standardvorgaben gemessene Performanz. Auch

Kompetenzentwicklung ist Leistung. Insofern kann auch der Lernfortschritt eines Schülers zum Gegenstand der Leistungsbeurteilung hergenommen werden. Gemessen wird dann die Lernausgangslage und der Lernfortschritt nach einer gewissen Zeit.

Wichtig ist, dass Lehrkräfte auch lernschwächeren Schülern gegenüber immer die nötige Wertschätzung der Person und auch der gezeigten Leistungen zum Ausdruck bringen.

Das Prinzip der Transparenz der Leistungsermittlung und Leistungsbeurteilung. Fragt man Schüler, was sie an einem Lehrer besonders schätzen, so kommt besonders häufig die Antwort: Fairness, Gerechtigkeit. Besonders Schüler mit Lernschwierigkeiten sind hier sehr sensibel. Der richtige Weg ist der, am Anfang einer Unterrichtssequenz mit den Schülern gemeinsam das Lernziel festzulegen, dieses Lernziel eventuell anhand eines Modells oder Musters genau zu definieren und dann sofort auch schon die Kriterien der Lernzielkontrolle bekannt zu geben. So weiß jeder Schüler bereits zu Beginn der Unterrichtssequenz, was am Ende von ihm erwartet wird bzw. nach welchen Kriterien seine Leistung am Ende bewertet werden wird (vgl. ausführlich Kapitel 12).

Das Prinzip der erhöhten Fehlertoleranz. Bei Schülern mit Lernschwierigkeiten ist es wichtig, sprachliche Normverstöße tolerant zu behandeln. Permanente Hinweise auf und Verbesserungen von Fehlern wirken demotivierend und führen nicht selten zu Verweigerungshaltungen. Richtiger ist es, häufig zu loben und Positives und Gelungenes herauszustellen. So ist es zum Beispiel möglich, bei einer schriftlichen Leistung nicht die gemachten Fehler in Rot anzustreichen, sondern richtige Sätze in grün zu markieren. Auch ist es wichtig, den Schülern immer wieder vor Augen zu führen, dass in vielen Fällen trotz sprachlicher Normverstöße der kommunikative Erfolg nicht gefährdet ist.

Das Prinzip der Ausgewogenheit von Wissenschaftsorientierung und didaktischer Reduktion. Natürlich muss der Englischunterricht den Prinzipien der Wissenschaftlichkeit der fachwissenschaftlichen Bezugsdisziplinen genügen. Es wäre aber falsch verstandene Wissenschaftlichkeit, wollte man diese in den Unterricht der allgemeinbildenden Schulen hineintragen. Die Notwendigkeit zur didaktischen Reduktion besteht besonders für Schüler mit Lernschwierigkeiten. Als Erstes wäre hier die Reduktion der Unterrichtsinhalte zu nennen. Lehrkräfte müssen den Mut aufbringen, mit Blick auf den Lerner Inhalte des Curriculums oder auch des Lehrwerks wegzulassen, die für schwächere Lerner eine Überforderung darstellen würden. Überforderung schafft Unsicherheit und Angst, die das Lernen generell behindern. Reduktion kann sich auch auf die Komplexität der Inhalte beziehen. So reicht es unter Umständen im Bereich des englischen

Zeitensystems aus, wenn ein Lerner mit Schwächen im morphologisch-syntak-tischen Bereich für jede Zeitstufe eine Zeitform beherrscht (*past simple, present simple* und *future simple*). Er kann damit Handlungen als vergangen, gegenwär-tig und zukünftig kennzeichnen und somit Alltagskommunikation weitgehend kommunikativ erfolgreich bestreiten (vgl. hierzu auch Kapitel 4.2). Wichtig wäre, die Lerner an der Auswahl der Unterrichtsinhalte partizipieren zu lassen, sodass deren Motivation wächst. Der durch die Reduktion der Inhalte geschaffene Frei-raum lässt sich für Phasen der Konsolidierung bzw. zur Entwicklung der metho-dischen Kompetenzen nutzen.

Das Prinzip der Lernerorientierung. Orientierung am Lerner bedeutet den Schü-ler als Partner ernst zu nehmen. Das heißt, ihn in seiner individuellen Vielschich-tigkeit mit all seinen Interessen, Bedürfnissen, Kenntnissen, Fähigkeiten und Fertigkeiten aber auch mit seinen Schwächen und Defiziten anzunehmen. Diese Besonderheiten gilt es zu erkennen und in die Planung des Lehr-Lern-Prozesses (Unterricht) einzubeziehen. Als Beispiel seien hier nur die unterschiedlichen Prä-ferenzen bezüglich der Wahrnehmungs- und Verarbeitungsmodi von Informati-onen angeführt. Gerade für lernschwächere Schüler gilt, dass Lernarrangements umso wertvoller sind, je mehr Wahrnehmungskanäle sie ansprechen. Dies ist ein hoher Anspruch, besonders wenn man bedenkt, dass in einer Schulklasse etwa 30 unterschiedliche Individuen sitzen. Trotzdem ist die Orientierung am Lerner oder an der Lernergruppe (im Rahmen dessen, was im Kontext schulischen Un-terrichts möglich ist), eine wichtige Voraussetzung gelingenden Unterrichts. Die Reflexion der Lerndispositionen der Lerner einer Klasse (auch der ungünstigen, vgl. Kapitel 1) muss am Anfang jeder Unterrichtsplanung stehen.

Das Prinzip des fachübergreifenden und fächerverbindenden Unterrichts. Ler-ner mit Lernschwierigkeiten im Bereich der Fremdsprache haben häufig we-nig Freude an der Beschäftigung mit Sprache um der Sprache willen. Dies lässt sich eventuell ändern, wenn die Sprache als Medium des Informationsgewinns oder des Austauschs über Sachinhalte fungiert. Genau dies geschieht im fach-übergreifenden (Integration von Inhalten aus Sachfächern in den Englischunter-richt) und fächerverbindenden Unterricht (Auflösung der Fachstruktur des Un-terrichts) (vgl. Haß 2006, S. 58 ff.).

Das Prinzip der Angemessenheit von systematischer Planung und situationsge-mäßer Flexibilität. Dass guter Englischunterricht systematisch geplant werden muss, ist eine Selbstverständlichkeit. Trotzdem wird es immer wieder Situatio-nen geben, in denen im Unterricht von der Planung abgewichen werden muss. Dies ist besonders wichtig bei im Unterricht zutage tretenden Lernschwierigkei-ten. Schüler dürfen nicht das Gefühl haben, dass der Lehrer seinen „Stoff" unter-richtet und nicht bemerkt, wenn Schüler „nicht mehr mitkommen". Im Zentrum der unterrichtlichen Bemühungen muss der Schüler stehen. Denn das, was gelehrt wurde, entspricht häufig nicht dem, was gelernt wurde. Was zählt, ist aber allein Letzteres.

Das Prinzip der Angemessenheit von pädagogischer Führung und selbstbestimmtem Lernen. Guter Unterricht muss ein Wechselspiel geschlossener, lehrergelenkter und offener, schülergesteuerter Unterrichtsphasen sein. Dabei gilt es immer wieder neu zu eruieren, inwieweit Steuerung und Lenkung nötig sind und inwieweit Schüler in der Lage sind, selbständig und autonom zu lernen. Gerade bei Schülern mit Lernschwierigkeiten ist eine intensivere Begleitung häufig angezeigt. Wichtig ist dabei, nicht alle Schüler gleich zu behandeln, da eine Steuerung dort, wo sie nicht nötig ist, demotiviert und Lernen bremst. Dort, wo sie aber nötig wäre und nicht stattfindet, behindert sie das Lernen auch. Der einzige Ausweg aus dieser Misere sind Formen des differenzierten Unterrichtens (vgl. Kapitel 11).

Das Prinzip der ständigen Motivierung der Lerner. Eine niedrige Grundmotivation (intrinsische Motivation) bezogen auf das Lernen allgemein oder aber auf den Englischunterricht im Besonderen kann eine Ursache von Lernschwierigkeiten sein. Deshalb ist es gerade bei lernschwachen Schülern wichtig, immer wieder nachzudenken, wie sie motiviert werden können. So vielschichtig, wie die Gründe für eine Desmotivation sein können, müssen natürlich auch die in Betracht kommenden Formen der Motivierung sein. Grundsätzlich wichtige Elemente motivierenden Englischunterrichts sind (vgl. Kieweg 2006a, S. 186 ff.):
- realistische, schülernahe Lernziele: Realisation altersspezifischer Kommunikationsbedürfnisse, sanfte Progression der Sprachfunktionen, angemessener Steilheitsgrad der lexikalischen und strukturellen Redemittel, kreative Formen der Sprachverwendung, schaffbare Lernpensen etc. (vgl. auch Kapitel 7);
- schülerorientierte Unterrichtsthemen: Schülerpartizipation an der Themenauswahl, altersgerechte authentische Texte, selbst ausgewählte Texte etc. (vgl. auch Kapitel 8);
- abwechslungsreiche Unterrichtsgestaltung (wechselnde Lehrverfahren, unterschiedliche Sozialformen, abwechslungsreiche *classroom activities*, Unterstützung durch Körpersprache etc.);
- der Lehrer (das Fach selbst mögen, humorvoll und witzig sein, einfühlsam mit den Schülern umgehen, gerecht und fair sein, Unterricht gut vorbereiten etc.).

Das Prinzip der Ausgewogenheit von Einheitlichkeit und individuellem Fördern. Guter Englischunterricht vollzieht sich in Phasen gemeinsamen, einheitlichen Lernens (soziales Lernen) und Phasen individuellen Lernens. Beide Vorgehensweisen sind berechtigt, sie fördern unterschiedliche Kompetenzen und haben unterschiedliche Potenzen. Während im gemeinsamen Unterricht allgemeinverbindliche Grundlagen gelegt werden, soziale Kompetenzen (Verantwortung, Empathiefähigkeit etc.) sowohl bei lernschwächeren wie auch lernstärkeren Schülern entwickelt werden, bieten Phasen individuellen Lernens die Chance, differenzielle Lernziele an differenziellen Inhalten und Themen mit differenziellen Methoden und Medien zu verfolgen. Schüler mit Lernschwierigkeiten haben in diesen Phasen auch die Chance, durch vielfältige Unterstützungssysteme Grundlagen (das Fundamentum) zu festigen, während lernstärkere Schüler die Möglichkeiten des individuellen Forderns (das Additum) nutzen können (vgl. hierzu ausführlich Kapitel 11). Innerschulische Helfersysteme verbinden beides in sinnvoller Weise. Lernstärkere Schüler übernehmen (für einen festgelegten Zeitraum) die Patenschaft für einen Schüler mit Lernschwierigkeiten, das heißt, beide Schüler arbeiten im Unterricht zusammen, erledigen Hausaufgaben gemeinsam etc. Wichtig ist dabei, dass der lernschwächere Schüler bereit ist, Lern- und Arbeitstechniken bzw. Lernstrategien des lernstärkeren Schülers bewusst wahrzunehmen, soweit sinnvoll, zu übernehmen und somit gegebenenfalls eigene Lernschwierigkeiten zu relativieren, vielleicht sogar zu beheben.

Das Prinzip der aufgeklärten Einsprachigkeit. Die Forderung, Englischunterricht stets in der Zielsprache durchzuführen, ist in den letzten Jahrzehnten zu einem Dogma verkommen. Lehrkräfte, die in Unterrichtsphasen (mit Blick auf ihre Schüler durchaus gerechtfertigt) auf die Muttersprache zurückgriffen, taten dies häufig mit einem schlechten Gewissen. Dafür gibt es keinen Grund. Natürlich muss es Ziel des Englischunterrichts sein, so viel Kommunikation wie nur irgend möglich in der Fremdsprache zu gestalten, aber immer dann, wenn es um komplexe und abstraktere metasprachliche Kommunikation geht (Kommunikation über Kommunikation, Sprache, Lern- und Arbeitstechniken etc.) und wenn die Zielsprache das Verständnis seitens der Schüler be- oder verhindert, ist es legitim, auf die Muttersprache auszuweichen.

Das Prinzip der hohen Anschaulichkeit. Die Forderung nach hoher Anschaulichkeit des Unterrichts gilt nicht nur für Schüler mit Lernschwierigkeiten im Fach Englisch, dort aber besonders. Schüler, denen die Weltaneignung über Sprache Schwierigkeiten bereitet, benötigen Lernangebote, die handlungsorientiert, ganzheitlich, multisensorisch und anwendungstransparent sind. Dies ist zum Beispiel immer dann der Fall, wenn neue Redemittel in attraktiven Lernepisoden angeboten werden, die Kognitives und Affektives miteinander verbinden, wenn neue Strukturen in Lernszenarien nicht sprachsystematisch, sondern funktional dargestellt werden oder wenn intelligente Visualisierungstechniken zum Einsatz kommen (vgl. Kapitel 4).

Das Prinzip der Lehrperson als primärem Medium. In den letzten Jahren ist in Schulpädagogik, Allgemeiner und Fachdidaktik sehr intensiv über die richtige Methode diskutiert worden. Entstanden ist eine Reihe von methodischen Rezeptologien, welche in der Praxis sehr unterschiedlich gut funktioniert haben. Was dabei leider aus dem Blick geraten ist, ist der Fakt, dass Unterricht auch ein Interaktions- und Kommunikationsprozess zwischen Lehrer und Schülern ist. Gelingende Kommunikation hat sehr viel mit Beziehung und Beziehungsmanagement zu tun. Grundlegende Voraussetzung guten Unterrichts ist also ein intaktes Lehrer-Schüler-Verhältnis. Missstimmungen und Spannungen lassen sich selbst bei Erfüllung aller Kriterien guten Unterrichts (klare Strukturierung, inhaltliche Klarheit, methodische Vielfalt etc.; vgl. u. a. Meyer 2004) nicht kompensieren. Andererseits lernen Schüler, die ihren Lehrer mögen und ihm vertrauen, auch bei weniger gelungener Unterrichtsgestaltung – und dies weit über die Primarstufe hinaus.

Das Prinzip der Angemessenheit traditioneller und elektronischer Medien. Medien sind die Mittel, mithilfe welcher man die Umsetzung der Unterrichtsziele am besten zu erreichen hofft. Unterrichtsmittel sollten also niemals als Selbstzweck eingesetzt werden, sondern immer in Beziehung zu den Unterrichtszielen, Inhalten und eingesetzten Methoden ausgewählt werden. Ein Medium ist auch nicht schon deswegen gut, weil es elektronisch ist. Die Vor- und Nachteile der jeweiligen Medien sind immer kritisch gegeneinander abzuwägen (vgl. ausführlich Kapitel 10).

9.1.3 Mikrodidaktik: Unterrichtskonzepte

Wenn Unterrichtsprinzipien noch allgemeine und übergreifende Handlungsempfehlungen für guten Englischunterricht generell darstellen, so bezieht sich die nächste Ebene didaktischen Denkens (Mikrodidaktik) konkreter auf die Planung einer spezifischen Unterrichtssequenz. Die Ebene der Mikrodidaktik befasst sich mit dem Konstrukt unterschiedlicher Unterrichtskonzepte. Ein Unterrichtskonzept stellt sich dabei als ein durch den Lehrer geplantes Unterrichtsarrangement dar. Unterrichtskonzepte sind zu historisch unterschiedlichen Zeitpunkten entstanden, weshalb auch die Bevorzugung oder Ablehnung des einen oder anderen Konzeptes in der Geschichte des Englischunterrichts sehr unterschiedlich gewesen ist. Es ist nun allerdings höchste Zeit, Vor- und Nachteile der unterschiedlichen Unterrichtskonzepte kritisch, aber ideologiefrei zu betrachten. Ziel eines jeden Lehrers muss es sein, unter gleichzeitiger Orientierung an der schülerseitigen Lernausgangslage und dem angestrebten Unterrichtsziel, das passende Unterrichtskonzept für Phasen seines Unterrichts kompetent auszuwählen.

Darbietender Unterricht *(present – practise – produce – approach)*. Das Unterrichtskonzept des Darbietenden Unterrichts folgt in der Regel dem Dreischritt Präsentieren → Üben → Produzieren. Darbietender Unterricht ist dabei meist stark lehrergesteuert und hat hohe Sprechanteile des Lehrers. Aus diesen beiden Gründen wurde das Unterrichtskonzept des Darbietenden Unterrichts in den letzten Jahren sehr kritisch diskutiert. Dies ist unseres Erachtens nicht uneingeschränkt richtig; ein differenzierterer Blick ist hier notwendig. So hat die empirische Unterrichtsforschung gezeigt, dass eine starke Lehrerlenkung zum Beispiel immer dann ihre Berechtigung hat, wenn sich Schüler mit Lernschwierigkeiten durch zu große Komplexität der Aufgabenstellung überfordert fühlen. Diese Überforderung führt häufig zu Blockaden, damit Inaktivität und schlussendlich zu Ablenkung durch (unerwünschte) Nebentätigkeiten. Auch der hohe Sprechanteil des Lehrers muss nicht immer negativ gewertet werden. Häufig brauchen gerade lernschwächere Schüler eine längere rezeptive Phase, bevor sie bereit sind, selbst sprachproduktiv aktiv zu werden. Auch ist das Sprachvorbild des Lehrers für Schüler mit Beeinträchtigungen im phonetisch-phonologischen Bereich zum Beispiel immens wichtig, um die Artikulation von Sprache nachvollziehen und damit eine Diskriminationsfähigkeit erwerben zu können (vgl. Kapitel 1). Auch für die Entwicklung unterschiedlicher Subkompetenzen können Phasen Darbietenden Unterrichts sinnvoll sein: Wenn Schüler zum Beispiel ein geringes thematisches oder auch sprachliches Vorwissen in den Unterricht mitbringen, so ist ein Lehrervortrag ein probates und effizientes Mittel, eine solide Lernausgangslage zu schaffen. Ein Paradebeispiel guten Darbietenden Unterrichts ist das *storytelling*, das in der Grundschule schon eine weitgenutzte Methode darstellt und in der Sekundarstufe noch verstärkt Eingang finden sollte.

Erarbeitender Unterricht. Das Unterrichtskonzept des Erarbeitenden Unterrichts setzt sich aus einer Vielzahl unterschiedlicher Methoden zusammen, wobei der Lehrer die Schüler in eine Problemsituation bringt und sie zur selbständigen Bearbeitung dieser Problemlösesituation aktiviert. Je nach Umfang des lehrerseitigen Vorstrukturierens und des Eingreifens in die selbständige Arbeitsphase kann Erarbeitender Unterricht stark oder weniger stark gelenkt sein. Erarbeitender Unterricht folgt dabei immer einer Grundstruktur, die aus drei Phasen besteht:

▸ Motivation, Begegnung, Erfahrung, Perspektive →
▸ Entwicklung der Arbeitsaufgabe, Erarbeitung, Reflexion, Verarbeitung, Auseinandersetzung →
▸ Transfer, Anwendung, Übung, Sicherung.

Das zum Darbietenden Unterricht bezüglich der stärkeren Lehrersteuerung Gesagte trifft auch auf den Erarbeitenden Unterricht zu. Allerdings bietet der Erarbeitende Unterricht stärker als der Darbietende Unterricht die Chance, (differenzielle) Aufgaben in unterschiedlichen Sozialformen (homogene oder heterogene Paare bzw. Gruppen) bearbeiten zu lassen (vgl. Kapitel 11).

Offener Unterricht. Darbietender und Erarbeitender Unterricht sind eher geschlossene Unterrichtskonzepte. Unterricht gilt als geschlossen, lehrerzentriert, lehrergesteuert, direktiv, wenn er exakt und minutiös ausdifferenziert und klar strukturiert, in kleinen Schritten vorwärtsschreitet. Der Unterricht ist weitestgehend für alle Schüler gleich, denn er wird vom Lehrer für alle gemeinsam durchgeführt. Dahinter steckt die Überzeugung, dass auf diesem klar festgelegten Weg die meisten Schüler das meiste in relativ kurzer Zeit lernen. Demgegenüber steht das Konzept des Offenen Unterrichts. Unterricht gilt als offen, schülerorientiert, lernergesteuert, selbstgesteuert, wenn unterschiedliche Lernangebote gemacht und vielfältige Lernsituationen geschaffen werden sowie viele verschiedene unterstützende Hilfsmittel und Materialien vorbereitet sind. Damit soll Variabilität und Voraussetzung für einen möglichst individuellen Zugang der Schüler zum Lerngegenstand und für den Lernprozess selbst geschaffen werden. Offen heißt solcher Unterricht, weil für Planung und Gestaltung von Unterricht konstitutive Elemente geöffnet werden. Dies kann sowohl die inhaltliche Dimension (Freigabe der Lerngegenstände), die methodische Dimension (Freigabe der Lern- und Arbeitsmethoden, Freigabe der Lernzeit etc.), die mediale Dimension (Freigabe der Lernmedien) bis hin zur Zieldimension (Freigabe der Lernziele) betreffen. Offener Unterricht bedient sich in der Regel einer Reihe reformpädagogischer Unterrichtsmethoden wie Planarbeit, Lernen an Stationen, Projektarbeit oder Freiarbeit. Bei offenem Unterricht ist genau zu überlegen und zu planen, welche Lerndispositionen welchem Schüler welche Schwierigkeiten verursachen könnten. Eine geringe Selbststeuerungsfähigkeit zum Beispiel muss über die (am besten schriftliche) Vorgabe der einzelnen Arbeitsschritte gepuffert werden. Eine fehlende Arbeitsmotivation gilt es aufzufangen, ebenso wie Defizite in der Konzentrationsfähigkeit etc. Fazit: Phasen offenen Unterrichts müssen mit Blick auf die unterschiedlichen Lerndispositionen und möglichen Lernschwierigkeiten der Schüler sehr genau vorgedacht und vorgeplant werden.

Aufgabenorientierter Unterricht *(Task-Based Learning/Task Supported Learning)*. Unter dem Etikett „Aufgabenorientierung" firmieren in Deutschland derzeit eine Reihe unterschiedlicher Ansätze. Allen gemeinsam ist, dass im Zentrum des Unterrichtsvorhabens eine lebensweltlich orientierte komplexe Lernaufgabe steht, die vom Lerner relativ selbständig zu bearbeiten ist. Aufgabenorientierung im Englischunterricht bedeutet also die Abkehr von einem vom Lehrer vorgeplanten linearen sprachprogressionsorientierten unterrichtlichen Fortschreiten. Vielmehr sollen die Lerner in der Auseinandersetzung mit der Aufgabe erkennen, welche Mittel zur Aufgabenbewältigung ihnen bereits zur Verfügung stehen und welche Ressourcen ihnen noch fehlen. Diese Erkenntnis soll dann die

Motivation zum Erwerb der noch fehlenden (sprachlichen) Mittel auslösen, welche in speziellen *focus-on-form*-Phasen stattfindet (vgl. ausführlich Willis 2004).

In der aktuellen fachdidaktischen Diskussion werden zwei Varianten der Aufgabenorientierung diskutiert. Während der *task-based*-Ansatz davon ausgeht, dass Englischunterricht eine Abfolge unterschiedlicher *tasks* darstellen soll, anerkennt der *task-supported*-Ansatz, dass Unterricht auch anderen Leitlinien folgen kann, und sieht komplexe *tasks* als ein unterstützendes Element erfolgreichen Fremdsprachenlernens (vgl. Müller-Hartmann/Schocker von Ditfurth 2011, S. 16 f.). Uns erscheint der *task-supported*-Ansatz realistischer und mit Blick auf die Schüler mit Lernschwierigkeiten sinnvoller. Gerade solchen Lernern, denen es an Sprachlernbegabung fehlt, fällt es schwer, aus ihren eigenen Ressourcen heraus komplexe Aufgaben zu lösen. Häufig fehlt solchen Schülern auch die Fähigkeit, überhaupt zu erkennen, welche Redemittel ihnen noch fehlen, um eine kommunikative Situation erfolgreich bewältigen zu können. Auch verlangt der aufgabenorientierte Ansatz – wie auch der offene Unterricht – Fähigkeiten selbstreflexiven und selbstgesteuerten Arbeitens, die nicht bei allen Schülern vorausgesetzt werden können. Es gilt also auch hier mit Blick auf mögliche einschränkende Lerndispositionen der Schüler genau zu überlegen, wann aufgabenorientiert gearbeitet werden kann und welche Unterstützungssysteme geplant werden müssen.

Kooperatives Lernen *(cooperative learning)*. Auch das Verständnis dieses Unterrichtskonzeptes ist in Deutschland durchaus als „facettenreich" einzuschätzen. Die stärkste Aufmerksamkeit erhielt wohl aber das Konzept des *Cooperative Learning* der beiden kanadischen Schulreformer Norm und Kathy Green (2005). Green/Green gehen davon aus, dass Lernen am besten funktioniert, wenn Phasen des individuellen Lernens mit Phasen des sozialen Lernens in einer klaren, transparenten Unterrichtsstruktur vernetzt werden. Dies schließt auch lehrergelenkte Unterrichtsphasen mit ein. Die Grundstruktur eines solchen Unterrichts stellt sich wie folgt dar:
▸ Denken (individuelle Auseinandersetzung des Einzelnen mit dem Lerngegenstand);
▸ Austauschen (der Austausch zum Lerngegenstand in Paaren oder intimen Kleingruppen);
▸ Vorstellen (Vorstellen der Gruppenergebnisse im Plenum).

Häufig wird dieses Grundprinzip auch durch den Dreischritt „Think → Pair → Share" zum Ausdruck gebracht. Green/Green verpacken diesen Dreischritt in eine Reihe von Methoden, die heute in Deutschland große Aufmerksamkeit erlangt haben (*Placemat, Group Puzzle* etc.) und für den Englischunterricht bis auf eine sehr konkrete Ebene weiterentwickelt worden sind (vgl. Grieser-Kindel/Henseler/Möller 2006 und Grieser-Kindel/Henseler/Möller 2009). Für Schüler mit Lernschwierigkeiten bietet dieses Unterrichtskonzept eine ganze Reihe an Vorteilen (vgl. hierzu auch Brüning/Saum 2007):

▸ Leistungsschwächere oder kommunikationsängstliche Schüler erhalten durch die bewusste Nachdenkphase und durch die Kommunikation zunächst mit nur einem Partner größere Sicherheit.

▸ Die Lerninhalte werden kognitiv besser durchdrungen.

▸ Die Schüler sind praktisch gezwungen, Verantwortung für das gemeinsame Lernergebnis zu übernehmen.

▸ Die kommunikativen Fähigkeiten und Fertigkeiten werden durch Erhöhung der Kommunikationszeit gefördert.

▸ Durch die klare Konturierung und Strukturierung des Unterrichts reduzieren sich Störungen.

▸ Die innere Aktivierung und Beteiligung der Schüler wird größer.

Das Konzept des Kooperativen Lernens nach Green/Green scheint also eine ganze Reihe an Potenzen auch für den Englischunterricht mit Schülern mit Lernschwierigkeiten zu haben.

Die bis hierher erläuterten Ebenen und Elemente didaktischen Denkens, die bei der Planung und Gestaltung von Englischunterricht für Schüler mit Lernschwierigkeiten eine Rolle spielen (sollten), sind in der Tabelle S. 238 noch einmal zusammengefasst.

	Leitideen
Makrodidaktik (Didaktische Modelle)	▶ Unterricht als Bildungsprozess ▶ Unterricht als Lernprozess ▶ Unterricht als Kommunikationsprozess
Mesodidaktik (Unterrichtsprinzipien)	Unterrichtsprinzipien der Zieldimension: ▶ Prinzip der ausgewogenen Kompetenzentwicklung ▶ Prinzip der Zielorientierung ▶ Prinzip der ständigen Vergewisserung über den Lernstand ▶ Prinzip der Ausgewogenheit von objektiver und persönlichkeitsfördernder Beurteilung ▶ Prinzip der Transparenz der Leistungsermittlung und Leistungsbeurteilung ▶ Prinzip der erhöhten Fehlertoleranz
	Unterrichtsprinzipien der Inhaltsdimension: ▶ Prinzip der Ausgewogenheit von Wissenschaftsorientierung und didaktischer Reduktion ▶ Prinzip der Lernerorientierung ▶ Prinzip des fachübergreifenden und fächerverbindenden Unterrichts
	Unterrichtsprinzipien der Methodendimension: ▶ Prinzip der Angemessenheit von systematischer Planung und situationsgemäßer Flexibilität ▶ Prinzip der Angemessenheit von pädagogischer Führung und selbstbestimmtem Lernen ▶ Prinzip der ständigen Motivierung der Lerner ▶ Prinzip der Ausgewogenheit von Einheitlichkeit und individuellem Fördern ▶ Prinzip der aufgeklärten Einsprachigkeit
	Unterrichtsprinzipien der Mediendimension: ▶ Prinzip der Lehrperson als primäres Unterrichtsmedium ▶ Prinzip der Angemessenheit traditioneller und elektronischer Medien
Mikrodidaktik (Unterrichtskonzepte)	▶ Darbietender Unterricht ▶ Erarbeitender Unterricht ▶ Offener Unterricht ▶ Aufgabenorientierter Unterricht ▶ Kooperatives Lernen

(Vgl. Haß 2010c, S. 304f.)

9.2 Methodik

In unserem Verständnis sind die Unterrichtsmethoden neben den Zielen, Inhalten und Medien nur eine Dimension didaktischen Denkens. In der pädagogischen, didaktischen und fachdidaktischen Literatur wird die *Methode* jedoch häufig als selbständige Kategorie hervorgehoben, weshalb an dieser Stelle noch einmal gesondert darauf eingegangen werden soll. Das Wort Methode kommt aus dem Griechischen und bedeutet „Weg, Verfahren". Unterrichtsmethoden sind also planmäßig und zielgerichtet gestaltete Wege des Unterrichtens. Wenn man Unterricht als eine Veranstaltung versteht, die bei Lernenden Lernen anregen, steuern und zu einem Ergebnis hinführen will, so sind Unterrichtsmethoden vom Lehrer (unter Schülerpartizipation) geplante und angebotene Lernwege (vgl. Keck/Sandfuchs/Feige 2004, S. 496). Über die Menge und Klassifizierung von Methoden herrscht in Pädagogik, Didaktik und Fachdidaktik keine Klarheit. Meyer (vgl. 2004, S. 74 ff.) hat versucht, Unterrichtsmethoden auf drei Ebenen zu kategorisieren: in Makromethoden, Mesomethoden und Mikromethoden (vgl. Abb. 240). Auf diese drei Ebenen methodischer Reflexion soll nachfolgend kurz eingegangen werden.

9.2.1 Makromethodik

Unter Makromethoden werden methodische Großformen gefasst, die sich über lange Zeiträume (Monate oder Jahre) erstrecken können. Hier wären also Methoden wie Lehrgang, Freiarbeit, Planarbeit oder Projektarbeit einzuordnen. Die Vor- oder Nachteile und die Besonderheiten der jeweiligen Makromethoden, bezogen auf den Unterricht mit Schülern mit Lernschwierigkeiten, ergeben sich im Wesentlichen aus der Offenheit oder Geschlossenheit der jeweiligen Methode. Dies wurde bereits diskutiert (vgl. Kapitel 9.1.3).

Aus der Geschichte der Englischdidaktik lassen sich weitere Makromethoden (die sogenannten „Großen Methoden") anführen. Hierzu gehören die Grammatik-Übersetzungsmethode, die Direkte Methode, die Audiolinguale Methode, die Audiovisuelle Methode sowie der kommunikative oder der interkulturelle Ansatz. All diese methodischen Ansätze zu diskutieren würde den Rahmen dieser Publikation sprengen (für eine ausführlichere Übersicht vgl. Haß 2010a, S. 151 ff.). Auch hat sich inzwischen wohl die Erkenntnis durchgesetzt, dass keine der Makromethoden als alleinige und ausschließliche Methode taugt. Vielmehr gilt es, immer mit Blick auf die Schüler und deren Lerndispositionen und mit Blick auf die Ziele und Inhalte des zu planenden Unterrichts, Elemente der genannten Methoden für Phasen des Unterrichts einzuplanen.

Gleiches trifft auch auf die sogenannten „alternativen" Methoden wie Suggestopädie *(Superlearning)* oder *Total Physical Response* (TPR) zu (vgl. Haß 2010a, S. 154 f. oder Kuty 2006, S. 226 ff.).

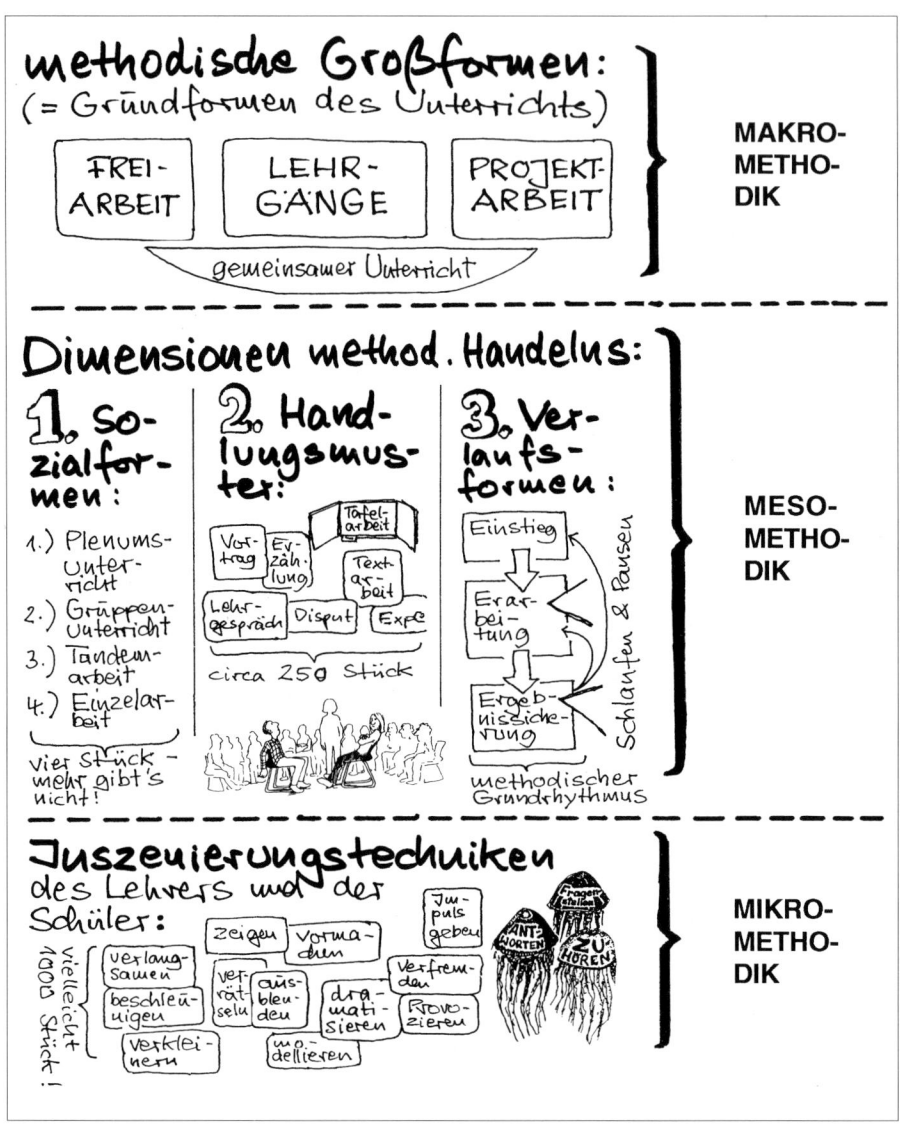

Methodische Großformen (Quelle: Meyer 2004, S. 75)

9.2.2 Mesomethodik

Die Mesomethodik umfasst Formen methodischen Handelns, die Minuten bis Stunden dauern können. Dies beinhaltet Entscheidungen zu den Sozialformen sowie zur Handlungs- und Prozessstruktur von Unterricht. Besondere Relevanz haben hier die Entscheidungen zu den Sozialformen. Unter Sozialformen werden die verschiedenen personellen Konstellationen des Unterrichts verstanden. Dabei gibt es vier Möglichkeiten:

▶ der Lerner arbeitet allein (Einzelarbeit) oder
▶ der Lerner arbeitet mit einem Partner (Partnerarbeit) oder
▶ der Lerner arbeitet mit mehreren Partnern (Gruppenarbeit) oder
▶ die gesamte Lerngruppe arbeitet gemeinsam (Plenarunterricht).

Vor- und Nachteile der jeweiligen Sozialformen für den Englischunterricht sollen an dieser Stelle nicht in extenso dargestellt werden (vgl. hierzu Haß 2010b, S. 266 ff.). Mit Blick auf Schüler mit Lernschwierigkeiten ist festzuhalten, dass Partner- oder Gruppenarbeit unter anderem dazu beitragen kann,

▶ Wissensdefizite nicht offensichtlich werden zu lassen (Bannen der Gefahr der Stigmatisierung vor dem Plenum);
▶ Sprechhemmungen abzubauen (Sprechen im geschützten Raum der Kleingruppe);
▶ Sprechzeiten zu erhöhen (paralleles Sprechen in mehreren Gruppen);
▶ das Lernen vom Mitschüler zu ermöglichen (Imitation begabter Sprachlerner);
▶ in der Gruppe Lern- und Arbeitstechniken von erfolgreichen Lernern abzuschauen.

Es spricht also vieles für Partner- und Gruppenarbeit. Allerdings darf auch die Einzelarbeit, zum Beispiel in Vorbereitung einer Gruppenarbeit, nicht zu kurz kommen (Zwang zur selbständigen Auseinandersetzung mit dem Lerngegenstand, Vermeidung von Trittbrettfahrertum). Und auch der Unterricht im Plenum hat, besonders in der Anfangs- und Schlusssequenz, seine Berechtigung als Forum zum Austausch von Ideen, Wissen, Erfahrungen etc. Einer besonders durchdachten Strukturierung unterliegen die verschiedenen Sozialformen im Konzept des *Cooperative Learning* (vgl. Kapitel 9.1.3).

9.2.3 Mikromethodik

Die Mikromethodik konzentriert sich auf kleine und kleinste Lehr-Lern-Situationen, die häufig routinemäßig beherrschten, aber nur selten reflektierten Inszenierungstechniken. Inszenierungstechniken sind kleine (verbale und nonverbale) Handlungen, die den Unterricht in Gang setzen und in Gang halten. Hierzu gehören Tätigkeiten wie Zeigen, Vormachen, Auffordern etc.

Auch zum Bereich der Mikromethodik gehören unseres Erachtens die in der Fremdsprachendidaktik etablierten Lehrtechniken (vgl. Siebold 2004). Diese

Lehrtechniken sind zu verstehen als fest umrissene Sets von Lehrer- und Schülerhandlungen, die der Umsetzung eher kurzfristiger Ziele dienen. Beispiele solcher Lehrtechniken wären das Lesegemurmel, die Methode Hinschauen – Aufschauen – Sprechen *(read and look up)*, Kurzpräsentationen *(one-minute-speech)* und Ähnliches.

Besonders für den Bereich der Mikromethodik lassen sich aufgrund der Fülle der Methoden natürlich nur schwer konkrete Handlungsempfehlungen für den Unterricht mit Schülern mit Lernschwierigkeiten geben. Es kann nur das schon Gesagte noch einmal mit Nachdruck unterstrichen werden: Die Methodenauswahl – auch auf der Ebene der Mikromethodik – darf niemals ohne Rücksicht auf die besonderen Lerndispositionen der Schüler mit Lernschwierigkeiten erfolgen.

9.3 Planung und Gestaltung kompetenzorientierten Englischunterrichts

Aus der Zusammenschau der bis hierher genannten Lehrverfahren auf unterschiedlichen Ebenen didaktischen Denkens gilt es nun letztendlich für die konkrete Unterrichtsplanung kompetent und reflektierend auszuwählen. Die Planung kompetenzorientierten Unterrichts muss dabei als Unterrichtsskript zu einem Szenario unter Einschluss der (antizipierten) Lernprozesse und der Schülerperspektive gedacht werden. Eine wesentliche Herausforderung liegt dabei nach wie vor in der authentischen Verknüpfung einer, wie auch immer ausgerichteten sprachlichen mit der thematischen Progression. Ein Ansatz hierfür könnte ein generisches Curriculum sein. Nach der Auswahl eines relevanten Themas werden aus diesem mögliche relevante Kommunikationsituationen, Kommunikationsintentionen und Kommunikationshandlungen abgeleitet. Unter Annahme einer Einheit des Tätigkeits- und Systemaspekts von Sprache werden nun die zur Bewältigung der Kommunikationssituation nötigen Sprachmittel in Sprachstoffkomplexen zusammengefasst. Durch das Zusammenfassen unterschiedlicher Redemittel (lexikalische, phonetische, syntaktische etc.) wird eine isolierte Betrachtung vermieden. Das Ziel ist es, dass der Lerner mit Sprachstoffkomplexen, immer in Abhängigkeit von Thema, Kommunikationssituation und Kommunikationsintention, selbständig rezeptiv oder produktiv umgehen lernt (vgl. Lademann 1991, S. 9). Einhergehend mit einer stärkeren Kompetenzorientierung muss eine stärkere Lernerorientierung und damit stärkere Passung (dies kann auch bedeuten: Flexibilisierung) von Material und realer unterrichtlicher Lehr-Lern-Situation hergestellt werden. Bei der Planung eines kompetenzorientierten Unterrichtsskriptes sollten folgende Fragen beantwortet werden:

▸ Welche Kompetenz sollen meine Schüler erwerben? Zur Bewältigung welcher lebensweltlichen Situation will ich sie befähigen?
▸ Inwieweit besitzen meine Schüler diese Kompetenz bzw. Teile davon schon?
▸ Inwieweit wollen meine Schüler diese Kompetenz erwerben?
▸ Wie erreiche ich die Aufmerksamkeit meiner Schüler?

- Wie stelle ich Präsenz und Konzentration her?
- Wie führe ich das Thema ein?
- Wie kann ich das Interesse am Thema diagnostizieren?
- Wie kann ich die Lerner nötigenfalls motivieren?
- Wie kann ich Vorwissen und Vorerfahrungen diagnostizieren und (re)aktivieren?
- Wie kann ich nötigenfalls eine gemeinsame Basis herstellen?
- Wie kann ich Transparenz hinsichtlich der geplanten Lernziele, Inhalte und Methoden schaffen?
- Wie kann ich das Thema problematisieren?
- Welche komplexe Lernaufgabe lässt sich mit dem Lernziel verknüpfen?
- Wie erkläre ich die komplexe Lernaufgabe?
- Wie stelle ich die Arbeitsaufträge?
- Wie erkläre ich die erwarteten Verhaltens- und Arbeitsweisen?
- Wie mache ich die Leistungskriterien transparent?
- Will ich eventuell ein Modell geben oder zeigen?
- Welche Hilfsgerüste *(scaffolds)* (inhaltlich-kognitiv, sprachlich-diskursiv, kommunikativ-interaktional, metakognitiv) sind eventuell nötig?
- Welche präkommunikativen Übungen zu Teilkompetenzen sind eventuell nötig?
- Welche Einzelarbeitsprozesse organisiere ich?
- Wie steuere und begleite ich diese?
- Welche Gruppenarbeitsprozesse organisiere ich?
- Wie steuere und begleite ich diese?
- Welche Plenararbeitsprozesse organisiere ich?
- Wie steuere und begleite ich diese?
- Wie sichere ich die Ergebnisse?
- Wie beurteile ich Lerner oder Gruppen (prozessorientiert, produktorientiert)?
- Wie organisiere ich die Metareflexion der Schüler?
- Wie organisiere ich die postkommunikativen Übungen zu Teilkompetenzen?
- Wie gestalte ich die Lernzielkontrolle?
- Wie schließe ich die Unterrichtseinheit ab?

10 Arbeitsmittel und Medien

Die Fähigkeiten, ein gefälliges Tafelbild zu entwickeln, ein Arbeitsblatt übersichtlich zu gestalten oder ein Grammatikbeispiel spontan zu inszenieren, sind ebenso bedeutsam wie der zielführende Einsatz von elektronischen Unterrichtsmedien. Durch die Beobachtung der händisch geleiteten Entstehung eines Tafelanschriebs werden Lernprozesse aktiviert, die zu einer nachhaltigeren Speicherung führen als der Abruf eines fertigen Szenariums per Knopfdruck.

Eine wichtige Entscheidung, die jeder Lehrer bei der Planung und Gestaltung von Unterricht jeden Tag aufs Neue zu treffen hat, ist die der richtigen Medienauswahl. Was ist unter Medien eigentlich zu verstehen? In einer sehr kurzen Definition können Medien ganz allgemein als Vermittler von Informationen bezeichnet werden (vgl. Grünewald 2010, S. 207). Insofern stellt die Lehrkraft eigentlich das zentrale Medium dar. Es ist aber eher üblich, unter Medien alle nichtpersonalen Hilfsmittel zu verstehen. Unterrichtsmedien sind dann also Hilfsmittel, die dem Lehrer helfen, zwischen Schülern und Lerninhalten zum Zwecke der Erreichung von Unterrichtszielen zu vermitteln. Wir haben mehrfach darauf hingewiesen, dass gerade bei Schülern mit Lernschwierigkeiten eine hohe Anschaulichkeit im Unterricht unabdingbar ist. Aus diesem Grund ist der Medieneinsatz gerade im Unterricht mit diesen Lernern sorgfältig zu überdenken.

10.1 Funktionen von Unterrichtsmedien

Medien können im Englischunterricht eine ganze Reihe unterschiedlicher Funktionen erfüllen. Nach Tulodziecki (2006, S. 391 f.) können Medien eingesetzt werden,

- ▶ *um Prozesse und Sachverhalte zu veranschaulichen:* Hierfür werden Landkarten, Poster, (zum Beispiel Grammatikübersichten), Realien, Bilder, Filme etc. im Englischunterricht eingesetzt.
- ▶ *um Erfahrungen zu ermöglichen:* Erfahrungen, über die die Lerner aus Zeitgründen, Kostengründen, Gründen der Gefährdung etc. nicht direkt machen können (Primärerfahrung) können sie zumindest durch Unterrichtsmedien (Text, Bild, Film) nachempfinden (Sekundärerfahrung).
- ▶ *um Austausch zu ermöglichen:* Ein Beispiel hierfür wäre die Nutzung des Internets für einen Direktkontakt mit englischsprachigen Partnern (Chat, Videokonferenz etc.).
- ▶ *um den handelnden Umgang mit Lernobjekten bzw. deren Repräsentationsformen zu ermöglichen:* Hierzu zählt zum Beispiel die Arbeit mit und an Texten, die markiert, verändert, kombiniert werden können.
- ▶ *um den Lehrer zu entlasten* (Lehrfunktion übernehmen): Informationen können statt durch den Lehrer auch durch Textmedien übermittelt werden (Buch, Film, Tonträger etc.).

▸ *um individuelles Lernen zu ermöglichen:* Erst eine Vielfalt differenzierter Medien ermöglicht die zeitlich parallele Arbeit an unterschiedlichen Lerngegenständen im Unterricht.

▸ *um Lernen zu dokumentieren:* Hierzu zählen alle elektronischen und traditionellen Formen der Lernfortschrittsdokumentationen (Lerntagebücher, Portfolios etc.). Auch Arbeitsprodukte sind „Informationsvermittler".

Mit Blick auf die Bandbreite der unterschiedlichen Funktionen, die Medien erfüllen können, wird sehr schnell klar, dass es eine Fülle an unterschiedlichen Medien geben muss. Sie alle hier darzustellen, würde den Rahmen sprengen. Es soll im Folgenden nur auf die Medien eingegangen werden, die auch für den Englischunterricht mit Schülern mit Lernschwierigkeiten eine herausragende Bedeutung haben.

10.2 Klassische Medien

Unter klassischen Medien sollen hier solche Medien verstanden werden, die praktisch jahrzehnte-, einige jahrhundertelang im Unterricht verwendet werden.

▸ *Realia:* Realien sollten im Englischunterricht so häufig wie möglich eingesetzt werden. Sie vermitteln immer Authentizität und erwecken somit Interesse und Motivation. Und sie erfüllen den Anspruch der Anschaulichkeit von Unterricht. Jeder Englischlehrer sollte sich auf Fortbildungen, Dienst- und Urlaubsreisen ins englischsprachige Ausland einen Fundus davon anlegen.

▸ *Bilder:* All das, was nicht als realer Gegenstand ins Klassenzimmer mitgebracht werden kann, sollte zumindest als bildliche Darstellung Eingang in den Unterricht finden. Dabei sind nichtbewegte, statische Bilder am wenigsten aufwendig, da sie ohne Vorbereitung praktisch jederzeit eingesetzt werden können. Aus didaktisch-methodischer Sicht sind die Einsatzmöglichkeiten von Bildern, besonders bei Schülern mit Lernschwierigkeiten, nahezu endlos. Hier nur einige Beispiele (vgl. auch Haß 2008, S. 42 f.):

– *Bilder und Wortschatz:* in ein Thema durch Präsentation von Bildern einsteigen, Bilder als Kontextualisierungshilfe von gesprochener oder geschriebener Sprache verwenden, Bilder als Semantisierungshilfe von Wortfeldern nutzen, Bilder für Gedächtnisspiele nutzen (Memory) etc.

– *Bilder und Grammatik:* Bilder als Semantisierungshilfe für grammatische Sachverhalte nutzen, Regeln grafisch darstellen, Bilder als Merkhilfen dauerhaft im Klassenzimmer aushängen, Wimmelbilder als Grundlage grammatischen Geläufigkeitstrainings (zum Beispiel *present progressive – What is happening in the picture?*) einsetzen etc.

– *Bilder und Hören:* Bilder als kontextuelle oder lexikalische Semantisierungshilfe nutzen, zu einem Hörtext passende Bilder auswählen, Bilder nach Gehörtem ordnen, gehörten Text als Bild umsetzen lassen *(Total Physical Response)* etc.

- *Bilder und Lesen:* Bilder als Semantisierungshilfe benutzen, Textillustrationen zur ersten Annäherung an den Text analysieren, Unterschiede zwischen gelesenem Text und Bild herausfinden etc.
- *Bilder und Sprechen:* teilweise abgedeckte Bilder beschreiben und Vermutungen über das Gesamtbild anstellen lassen, Geschichte zu einem Bild erfinden und erzählen, Bilder gegenseitig beschreiben, Dialoge zwischen in einem Bild dargestellten Figuren entwickeln und spielen etc.
- *Bilder und Schreiben:* Bildunterschriften erfinden, Sprechblasen in einem Comic ausfüllen, eine Bildgeschichte versprachlichen, einen Brief an eine Person in einem Bild schreiben, zu Bildern Werbetexte verfassen etc.
- *Bilder und interkulturelle Fertigkeiten:* die Körpersprache abgebildeter Personen beschreiben und interpretieren, Bilder aus der jeweiligen Zielkultur auf kulturspezifische Besonderheiten untersuchen und interpretieren etc.

▸ *Die Tafel:* Die Tafel ist wohl das klassischste Unterrichtsmedium überhaupt. Leider hat man dieses wichtige Unterrichtsmedium in der Diskussion um die elektronischen Medien in den letzten Jahren ein wenig aus dem Blick verloren. Dabei hat die Tafel entscheidende Vorteile: Sie ist in der Regel in jedem Klassenzimmer vorhanden, sie funktioniert immer und sie ist einfach zu bedienen. Und sie bietet vielfältige Möglichkeiten der flexiblen und kreativen Nutzung im Unterricht. Im frontalen Plenarunterricht ist die Tafel das Medium, mithilfe dessen die Aufmerksamkeit fokussiert und Ideen und Sachverhalte schrittweise entwickelt und erweitert werden können. Wird aufgrund des Schülerverhaltens flexibles Reagieren notwendig, so ist dies mit dem Medium Tafel unkompliziert möglich. Auch die Möglichkeit der zentralen Dokumentation der erarbeiteten Unterrichtsergebnisse ist ein entscheidender Vorteil der Tafel. Gerade für Schüler mit Lernschwierigkeiten kann das durch die Arbeit an und mit der Tafel offensichtlich transparente und strukturierte schrittige Voranschreiten eine entscheidende Verständnishilfe sein. Tafelbilder sollten dabei gut geplant werden. Auch das richtige Verhältnis – und die Qualität – von Bild und Text darf nicht aus dem Auge verloren werden. Sollte es um die zeichnerischen Fähigkeiten der Lehrkraft nicht zum Besten stehen, so kommt ein weiterer Vorteil der Tafel zum Tragen: Jede Magnettafel ist kombinierbar mit Bildern, Postern etc.

▸ *Der Overheadprojektor:* Ein altbewährtes Präsentationsmedium für Bild und Text ist noch immer der Overheadprojektor (OHP). Gegenüber der Tafel hat er den Vorteil, dass einmal erstellte Folien immer wieder genutzt werden können. Auch ein OHP ist in der Regel in jedem Klassenzimmer vorhanden. Seine Störanfälligkeit ist gering. Im Gegensatz zum Tafelbild kann die Farbigkeit der präsentierten Folien motivierender wirken. Zudem bietet der OHP eine Reihe ganz eigener methodischer Möglichkeiten, die auch für lernschwächere Schüler motivierend sein können:

– *Folien allmählich auf- und abdecken:* Die Schüler spekulieren über den Inhalt des Bildes.
– *Folien übereinanderlegen:* Die Informationen der Folie werden zunehmend komplexer.
– *Realien und Scherenschnitte auflegen:* Man kann so ganze Situationen und Geschichten gestalten.
– *Figurinentechnik:* Der OHP wird zur Bühne. Es lassen sich Bühnenbilder gestalten und komplette Dramaturgien (ähnlich dem Schattentheater) darstellen.

▸ *Kopien und Arbeitsblätter:* Gerade wenn Unterricht differenziert und individualisierend stattfinden soll, wird man den Einsatz von Arbeitsblättern nicht vermeiden können. Was aber auf alle Fälle vermieden werden sollte, ist eine unüberschaubare Flut von kopierten Arbeitsblättern, die – optisch wenig ansprechend und von den Schülern entsprechend wenig wertgeschätzt – erst verlegt und später weggeworfen werden. Kuty (2006a, S. 232f.) nennt einige Kriterien für einen sinnvollen Einsatz von Kopien und Arbeitsblättern, die hier kurz referiert werden sollen:

– *Die Sinnhaftigkeit des Einsatzes prüfen:* Gibt es in den Schülermaterialien des eingeführten Lehrwerks nicht doch Übungen, die dem angestrebten Zweck auch dienen könnten?
– *Die Arbeitsblätter ansprechend gestalten:* Gerade wenn Arbeitsblätter als differenzierende Elemente parallel zu anderen Teilen des Lehrwerks eingesetzt werden, sollten alle Elemente gleich attraktiv gestaltet sein. Das Auge lernt mit!
– *Nicht zu viele Arbeitsblätter:* Es sollten niemals mehr als zwei Kopien pro Stunde ausgegeben werden.
– *Schüler auch selbst schreiben lassen:* Das Ausfüllen von Lücken ist nicht geeignet, die Schreibfertigkeit der Schüler zu entwickeln. Auch Arbeitsblätter können komplexere Schreibaufgaben integrieren.
– *Aufbewahrung der Arbeitsblätter organisieren:* Die Schüler sollten am besten einen durch Reiter strukturierten Ringordner führen, in den die Arbeitsblätter noch im Unterricht abgeheftet werden können. Dazu die Arbeitsblätter gelocht ausgeben!

▸ *Hefte, Ordner, Ringbücher:* In jedem Fall gehört zu den klassischen Medien ein Arbeitsmittel, in dem die Schüler ihre Arbeitsergebnisse und wichtige Übersichten sammeln, aber auch ihre schriftlichen Übungen anfertigen können. In der Regel wird zu diesem Zweck ein Heft, Hefter oder Ringbuch geführt. Ein Medium, in dem die Seiten flexibel arrangiert werden können (Hefter, Ringordner), hat entscheidende Vorteile gegenüber dem wenig flexiblen Schreibheft. So können Arbeitsprodukte immer wieder einer qualitativen Auslese unterzogen (Portfoliogedanke) bzw. können neue Produkte entsprechenden Rubriken zugeordnet werden. Ein Ringbuch hat den Nachteil, dass es relativ groß, schwer und sperrig ist. Der klassische Hefter scheint also die Lösung zu sein, die Handhabbarkeit mit Flexibilität verbindet. Gerade im Unterricht mit Schülern mit Lernschwierigkeiten ist es immens wichtig, auf eine ordentliche, saubere Führung des Hefters zu achten. Ordnung in den Arbeitsmitteln schafft Ordnung im Kopf! Es empfiehlt sich dazu, den Hefter in diverse Rubriken zu unterteilen. Bewährt hat sich eine Unterteilung in einen Übungsteil (wird am Jahresende ausgeheftet), eine Produktsammlung (alle komplexen kompetenzorientierten Arbeitsprodukte), eine Landeskundeabteilung (alles Wichtige und Interessante zu Land und Leuten, auch Interkulturelles), eine Methodensammlung (Lernstrategien, Lern- und Arbeitstechniken), eine Wortschatzsammlung (thematisch – wortfeldorientiert) und eine Grammatikübersicht. Eine Farbkodierung der einzelnen Rubriken erleichtert zusätzlich die Orientierung.

10.3 Das Lehrwerk

Das nach wie vor unstrittig wichtigste Medium im Englischunterricht ist das eingeführte Lehrwerk. Unter einem Lehrwerk wird eine eigens für das jeweilige Fach entwickelte Sammlung von Lehr-, Lern- und Arbeitsmitteln verstanden, die systematisch didaktisch-methodisch aufbereitet sind (vgl. Sandfuchs 2010). Lehrwerke haben eine lange Tradition; so kann der *Orbis Sensualium Pictus* des Jan Amos Komensky aus dem Jahre 1658 als erstes Lehrwerk gelten. Seit dieser Zeit haben Lehrwerksautoren versucht, Lehrkräften die Arbeit der Suche, Auswahl und Aufbereitung von Unterrichtsinhalten zu erleichtern. Dabei gehen unterschiedliche Lehrkräfte auch sehr unterschiedlich mit dem Lehrwerk um. Nach Kuty (2006a, S. 243) lassen sich – bezogen auf den Einsatz des Lehrwerks im Unterricht – drei Lehrertypen unterscheiden:

▸ der Lehrer, der sich nur mit dem Lehrwerk und der dort vorgesehenen Systematik (zum Beispiel inhaltliche und sprachliche Progression) wohlfühlt;
▸ der Lehrer, der sich zwar an der Systematik des Lehrwerks orientiert, die Texte, Aufgaben, Bilder etc. aber nur nach Bedarf nutzt bzw. sie durch eigene Materialien ergänzt oder ersetzt;
▸ der Lehrer, der bewusst mit eigenen Materialien oder mit Materialien verschiedener Lehrwerke arbeitet.

Unserer Erfahrung nach ist der Typ 2, also der Lehrer, der das Lehrwerk als Leitmedium einsetzt, es aber nicht als Dogma betrachtet, der verbreitetste. Dies ist auch richtig, da des Lehren und Lernen natürlich immer zunächst von den Kommunikationspartnern im Klassenzimmer ausgehen und sich an diesen orientieren muss (vgl. Kurtz 2010, S. 158). Andererseits ist es kaum vorstellbar, dass ein Kollege oder ein Kollegium sämtliche Materialien für den Englischunterricht aller Jahrgangsstufen in einer ähnlichen Qualität erarbeiten kann wie ein professionell gestaltetes Lehrwerk. Deshalb sei – unter Anerkennung aller sicher möglichen Verbesserungen – an dieser Stelle einmal eine Lanze für das Lehrwerk gebrochen. Die Vielzahl der Anbieter ermöglicht es zudem jedem Lehrer, das seinen Vorstellungen und seinem Lehrstil am nächsten kommende Lehrwerk auszuwählen.

Lehrwerke sind heute mehr als Schulbücher. Sie bieten einen Verbund unterschiedlichster Medien, die dem Lehrer die flexible, individuelle Gestaltung von Unterricht ermöglichen:

▸ *Das Schülerbuch:* Das Schülerbuch wird von vielen Lehrern als der wichtigste Teil des Lehrwerks gesehen. Es ist auch das zentrale Medium sowohl der gemeinsamen als auch der individuellen Arbeit im Unterricht und zu Hause. Mit Blick auf die Schüler mit Lernschwierigkeiten ist sicherzustellen, dass das Schülerbuch genügend Hilfen und Unterstützungssysteme für lernschwächere Schüler bietet. Hierzu gehören zum Beispiel differenzierte Texte und Aufgaben, unterschiedliche Unterstützungssysteme und ausreichende Wiederholungsangebote.

▸ *Lehrervariante des Schülerbuchs:* Für die Hand des Lehrers sollte es eine Lehrervariante des Schülerbuchs geben, die wichtige didaktisch-methodische Hinweise, Hervorhebungen wichtiger Elemente (zum Beispiel Lexik und Strukturen) bis hin zu Lösungen und Lösungsvorschlägen beinhaltet.

▸ *Lehrerhandbuch:* Das Lehrerhandbuch ist das klassische „Regiebuch" für die Planung und Gestaltung des Unterrichts und für die Vernetzung aller zum Lehrwerk gehörenden Medien. Hier gibt es Planungshilfen, didaktisch-methodische Vorschläge zum Umgang mit dem Medienverbund, Lösungen, zusätzliche Kopiervorlagen zur stärkeren Individualisierung etc. Wichtig ist, dass bei all dem nicht nur vom „funktionierenden" Lerner ausgegangen wird, sondern dass sich auch ausreichend Hinweise und Materialien für Schüler mit Lernschwierigkeiten finden.

▸ *Tonträger und Tonbildträger:* Auch diese Teile des Medienverbundes sind primär für die Lehrerhand gedacht, auch wenn sich inzwischen in den Schülermaterialien (zum Beispiel *workbook*) Hörtexte und Filmsequenzen finden. Besonders ist darauf zu achten, dass reduzierte Varianten (weniger komplexe Sprache, weniger Akteure, weniger Hintergrundgeräusche, reduzierte Sprechgeschwindigkeit etc.) der Hör- und Hör-Sehtexte vorhanden sind.

▸ *Whiteboard-Materialien:* Interaktive *whiteboards* halten derzeit Einzug in viele Klassenzimmer. Auch wenn sie die klassischen Tafeln nicht komplett ablösen sollten, so eröffnen sie doch großartige Möglichkeiten, gemeinsam mit und an den angebotenen Lehrwerksinhalten und darüber hinaus *(online-links)* zu arbeiten.

▸ *Autorenprogramme:* In Lehrer-Software-Pakete integriert oder als Einzelprodukte ermöglichen Autorenprogramme der Lehrkraft, mit wenig Aufwand

Lehrwerkstexte zu adaptieren oder selbst Aufgaben zu generieren. Dies stellt eine große Hilfe für das Erarbeiten differenzierter Arbeitsmaterialien dar.

▸ *Vorschläge zur Leistungsermittlung:* Die Vorschläge zur Leistungsermittlung können in der Tat nur Vorschläge sein, da der jeweilige Autor ja weder die Klassensituation noch die konkreten Rahmenbedingungen kennen kann. Hier ist es wichtig, dass alle vorgeschlagenen Aufgaben bearbeitbar sind, sodass sie leicht durch den Lehrer adaptiert werden können.

▸ *Workbook:* Das Schülerarbeitsheft dient traditionell der häuslichen Arbeit. Es lässt sich aber ebenso gewinnbringend in unterrichtlichen Phasen der stillen Einzelarbeit einsetzen. Wichtig dafür ist, dass die Aufgaben so eindeutig und verständlich formuliert und erläutert sind, dass auch lernschwächere Schüler selbständig mit dem *workbook* arbeiten können. Die Arbeitshefte neuerer Lehrwerke enthalten komplette Lernsoftware-Pakete.

▸ *Vokabeltrainer:* Das Primat der Lexik im Englischunterricht stellt nach wie vor eine Wahrheit dar. Demzufolge ist es wichtig, dass auch lernschwächere Schüler einen Mindestwortschatz erwerben. Dabei können Vokabeltrainer und Vokabellernhefte einen Beitrag leisten. Sie sollten den Wortschatz sach- oder sprachlogisch aufarbeiten helfen, motivierende Aufgabenformate enthalten und ansprechend gestaltet sein.

▸ *Grammatisches Beiheft:* Ob grammatische Beihefte für lernschwächere Schüler sinnvoll sind, hängt von der Ursache der Lernschwierigkeit und der Gestaltung der Grammatik ab. Gerade für Schüler mit Beeinträchtigungen im morphologisch-syntaktischen Bereich oder mit geringer Sprachlernbegabung können Lerngrammatiken oder grammatische Beihefte nützlich sein – eine schülergemäße Aufbereitung (vgl. Kapitel 4.2) natürlich vorausgesetzt.

▸ *Lektüren:* Komplexe Lektüren sind nun ganz sicher nicht das Medium, um lernschwächere Schüler für das Fach Englisch zu begeistern. Glücklicherweise machen viele Verlage mit den sogenannten *stage readers* auch weniger komplexe Angebote. Und vielleicht löst sogar das Gefühl, ein „ganzes Buch" auf Englisch gelesen zu haben, bei dem einen oder anderen Lerner einen Motivationsschub aus. Interessant sind gerade auch für Schüler mit Lernschwierigkeiten die von einigen Verlagen angebotenen zweisprachigen (in der Regel deutsch-englischen) Lektüren, in denen einige Abschnitte auf Deutsch und einige auf Englisch geschrieben sind.

▸ *Online-Angebot:* Inzwischen haben viele Print-Materialien Hinweise auf ergänzende Online-Angebote. Der Vorteil ist der, dass man Ergänzungen, *updates*, Materialien zur Differenzierung etc. parallel zum Erscheinen des Printproduktes oder nachträglich anbieten kann. Eine Möglichkeit, sehr pragmatische, unterrichtsnahe und unterrichtserprobte Materialien anbieten zu können, wäre ein Pool an durch Lehrer in ihrem konkreten Unterricht mit dem entsprechenden Lehrwerk erstellte Materialien. Ein solcher Pool würde auch die Möglichkeit zum Dialog zwischen Lehrwerksmachern und Lehrwerksnutzern eröffnen, der sicher für beide Seiten gewinnbringend wäre.

▸ *Digitaler Unterrichtsassistent:* Ein relativ junges Element im Reigen der Unterrichtsmedien ist der digitale Unterrichtsassistent. Der digitale Unterrichtsassistent ist eine intelligente Lehrersoftware, die alle oben genannten Lehrwerkskomponenten (und einige mehr) in elektronischer Form enthält einschließlich der dazugehörigen Bearbeitungsprogramme. Hier eröffnen sich bisher ungeahnte Möglichkeiten sowohl für die häusliche Unterrichtsvorbereitung wie auch für die Nutzung im Unterricht.

10.4 Digitale Medien

Der Einsatz digitaler (elektronischer) Medien wird in unseren Schulen zunehmend wichtig oder zumindest für zunehmend wichtig erachtet. Für den Englischunterricht wird das zweifach begründet. Zum Ersten wird der Englischunterricht in die Pflicht genommen, seinen Beitrag zum Erwerb von Medienkompetenz – als einer Grundlage lebenslangen Lernens – zu leisten. Zum Zweiten wird erwartet, dass durch den Einsatz digitaler Medien die Schüler besser motiviert sind und dass die Potenzen digitaler Technologien per se zu besseren Lernergebnissen führen. Soweit der Anspruch. Tatsächlich scheint es aber eher so zu sein, dass die Realität dem Anspruch deutlich hinterherhinkt. Kritisch zu sehen ist zunächst die Situation in den Schulen – wenigstens hinsichtlich dreier Aspekte (vgl. Unger 2012, S. 57 f.):

▸ Nur ein Teil der Schulen ist mit ausreichender, moderner, funktionierender Hardware ausgestattet.
▸ Die Qualifizierung der Lehrkräfte entspricht nicht immer den Anforderungen.
▸ Passgenaue, pädagogisch-didaktisch wertvolle Lehr- und Lernmittel sind in noch nicht ausreichendem Maße vorhanden.

Hier sind in vielen Bereichen noch bedeutende finanzielle und organisatorische Anstrengungen zu unternehmen, um die Rahmenbedingungen für ein effizientes Arbeiten mit digitalen Medien zu schaffen. In der Hoffnung, dass sich die Situation in den nächsten Jahren entscheidend verbessern wird, sollen an dieser Stelle trotzdem einige Aspekte des Einsatzes digitaler Medien im Englischunterricht mit lernschwächeren Schülern angesprochen werden.

Medienkompetenz ist in den Bildungsstandards für die Erste Fremdsprache (KMK 2004) als Teil der Methodenkompetenz aufgeführt. Unter Medienkompetenz werden heute im Wesentlichen vier Teilfertigkeiten verstanden (vgl. Unger 2012, S. 60):

▸ Medienkunde (Kenntnisse über die Möglichkeiten und den Umgang mit Technologien);

▶ Medienkritik (Kenntnisse zu Vor- und Nachteilen unterschiedlicher Technologien);

▶ Mediennutzung (Befähigung zur selbständigen Mediennutzung);

▶ Mediengestaltung (Befähigung zur selbständigen medialen Aufbereitung und Gestaltung von Inhalten).

All diese Teilfertigkeiten lassen sich natürlich mit Inhalten des Englischunterrichts verbinden, nur müssen die Prioritäten beachtet werden: Das fachliche Ziel und der fachliche Inhalt bestimmen das Medium; nicht umgekehrt. Denn eines muss klar sein: Englischunterricht wird nicht schon allein deswegen besser, weil mit digitalen Medien gearbeitet wird. Der Einsatz neuer Technologien empfiehlt sich nur dann, wenn mit ihnen ein pädagogischer oder didaktischer Mehrwert zu erzielen ist. Dies führt zu der Frage, wo dies denn der Fall sei?

▶ *Recherche:* Das Internet eignet sich natürlich wunderbar zur Recherche unterschiedlichster Inhalte. Häufig sind Schüler jedoch mit offenen Rechercheaufgaben überfordert. Für Schüler mit Lernschwierigkeiten können geschlossene Recherchen (vorgegebene Linkliste) sinnvoller sein (Beispiel: *web quest*).

▶ *Textverarbeitung:* Gerade für Schüler, die Probleme beim Schreiben haben (LRS) bzw. schreibunwillig sind, kann der Einsatz von Textverarbeitungsprogrammen sinnvoll sein. Der manuelle Schreibaufwand verringert sich, sodass die Bereitschaft zur Überarbeitung von Schreibprodukten häufig wächst. Außerdem erleichtern Korrekturprogramme die Arbeit.

▶ *Präsentationen:* Der Einsatz von Präsentationssoftware (zum Beispiel *Power-Point*) ist heute Standard. Auch Präsentationen im Fach Englisch lassen sich damit interessanter und attraktiver gestalten.

▶ *Direktkontakte:* Virtuelle Direktkontakte mit Personen, die die Zielsprache als Muttersprache oder als *lingua franca* verwenden und sich außerhalb des Klassenzimmers, eventuell sogar noch im Zielsprachenland befinden, sind motivierend und schaffen authentische Sprech- bzw. Schreibanlässe. E-Mail-Projekte, *chats, video chats, blogs* oder *vlogs* sind hier gleichermaßen geeignet (vgl. dazu ausführlich Kuty 2006a, S. 238 ff.).

▶ *Lernsoftware:* Nicht zuletzt ist natürlich die Nutzung von Lernsoftware oder Lernspielen eine wichtige Form der Nutzung digitaler Medien. Gerade für Schüler mit Lernschwierigkeiten ist diese Form des Fremdsprachenlernens recht motivierend. Hier ist aber wichtig, dass die Qualität beachtet wird und dass die Software passgenau zu den behandelten Themen und Pensen ist. Hier wird in naher Zukunft im Bereich der Lehrwerksentwicklung ein deutlicher Fortschritt zu erwarten sein.

Als Fazit lässt sich festhalten: Der Einsatz digitaler Technologien im Englischunterricht mit Schülern mit Lernschwierigkeiten kann sicher helfen, die allgemeine Medienkompetenz der Schüler zu entwickeln. Für die Entwicklung fachlicher Kompetenzen ist die fachdidaktisch begründete Kombination von digitalen und traditionellen Medien *(blended learning)* nach wie vor sinnvoll (vgl. auch Unger 2012, S. 61).

11 Umgang mit Heterogenität

*"There is in fact no such thing as a 'homogeneous' class,
since no two learners are really similar; and therefore all classes
of more than one learner are in fact heterogeneous."*
Ranga Naryanan

Insgeheim wünscht man sich als Lehrkraft eine möglichst homogene Lernergruppe mit überwiegend identischen Lerndispositionen. Die Heterogenität ist jedoch die Realität, und ich bemühe mich, diese auch zu akzeptieren. Die Verschiedenartigkeit muss gezielt genutzt werden. Wenn ich auch nicht sagen kann, dass die Sprachzuwächse in einer heterogenen Gruppe ebenso hoch sind wie in einer homogenen, so habe ich doch andere Vorteile erkannt, die ebenso bedeutungsvoll sind, zum Beispiel die Bereitschaft zur gegenseitigen Hilfe.

In Kapitel 1 dieses Buches ist die Vielfalt der Lerndispositionen eines Individuums in ihrer ganzen Breite dargestellt worden. Daraus ergibt sich logisch, dass Lernen ein hochgradig individueller und subjektiver Prozess ist. Es gibt keine allgemeingültige Struktur menschlichen Lernens, und guter Unterricht muss immer versuchen, dem individuellen Lernen des Einzelnen Raum zu geben. Nicht vergessen werden darf jedoch, dass schulisches Lernen immer auch soziales Lernen ist. Die Fähigkeit, sich als Individuum in eine Gruppe unterschiedlichster Individuen einzuordnen, sich zu arrangieren und Verantwortung für das Vorankommen der Lerngruppe als Ganzes zu übernehmen, ist ebenfalls ein wichtiges Ziel schulischer Sozialisation. Oberstes Prinzip guten Unterrichts sollte deshalb immer Ausgewogenheit von differenzierten (Individualisierung) und gemeinsamen (Einheitlichkeit) Unterrichtsphasen sein. Mögliche Grundstruktur eines solchen Unterrichts könnte sein, nach einem gemeinsamen Einstieg in ein Thema, eine Phase oder mehrere Phasen differenzierten Lernens zu planen, um danach die Klasse in einer Plenarphase wieder zusammenzuführen (vgl. die Abbildung S. 259). So wird zunächst allen Schülern einen gemeinsamer Zugang zum Unterrichtsinhalt ermöglicht. Danach arbeiten die Schüler entsprechend ihren individuellen Möglichkeiten am Unterrichtsinhalt. In der abschließenden Plenarphase tauschen sich alle Schüler aus und tragen somit zum Erkenntniszuwachs der Klasse bei. Wichtig ist dabei, dass lernschwächere Lerner in der individuellen Arbeitsphase Aufgaben erhalten, die zwar weniger schwierig (weniger komplex, mit mehr Hilfen versehen etc.) sind, die sich aber auch inhaltlich von denen der anderen Lernergruppen unterscheiden. So haben gerade die Schüler mit Lernschwierigkeiten ein wichtiges Erfolgserlebnis in der Plenarphase, da sie gegenüber den lernstärkeren Lernern inhaltlich Neues und Anderes beitragen können. So profitieren alle voneinander.

Im Folgenden soll der Blick konkreter auf die differenzierten Unterrichtsphasen gerichtet werden. Dabei ist es allerdings nicht möglich und im Rahmen dieser Publikation auch nicht gewollt, die gesamte Bandbreite möglicher differenzierter Unterrichtsarrangements abzubilden. Vielmehr soll gezeigt werden, wie Phasen differenzierten Arbeitens genutzt werden können, um Schüler mit Lernschwierigkeiten entsprechend ihrer Lernvoraussetzungen zu fördern. Wichtig ist dabei noch anzumerken, dass solche differenzierten Unterrichtsphasen nur

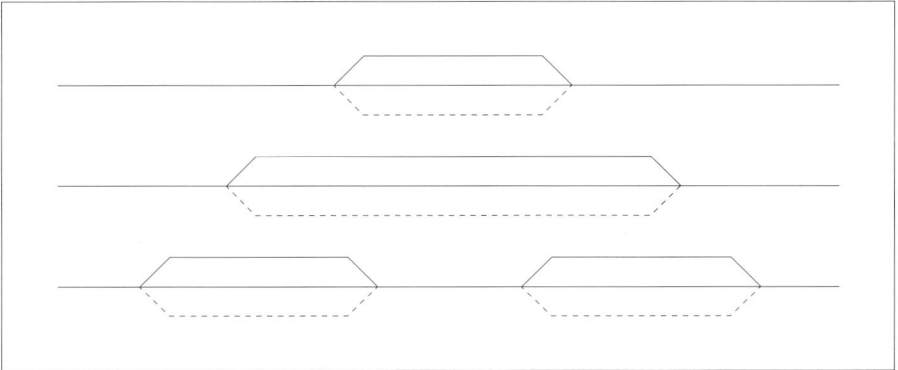

funktionieren, wenn das Klassenklima getragen ist von Toleranz und Akzeptanz bezüglich der unterschiedlichen Lernvoraussetzungen und Lernmöglichkeiten. In einer Klasse, in der lernschwächere Schüler stigmatisiert werden, wird differenzierter Unterricht nicht funktionieren. Auch sollte man bezüglich der Zuordnung von Schülern zu entsprechenden Aufgaben vorsichtig sein. Besser ist es, die Schüler aus einem Angebot auswählen zu lassen. Dies muss allerdings trainiert werden. Es gilt, das Selbsteinschätzungsvermögen der Schüler als Teil der Lernkompetenz (vgl. Kapitel 6) zu entwickeln. Wenn Aufgaben durch die Lehrkraft zugeordnet werden, dann auf der Basis einer vorher erfolgten inhaltsbezogenen Diagnose der aktuellen Lernausgangslage.

11.1 Differenzierung in den Lernzielen

Der Begriff des Lernziels wird in der gegenwärtigen Diskussion um kompetenzorientierten Unterricht häufig verwässert und – zu Unrecht – diskreditiert. Aussagen wie „Wir definieren keine Lernziele, sondern Kompetenzerwartungen" sind symptomatisch und zeugen von einem zu oberflächlichen Kompetenzverständnis. Fremdsprachliche Kompetenz ist in erster Linie die Fähigkeit zur sprachhandelnden Situationsbewältigung. Dazu bedarf es eines Konglomerates an vielfältigen Wissensbeständen, unterschiedlicher Fertigkeiten und Bereitschaften des Individuums. Kompetenzentwicklung beinhaltet also Wissenserwerb, Fertigkeitsentwicklung, Aufbau von Bereitschaften etc. (vgl. dazu ausführlich Kapitel 2). Da schulisches Fremdsprachenlernen (anders als natürlicher Fremdsprachenerwerb) einen durch die Lehrperson geplanten und gesteuerten Prozess darstellt, muss es in diesem natürlich auch Lernzielorientierung im Bereich der Subkompetenzen geben. Es muss also zum Beispiel antizipiert werden, welches Sprachwissen (Wortschatz, Strukturen), welches Welt- und Kulturwissen, welches Strategiewissen etc. der Lerner für die angestrebte Kompetenz benötigt.

Gleiches gilt für den Bereich der Fertigkeiten und der Bereitschaften. All diese Subkompetenzen gilt es zielorientiert und zieltransparent aufzubauen.

Guter Unterricht muss also auch weiterhin zielorientiert durchgeführt werden. Ein Lernziel (aus Lehrersicht) beschreibt in unserem Verständnis (vgl. Kapitel 8) das von einem Lerner nach einem Lernprozess erwartete Verhalten in Bezug auf einen bestimmten Inhalt. Ein Lernziel hat also immer eine inhaltsbezogene (Was soll gelernt werden?) und eine verhaltensbezogene (Wie soll sich der Lerner bezüglich des Inhaltes verhalten?) Komponente. Lernziele können dabei für die gesamte Lerngruppe (Klasse) gleich oder für einzelne Lerner oder Lerngruppen differenziell festgelegt werden. Grundlage dieser Entscheidung muss immer die vorher festgestellte Lernausgangslage sein. Wurde eine sehr heterogene Lernausgangslage diagnostiziert, so ist eine differenzielle Formulierung von Lernzielen sinnvoll. Lernzieldifferenzierung kann dabei sowohl an den Inhalten, am erwarteten Verhalten als auch am Grad der Unterstützung *(scaffolding)* bei der Zielerreichung festgemacht werden. In einer Übersicht lassen sich die Formen der Lernzieldifferenzierung (im Grad der Differenzierung aufsteigend) wie folgt darstellen:

▶ gleicher Inhalt – gleiches erwartetes Verhalten – differenzielle Unterstützungssysteme;

▶ gleicher Inhalt – differenzielle Ausprägung des erwarteten Verhaltens – differenzielle Unterstützungssysteme;

▶ differenzielle Inhalte – gleiches erwartetes Verhalten – differenzielle Unterstützungssysteme;

▶ differenzielle Inhalte – differenzielles erwartetes Verhalten – differenzielle Unterstützungssysteme.

Diese möglichen Formen der Lernzieldifferenzierung sollen im Folgenden kurz illustriert werden.

11.1.1 Lernzieldifferenzierung bei der Textrezeption

Bei der Rezeption fremdsprachiger Texte (Leseverstehen, Hörverstehen, Hör-Seh-Verstehen) lassen sich Lernprozesse recht gut durch differenzierte Lerngestaltung individualisieren. In Ausformung der oben dargestellten Übersicht sind folgende Formen der Lernzieldifferenzierung denkbar:

▶ *Gleicher Text – gleiche Aufgabe(n) – unterschiedliche Hilfen:* Diese Form differenzierten Arbeitens lässt sich auch unter den gegenwärtigen Rahmenbedingungen recht gut realisieren. Alle Schüler rezipieren den gleichen Text (zum Beispiel Lehrwerkstext) und erledigen die gleiche(n) Aufgabe(n). Lerner, die dabei auf Schwierigkeiten stoßen, erhalten vom Lehrer (auf Nachfrage bzw. auf Zuteilung) weitere Hilfen *(scaffolds)*. Die Art der zur Verfügung gestellten Hilfen orientiert sich dabei an den individuellen Schwierigkeiten der Lerner. Für einen Schüler mit einer ausgeprägten Lese-Rechtschreibschwäche kann es zum Beispiel hilfreich sein, einen Lesetext in einer größeren Schrift, in einer serifenfreien Schrift, in blauer Schrift auf gelbem Grund etc. lesen zu dürfen. Einem Schüler mit ADS hilft ein Text mit weniger Illustrationen, da dadurch die Ablenkung reduziert und die Konzentrationsfähigkeit erhöht wird. Für einen Schüler mit Schwierigkeiten im Bereich der auditiven Diskriminationsfähigkeit kann es hilfreich sein, eine Textvariante mit weniger Hintergrund- oder Störgeräuschen, in langsamerer Sprechgeschwindigkeit etc. hören zu dürfen. Eventuell reicht auch schon die Erlaubnis zum mehrmaligen Hören als individuelle Hilfe aus. Schülern mit Schwierigkeiten im semantisch-lexikalischen Bereich helfen wahrscheinlich zusätzliche Annotationen oder auch ergänzende Illustrationen. Wichtig ist in jedem Fall, dass die Lehrkraft die Lernschwierigkeiten der Schüler kennt und entsprechende Hilfen bereits bei der Unterrichtsplanung vorsieht.

▸ *Gleicher Text – unterschiedliche Aufgaben – unterschiedliche Hilfen:* Diese Form der Lernzieldifferenzierung kann auch als Aufgabendifferenzierung bezeichnet werden. Aufgaben werden hierbei als Instrumente gesehen, die den unterschiedlichen Grad der (in der Regel kognitiven) Durchdringung von Inhalten steuern. In dieser Variante lernzieldifferenziellen Vorgehens rezipieren alle Schüler den gleichen Text, aber es gibt ein Angebot an Aufgaben.

Diese Aufgaben können zunächst alle dem gleichen Anforderungsniveau entsprechen. Hierbei manifestiert sich die Differenzierung dann allein durch die Menge der erledigten Aufgaben (quantitative Differenzierung). Schnelle Lerner bearbeiten mehr Aufgaben. Für Schüler mit Lernschwierigkeiten (besonders im Bereich der Verarbeitungsgeschwindigkeit – fluide Intelligenz) besteht der große Vorteil darin, dass sie zumindest einen Teil der Aufgaben in Ruhe vollständig bearbeiten können. In der der differenzierten Arbeitsphase folgenden Plenarphase profitieren die schwächeren Lerner von den Darlegungen der stärkeren Lerner.

Die Aufgaben können aber auch im Anforderungsniveau unterschiedlich gestaltet werden (qualitative Differenzierung). Hierbei erscheint eine Unterscheidung von nicht mehr als drei Anforderungsniveaus realistisch: Reproduktion – Reorganisation – Transfer. Reproduktionsaufgaben sind solche, die auf die Wiedergabe erworbenen (in diesem Falle rezipierten) Wissens abzielen. Typische Operatoren für diesen Anforderungsbereich wären *Name ...* , *Find ...* , *List ...* , *Quote ...* , *Match ...* , *Show ...* , *Arrange ...* etc. Reorganisationsaufgaben zielen auf die Bedeutungskonstruktion, auf das Verstehen des rezipierten Inhaltes (*Categorize ...*, *Classify ...*, *Examplify ...*, *Compare ...*, *Conclude ...*, *Paraphrase ...* etc.). Den höchsten Anforderungsbereich stellen dann Transferaufgaben dar, die darauf abzielen, das durch die Textrezeption erworbene Wissen auf andere Situationen zu übertragen, anzuwenden. Operatoren für Aufgaben dieses Anforderungsbereiches sind unter anderem *Adapt ...*, *Apply ...* , *Interprete ...* , *Discuss ...* , *Modify ...*, *Develop ...* etc.

Bei dieser Form der Lernzieldifferenzierung ist darauf zu achten, dass die Lehrkraft die Aufgaben nicht immer zuweist, sondern dass die Schüler zunehmend lernen, ihr Leistungsvermögen richtig einzuschätzen und die für sie passenden Aufgaben auszuwählen. Viele Fremdsprachenlehrwerke enthalten heute bereits ein Aufgabenangebot. Im Zweifelsfalle lassen sich ergänzende Aufgaben recht schnell konzipieren.

▸ *Unterschiedliche Texte – gleiche Aufgabe(n) – unterschiedliche Hilfen:* Bei dieser Form der Differenzierung erhalten alle Schüler Aufgabe(n) aus den identischen Anforderungsbereichen, aber die zu rezipierenden Texte unterscheiden sich. Die unterschiedliche Schwierigkeit von Texten kann sich dabei sowohl an textexternalen wie auch textinternalen Faktoren festmachen. Textexternale Faktoren sind dabei solche, die nicht im Text selbst, sondern im Lerner (bezogen auf den Text) liegen. Zwei wesentliche textexternale Faktoren sind das themenspezifische Vorwissen und die themenspezifische Motivation. Häufig hilft ein Angebot an Themen (= Texten), unterschiedliche Schüler zu motivieren. Themen, die schülernah sind, zu denen Schüler also bereits ein großes Vorwissen besitzen bzw. für die sie hochmotiviert sind, erleichtern das Textverständnis. Es kann also eine hocheffiziente Form der Differenzierung sein, wenn Lerner aus einem thematisch differenziellen Angebot von Texten gleicher sprachlicher Schwierigkeit auswählen dürfen. Wie frei der Lerner in seiner Themenwahl ist, sollte sensibel mit Blick auf das Alter der Lerner und besonders im Hinblick auf ihr Vermögen zur realistischen Selbsteinschätzung entschieden werden. Ein gestuftes Modell zunehmender Schülerpartizipation wäre das folgende:
– Der Lehrer wählt das Thema für den Schüler aus.
– Der Lerner wählt ein Thema aus einer Angebotspalette aus.
– Der Lerner wählt ein Thema frei aus. Die Form der Auseinandersetzung mit dem Thema ist vorgegeben.
– Der Lerner wählt sowohl das Thema als auch die Art der Auseinandersetzung damit frei aus.

Die Textunterschiede können aber auch durch das differenzielle linguistische Niveau definiert sein. Niveaudifferenzierende Merkmale sind hierbei zum Beispiel die Textlänge, die Bandbreite verwendeter Lexik und Strukturen sowie die Komplexität der Textstruktur. Viele Lehrwerke bieten bereits solche niveaudifferenzierten Texte an. Dort, wo dies nicht der Fall ist, liegen die Texte aber zumindest in digitalisierter Form vor, sodass eine Bearbeitung mit wenig Aufwand möglich ist.

Wichtig ist auch, dass bei dieser Form lernzieldifferenziellen Arbeitens eine Unterrichtsphase vorgesehen wird, in der die Schüler die Gelegenheit zum Austausch in themenheterogenen Gruppen oder im Plenum erhalten, da sonst die Basis für ein einheitliches Weiterarbeiten in der Großlerngruppe (= Klasse) fehlt.

▶ *Unterschiedliche Texte – unterschiedliche Aufgaben – unterschiedliche Hilfen:* Diese sehr anspruchsvolle Form der Lernzieldifferenzierung bedarf des wohl größten Vorbereitungs- und Organisationsaufwandes seitens der Lehrkraft und wird somit nur in ausgewählten Unterrichtsphasen eingesetzt werden können. Im Prinzip handelt es sich hier um eine Phase freien Arbeitens. Die Vorteile der starken Individualisierung müssen realistisch gegen den hohen Vorbereitungsaufwand abgewogen werden. Der Vorbereitungsaufwand lässt sich allerdings reduzieren, wenn das Lehrerkollegium als Team arbeitet.

11.1.2 Lernzieldifferenzierung bei der Entwicklung der sprachlichen Mittel

Die oben dargestellte Übersicht zu unterschiedlichen Formen der Lernzieldifferenzierung lässt sich auch auf den Lernbereich der sprachlichen Mittel übertragen.

Im Bereich des Wortschatzes wäre ein differenzieller Inhalt durch den Umfang der zu lernenden lexikalischen Einheiten, das differenzielle erwartete Verhalten durch den Grad der Beherrschung derselben zu definieren. Auch bei der Wortschatzarbeit lassen sich differenzielle Hilfen geben (vgl. dazu ausführlich Kapitel 4.1). Eine wichtige Grundvoraussetzung vernünftiger Lernzieldifferenzierung im Bereich des Wortschatzes ist allerdings wortfeldorientiertes Arbeiten. Die Unsitte, neuen Lernwortschatz durch das zufällige Vorkommen neuer Wörter in einem Text zu definieren, sollte endlich der Vergangenheit angehören. Wird Unterricht kompetenzorientiert (als Befähigung zur Situationsbewältigung) geplant, so ergeben sich automatisch Wortfelder, die mit der zu bewältigenden Situation zusammenhängen. Diese Wortfelder können dann stärker differenziert werden. So könnte zum Beispiel ein von allen Schülern (auch den lernschwächeren) zu lernender Basiswortschatz die Wörter und Wendungen enthalten, die für die Situationsbewältigung unabdingbar sind. Der erweiterte Wortschatz enthält Wörter und Wendungen, die helfen, die Situation sprachlich differenzierter zu bewältigen, und darüber hinaus lernt jeder Schüler noch eine festgelegte Anzahl an lexikalischen Einheiten, die für ihn persönlich bedeutsam sind.

Auch bei der Arbeit an sprachlichen Strukturen (Grammatik) ist differenziertes Vorgehen denkbar. So sollten Schüler natürlich mit wichtigen Strukturen vertraut gemacht werden. Die Frage, welche Strukturen von allen Schülern anwendbar beherrscht werden müssen, ist wiederum von der zu bewältigenden Situation abhängig. Um eine Geschichte gut erzählen zu können, ist die Beherrschung des *simple past* vorteilhaft. Da in der menschlichen Kommunikation häufig erzählt wird, sollten also alle Schüler diese Struktur beherrschen. Das *past perfect passive* hingegen ist keine so hochfrequente Struktur, als dass sie von allen Lernern beherrscht werden muss. Eine Handlung im *past perfect (After I had come home, I phoned my mother)* zum Beispiel lässt sich – weniger differenziert wohl, aber trotzdem gleichermaßen kommunikativ erfolgreich – auch durch eine Reihung im *past simple* ausdrücken: *First I came home. Then I phoned my mother.* Allein durch die Auswahl unterschiedlicher sprachlicher Phänomene für unterschiedliche Schülergruppen lässt sich Fremdsprachenunterricht lernzieldifferenziert gestalten. Eine weitere Form der Differenzierung besteht im Grad der Bewusst- und Verfügbarmachung (Kognitivierung) der jeweiligen Strukturen. Schülern mit Lernschwierigkeiten (gerade bei Einschränkungen im morphologisch-syntaktischen Bereich; vgl. Kapitel 1) sollten keine sprachwissenschaftlich orientierten grammatischen Erläuterungen zugemutet werden (vgl. Kapitel 4.2). Eine noch andere Differenzierungsmöglichkeit wäre, den Grad der kommunikativen Verfügbarkeit differenziell zu gestalten. So ist zum Beispiel denkbar, dass die eher schwachen Lerner einer Klasse eine Struktur nur verstehen (rezeptive Beherrschung), während die stärkeren Schüler dieselbe Struktur verwenden lernen.

Für Schüler mit Sprachlernschwierigkeiten sollte die sichere Beherrschung einer überschaubaren Menge an sprachlichen Mitteln der Vorzug vor einer unsicheren Beherrschung einer größeren Menge sprachlicher Mittel gegeben werden.

11.1.3 Lernzieldifferenzierung bei der Textproduktion

Im Bereich der Textproduktion (Sprechen, Schreiben) ist es zunächst möglich, auf die sogenannte „natürliche Differenzierung" zu vertrauen. Dies bedeutet, dass alle Schüler prinzipiell die gleiche Aufgabe bearbeiten. Ist die Aufgabe offen genug gestaltet, wird der schwächere Schüler einen weniger komplexen, der lernstärkere Schüler hingegen einen komplexeren Text produzieren. Natürlich lassen sich auch im sprachproduktiven Bereich unterschiedliche Niveaus durch unterschiedliche Aufgabenformate steuern (vgl. Kapitel 11.1.1).

Besonders geeignet für diese differenzierte Vorgehensweise scheint der generische Ansatz zu sein. Dabei rezipieren die Schüler zunächst einen Modell- oder Mustertext. Dieser wird hinsichtlich seiner generischen Struktur und der verwendeten sprachlichen Mittel (Wortschatz, Grammatik, Stil) analysiert. Auf der Basis der in der Analyse gewonnenen Erkenntnisse modellieren die Schüler dann ihre eigenen Texte durch Variation der sprachlichen Mittel.

Die individuelle Förderung kann hierbei noch verstärkt werden, wenn den Schülern entsprechend ihres Leistungsvermögens differenzierte Hilfen zur Verfügung gestellt werden. Nicht vergessen werden sollte, die stärkeren Schüler explizit zu komplexerem sprachlichen Output zu animieren.

11.1.4 Lernzieldifferenzielle Hausaufgaben

Über Sinn oder Unsinn von Hausaufgaben ist in den letzten Jahren häufig diskutiert worden. Wir halten die häusliche Arbeit aus vielerlei Gründen für einen unverzichtbaren Bestandteil schulischen Fremdsprachenlernens. Unter anderem sind Hausaufgaben besonders geeignet, auf die speziellen Neigungen und die individuelle Leistungsfähigkeit einzelner Lerner zugeschnitten zu werden. Die Differenzierung kann dabei sowohl quantitativ (Anzahl oder Umfang der Aufgaben) als auch qualitativ (Schwierigkeitsgrad) erfolgen. Folgendes Vorgehen wäre prinzipiell denkbar:

▸ Mehrere Gruppen erhalten spezielle, auf sie zugeschnittene Hausaufgaben zugeteilt.

▸ Zwei oder mehr in Komplexität und Anspruchsniveau unterschiedliche Hausaufgaben werden gestellt. Die Lerner wählen selbst aus, welche der Aufgaben erledigt werden.

▸ Eine Reihe langsamer oder ganz schneller Lerner erhalten spezielle, aber verbindliche Zusatzaufgaben, der Rest der Klasse erarbeitet das „normale" Pensum.

Als Belohnung besonders engagierter häuslicher Arbeit hat sich der Einsatz von Hausaufgabengutscheinen bewährt. Eine gewisse Anzahl gesammelter Gutscheine wird mit einer (pädagogisch motivierten) Note „vergütet".

11.2 Differenzierung in den Formen der Unterrichtsorganisation

Unterricht ist eine von der Lehrperson (gegebenenfalls unter Schülerpartizipation) geplante Veranstaltung. Zwischen Zielen, Inhalten und Methoden besteht dabei eine gegenseitige Abhängigkeit. In Abhängigkeit von der diagnostizierten Lernausgangslage der Lerner definiert der Lehrer (vorzugsweise gemeinsam mit den Lernern) Unterrichtsziele und wählt dann die passenden Methoden aus. Unterrichtsmethoden als geplante Lernwege müssen sich also immer sowohl an den Voraussetzungen der Lerner als auch an den geplanten Lernzielen orientieren. Helmke (vgl. Helmke 2012, S. 29) stellt in diesem Zusammenhang fest, dass das Vorwissen und die Motivation der Lerner die wichtigsten Prädiktoren für den Lernerfolg der Schüler darstellen. Guter Unterricht definiert sich also nicht dadurch, dass ein möglichst umfangreiches Feuerwerk unterschiedlicher Methoden abgefeuert wird. Er definiert sich auch nicht durch Ausgewogenheit der Lehrmethoden, sondern durch deren intentionale Auswahl. Das heißt, Methoden müssen immer lerner- und zielorientiert gleichermaßen geplant werden.

11.2.1 Unterschiedliche methodische Großformen

Folgt man der Methodentypologie von Hilbert Meyer (vgl. Meyer 2004, S. 75; siehe S. 240), so gibt es eine makrodidaktische Ebene, der die methodischen Großformen wie Lehrgang, Projekt, Workshop, Exkursion, Freiarbeit etc. zuzuordnen sind. Gelegentlich wird hierbei auch zwischen offenen und geschlossenen Konzepten unterschieden.

▸ Unterricht gilt als geschlossen, lehrerzentriert, lehrergesteuert, direktiv, wenn er exakt und minutiös ausdifferenziert und klar strukturiert, in kleinen Schritten vorwärts schreitend ist. Der Unterricht ist für alle Schüler gleich, denn er wird vom Lehrer für alle gemeinsam durchgeführt. Dahinter steckt die Überzeugung, dass auf diesem klar festgelegten Weg die meisten Schüler das meiste in relativ kurzer Zeit lernen.

▸ Unterricht gilt als offen, schülerorientiert, lernergesteuert, selbstgesteuert, wenn unterschiedliche Angebote gemacht und vielfältige Situationen geschaffen werden sowie viele verschiedene unterstützende Hilfsmittel und Materialien vorbereitet sind, um Variabilität für den individuellen Zugang der Schüler und für den Prozess des Lernens zu schaffen.

In der Vergangenheit wurden diese beiden Konzepte häufig polemisch diskutiert, wobei offener Unterricht als gut, geschlossener Unterricht als weniger geeignet galt. Eine solche pauschale Betrachtung ist allerdings als überholt anzusehen. Eine Reihe von Studien hat überzeugend nachgewiesen, dass offener Unterricht dann kontraindiziert ist, wenn Schüler für den Unterrichtsgegenstand weder motiviert sind noch themenspezifisches Vorwissen besitzen. Sinnvoll differenzierter Unterricht wäre also solcher, der Vorwissen und Motivation der Schüler feststellt, dann den Schülern mit hoher Motivation und großem Vorwissen selbständiges, entdeckendes Lernen in offenen Unterrichtsarrangements ermöglicht. Schüler mit geringer Motivation müssten dann eine Phase der Motivierung erfahren. Lernern mit geringem Vorwissen müsste zumindest Basiswissen erst einmal vermittelt werden, was zum Beispiel in Form eines Lehrervortrags oder einer Erarbeitung erfolgen kann. Was aber in jedem Fall zu beachten sein wird, ist, dass die Schüler mit Schwierigkeiten der intensiveren Hilfe des Lehrers, also einer stärkeren Lehrerlenkung bedürfen. Dies sollte unterrichtsorganisatorisch sichergestellt werden.

11.2.2 Unterschiedliche Sozialformen

Sozialformen beschreiben die Formen der personalen Interaktion im Klassenzimmer. In der Regel werden hierbei Einzelarbeit, Partnerarbeit, Gruppenarbeit und Plenararbeit unterschieden. Jede Sozialform hat dabei ihre eigenen Potenzen; ihre Stärken und Schwächen (vgl. Haß 2011b, S. 266 ff.), die durch die Lehrperson mehr oder minder bewusst ausgenutzt werden. Sozialformen lassen sich aber auch als eine Form der Differenzierung einsetzen. Häufig arbeiten im Unterricht alle Lerner einer Klasse entweder in Einzelarbeit oder in Partnerarbeit oder in Gruppenarbeit oder im Plenum. Dies ist eine verschenkte Möglichkeit, lassen sich doch durch unterschiedliche Sozialformen unterschiedliche Anforderungen bei der Arbeit an gleichen Aufgaben schaffen. So kann zum Beispiel der stärkere Lerner ermutigt werden, die Aufgabe allein zu bewältigen, während dem Lerner mit Lernschwierigkeiten gestattet wird, mit einem oder mehreren Partnern zusammenzuarbeiten. Auch konstante Helfersysteme in Form von Lernpatenschaften sind eine Hilfe für Schüler mit Lernschwierigkeiten.

11.3 Differenzierung in den Lernwegen

Im ersten Kapitel dieses Buches wurde ausführlich dargestellt, welche Rolle die Intelligenz eines Lerners für das erfolgreiche Fremdsprachenlernen spielt. Dabei wurden unterschiedliche Intelligenzmodelle dargelegt. Ein wesentliches und anerkanntes Intelligenzmodell ist das des amerikanischen Psychologen Howard Gardner (2002). Gardner vertritt dabei einen weiten Intelligenzbegriff, dem er acht Komponenten menschlicher Intelligenz unterordnet. Es sind dies die sprachlich-linguistische, die logisch-mathematische, die musikalisch-rhythmische, die bildlich-räumliche, die körperlich-kinästhetische, die naturalistische, die intrapersonale und die interpersonale Intelligenz. Jeder Mensch weist nach Gardner dabei ein interindividuell unterschiedliches Intelligenzprofil auf, welches zum Teil genetisch bedingt, zum Teil in der Sozialisation verändert wurde. Unterschiedliche Ausprägungen der jeweiligen Intelligenzen haben Einfluss auf das Lernen des einzelnen Individuums. Howard Gardner betont deshalb, dass es wichtig sei, Menschen zu helfen, ihre natürlichen Intelligenzprofile zu erkennen, zu entwickeln und somit individuelle Lernwege zu beschreiten. Guter Englischunterricht muss genau dafür Gelegenheiten schaffen. Im folgenden Abschnitt ist dafür eine Reihe von Ideen zusammengestellt.

11.3.1 Die sprachlich-linguistische Intelligenz

Zur sprachlich-linguistischen Intelligenz gehören nach Gardners Theorie der bewusste und zielgerichtete Sprachgebrauch und die Fähigkeit, den eigenen Sprachgebrauch zu reflektieren. Die sprachlich-linguistische Intelligenz wird durch aktiven, motivierten, kreativen und reflektierten Sprachgebrauch gefördert. Folgende Aktivitäten sind dafür beispielsweise besonders geeignet:

▶ *Creating a letter poster:* Die Lerner sammeln in Gruppen möglichst viele Wörter mit demselben Anfangsbuchstaben und gestalten Poster zu „ihrem" Buchstaben. Bei der Gestaltung der Poster sollte zur Kreativität angehalten werden; die Wörter können unter anderem zeichnerisch gestaltet, aus Naturmaterialien zusammengesetzt, in Collagentechnik dargestellt sein. Alternativ kann natürlich auch ein Themenbereich vorgegeben werden: *Make a poster with all the weather words you know.*

▶ *Play reading:* Texte in verschiedenen Rollen oder mit unterschiedlicher prosodischer Interpretation *(like an old woman, …; as if you were tired, happy, …)* (vor-)lesen lassen.

▶ *Tell me why:* In einer Redekette müssen die Lerner Gründe finden, warum sie etwas tun/nicht tun, können/nicht können, mögen/nicht mögen etc. Erschwerend kann festgelegt werden, dass die Begründungen in alphabetischer Reihenfolge sein müssen, also zum Beispiel:

Teacher/learner: Can you help me clean the classroom on Friday afternoon?
Learner 1:   Sorry, I can't because I'm allergic to dust.
Learner 2:   Sorry, I can't because I must buy new trainers.
Learner 3:   Sorry, I can't because …

▸ *Finding answers:* Bei diesem Sprachspiel geht es darum, so viel als mögliche (sinnvolle und weniger sinnvolle) Antworten auf eine (sinnvolle oder weniger sinnvolle) Frage zu finden:

Teacher/learner: Why are bananas yellow?

▸ *Word detective:* In einer Geschichte werden unsinnige (aus dem Kon- und Kotext fallende) Wörter eingebaut. Die Schüler müssen diese dann finden. Im Sinne eines *error spotting* lässt sich das dann auch mit Lernertexten fortsetzen.

▸ *Pick your story:* An einer im Klassenzimmer gespannten Wäscheleine werden einzelne Teile von Geschichten aufgehängt. Interessant wird es, wenn die Textabschnitte nicht eindeutig zuzuordnen sind, und auch wenn einige Textteile übrig bleiben, also zu keinem der ursprünglichen Ausgangstexte gehören. Die Lerner pflücken nun Teile von der Leine und basteln diese zu „ihrer" Geschichte zusammen.

▸ *From words to story:* Der Lehrer gibt hier eine Anzahl von Wörtern vor, die in eine Geschichte einzubauen sind: *Make a story with the words: dog, princess, carrot, cold, swim.* Je geringer der Sinnzusammenhang der vorgegebenen Wörter ist, desto schwieriger gestaltet sich die Aufgabe. Ein Zeitlimit erhöht ebenfalls den Schwierigkeitsgrad des Unterfangens. Denkbar wäre auch, nur Begriffskategorien vorzugeben, diese dann von einer Lernergruppe mit Wörtern unterlegen zu lassen. *In your story you must include a piece of clothing, a fruit, a quick movement, a nasty person and a time period.* Diese Zettel werden dann an eine andere Lernergruppe zum Zwecke der Ausformung weitergegeben.

▸ *Continue my story:* Ein Lerner beginnt (frei oder zu einem vorgegebenen Thema) einen Text zu schreiben. Nach einer gewissen Zeit wird der Text an einen anderen Schüler weitergegeben, der den Text fortsetzt, und so fort.

▸ *One-minute speech:* Hier sind die Lerner gefordert, zu einem vom Lehrer vorgegebenen oder aus einer möglichen Auswahl gezogenen Thema eine Minute lang spontan zu sprechen. Die Themen können anfangs recht einfach sein und sich eng an im Unterricht behandelte Themengebiete *(My family, My place)* anlehnen, später jedoch immer komplexer werden. Eine Variante bei fortgeschrittenen Lernern wäre die Aufgabe einer einminütigen spontanen „Produktwerberede" zu einem beliebigen vom Lehrer mitgebrachten Gegenstand.

▸ *Story computer:* Diese Aktivität wird in jeweils 3 Arbeitsgruppen oder Arbeitsschritten durchgeführt: In der ersten Phase schneidet jede Gruppe aus englischsprachigen Zeitungen, Zeitschriften, alten Unterrichtsmaterialien etc. Wörter und Bilder aus. Danach werden die ausgeschnittenen Elemente an die jeweils nächste Gruppe weitergegeben. Nun ist es Aufgabe dieser Gruppe, die Wörter und Bilder in eine möglichst sinnvolle Reihenfolge zu bringen und ein Textgerüst aufzukleben. Danach erfolgt die Weitergabe an die jeweils letzte Gruppe, die dieses Produkt dann präsentiert.

11.3.2 Die logisch-mathematische Intelligenz

Unter logisch-mathematischer Intelligenz wird unter anderem induktive und deduktive Logik, Fähigkeit zu analytischem Denken, Problemlösefähigkeit und das Erkennen von abstrakten Mustern und Beziehungen verstanden. Gerade die mathematisch-logische Intelligenz wird im Englischunterricht häufig zu wenig angesprochen und gefördert. Häufig ist ein deutlicher Interessen- und Aktivitätsschub bei Lernern mit Präferenzen in diesem Intelligenzbereich durch eine Integration mathematisch-logisch ausgerichteter Elemente in den Unterricht zu verzeichnen. Verfahren zur Förderung der logisch-mathematischen Intelligenz im Englischunterricht könnten zum Beispiel die folgenden sein:

▸ *Numbers:* Häufig lassen sich im Sinne kleiner Rituale zu Unterrichtsbeginn, Unterrichtsende oder auch zur Auflockerung kleine Kopfrechenaufgaben oder Spiele mit Zahlen in den Unterricht integrieren.

Let's play "Buzz." You count from 1 onwards, but you must leave out all numbers that contain 7 or can be divided by 7, and say "buzz" instead.

▸ *Logical rows:* Das Fortsetzen logischer Reihen kann sowohl mit Zahlen, mit Lexik (Wortfelder,Wortfamilien: *odd one out; fourth man*) als auch bildgesteuert erfolgen.

▸ *Headwords:* Auch das Finden von Hyponymen und Hyperonymen trägt aufgrund der strukturellen Logik in der Anordnung und Speicherung von Wortschatz zur Förderung der mathematisch-logischen Intelligenz bei.

Find as many kinds of fruit as you can think of in 3 minutes.

▸ *Brain teasers:* Logikrätsel und Denksportaufgaben lassen sich bei vielen Themen und auf ganz unterschiedlichen Niveaustufen in den Englischunterricht einbinden.

▸ *What would happen, if ...:* Gedankenexperimente sind hervorragend geeignet, logische Intelligenz zu fördern. Gerade hier ist die Verbindung mit sprachlichem Lernzuwachs besonders offensichtlich.

What would happen if someone invented an engine driven by milk.

▸ *Tales with a twist, jigsaw stories:* Hierzu gehören besonders fiktionale Texte, die inhaltlich oder textstrukturell inkonsistent gestaltet wurden. Aufgabe der Lerner ist es, Fehler und Inkonsistenzen zu finden und entweder die Texte zu überarbeiten oder einen korrespondierenden Text zu erstellen.
▸ *Open-ended stories:* Auch hierbei wird die logisch-mathematische Intelligenz gefördert, unabhängig davon, ob nur Prognosen für eine mögliche Auflösung der Handlung gemacht und diskutiert oder ob diese dann tatsächlich auch sprachlich ausgeführt werden.
▸ *Tables, diagrams:* Die Versprachlichung und sprachliche Auswertung von statistischen Darstellungen, grafischen Übersichten etc. lassen sich ebenfalls von einem frühen Zeitpunkt an in den Englischunterricht integrieren.
▸ *Wh-questions:* Hier kommt ein der Überprüfung des Leseverstehens reziprokes Verfahren zum Einsatz: den Lernern werden Fragen vorgegeben, mithilfe welcher sie dann einen Text entwerfen, der Antworten auf die gestellten Fragen enthält.

Who went to Mexico?
When did he/she do that and why?
Whom did he/she meet on her way?

11.3.3 Die musikalisch-rhythmische Intelligenz

Zur musikalisch-rhythmischen Intelligenz gehören die Fähigkeiten, die Struktur eines Musikstückes zu erfassen, musikalische Motive zu erkennen und zu interpretieren und Ideen, Gefühle und Stimmungen musikalisch und rhythmisch auszudrücken. Zur Förderung der musikalisch-rhythmischen Intelligenz im Englischunterricht eignen sich folgende Aktivitäten:

▸ *Music and feelings:* Der Lehrer spielt den Lernern verschiedene Musikstücke vor. Die Lerner beschreiben dann ihre Gefühle bei den einzelnen Musikstücken. Es empfiehlt sich, ein Set an Redemitteln als Hilfe zur Verfügung zu stellen.
▸ *Guessing sounds:* Bei Auslandsreisen werden von der Lehrkraft mit dem Diktiergerät Geräuschkulissen unterschiedlichster Orte aufgenommen. Die Lerner müssen dann spekulieren und diskutieren, wo die entsprechenden Aufnahmen getätigt worden sein könnten. Es ist dies eine vorbereitende Aufgabe zum Training des Hörverstehens in authentischen Gesprächssituationen, da die Lerner üben, über die Analyse und Interpretation von Hintergrundgeräuschen die kommunikative Situation zu erschließen. Eine Variante dazu wäre, die Lerner im Zimmer die Augen schließen zu lassen und entweder auf die im Zimmer, Schulgebäude und in der Umgebung vorhandene Gräuschkulisse achten zu lassen oder selbst entsprechende Geräusche zu

verursachen. Anschließend erfolgt die sprachliche Auswertung: *I could hear someone shutting a window. ...*

▸ *Mumbling messages:* Aus einem vorgegebenen Set an Wörtern, Phrasen oder Sätzen wählen die Lerner Items aus und übermitteln sie einem Gesprächspartner rein paraverbal. Dies trainiert phonetische und prosodische Elemente der Sprache zum Verstehen zu nutzen und fördert die rhytmisch-musikalische Intelligenz. Alternativ könnte man Wörter, Phrasen und Sätze auch durch rhytmisches Händeklatschen übermitteln. Der Partner schreibt das Gehörte dann auf.

▸ *Poems, rhymes, raps and songs:* Auch das Lernen und interpretierende Rezitieren (eventuell mit musikalischer Untermalung) von Gedichten und Reimen fördert die musikalisch-rhythmische Intelligenz. Bei Liedern kommt meist noch verstärkend eine emotionale Komponente hinzu. Das über das Verstehen und Interpretieren hinausgehende Verändern bzw. das freie Verfassen von analogen Texten fördert die Sprachkreativität ungemein.

▸ *Story and sounds:* Der Lehrer erzählt eine Geschichte. Die Lerner untermalen die Handlungen (mit oder ohne Instrumente) mit passenden Klängen und Geräuschen.

▸ *Making a radio play:* Die Lerner arbeiten einen passenden narrativen Text in ein Hörspiel um.

11.3.4 Die bildlich-räumliche Intelligenz

Zur bildlich-räumlichen Intelligenz gehören unter anderem räumliche Vorstellungskraft und die Fähigkeit zum Perspektivenwechsel, das Denken in Bildern sowie der bewusste Umgang mit Farben und Formen in Verbindung mit Ideen, Stimmungen und Gefühlen. Die bildlich-räumliche Intelligenz lässt sich im Englischunterricht zum Beispiel durch folgende Aktivitäten stimulieren:

▸ *Interpreting abstract pictures:* Die Lerner interpretieren Bilder mit nichtgegenständlichen Inhalten, die Freiräume für Spekulationen und persönliche Interpretationen lassen. Diese kann man auch selbst herstellen, indem zum Beispiel der OHP unscharf fokussiert oder der Kopierer entsprechend präpariert wird.

▸ *Picture puzzles:* Vexierbilder, Wimmelbilder oder ähnliches Bildmaterial kann man entweder käuflich erwerben oder selbst herstellen. Das Auffinden der entsprechenden Items kann als Wettbewerb durchgeführt werden. Auch das Finden von Gemeinsamkeiten und Unterschieden in Bildern gehört in diese Kategorie.

▸ *Fantasy journeys:* Hier kommt über die Musik auch die rhythmisch-musikalische Intelligenz zu ihrem Recht; aber das Verbildlichen der beschriebenen Orte, Personen, Gegenstände und Handlungen trägt intensiv auch zur Entwicklung der bildlich-räumlichen Intelligenz bei.

271

▶ *Flashing pictures:* Der Lehrer oder ein Lerner zeigen ein Bild kurzzeitig, die Lerner zeichnen dieses aus dem Gedächtnis. Die entstandenen Bilder werden dann besprochen. Eine Variante wäre, die Lerner sich an bekannte Orte, Räume, Gegenstände etc. erinnern und diese dann verbildlichen zu lassen.

▶ *Picture dictation:* Der Lehrer oder ein Lerner trägt eine Bildbeschreibung vor, die dann vom Zuhörer verbildlicht wird.

▶ *Orienteering:* Orientierungsübungen, die entweder durch direkte Lerner-Lerner-Navigation im Klassenraum oder zumindest im Umfeld der Schule oder medial gestützt über Lagepläne, Landkarten etc. durchgeführt werden, sind immens wichtig. Hierzu gehören auch das gegenseitige Vortragen und Skizzieren von Wegbeschreibungen.

▶ *Picture stories:* Bildergeschichten jedweder Art sind besonders geeignet zur Förderung der bildlich-räumlichen Intelligenz.

▶ *Silhouettes:* Ein narrativer Text lässt sich zum Beispiel auch als Schattenthea-terstück umsetzen. Hierbei leistet der OHP gute Dienste.

▶ *Picture words:* Das Visualisieren und kreative Gestalten von Wörtern bzw. Wortteilen ist eine effiziente Memorierhilfe.

▶ *Creating posters:* Das Erstellen von Bild-Text-Kombinationen als Grundlage zum Beispiel von Präsentationen sollte in vielfältigen Kommunikationssitua-tionen geübt werden, ist das Präsentieren doch eine Schlüsselfertigkeit gera-de im Berufsleben.

▶ *Secret messages:* Das (digitale oder analoge) En- und Dekodieren von Text-nachrichten mithilfe von entworfenen Symbolen oder Geheimschriften ist bei Lernern vieler Altersstufen nach wie vor beliebt.

11.3.5 Die körperlich-kinästhetische Intelligenz

Die körperlich-kinästhetische Intelligenz umfasst unter anderem ein intensives Körperbewusstsein, die Fähigkeit, sich körperliche Bewegungsabläufe vorzu-stellen und zu kontrollieren, und die Fähigkeit, Stimmungen, Gefühle und Ideen nonverbal auszudrücken. Folgende Aktivitäten sind geeignet, die körperlich-kinästhetische Intelligenz zu fördern:

▶ *Miming messages/stories:* Das pantomimische Darstellen lässt sich in Ver-bindung mit Einzelhandlungen, Handlungssequenzen oder von ganzen Ge-schichten einsetzen.

▶ *Touch and feel:* Der Lehrer bringt gelegentlich Alltagsgegenstände für die Lerner unsichtbar (zum Beispiel in einem Stoffbeutel) mit in die Klasse. Die Lerner befühlen und beschreiben die Gegenstände, eventuell auch Funkti-onsweise etc.

▶ *Barn dances, square dancing etc.:* Neben der kinesthätischen Intelligenz tra-gen Tänze auch zur Förderung der räumlichen Intelligenz bei, da in Verbin-dung mit Instruktionstexten bildlich dar- oder vorgestellte Bewegungsabläu-fe umgesetzt werden müssen.

▸ *Spelling words:* Die Lerner formen mit den Händen Buchstaben und übermitteln Wörter, Phrasen, Sätze etc. Alternativ können die Buchstaben auch mit dem ganzen Körper nachgebildet werden.

▸ *Write on your partner's back:* Ein Lerner schreibt auf dem Rücken des Partners ein Wort. Der Partner muss dann das Wort nennen, das *past participle* bilden, den Plural nennen, das Gegenteil nennen, das Wort zu einer Kollokation erweitern, ...

▸ *Physical activities:* Bewegungsspiele aller Art (*Mr Alligator, Fruit salad* etc.) werden im Anfangsunterricht häufig von den Lernern noch akzeptiert. Später sollten Entspannungs- und Lockerungsübungen (zum Beispiel Yogaübungen nach Anweisungen durch einen Partner) an ihre Stelle treten.

11.3.6 Die naturalistische Intelligenz

Die naturalistische Intelligenz umfasst neben einer intensiven Wahrnehmung von Natur und Umwelt unter anderem die Fähigkeit, das Wesentliche von Dinglichem und Sprachlichem zu erkennen, Kategorien und Klassifikationssysteme zu bilden sowie sich Ordnungsmuster und Systeme vorzustellen. Die naturalistische Intelligenz kann im Englischunterricht durch folgende Aktivitäten gefördert werden:

▸ *All you can see, smell, feel, hear, touch and taste:* So häufig als möglich sollte die größtmögliche Anzahl an Sinnen bewusst in den Lernprozess einbezogen werden. Die Lerner könnten zum Beispiel auch anhand eines Lernposters Sinnesorgane und mögliche Sinneswahrnehmungen zusammentragen und darstellen.

▸ *Nature diaries:* Tagebücher lassen sich zu unterschiedlichsten mit Natur und Umwelt verbundenen Themen führen (*Last week's weather, A spring journal*).

▸ *Nature diagrams:* Viele Lerner mögen es, Informationen von Laufgeschwindigkeit, Lebensalter, Schlafgewohnheiten etc. von Tieren herauszufinden, zu vergleichen und in Diagrammen darzustellen. Ähnliches lässt sich auch mit Pflanzen tun.

▸ *Fables and animal stories:* Tierfabeln und Tiergeschichten lesen jüngere Lerner in der Regel immer gern. Natürlich könnte man dann im Anschluss auch eigene (erfundene oder wahre) Geschichten erzählen oder aufschreiben lassen.

▸ *Headwords and categories:* Systematisierungen und Kategorienbildungen, zum Beispiel im Bereich des Wortschatzes sprechen die naturalistische Intelligenz besonders an.

11.3.7 Die intrapersonale Intelligenz

Zur intrapersonalen Intelligenz gehören ein präzises Urteilsvermögen, die Fähigkeit zu genauer Selbsteinschätzung und Selbstreflexion sowie die Fähigkeit, über das eigene Denken und Lernen nachzudenken. Aktivitäten zur Förderung der intrapersonalen Intelligenz im Englischunterricht könnten die folgenden sein:

▸ *Portfolios:* Das Sammeln aller relevanten fremdsprachlichen Produkte in einer Sammelmappe und die Reflexion über Arbeitsprozess und -produkt ist die Keimzelle der Portfolioarbeit. Mögliche Impulse zu solcher Selbstreflexion könnten sein: Was bedeutet das Gelernte für mich? Wann und wo kann ich das Gelernte anwenden? Was ist mir gut gelungen? Was hat mir Spaß gemacht? Wo hatte ich Probleme?

▸ *Stimmungsbarometer:* Am Anfang von Unterrichtssequenzen kann es im Sinne eines Impulses zur Selbstmotivierung der Lerner hilfreich sein, die eigene psychische Verfassung über ein Stimmungsbarometer zu reflektieren.

▸ *Moods and pictures:* Ein möglicher Unterrichtseinstieg, der die emotionale Lernausgangssituation der Lerner in den Fokus nimmt, könnte wie folgt aussehen: Die Lerner sitzen im Stuhlkreis. Der Lehrer legt Bilder unterschiedlichster Art (Ausschnitte aus Zeitungen und Zeitschriften, Postkarten, Kunstdrucke) aus. Die Lerner wählen ein Bild aus, das ihren momentanen Gemütszustand ausdrückt und sprechen kurz (wenn sie mögen) dazu.

▸ *A place I'd like to visit:* Der Lehrer bringt Bilder von berühmten Städten, Bauwerken, Landschaften etc. mit in den Unterricht. Die Lerner wählen ein Bild aus und erzählen, welchen Ort sie gerne besuchen möchten und warum. Alternativ können Lerner auch eine Traumreise beschreiben.

▸ *Diaries, logs:* Tagebücher lassen sich als Lerntagebücher, Lesetagebücher, Projekttagebücher führen und helfen, Selbstreflexion anzuschieben und zu strukturieren.

11.3.8 Die interpersonale Intelligenz

Die interpersonale Intelligenz umfasst die Fähigkeit zur Kommunikation und Kooperation und zur Steuerung von Gruppen, sowie die Sensitivität gegenüber Stimmungen, Bedürfnissen, Gefühlen und Anliegen von anderen. Auch die Fähigkeit, unbewusste Absichten zu erfassen und daraus Synergien herzustellen sind weitere Aspekte der interpersonalen Intelligenz. Als Verfahren zur Förderung der interpersonalen Intelligenz im Englischunterricht eignen sich:

▸ *Pair and group activities:* Eine gute Mischung vielfältiger Sozialformen (Einzel-, Partner- und Gruppenarbeit) mit immer wechselnden Gesprächspartnern unter Beachtung und Bewusstmachung der Regeln zwischenmenschlicher Kommunikation sind der Kern der Förderung interpersonaler Intelligenz.

▸ *Finding rules:* Kommunikationsregeln und Feedbackregeln müssen, um allgemeine Akzeptanz zu finden, gemeinsam aufgestellt werden.

▸ *My neighbour:* Die Lerner fertigen ein Bild, eine Collage, ein *mind map* über ihren Banknachbarn an. Anschließend werden Fremd- und Selbstbild von beiden Partnern besprochen.

▸ *Giving positive feedback:* Am Ende einer Unterrichtssequenz findet sich die Lerngruppe noch einmal im Stuhlkreis zusammen und jeder Lerner muss seinem linken Nachbarn etwas Positives sagen.

▸ *Guessing feelings:* Diese Aktivität ist gut geeignet zur Förderung der Empathiefähigkeit als Teil der interpersonalen Intelligenz. Die Lerner sitzen im Stuhlkreis. Der Lehrer liest eine Geschichte mit emotionalem Gehalt vor. Die Lerner haben Wortkarten mit Gefühlen. Die Lerner signalisieren über die Karten, wie sich die jeweiligen Protagonisten fühlen werden. Statt eines Sprachtextes können auch Bilder mit Personen in unterschiedlichen emotionalen Situationen Grundlage der Aktivität sein.

▸ *Questionnaires:* Umfragen, die in der Klasse zu allen möglichen Kriterien (Hobbys, Haustiere, Stärken und Schwächen, Interessen, Erfahrungen mit spezifischen Themen etc.) durchgeführt werden, erfreuen sich in der Regel großer Beliebtheit. Die Ergebnisse können statistisch ausgewertet und grafisch aufbereitet werden und dann zum Beispiel unter anderem in einem Klassenkalender, Klassentagebuch oder *School Yearbook* zusammengefasst werden.

11.4 Differenzierung in den Unterrichtsmedien

Last, but certainly not least soll noch die Möglichkeit der medialen Differenzierung erwähnt werden. Unterschiedliche Lerner haben durchaus unterschiedliche Präferenzen bei den Arbeitsmitteln. Während der eine Lerner lieber mit klassischen *paper-and-pencil*-Medien arbeitet, benutzt der andere Lerner lieber elektronische Lernmedien. Warum diesen unterschiedlichen Präferenzen nicht entgegenkommen? Was spricht dagegen, dass Schüler A seinen Text mithilfe seines IPads verfasst, während Schüler B mit dem klassischen Notizblock arbeitet?

11.5 Ein Gedanke zum Schluss

Eine abschließende Bemerkung zum Themenkomplex „Differenzierung" sei an dieser Stelle noch gestattet. Differenzierter Unterricht bietet gerade für Schüler mit Lernschwierigkeiten eine Vielzahl an Möglichkeiten, besser, weil mit besonderem Augenmerk auf den individuellen Schwierigkeiten, zu lernen. Allerdings müssen für solch einen differenzierten und individualisierten Unterricht auch die Rahmenbedingungen geschaffen werden. Dazu gehören die entsprechenden Unterrichtsräume, ein entsprechendes Zeitregime und auch die medialen Ausstattungen. Bei begrenzten Rahmenbedingungen ist differenzierter Unterricht nur begrenzt möglich.

12 Leistungen ermitteln und beurteilen

"Mistakes are part of being human. Appreciate your mistakes for what they are:
Precious life lessons that can only be learned the hard way,
unless it's a fatal mistake, which, at least others can learn from."
Al Franken

Als Lehramtsstudent an der Universität und später als Referendar war ich immer sehr darauf bedacht, ja keine Fehler beim Sprechen zu machen und auch die im Unterricht auftauchenden Fehler der Schüler spontan zu verbessern. Diese Einstellung erwies sich allerdings als äußerst problematisch, denn fast keine einzige frei formulierte Schüleräußerung ist fehlerfrei. Als Lehrkraft muss man den Umgang mit defizitären Unterrichtsbeiträgen wirklich erst erlernen, und es dauert, bis man in der Beurteilung von Schülerleistungen eine gewisse Sicherheit erreicht hat.

Wenn schulischer Englischunterricht lerner- und zielorientiert gleichermaßen gestaltet werden soll, dann muss gelegentlich im Lernprozess überprüft werden, ob denn bei dem individuellen Lerner ein Lernfortschritt stattgefunden hat bzw. ob die tatsächlich erbrachten Schülerleistungen dem angestrebten Niveau entsprechen. Zu diesem Zweck muss der jeweilige Lernstand ermittelt und beurteilt werden. Es wäre in diesem Sinne besser und richtiger, von Lernstandsermittlung und Lernerfolgskontrolle anstelle von Leistungsermittlung und Leistungsbeurteilung zu sprechen. In der schulpädagogischen, didaktischen und fachdidaktischen Literatur finden sich aber weitaus häufiger die Begriffe „Leistungsermittlung" bzw. „Leistungsbeurteilung", weshalb sich zunächst die Frage stellt, was ist hier mit Leistung eigentlich gemeint?

12.1 Was ist Leistung?

Der Begriff *Leistung* geht auf das indogermanische *leis-* = „Fußspur, Furche" zurück. Im Gotischen gibt es das Wort *laistjan* = „einer Fußspur folgen" (vgl. Sacher 2005, S. 13). Etwas zu leisten, bedeutet also, einer „Fußspur zu folgen", das heißt vorgegebene Normen, Maßstäbe und Anforderungen zu erfüllen. Dies führt Sacher (2005, S. 13) zu folgender Definition von Leistung: „Leistung ist der Vollzug und das Ergebnis einer Tätigkeit, die mit Anstrengung verbunden, auf die Erlangung eines Zieles gerichtet und auf Gütemaßstäbe und Anforderungen bezogen ist." Das Bestreben, in einer oder für die Gesellschaft etwas zu leisten (Leistungsstreben) ist eine zutiefst menschliche Eigenschaft. Der Lohn dafür ist Anerkennung und Prestige. Diese Anerkennung wird aber nur dem zuteil, der den Leistungsanforderungen der Gesellschaft entspricht. Ob unsere Gesellschaft in diesem Sinne wirklich eine Leistungsgesellschaft ist oder nicht, soll an dieser Stelle nicht diskutiert werden. Fakt ist aber, dass, da Schule nun einmal eine gesellschaftliche Institution darstellt, dieses Leistungsverständnis auch in Schule und Unterricht hineingetragen wird. In den letzten Jahren ist dieser Prozess mit der Definition zentraler Standards noch verschärft worden. Und hier konfligiert das gesellschaftliche Leistungsverständnis mit dem pädagogischen Anspruch, dass Schule ein Ort sein soll, an dem sich jeder Schüler bestmöglich entwickeln kann; auch der, der die von außen herangetragenen Normen und Maßstäbe aufgrund seiner Lern- und Leistungsdispositionen nicht oder nur bedingt erfüllen kann. Hier ist es angebracht, über die Anforderungen und Maßstäbe (siehe die Definition von Leistung) noch einmal neu nachzudenken. Leistung erbringt nicht nur der, der die von außen, durch die Gesellschaft definierten (in den allermeisten Fällen noch nicht einmal empirisch abgesicherten) Anforderungen erfüllt (kriteriale Bezugsnorm), sondern auch der, der sein Wissen, seine Fähigkeiten und Fertigkeiten, seine Bereitschaften, ja seine Kompetenzen weiterentwickelt. Leistung ist in diesem Falle der Orientierung am Individuum selbst (individuelle Bezugsnorm) der Lernfortschritt, die Kompetenzentwicklung des Lernenden. Dieses eher pädagogische Verständnis von Leistung kommt in der heutigen Diskussion um Lernen und Leisten viel zu kurz. Gerade für Schüler mit Lernschwierigkeiten, die mit ihrer Leistung häufig unterhalb der von außen herangetragenen Anforderungen bleiben, ist die Berücksichtigung der individuellen Bezugsnorm bei der Leistungsbeurteilung aber enorm wichtig.

12.2 Qualifikation versus Selektion

Und noch ein weiterer Grundkonflikt des Systems Schule wird in der Diskussion um Lernen und Leisten offenbar: Im Wesentlichen gibt es zwei Motivationen, Lern- und Leistungsstände im Prozess schulischen Lernens zu ermitteln. Beide korrelieren mit zwei Aufgaben, die die gesellschaftliche Institution Schule zu erfüllen hat. Die erste Aufgabe von Schule ist, sicherzustellen, dass jeder Lerner entsprechend seinen Voraussetzungen bestmöglich qualifiziert wird (Qualifikationsfunktion). Dazu ist es notwendig, gelegentlich zu überprüfen (zu diagnostizieren), ob Lernen stattgefunden hat, wo Stärken und Schwächen des einzelnen Lerners liegen. Aufbauend auf diesen Erkenntnissen kann der Lehrer dann dem Lerner durch entsprechende Unterrrichtsgestaltung ermöglichen, seine Schwächen abzubauen und seine Stärken zu entwickeln. Das Ziel solcher Lernstandsermittlung und -beurteilung ist die bestmögliche Förderung des Lerners, weshalb sie auch als Förderdiagnostik zu bezeichnen ist.

Die zweite Motivation, Lern- und Leistungsstände zu ermitteln, hängt mit einer zweiten Funktion von Schule zusammen. Schule muss auf der Basis der ermittelten Leistungsfähigkeit über weitere Bildungswege der Schüler entscheiden. Schule weist somit Schülern Zukunftschancen zu, oder verhindert selbige (Selektions- oder Allokationsfunktion). Damit diese Zuweisung chancengerecht erfolgt, muss sie auf der Basis transparenter, fairer Leistungsermittlung und Leistungsbeurteilung erfolgen. In diesem Zusammenhang sprechen wir von Selektionsdiagnostik.

Beide Formen von Leistungsdiagnostik gehören zum System Schule. Beide Formen der Leistungsdiagnostik sind wichtig und legitim. Beide Aufgaben liegen aber zumeist auch in der Hand derselben Lehrkraft. Dies führt nicht selten zu einem Rollenkonflikt, der sich häufig auf die Beziehung besonders zu Schülern mit Lernschwierigkeiten negativ auswirkt. Wie kann der Schüler sich im Unterricht vertrauensvoll seinem Lehrer mit all seinen Schwächen und Problemen öffnen, wenn derselbe Lehrer wenige Stunden später (das Bemühen um Objektivität sei dabei keiner Lehrkraft abgesprochen) seine Leistung in der Klassenarbeit oder im mündlichen Test beurteilt?

Es gäbe zum Thema Lernen und Leisten noch sehr vieles zu diskutieren, wofür hier leider der Raum fehlt. Zur weiteren Vertiefung sei deshalb die Lektüre der sehr gelungenen Publikation von Werner Sacher (2005) empfohlen.

12.3 Förderdiagnostik im Englischunterricht

Obwohl wir anerkennen, dass sowohl förderorientierte- als auch selektionsorientierte Diagnostik zu den Aufgaben der Lehrkraft gehören, soll in diesem Buch zunächst umfangreich auf den Bereich der Förderdiagnostik eingegangen werden. Unseres Erachtens sollte das Hauptanliegen eines Lehrers sein, jeden Schüler bestmöglich zu qualifizieren und ihm damit möglichst viele Chancen für die weitere Gestaltung seines Lebens zu eröffnen. Das Hauptaugenmerk liegt hierbei wiederum auf den Schülern mit Lernschwierigkeiten. Um Lernschwierigkeiten bei Schülern durch entsprechende Förderung abbauen helfen zu können, müssen diese erst einmal erkannt werden. Da Lernen ein interindividuell differenziert verlaufender Prozess ist, sind auch die in diesem Prozess auftretenden Schwierigkeiten interindividuell unterschiedlich. Konsequenterweise müssen also Lernschwierigkeiten des jeweiligen Schülers individuell diagnostiziert werden, damit individuelle Förderprogramme dann an den konkreten Schwierigkeiten des jeweiligen Schülers ansetzen können. Dies soll in den folgenden Kapiteln am Beispiel der kommunikativen Fertigkeiten Hör-/Hör-Sehverstehen, Leseverstehen, Sprechen und Schreiben illustriert werden. Die entsprechenden Fördermaßnahmen sind nur kurz skizziert. Ausführlichere Hinweise finden sich in den entsprechenden Erläuterungen in Kapitel 3. Eine weitere Möglichkeit, Lernschwierigkeiten zu reduzieren, stellt die Verbesserung der lernstrategischen Fertigkeiten der Schüler dar. Auch diese Hinweise sind nur kurz angerissen. Weitergehende Ausführungen finden sich in Kapitel 6.

12.3.1 Hör-/Hör-Sehverstehen

Dem Hör-/Hör-Sehverstehen kommt beim Fremdsprachenlernprozess eine basale Bedeutung zu. Viele Sprachlernschwierigkeiten haben ihre Ursache in diesem Bereich (vgl. Kapitel 1). Deshalb ist es wichtig, der Entwicklung des Hör-/Hör-Sehverstehens gerade bei Schülern mit Lernschwierigkeiten große Aufmerksamkeit zu widmen. Um zu verstehen, welche Schwierigkeiten beim Hör-/Hör-Sehverstehen auftreten können, ist es zunächst hilfreich, sich den Hör-/Hör-Sehverstehensprozess aus psycholinguistischer Sicht noch einmal zu vergegenwärtigen. Um einem Hör- bzw. Hör-Sehtext Informationen entnehmen zu können, muss der Lerner den auditiv/audiovisuell rezipierten Text dekodieren *(bottom-up processing)* und gleichzeitig auf der Basis seines Weltwissens Bedeutung konstruieren *(top-down processing).* Hörverstehen und Hör-Sehverstehen unterscheiden sich dabei nur insofern, als dass beim Hör-Sehen zusätzlich zu den auditiven Informationen über den Hörkanal noch visuelle Informationen über den Sehkanal aufgenommen und verarbeitet werden. In jedem Fall muss der Rezipient

- bereit sein, sich auf die Kommunikation (Hören/Hör-Sehen) einzulassen;
- sich konzentrieren;
- sich die Kommunikationssituation vorstellen;
- das zum Thema nötige Weltwissen aktivieren;
- die unterschiedlichen Laute, Wörter, Wendungen und Sätze des Englischen segmentieren;
- den Phonemen, den Wörtern, den Satzteilen und Sätzen Bedeutung zuordnen;
- die Textsorte und die damit verbundene Textsortenspezifik erkennen;
- die parasprachlichen und gegebenenfalls nonverbalen Elemente interpretieren;
- die zur Verfügung stehenden Restaurationsprogramme zur Behebung einer defizitär ankommenden Information aktivieren;
- permanent Vermutungen über den weiteren Verlauf des Informationsflusses anstellen;
- die komplexen Informationen auf merkfähige Aussagekerne reduzieren;
- eventuell die wichtigsten Informationen schriftlich dokumentieren.

Dies ist eine sehr komplexe mentale Anforderung. Lernschwierigkeiten können prinzipiell in jedem Stadium dieses Prozesses auftreten und verlangen demnach unterschiedliche Fördermaßnahmen. Nicht hilfreich – weil viel zu undifferenziert – ist es, Lernschwierigkeiten allein durch vielmaliges Rezipieren von Hör-/Hörsehtexten kompensieren zu wollen. Richtiger ist es, die Lernschwierigkeiten konkret zu diagnostizieren und dann die entsprechenden Fördermaßnahmen einzuleiten. Mögliche Lernschwierigkeiten beim Hör-/Hör-Sehverstehen sind die folgenden.

- *1. Lernschwierigkeit:* Der Lerner hat Angst, beim Hör-/Hör-Sehverstehen zu versagen (Misserfolgsängstlichkeit).
  Fördermaßnahme: Zunächst kurze und sehr einfache Hör-/Hör-Sehtexte einsetzen, die dem Lerner Sicherheit geben und über das Erfolgserlebnis Motivation und Selbstwertgefühl stärken.
- *2. Lernschwierigkeit:* Der Lerner hat kein Interesse am Thema des Hör-/Hör-Sehtextes und ist nicht bereit, sich auf den Text einzulassen.
  Fördermaßnahme: Die Themen der Hör-/Hör-Sehtexte so auswählen, dass sie das Interesse der Lerner finden und ihrer Erfahrungswelt nahe sind.

▸ *3. Lernschwierigkeit:* Dem Lerner fehlt das nötige Weltwissen zum Erfassen der Hör-/Hör-Sehsituation.

Fördermaßnahme: Vor dem Hören/Hör-Sehen sicherstellen, dass das für das Verstehen des Hör-/Hör-Sehtextes nötige Weltwissen beim Lerner vorhanden ist.

Lernstrategie: Der Lerner muss lernen, auf Bilder, Geräusche, Stimmungen etc. zu achten und daraus auf die Hör-/Hör-Sehsituation zu schließen.

▸ *4. Lernschwierigkeit:* Dem Lerner fehlt das minimale sprachliche Vorwissen zum Verstehen des Textes.

Fördermaßnahme: Den Text sprachlich vorentlasten. Dies muss nicht für alle Lerner der Klasse erfolgen, sondern kann auch durch individuelle zusätzliche Hilfen (Illustrationen, *phrase banks* etc.) geschehen.

▸ *5. Lernschwierigkeit:* Der Lerner hat Schwierigkeiten, sich auf die Hör-/Hör-Sehsituation einzustellen und die nötige Konzentration aufzubringen.

Fördermaßnahme: Eine entspannte, aufnahmebereite Grundhaltung herstellen. Dies kann durch entsprechende Entspannungs- und Konzentrationsübungen erreicht werden.

Lernstrategie: Der Lerner muss wissen, wie bedeutungsvoll diese Phase ist, und er muss wissen, wie er sich besser konzentrieren kann.

▸ *6. Lernschwierigkeit:* Der Lerner hat Schwierigkeiten bei der Entschlüsselung der auditiv aufgenommenen Informationen. Es fällt ihm schwer, den aufgenommenen Lautstrom zu segmentieren und zu strukturieren.

Fördermaßnahme: Die Segmentierung der auditiven Information (Diskrimination) explizit üben. Dies betrifft sowohl die Ebene der einzelnen Laute, Wörter, Phrasen als auch ganzer Sätze.

Fördermaßnahme: Beim Erarbeiten neuer Wörter bzw. neuer Phrasen der phonetischen Komponente große Aufmerksamkeit widmen.

Fördermaßnahme: Die Sprechgeschwindigkeit von Hörtexten progressiv anlegen. Sie sollte anfangs deutlich reduziert sein, um dem Lerner mehr Zeit für Verarbeitungsprozesse zu geben. Mit zunehmender Sicherheit kann die Sprechgeschwindigkeit erhöht werden.

Lernstrategie: Der Lerner muss lernen, von Verstandenem auf Unverstandenes zu schließen *(intelligent guessing).*

▸ *7. Lernschwierigkeit:* Der Lerner hat Schwierigkeiten, Störgeräusche auszublenden.

Fördermaßnahme: Hör-/Hör-Sehtexte nicht sofort mit natürlichen Hintergrund- und Störgeräuschen überlagern. Erst mit zunehmender Sicherheit der Lerner können solche Geräusche häufiger auftreten.

Fördermaßnahme: Das Hör-/Hör-Sehverstehen in einer Umgebung trainieren, in der möglichst wenige natürliche Umweltgeräusche auftreten. Der Einsatz von Kopfhörern ist vorteilhaft.

Lernstrategie: Der Lerner muss lernen, sich auf den Inhalt zu fokussieren und Störgeräusche bewusst auszublenden.

▸ *8. Lernschwierigkeit:* Der Lerner hat Schwierigkeiten, wesentliche Informationen von unwesentlichen Informationen zu unterscheiden.
Fördermaßnahme: Spezielle Übungen zur Unterscheidung wesentlicher Informationen eines Textes von Nebensächlichkeiten in den Englischunterricht integrieren.

▸ *9. Lernschwierigkeit:* Der Lerner hat ein schwaches Kurzzeitgedächtnis und kann deswegen die relevanten Informationen nicht lange genug behalten.
Fördermaßnahme: Zunächst kurze Hör-/Hör-Sehtexte einsetzen, um die Gedächtniskapazität der Lerner nicht zu überfordern. Die Länge sollte mit zunehmender Fertigkeit langsam gesteigert werden.
Fördermaßnahme: Spezielle Übungen zur Steigerung der Gedächtniskapazität in den Unterricht integrieren.
Lernstrategie: Memorierstrategien sollten bewusst vermittelt und gezielt trainiert werden.

▸ *10. Lernschwierigkeit:* Der Lerner hat Probleme, die Informationen im Kurzzeitgedächtnis zu behalten und gleichzeitig die schriftlichen Informationen der Aufgabenstellung zu verarbeiten.
Fördermaßnahme: Relevante Aufgabenformate bewusst machen und den Umgang mit ihnen trainieren.
Lernstrategie: Der Lerner muss verschiedene Varianten der Dokumentation des Verstandenen kennen und trainieren, um die für ihn passende herauszufinden.

Als letzter Hinweis ist anzumerken, dass gerade bei Schülern mit Lernschwierigkeiten dem Hör-Seh-Verstehen der Vorrang gegenüber dem reinen Hörverstehen einzuräumen ist. Die Verbindung auditiver mit visueller Information entspricht nicht nur viel eher der natürlichen Gesprächssituation, sondern erleichtert auch in einer schulischen Sprachlernsituation gerade Schülern mit Lernschwierigkeiten das Verstehen. Reines Hörverstehen sollte auf Situationen beschränkt werden, in denen auch in der natürlichen Kommunikation keine visuellen Informationen zur Verfügung stehen (*radio talks*, Durchsagen am Flughafen etc.).

12.3.2 Leseverstehen

Dem Leseverstehen kommt in unserer stark textlich geprägten Gesellschaft eine große Bedeutung zu. Auch im schulischen Unterricht basiert vieles auf der Rezeption von Lesetexten. Leseverstehen bedeutet dabei zunächst einmal Informationsaufnahme aus einem schriftlichen Text. Wenn ein Mensch einen Lesetext verstehen will, so muss er

▸ eine Lesemotivation finden;
▸ das thematische Vorwissen reaktivieren;
▸ das sprachliche Vorwissen reaktivieren;
▸ die Leseintention dem Vorwissen anpassen;

- seine Aufmerksamkeit bündeln;
- Wort-, Satz- und Textsinngehalte erschließen;
- Hypothesen während des Leseprozesses ständig verifizieren oder falsifizieren;
- neue Informationen und Vorwissen integrieren;
- den Text bewerten und
- persönliche Schlussfolgerungen ableiten.

Auch der Leseprozess stellt einen sehr komplexen mentalen Vorgang dar, in dem vielerlei Störungen zu Lernschwierigkeiten führen können, welche dann durch geeignete Fördermaßnahmen zu beheben sind. Die wichtigsten seien hier erörtert.

- *1. Lernschwierigkeit:* Der Lerner hat kein Interesse am Lesetext.
  Fördermaßnahme: Es sind solche Lesetexte auszuwählen, die das Interesse der Lerner finden.
- *2. Lernschwierigkeit:* Dem Lerner fehlt das nötige Weltwissen, um den Lesetext zu verstehen.
  Fördermaßnahme: Es ist sicherzustellen, dass die Lerner das relevante Weltwissen erwerben können.
- *3. Lernschwierigkeit:* Der Lerner hat Schwierigkeiten, sich auf die Lesesituation einzustellen und die nötige Konzentration aufzubringen.
  Fördermaßnahme: Eine entspannte, aufnahmebereite Grundhaltung ist die erste Voraussetzung für erfolgreiches Leseverstehen. Diese herzustellen, kann durch entsprechende Entspannungs- und Konzentrationsübungen erreicht werden.
  Fördermaßnahme: Um die Konzentrationsfähigkeit der Lerner nicht über Gebühr zu strapazieren, sollten die Texte am Anfang kurz sein. Die Komplexität kann sich mit zunehmender Lesefertigkeit erhöhen.
  Lernstrategie: Der Lerner muss wissen, wie bedeutungsvoll diese Phase ist, und er muss wissen, wie er sich besser konzentrieren kann.
- *4. Lernschwierigkeit:* Der Lerner hat Schwierigkeiten, die Schrift visuell zu erfassen und zu entschlüsseln (zu enge Fokusbreite).
  Fördermaßnahme: Auch wenn hier die Forschung noch am Anfang steht, so lassen sich doch bereits einige Merkmale benennen, die ein Textlayout für Schüler mit Leseschwierigkeiten haben sollte:
  – keine schwarze Schrift auf weißem Hintergrund,
  – Schriftgröße mindestens 12 Punkt,
  – klarer Schrifttyp (zum Beispiel Arial),
  – keine Kursivschrift,
  – klares Textlayout: Zeilen kurz, schmale Spalten, großer Zeilenabstand und
  – Text auch durch Boxen und differenzierte Farbgestaltung strukturieren.
  Fördermaßnahme: Es kann sinnvoll sein, für das Verfolgen der Zeile dem Ler-

ner Hilfsmittel zur Verfügung zu stellen (mit dem Finger folgen, ein Lineal unter die Zeile legen etc.).

▸ *5. Lernschwierigkeit:* Der Lerner hat Schwierigkeiten, Wörter zu verstehen.
Fördermaßnahme: Der Lerner muss einen soliden Grundwortschatz besitzen, das heißt eine gewisse Anzahl lexikalischer Einheiten muss nachhaltig gelernt werden.
Lernstrategie: Der Lerner muss über Worterschließungsstrategien verfügen.

▸ *6. Lernschwierigkeit:* Der Lerner hat Schwierigkeiten, Sätze zu verstehen.
Fördermaßnahme: Schwierigkeiten auf der Ebene der Syntax lassen sich dadurch beheben, dass immer wieder Satzstrukturen analysiert, besprochen und geübt werden. Besonders Übungen zur Satzgliedanalyse und zur Wortstellung sind hier hilfreich.

▸ *7. Lernschwierigkeit:* Der Lerner hat Schwierigkeiten, den Text zu segmentieren und zu strukturieren.
Fördermaßnahme: Komponentenübungen zur Textanalyse müssen in den Unterricht integriert werden.

▸ *8. Lernschwierigkeit:* Der Lerner hat Schwierigkeiten, Verstandenes im Kurzzeitgedächtnis zu behalten.
Fördermaßnahme: Es sollten Übungen zur Verbesserung des Kurzzeitgedächtnisses in den Unterricht integriert werden.

▸ *9. Lernschwierigkeit:* Der Lerner hat Schwierigkeiten, Verstandenes zu dokumentieren
Fördermaßnahme: Es sollten verschiedene Formen der Dokumentation geübt werden.

12.3.3 Sprechen

Der Entwicklung mündlicher Sprachhandlungsfähigkeit sollte im Englischunterricht mehr Aufmerksamkeit gewidmet werden, als das heute der Fall ist. Dies betrifft die Entwicklung des monologischen wie auch des dialogischen Sprechens gleichermaßen. Um Lernschwierigkeiten bei der Entwicklung der Sprechfertigkeit erkennen und therapieren zu können, sollte jede Lehrkraft wissen, welche mentalen Prozesse während der Generierung einer sprachlichen Äußerung durch den Lerner zu bewältigen sind. So muss er

▸ eine kommunikative Situation erkennen und einschätzen;
▸ auf der Grundlage eines entstandenen oder vorgegebenen Motivs eine oder mehrere Redeabsichten entwickeln;
▸ den Inhalt der Äußerung gedanklich planen;
▸ das Konzept innerlich versprachlichen;
▸ das Konzept lautsprachlich entäußern;
▸ den Sprechakt nonverbal begleiten;
▸ den Erfolg oder Misserfolg des Kommunikationsereignisses erkennen.

Folgende Lernschwierigkeiten können in diesem Prozess auftreten:

▸ *1. Lernschwierigkeit:* Der Lerner hat kein Interesse an der Kommunikation. Fördermaßnahme: Sprechakte müssen immer in ein Handlungskontinuum eingebettet sein, das dem Lerner nützlich erscheint. Es muss klar sein, die Meisterung welcher relevanten Kommunikationssituation im Unterricht vorbereitet wird.

▸ *2. Lernschwierigkeit:* Dem Lerner fehlt das Weltwissen, um die Kommunikationssituation richtig einschätzen zu können. Fördermaßnahme: Der Englischunterricht darf nicht nur Sprachwissen vermitteln, sondern muss immer auch das relevante Kultur- und Weltwissen mit im Blick haben.

▸ *3. Lernschwierigkeit:* Dem Lerner fällt es schwer, seine Rede zu strukturieren. Fördermaßnahme: Es hilft vielen Lernern, wenn der Phase der mündlichen Produktion eine Phase der schriftlichen Vorbereitung bzw. des Trainings vorausgeht. Zum einen kann dies, wie beim Schreiben auch, eine Orientierung an generischen Mustern sein. Den Lernern wird ein Mustertext (monologisch oder dialogisch) präsentiert. Zunächst wäre dies in audiovisueller Form vorteilhaft. Danach wird den Lernern der Text schriftlich zur Verfügung gestellt. Danach kann der Text variiert und trainiert werden. Erst dann erfolgt das tatsächliche Sprechen. Lerntechnik: Zum anderen müssen die Lerner mit Methoden vertraut gemacht werden, die die schriftliche Vorbereitung mündlicher Sprachproduktion begleiten (zum Beispiel *note-making*).

▸ *4. Lernschwierigkeit:* Dem Lerner fällt es schwer, frei zu sprechen. Fördermaßnahme: Das Vortragen schriftlicher Texte (interpretatives Lesen, *playreading* etc.) – auch mit sukzessiver Reduktion der Textvorlage – kann helfen, diese Lernschwierigkeit zu überwinden.

▸ *5. Lernschwierigkeit:* Der Lerner spricht Wörter falsch aus. Fördermaßnahme: Das Training der richtigen Aussprache von Lauten und Wörtern muss essenzieller Bestandteil des Unterrichts sein. Dies sollte zum einen durch entsprechende Ausspracheübungen und zum anderen durch Erläuterungen zur Lautphysiologie erfolgen. Fördermaßnahme: Das Training des phonetischen Alphabets hilft dabei, den Lerner zur selbständigen Auseinandersetzung mit Phonem-Graphem-Relationen zu befähigen.

▸ *6. Lernschwierigkeit:* Beim Produzieren komplexer Sätze und Texte hat der Lerner Schwierigkeiten mit Intonation und Prosodie. Fördermaßnahme: Das laute Vorlesen von isolierten Sätzen oder Texten, nachdem diese gehört (vom Lehrer vorgelesen oder von der Tonkonserve) wurden, hilft die richtige Intonation und Prosodie zu trainieren.

▸ *7. Lernschwierigkeit:* Der Lerner hat Schwierigkeiten, eine angemessene Körpersprache zu finden.

Fördermaßnahme: Die Wirkungsweise körpersprachlicher Kommunikation im Unterricht besprechen.

Fördermaßnahme: Häufig szenisches Darstellen (*playreading,* Rollenspiele, Stegreifspiele, Simulationen etc.) in den Unterricht integrieren.

▸ *8. Lernschwierigkeit:* Der Lerner hat Schwierigkeiten, die Reaktion des Kommunikationspartners einzuordnen.

Fördermaßnahme: Training der Empathiefähigkeit in den Unterricht integrieren.

Fördermaßnahme: Das Nachfragen trainieren.

12.3.4 Schreiben

Das Schreiben ist eine komplexe Kulturtechnik, die besonders in den schrifttextorientierten westlichen Gesellschaften einen hohen Stellenwert einnimmt. Im Fremdsprachenunterricht hat das Schreiben eine Vielzahl von Funktionen. Zum einen unterstützt das Schreiben durch Einbeziehung der feinmotorischen Komponente den Fremdsprachenlernprozess in vielen Dimensionen (lernprozessorientiertes Schreiben). So werden zum Beispiel Wörter, Phrasen oder syntaktische Einheiten besser behalten, wenn sie auch geschrieben worden sind. Andererseits dient das Schreiben dem Verfassen von Texten als Basis der schriftlichen Kommunikation (produktorientiertes Schreiben). Das produktorientierte Schreiben lässt sich wiederum kategorisieren in das pragmatische und das kreative Schreiben. Sowohl beim pragmatischen wie auch beim kreativen Schreiben vollzieht der kompetente Schreiber – bewusst oder unbewusst – eine Reihe mentaler Prozesse, die der Fremdsprachenlehrer kennen sollte, um beim Lerner auftretende Lernschwierigkeiten richtig einordnen zu können. Beim Verfassen eines Textes muss der Schreiber

▸ sein themenspezifisches Wissen aktivieren;
▸ sein Sprachwissen aktivieren;
▸ sein Wissen über das Genre aktivieren;
▸ seine Ideen verschriftlichen;
▸ den Schreibprozess beständig überwachen;
▸ das Schreibprodukt selbstkritisch einschätzen;
▸ das Schreibprodukt überarbeiten;
▸ gegebenenfalls eine Reinschrift anfertigen.

Die bei dieser komplexen Anforderung möglicherweise auftretenden Schwierigkeiten sollen wiederum schlaglichtartig dargelegt und mit möglichen Fördermaßnahmen untersetzt werden.

▸ *1. Lernschwierigkeit:* Der Lerner hat kein Interesse, zum vorgegeben Thema einen Text zu verfassen.

Fördermaßnahme: Es müssen solche Schreibanlässe ausgewählt werden, die für die Lerner Relevanz besitzen.

Fördermaßnahme: Kreative Schreibaufgaben helfen das Interesse am Schreiben zu wecken.

Fördermaßnahme: Schreibspiele können zum Schreiben motivieren.

▸ *2. Lernschwierigkeit:* Dem Lerner fehlt das nötige Weltwissen, um zu einem vorgegebenen Thema einen Text zu verfassen.

Fördermaßnahme: Solche Themen wählen, die der Lebenswelt der Schüler entstammen oder ihr nah sind.

Fördermaßnahme: Vor dem Schreibprozess das nötige Weltwissen bereitstellen oder erarbeiten lassen.

▸ *3. Lernschwierigkeit:* Dem Lerner fehlt das nötige Sprachwissen, um einen thematisch relevanten Text zu verfassen.

Fördermaßnahme: Vor dem Schreibprozess relevante Wortfelder im Unterricht erarbeiten.

Lernstrategie: Mit den Lernern den Umgang mit relevanten (elektronischen) Nachschlagewerken trainieren.

▸ *4. Lernschwierigkeit:* Es fällt dem Lerner schwer, seine Ideensammlung zu verschriftlichen.

Lernstrategie: Möglichkeiten des Sammelns und Verschriftlichens von Ideen im Unterricht trainieren.

▸ *5. Lernschwierigkeit:* Dem Lerner fehlt das Wissen über das Genre des zu verfassenden Textes. Er ist nicht in der Lage, seine Gedanken zu ordnen und Texte zu planen und zu strukturieren.

Fördermaßnahme: Im Unterricht im Sinne des generischen Ansatzes stärker mit Modelltexten arbeiten. Mit zunehmender Schreibfertigkeit werden diese Texte stärker verändert *(creative copying).*

▸ *6. Lernschwierigkeit:* Der Lerner schreibt schwerfällig und langsam.

Fördermaßnahme: Häufige, motivierende Schreibübungen und Schreibspiele helfen, die Schreibgeschwindigkeit zu steigern.

▸ *7. Lernschwierigkeit:* Der Lerner schreibt so unleserlich, dass der Text nicht zu verstehen ist.

Fördermaßnahme: Übungen im „Schönschreiben" können helfen, die Handschrift zu verbessern.

▸ *8. Lernschwierigkeit:* Dem Lerner fehlt die orthografische Sicherheit.

Fördermaßnahme: Die orthografische Komponente darf bei der Wortschatzarbeit nicht zu kurz kommen.

▸ *9. Lernschwierigkeit:* Die Lerner sind nicht in der Lage, Sätze zu konstruieren. Neben der fehlenden orthografischen Sicherheit hat auch eine fehlende syntaktische Sicherheit negative Auswirkungen auf die Schreibfertigkeit.

Fördermaßnahme: Übungen zum grammatisch korrekten Schreiben dürfen aus dem Englischunterricht nicht ausgeklammert werden.

▸ *10. Lernschwierigkeit:* Der Lerner ist nicht in der Lage, sein Schreibprodukt selbstkritisch einzuschätzen.

Fördermaßnahme: Dem Lerner sollte die Wirkung der Qualität eines Schriftstückes auf den Adressaten (zum Beispiel bei einem Bewerbungsschreiben) bewusst gemacht werden.

Fördermaßnahme: Der Lerner sollte nicht immer nur seine eigenen Texte kritisch überarbeiten müssen, sondern auch vorgegebene Fremdtexte (durch den Lehrer erstellte unzulängliche Texte, Texte von Mitschülern etc.).

▸ *11. Lernschwierigkeit:* Der Lerner ist nicht in der Lage, sein Schreibprodukt zu überarbeiten.

Fördermaßnahme: Hier hilft das Vorgeben und Analysieren mustergültiger Modelltexte, anhand derer der Lerner seinen Text überarbeiten kann.

Generell bleibt anzumerken, dass es auch beim Schreiben hilfreich ist, wenn die Lerner die Phasen des Schreibprozesses und die damit verknüpften Lernstrategien kennen und dieses Wissen bewusst in ihrem Schreibprozess anwenden. Außerdem sollten Lerner mit Schreibschwierigkeiten zum Lesen ermutigt werden, da Leseschwierigkeiten immer auch Schreibschwierigkeiten nach sich ziehen bzw. gute Leser besser schreiben können.

12.4 Selektionsdiagnostik

Gelegentlich ist es im Unterrichtsprozess aber auch nötig, zu überprüfen, inwieweit die Schüler die von außen herangetragenen Erwartungen (Lehrpläne, Curricula, Standards etc.) erfüllen. Die Erfüllung oder Nichterfüllung der Anforderungen wird dann mit Ziffernnoten quantifiziert beurteilt und beurkundet. Da eine solche Leistungsfeststellung einen Verwaltungsakt darstellt, sollte sie mit der nötigen Sorgfalt und der nötigen Transparenz erfolgen. In der Regel wird gefordert, dass die Leistungsbeurteilung auf der Basis einer durchgeführten Leistungsermittlung oder Leistungsmessung (Leistungskontrollen, Klassenarbeiten, Klausuren) erfolgt. Es wird angestrebt, dass diese Leistungsermittlungen den Gütekriterien

▸ Objektivität (Unabhängigkeit von der Person des Messenden),
▸ Reliabilität/Zuverlässigkeit (Freiheit von Messfehlern) und
▸ Validität/Gültigkeit (es wird tatsächlich nur gemessen, was vorgegeben wird zu messen)

entsprechen. Im Schulalltag können diese Kriterien wohl angestrebt werden, aber es liegt in den Rahmenbedingungen des Systems Schule begründet, dass sie nie wirklich erreicht werden können. Aus genau diesem Grund werden zunehmend regional übergreifende und zentrale Parallelarbeiten, Vergleichsarbeiten, Lernstandserhebungen, Abschlussprüfungen bis hin zum Zentralabitur diskutiert und eingeführt. Wenn das Wissen um die systembedingte Unvollkommenheit in der Klasse durchgeführter Leistungsermittlungen den Lehrer eventuell erleichtert, so entbindet es ihn – mit Blick auf die Auswirkungen der erteilten

Noten auf den Lebensweg der Schüler – nicht von der Pflicht zur größtmöglichen Sorgfalt bei der Planung und Durchführung von Leistungsermittlungen. Einige wichtige Aspekte sollen im Folgenden in der gebotenen Kürze dargestellt werden.

Generell gelten für die Planung, Durchführung und Auswertung von Leistungsermittlungen zwei Grundsätze: der Grundsatz der proportionalen Abbildung und der Grundsatz der Variabilität. Der Grundsatz der proportionalen Abbildung besagt, dass in der Leistungsermittlung nur das Gegenstand sein kann, was vorher auch im Unterricht so erlernt und geübt worden ist. Dies betrifft sowohl die Aufgabeninhalte (Themen) als auch die Aufgabenformate. Der Grundsatz der Variabilität besagt, dass es eine möglichst große Variabilität in den Aufgabeninhalten und -formaten geben muss, sodass ein Schüler nicht aufgrund der Nichtbewältigung einer Aufgabe (wegen des Inhalts oder des Formats) einen Totalausfall in der gesamten Leistungsermittlung erleidet.

12.4.1 Aufgaben: *tasks, exercises, test items*

Leistungsermittlungen werden in der Regel über Aufgaben gesteuert. Dabei ist der deutsche Terminus „Aufgabe" sehr schwammig. Das Englische hilft hier weiter, indem es drei Termini unterscheidet: *task, exercise* und *test item*, die auch für die Konzeption von Leistungsermittlungen zu unterscheiden gilt.

Tasks
▸ sind komplexe Lernaufgaben zur Entwicklung von Kompetenzen;
▸ zielen auf die Verwendung von Sprache als kommunikative Tätigkeit ab;
▸ befähigen zur Bewältigung von fremdsprachigen Handlungs- und Problemlösesituationen;
▸ sind hinreichend komplex, um kognitive und metakognitive, sprachlich-diskursive sowie interaktionale Prozesses anzuregen;
▸ sind *meaningful;*
▸ sind *relevant;*
▸ sind herausfordernd und motivierend;
▸ ermöglichen kulturelles Lernen sowohl hinsichtlich fremdsprachiger Kulturen als auch der Lebenswelt der Lerner;
▸ ermöglichen eine authentische Verwendung der Zielsprache;
▸ fördern kooperatives Sprachenlernen durch strukturierte Partner- und Gruppenarbeit;
▸ fordern ein (bewertbares) Produkt als Ergebnis und
  lassen individuelle Lernwege und Lösungen zu.

Exercises
▸ sind Übungen zur Entwicklung von Teilkompetenzen;
▸ dienen der entlastenden Vorbereitung auf die Bewältigung komplexer Aufgaben;

▸ dienen der Therapie bei der Bewältigung komplexer Aufgaben diagnostizierter Defizite;

▸ konzentrieren sich auf Teilkompetenzen der Sprache bzw. der Sprachbenutzung;

▸ befähigen den Lerner zum sicheren Umgang mit Sprache (Geläufigkeitstraining, Automatisierung);

▸ trainieren Teilkompetenzen im Bereich der sprachlichen Mittel (Wortschatz, Grammatik, Phonetik, Orthografie);

▸ trainieren Teilkompetenzen im Bereich der kommunikativen Fertigkeiten (Hören, Lesen, Sprechen, Schreiben, Sprachmittlung) und

▸ trainieren Strategien sowie Techniken.

Test items
▸ sind Testaufgaben zur Überprüfung von Kompetenzen und Teilkompetenzen;

▸ diagnostizieren und stellen den individuellen Förderbedarf fest (Förderdiagnostik) oder diagnostizieren und sind Selektionsgrundlage (Selektionsdiagnostik);

▸ überprüfen je nach didaktischer Intention isoliert die Entwicklung von Teilkompetenzen *(achievement test)* oder die Fähigkeit zur Bewältigung komplexer Handlungs- und Problemlösesituationen *(proficiency test)*;

▸ orientieren sich je nach didaktischer Intention an einer transparenten individuellen, kriterialen oder sozialen Bezugsnorm;

▸ haben eine eindeutige Lösung bzw. ein eindeutiges Erwartungsbild und

▸ werden positiv korrigiert.

Eine Leistungsermittlung *(test)*, die den Gütekriterien und psychometrischen Grundsätzen entsprechen muss (Vergleichsarbeiten, zentrale Abschlussprüfungen etc.), muss ausschließlich mit einer eingeschränkten Zahl an *test items* arbeiten. Deshalb sind die Aufgabenformate in solchen Leistungsermittlungen auch sehr eingeschränkt. Bei der Erstellung von Leistungsermittlungen in der Klasse ist der Lehrer da wesentlich freier, was dem Prinzip der Variabilität deutlich besser entspricht.

12.4.2 Aufgaben: geschlossen bis offen

Ein erster Aspekt, der bei der Konstruktion der Aufgaben einer Leistungsermittlung berücksichtigt werden sollte, ist die Aufgabenkomplexität. Aufgaben lassen sich nach dem Reaktionsspielraum, den sie dem Lerner lassen, in geschlossene, halboffene und offene Aufgaben kategorisieren. Konkret wären das (aufsteigend von geschlossen zu offen) folgende Aufgabenformate: Aufgaben, die

▸ eine nichtsprachliche Reaktion erfordern (TPR);

▸ eine minimale sprachliche Reaktion erfordern (Einsetzaufgaben; *wh-questions*);

▸ eine sprachlich und inhaltlich vorbestimmte Reaktion hervorrufen (*transformation exercises, construction exercises*, Übersetzung, Diktat);

▸ eine inhaltlich, aber nicht sprachlich bestimmte Reaktion hervorrufen (Nacherzählung, Bildbeschreibung, Bildergeschichte, Diagramme, Verständnisfrage usw.);

▸ eine freie Äußerung zulassen (Textinterpretationsaufgaben, Assoziationen zu Bild oder Text, Essay usw.).

Je offener eine Aufgabe gestaltet ist, desto schwieriger ist es, mit ihr den Testgütekriterien zu entsprechen (zum Beispiel Auswertungsobjektivität bei einer kreativen Schreibleistung). Dies ist bei der Auswertung einer klasseninternen Leistungsermittlung weniger wichtig (ein Lehrer beurteilt alle Leistungen), deshalb sollte dem Prinzip der Variabilität entsprechend, eine Mischung aus geschlossenen, halboffenen und offenen Aufgaben Eingang in die Leistungsermittlung finden.

12.4.3 Aufgaben: die Kompetenzbereiche

Ein zweiter Aspekt bei der Konstruktion von Aufgaben ist die Berücksichtigung der unterschiedlichen Kompetenzbereiche. Bestimmte Aufgabenformate eignen sich besser als andere für die Überprüfung unterschiedlicher Subkompetenzen. Nachfolgend sollen einige Aufgabenformate für das Überprüfen der in den Bildungsstandards für die Erste Fremdsprache genannten kommunikativ-funktionalen Kompetenzen exemplarisch aufgeführt werden:

▸ Aufgabenformate zur Überprüfung der rezeptiven Fertigkeiten *Hörverstehen, Hör-Seh-Verstehen und Leseverstehen:*
  – *True/false*-Aussagen
  – *Multiple-choice*-Aussagen
  – Verbinden von Fragmenten (*matching*)
  – Ordnen von Fragmenten (*sequencing*)
  – Vervollständigen von Aussagen (*completing*)
  – Richtigstellen fehlerhafter Aussagen (*correcting*)
  – Finden von Überschriften (*headlining*)
  – Beantworten von Fragen
  – Reagieren auf Aussagen zum Text
  – Zusammenstellen von Aussagen verschiedener Quellen zu einem Thema
  – Auffinden von Zitaten
  – Zuordnen von Text und Bild
  – Tabellarische und schematische Darstellung gewonnener Informationen
  – Textzusammenfassung

▸ Aufgabenformate zur Überprüfung der produktiven Fertigkeiten *Sprechen und Schreiben:*
  – Ausfüllen von Formularen

- Ergänzen eines angefangenen Textes
- Umsetzen einer visuellen Vorlage in Sprache
- Erläutern von Tabellen, Diagrammen
- Beschreiben von Produkten und Abläufen
- Schreiben eines Briefes, einer E-Mail oder eines Faxes nach Situationsvorgaben oder in Beantwortung eines vorgegebenen Schreibens
- Verfassen von Anweisungen, Zeitungsartikeln, Berichten, Memos
- Zusammenfassungen, einfachere Aufsätze, Kommentare
- Entwerfen von Reden, Präsentationen
▸ Aufgabenformate zur Überprüfung *interaktiver Fertigkeiten:*
- Gespräche über persönliche und schulische Themen
- Rollenspiele mit Rollenkarten
- Rollenspiele gemäß einer vorgegebenen Situation
- Meinungsaustausch und Diskussion
- Debattieren
- Stellungnahme und Meinungsäußerungen
- Zielgerichtete Frage-Antwort-Gespräche
- Argumentationen
▸ Aufgabenformate zur Überprüfung der Fertigkeiten der *Sprachmittlung:*
- Umschreiben vorgegebener Sachverhalte oder Texte
- Sinngemäße Wiedergabe des Inhaltes von Informationen aus schriftlichen Texten (Speisekarten, Stadtplan, Produktbeschreibungen, Aufschriften, Notizen etc.)
- Sinngemäße Wiedergabe des Inhaltes von mündlich übermittelten Informationen (Telefongespräche, Vorträge etc.)
- Leichte Formen des Übersetzens
- Leichte Formen des Dolmetschens

12.4.4 Aufgaben: das Anforderungsniveaus

Auch bei der Festsetzung des Niveaus der Leistungsermittlung ist der Grundsatz der Proportionalität zu berücksichtigen. Die Aufgaben dürfen nicht schwieriger sein als die, die vorher im Unterricht geübt worden sind. Auch sollte eine Mischung aus weniger schwierigen und schwierigen Aufgaben da sein (Grundsatz der Variabilität).

Zur Festlegung des Schwierigkeitsgrades von Aufgaben kann man Lernzieltaxonomien heranziehen, zum Beispiel die von Benjamin Bloom (vgl. Bloom u. a. 1956). Im Wesentlichen korrelieren die sechs Ebenen der kognitiven Lernzieldurchdringung mit folgenden (exemplarisch aufgeführten) Sprachhandlungen und Operatoren:
▸ *Wissen:* Der Lerner kann relevantes Wissen und Kenntnisse wie zum Beispiel Begriffe, Definitionen, Fakten, Daten, Regeln, Gesetzmäßigkeiten, Theorien, Merkmale, Kriterien, Abläufe wiedergeben.

Mögliche Aufgabenoperatoren: *Count ..., Define ..., Identify ..., List ..., Memorize ..., Name ..., Recall ..., Recite ..., Repeat ..., Show ..., Tell ...*

▸ *Verstehen:* Der Lerner kann Sachverhalte und Zusammenhänge mit eigenen Worten erklären oder zusammenfassen und kann Beispiele anführen.
Mögliche Aufgabenoperatoren: *Conclude ..., Describe ..., Explain ..., Give examples ..., Paraphrase ..., Put into your own words ..., Retell ..., Rewrite ..., Summarize ...*

▸ *Anwenden:* Der Lerner kann das Gelernte auf andere Situationen problemlösend übertragen.
Mögliche Aufgabenoperatoren: *Adapt ..., Use ..., Apply ..., Construct ..., Dramatize ..., Model ..., Modify ..., Organize ..., Plan ..., Prepare ..., Role-play, Simulate ..., Solve ..., Translate ...*

▸ *Analysieren:* Der Lerner kann Widersprüche aufdecken, Zusammenhänge erkennen und Folgerungen ableiten.
Mögliche Aufgabenoperatoren: *Analyse ..., Categorize ..., Classify ..., Compare ..., Contrast ..., Examine ..., Investigate ..., Question ..., Test for ...*

▸ *Synthetisieren:* Der Lerner kann Lösungswege vorschlagen, Schemata oder begründete Hypothesen entwerfen.
Mögliche Aufgabenoperatoren: *Combine ..., Invent ..., Produce ..., Compose ..., Hypothesize ..., Imagine ..., Write ..., Predict ...*

▸ *Beurteilen:* Der Lerner kann Alternativen gegeneinander abwägen und auswählen sowie Entschlüsse fassen und begründen.
Mögliche Aufgabenoperatoren: *Argue ..., Assess ..., Choose ..., Combine ..., Criticize ..., Decide ..., Evaluate ..., Judge ..., Prioritize ..., Rank ..., Rate ..., Select ..., Value ...*

12.4.5 Aufgaben: der Umfang

Eine Leistungsermittlung ist umso zuverlässiger, je mehr Aufgaben sie enthält. Durch die größere Aufgabenanzahl werden Messfehler relativiert. Es ist also wichtig (Grundsatz der Variabilität) eine entsprechend große Anzahl von Aufgaben zu konzipieren, die sich im Reaktionsspielraum, in den Kompetenzbereichen und im Anforderungsniveau unterscheiden. Daraus ergibt sich, dass eine komplexere Leistungsermittlung mindestens 45 Minuten, besser 90 Minuten dauern sollte. Leistungsermittlungen, die länger als 90 Minuten dauern, sind für lernschwächere Schüler wiederum abzulehnen, da sonst die Anforderungen an das Konzentrationsvermögen unter Umständen die Ergebnisse der Leistungsermittlung verfälschen können.

12.4.6 Aufgaben: die Formulierung

Auch wenn dieser Aspekt der Konzeption von Aufgaben zur Leistungsermittlung auf den ersten Blick banal erscheinen mag – er ist es nicht. Es kommt gar nicht so selten vor, dass Schüler an Aufgaben scheitern, weil sie die Aufgaben, die sie inhaltlich unter Umständen hätten lösen können, nicht verstanden haben. Deshalb ist auf die Formulierung der Aufgaben größter Wert zu legen. Die Aufgaben müssen verständlich formuliert sein. Das heißt, am besten nur solche Aufgabenformulierungen zu verwenden, mit denen die Schüler vertraut sind; diese besser noch schlichter und einfacher formulieren als im Unterricht. Die Aufgaben müssen altersgemäß formuliert sein. Gerade mit Blick auf Schüler mit Lernschwierigkeiten: zu komplexe, zu abstrakte, zu verklausulierte Formulierungen ängstigen und verunsichern die Lerner und hindern sie also daran, ihr wahres Leistungsvermögen auszuschöpfen.

12.4.7 Aufgaben: die Reihenfolge

In der Regel ist dem Schüler die Reihenfolge der Bearbeitung der einzelnen Aufgaben einer Leistungsermittlung (besonders bei schriftlichen Leistungsermittlungen) freigestellt. Trotzdem arbeiten gerade schwache Lerner die Aufgaben häufig in der Reihenfolge des Aufgabenblattes ab. Dies ist insofern zu berücksichtigen, als dass die ersten Aufgaben weniger komplex und niedriger im Anforderungsniveau sein sollten. Dadurch erhalten gerade leistungsschwächere Lerner die Chance, sich zu entspannen und ihre Versagensängste etwas besser zu kontrollieren. Ob die schwierigsten Aufgaben in der Mitte oder (in aufsteigendem Anforderungsniveau) am Ende der Leistungsermittlung kommen, ist eher Geschmackssache. Allerdings sollten die Schüler darüber informiert sein, da gerade Lerner mit Lernschwierigkeiten das Niveau von Aufgaben selbst nicht immer sicher einschätzen können.

12.4.8 Aufgaben: die Musterlösung

Das Erarbeiten von Musterlösungen zu den einzelnen Aufgaben mag überflüssig erscheinen, aber häufig merkt man erst bei der Bearbeitung, ob sich noch Ungereimtheiten, ungewollte Schwierigkeiten oder missverständliche Formulierungen in den Aufgaben befinden. Besser noch als die Musterlösung selbst anzufertigen, wäre es, selbige von einem Kollegen anfertigen zu lassen, der an der Aufgabenerstellung nicht beteiligt war. Die kollegiale Zusammenarbeit bei der Erstellung von Leistungsermittlungen bietet sowieso eine Reihe von Arbeitserleichterungen, da die Arbeit auf mehrere Personen verteilt werden kann. Außerdem lässt eine in den Parallelklassen der Jahrgangstufen einheitlich durchgeführte Leistungsermittlung breitere Interpretationen zu. Allerdings hat dies auch Implikationen auf den der Leistungsermittlung vorausgehenden Unterricht, der dann natürlich auch zumindest auf einen Minimalkonsens hin abgestimmt werden müsste.

12.4.9 Planen der Rahmenbedingungen der Leistungsermittlung

In der schulischen Praxis wird es häufig der Fall sein, dass nicht die Leistungsermittlung bestimmt, wie die Rahmenbedingungen aussehen müssen, sondern dass erst die Rahmenbedingungen (zumindest teilweise) festliegen, an welche die Leistungsermittlung angepasst wird. Auf alle Fälle sollte genau geplant werden, wie lange die Leistungsermittlung dauern soll, wann die Leistungsermittlung stattfindet, welche räumlichen Voraussetzungen gegeben sein müssen (zum Beispiel Vorbereitungsraum bei einer mündlichen Leistungsermittlung), wie viele Lehrkräfte teilnehmen und welche Rolle sie haben sollen (*interlocutor* und *assessor* bei einer mündlichen Leistungsermittlung), welche Hilfsmittel gestattet sind und so weiter.

Das Optimum an strukturierter Lernzielorientierung und Transparenz des Unterrichts wäre es, wenn die Leistungsermittlung am Anfang der geplanten Unterrichtssequenz von allen in den Klassen einer Jahrgangsstufe unterrichteten Lehrkräften gemeinsam geplant, an einem vorher festgelegten Zeitpunkt durchgeführt und von den gleichen Kollegen gemeinsam ausgewertet würde.

12.4.10 Nach der Leistungsermittlung: Test- und Aufgabenanalyse

Auch selektionsdiagnostisch orientierte Leistungsermittlungen lassen Rückschlüsse auf eine verbesserte Gestaltung des weiteren Unterrichts zu. Aus diesem Grund sollte unbedingt eine Auswertung der Leistungsermittlung nach ihrer Durchführung erfolgen.

Fragen, die man sich in jedem Fall stellen sollte wären etwa:

▸ Wurde das gesteckte Lernziel insgesamt erreicht? Wenn nicht, woran könnte dies liegen?

▸ Gibt es Schüler, die andere Leistungen als erwartet gezeigt haben (im positiven wie im negativen Sinne)? Woran könnte dies liegen?

▸ Waren die Aufgaben gut konzipiert (hinsichtlich der Grundsätze der Proportionalität und der Variabilität)?

▸ Waren die Rahmenbedingungen richtig geplant (Arbeitszeit, Hilfsmittel etc.)?

▸ Wo haben sich Defizite in den Schülerleistungen gezeigt? Welche Konsequenzen hat dies für meinen Unterricht?

▸ Wo haben sich besondere Stärken in den Schülerleistungen gezeigt? Welche Konsequenzen hat das für meinen Unterricht?

So verstanden, sind auch selektionsorientierte Leistungsermittlungen nicht pures Mittel zur Ziffernnotengewinnung, sondern Bestandteile eines Regelkreises zur stetigen Optimierung des eigenen Unterrichts.

Literaturverzeichnis

Ashford, Stefanie/Finkbeiner, Claudia/Hellyer-Jones, Rosemary/Horner, Marion/Lampater, Peter/Pasch, Peter/Roth, Rolf W./Volk, Gunther (2000): Learning English. Red Line New 6. Stuttgart: Klett.

Bates, E./Goodman, J. (1997): On the Inseparability of Grammar and the Lexicon. Evidence from Acquisition, Aphasia and Real-Time Processing. In: Language & Cognitive Processes, 12, S. 507–586.

Bauer, Joachim (2009): Kleine Zellen, große Gefühle – wie Spiegelneurone funktionieren. In: Ulrich Herrmann (Hrsg.): Neurodidaktik. Grundlagen und Vorschläge für gehirngerechtes Lehren und Lernen. 2. Auflage. S. 49–57.

Baumgartner Peter/Payr, Sabine (1999): Lernen mit Software. 2. Auflage. Innsbruck: Studienverlag.

Baumgartner, Peter (2003). Didaktik, E-Learning-Strategien, Softwarewerkzeuge und Standards – Wie passt das zusammen? http://www.peter.baumgartner.name/material/article/Didaktik_Tools_Standards.pdf (letzter Zugriff 15. 10. 2012, auch in: Franzen, M. (Hrsg.): Mensch und E-Learning. Beiträge zur E-Didaktik und darüber hinaus. Aarau: Sauerländer, S. 9–25).

Bloom, Benjamin u. a. (Hrsg.) (1956): Taxonomie von Lernzielen im kognitiven Bereich. 5. Auflage. Weinheim, Basel: Beltz.

Brüning, Ludger/Saum, Tobias (2007): Erfolgreich unterrichten durch Kooperatives Lernen. Essen: Neue Deutsche Schule.

Byram, Michael (1997): Teaching and Assessing Intercultural Communicative Competence. Clevedon: Multilingual Matters.

Carrol, John B. (1962): The Prediction of Success In Intensive Foreign Language Training. In: Glaser, R. (Hrsg.): Training Research and Education. Pittsburgh: University of Pitsburgh. S. 87–136.

Edelhoff, Christoph (Hrsg.) (1985): Deutsch als Fremdsprache. Authentische Texte im Deutschunterricht. Einführung und Unterrichtsmodelle. Ismaning: Hueber.

Eisermann, Bettina (2009): Don't Ever Step on a Snake. Umgang mit Tieren in verschiedenen Kulturen untersuchen. In: Haß, Frank (Hrsg.): Englisch 5–10. Cultural Explorations. Seelze: Kallmeyer. S. 8–11 und Materialpaket.

Europarat (Hrsg.) (2002): Gemeinsamer europäischer Referenzrahmen für Sprachen: lernen, lehren, beurteilen. Berlin: Langenscheidt.

Gardner, Howard (2002): Intelligenzen. Die Vielfalt des menschlichen Geistes. Stuttgart: Klett-Cotta.

Gardner, R. C. (1985): Social Psychology and Second Language Learning: The Role of Attitudes and Motivation. London: Edward Arnold.

Gardner, R. C./Tremblay, P. F./Masgoret, A.-M. (1997): Towards a Full Model of Second Language Learning: An Empirical Investigation. The Modern Language Journal 81. S. 344–362.

Gerlach, David (2012): „R+e+a+d= Read. Den Leseprozess unterstützen." In: Der fremdsprachliche Unterricht: Englisch. Heft 119: Lernschwierigkeiten. Seelze: Friedrich. S. 18–23.

Glöckel, Hans (2003): Vom Unterricht. Bad Heilbrunn: Klinkhardt.

Göhlich, Michael/Zirfas, Jörg (2007): Lernen. Ein pädagogischer Grundbegriff. Stuttgart: Kohlhammer.

Green, Norm/Green, Kathy (2005): Kooperatives Lernen im Klassenraum und im Kollegium. Das Trainingsbuch. Seelze: Klett/Kallmeyer.

Grieser-Kindel, Christine/Henseler, Roswitha/Möller, Stefan (2006): Method Guide. Schüleraktivierende Methoden für den Englischunterricht in den Klassen 5–10 (mit CD-ROM). Paderborn: Schöningh.

Grieser-Kindel, Christine/Henseler, Roswitha/Möller, Stefan (2009): Methoden für einen kooperativen und individualisierenden Englischunterricht in den Klassen 5–12 (mit CD-ROM). Paderborn: Schöningh.

Grünewald, Andreas (2010): Medien. In: Surkamp, Carola (Hrsg.): Metzler Lexikon Fremd-sprachendidaktik. Stuttgart, Weimar: Metzler. S. 207–210.

Günther, Herbert (2007): Schriftspracherwerb und LRS. Methoden, Förderdiagnostik und praktische Hilfen. Weinheim, Basel: Beltz.

Hallet, Wolfgang (2011): Generisches Lernen. Muster und Strukturen der sprachlichen Inter-aktion erkennen und anwenden. In: Der fremdsprachliche Unterricht: Englisch. Heft 114: Generisches Lernen. Seelze: Friedrich. S. 2–10.

Hallet, Wolfgang (2011): Lernen fördern: Englisch. Kompetenzorientierter Unterricht in der Sekundarstufe I. Seelze: Klett/Kallmeyer.

Hartmann, Luisa (2005): Holiday Job: Detective! Ferienjob: Detektiv! Berlin: Langenscheid.

Haß, Frank (Hrsg.) (2006): Fachdidaktik Englisch. Tradition. Innovation. Praxis. Stuttgart: Klett.

Haß, Frank (2008): Mit Bildern lernen. In: Englisch 5–10. Heft 1: Spring Fever. Seelze: Kall-meyer. S. 42–43.

Haß, Frank (2009a): A Day in the Life of … Tagesabläufe von Kindern aus aller Welt ver-gleichen. In: Haß, Frank (Hrsg.): Englisch 5–10. Cultural Explorations. Seelze: Kallmeyer. S. 4–7 und Materialpaket.

Haß, Frank (2009b): Tidy, Efficient, Devoid of Humour. Das Bild „der Deutschen" in anderen Kulturen reflektieren. In: Haß, Frank (Hrsg.): Englisch 5–10. Cultural Explorations. Seelze: Kallmeyer. S. 16–19 und Materialpaket.

Haß, Frank (Hrsg.) (2009c): Englisch 5–10. Cultural Explorations. Seelze: Kallmeyer.

Haß, Frank (2010a): Methoden im Fremdsprachenunterricht. In: Hallet, Wolfgang/Königs, Frank G. (Hrsg.): Handbuch Fremdsprachendidaktik. Seelze: Klett/Kallmeyer. S. 151–155.

Haß, Frank (2010b): Sozialformen. In: Suhrkamp, Carola (Hrsg.): Metzler Lexikon Fremdspra-chendidaktik. Stuttgart, Weimar: Metzler. S. 266–269.

Haß, Frank (2010c): Zum Verhältnis von Allgemeiner Didaktik und Fachdidaktik Englisch. Reflexionen, Desiderata und Perspektiven eines interdisziplinär-integrativen Didaktikver-ständnisses. Berlin: Pro BUSINESS.

Haß, Frank (2011a): A Room With a View. Generische Strukturen von Alltagssituationen ken-nenlernen. In: Der fremdsprachliche Unterricht: Englisch. Heft 134: Generisches Lernen. Seelze: Friedrich. S. 22–26.

Haß, Frank (2011b): Sozialformen. In: Suhrkamp, Carola (Hrsg.): Metzler Lexikon Fremdspra-chendidaktik. Stuttgart, Weimar: J.B. Metzler. S. 266–269.

Haß, Frank/Oettler, Jörg/Thomale, Rita (2008): Lehrerausbildung in der Schule. Ein Ratgeber für Mentoren. Seelze: Kallmeyer.

Haß, Frank/Reisener, Helmut (2000): Learning English. Orange Line New. Erweiterungskurs. Stuttgart: Klett.

Helmke, Andreas (2012): Unterrichtsqualität und Lehrerprofessionalität. Diagnose, Evaluati-on und Verbesserung des Unterrichts. Seelze: Klett/Kallmeyer.

Herrmann, Ulrich (Hrsg.) (2006): Neurodidaktik – Grundlagen und Vorschläge für gehirnge-rechtes Lehren und Lernen. Weinheim: Beltz.

Herrmann, Ulrich (2009): Neurodidaktik – Grundlagen und Vorschläge für gehirngerechtes Lehren und Lernen. Weinheim: Beltz.

Heuer, Helmut/Klippel, Friederike (1987): Englischmethodik. Problemfelder, Unterrichts-wirklichkeit und Handlungsempfehlungen. Berlin: Cornelsen.

Hintermair, M./Lehmann-Tremmel, G./Meiser, S. (2000): Wie Eltern stark werden. Soziale Unterstützung von Eltern hörgeschädigter Kinder. Eine empirische Bestandsaufnahme. Hamburg: Verlag hörgeschädigter Kinder.

Jungblut, Gertrud (1985): Die Bewertung von kognitivierenden Lehrverfahren im Englisch-unterricht mit Hauptschülern. In: Harks-Hanke, Ingrid/Zydatiß, Wolfgang (Hrsg.): Vierzig Jahre Englischunterricht für alle. Festschrift für Harald Gutschow. Berlin: Cornelsen-Vel-hagen & Klasing. S. 127–139.

Keck, Rudolf W./Sandfuchs, Uwe/Feige, Bernd (Hrsg.) (2004): Wörterbuch Schulpädagogik. 2. Auflage. Bad Heilbrunn: Klinkhardt.

Kieweg, Werner (2006a): Motivierender Englischunterricht. In: Haß, Frank (Hrsg.): Fachdidaktik Englisch. Tradition/Innovation/Praxis. Stuttgart: Klett. S. 186–192.

Kieweg, Werner (2006b): Unterrichtskonzeptionen zur Grammatikarbeit. In: Haß, Frank (Hrsg.): Fachdidaktik Englisch. Tradition. Innovation. Praxis. Stuttgart: Klett. S. 130–132.

Kieweg, Werner (Hrsg.) (2007): Der fremdsprachliche Unterricht: Englisch. Heft 88: Fehlerbewusstes Lernen. Seelze: Friedrich.

Kieweg, Werner (2010): Übungsformen. In: Wolfgang Hallet, Frank G. Königs (Hrsg.): Handbuch Fremdsprachendidaktik. Seelze: Klett/Kallmeyer, S. 182–186.

Kieweg, Werner (2011): Mit Praxeogrammen Gespräche führen. In: Der fremdsprachliche Unterricht: Englisch. Heft 114: Generisches Lernen. Seelze-Velber: Friedrich. S. 8–11.

Kieweg, Werner (2012): Visualisierte Grammatik in Beispielen. Seelze, Klett/Kallmeyer.

Kinderhilfswerk e.V. (2006): Kinder und Jugendliche in Deutschland 2006. Zahlen, Daten, Fakten. http://www.dkhw.de/aktiv/themen/zahlen_daten_fakten.pdf. S.6 (letzter Zugriff 16.09.2012).

Klafki, Wolfgang (1969): Didaktische Analyse als Kern der Unterrichtsvorbereitung. In: Roth, Heinrich/Blumenthal, Alfred: Auswahl. Grundlegende Aufsätze aus der Zeitschrift „Die deutsche Schule". Hannover: Schroedel. S. 5–34.

Klippel, Friederike (1998): Spielend lernen: Lernspiele im Fremdsprachenunterricht. In: Jung, Udo O. H. (Hrsg.): Praktische Handreichung für Fremdsprachenlehrer. Band 2. Frankfurt: Peter Lang. S. 341–347.

KMK (Sekretariat der ständigen Konferenz der Kultusminister der Länder in der Bundesrepublik Deutschland) (Hrsg.) (2004): Bildungsstandards für die Erste Fremdsprache (Englisch/Französisch) für den Mittleren Schulabschluss. Beschluss vom 04.12.2003. München: Wolters Kluwer.

Köck, Peter (2005): Handbuch der Schulpädagogik für Studium – Praxis – Prüfung. Donauwörth: Auer.

Krohn, Dieter (1981): Lernervariablen und Versagen im Englischunterricht. Paderborn, München, Wien, Zürich: Schöningh.

Kron, Friedrich W. (2004): Grundwissen Didaktik. 4. Auflage. München: Reinhardt.

Küppers, Almut/Schmidt, Torben/Walther, Maik (Hrsg.) (2001): Inszenierungen im Fremdsprachenunterricht – Grundlagen, Formen, Perspektiven. Diesterweg, Braunschweig.

Kurtz, Jürgen (2010): Zum Umgang mit dem Lehrwerk im Englischunterricht. In: Fuchs, Eckhardt/Kahlert, Joachim/Sandfuchs, Uwe (Hrsg.): Schulbuch konkret. Kontexte. Produktion. Unterricht. Bad Heilbrunn: Klinkhardt. S. 149–163.

Kuty, Margitta (2006a): Arbeitsmittel und Unterrichtsmedien. In: Haß, Frank (Hrsg.): Fachdidaktik Englisch. Tradition. Innovation. Praxis. Stuttgart: Klett. S. 229–247.

Kuty, Margitta (2006b): Das Spektrum der Lehr- und Lernverfahren. In: Haß, Frank (Hrsg.): Fachdidaktik Englisch. Tradition. Innovation. Praxis. Stuttgart: Klett. S. 201–228.

Lademann (1991): Basale Faktoren eines kommunikativ-funktionalen Ansatzes in der Didaktik fremder Sprachen. In: Lademann, Norbert/Wendt, Gabriele (Hrsg.): Kommunikativ-funktional orientierter Fremdsprachenunterricht. Berlin: Cornelsen.

Leenen, Wolf Rainer/Grosch, Harald (1998): Bausteine zur Grundlegung interkulturellen Lernens. In: Interkulturelles Lernen. Arbeitshilfen für die politische Bildung. Bonn: Bundeszentrale für die politische Bildung. S. 29–46.

Lempp, Reinhart (1971): Lernerfolg und Schulversagen. Eine Kinder- und Jugendpsychatrie für Pädagogen. München: Kösel.

Lorenzen, Käte (1985): „Hauptschulgemäße Unterrichtsinhalte und Methoden für den Aufbau der Kommunikationsfähigkeit." In: Harks-Hanke, Ingrid/Zydatiß, Wolfgang (Hrsg.): Vierzig Jahre Englischunterricht für alle. Festschrift für Harald Gutschow. Berlin: Cornelsen-Velhagen & Klasing. S. 79–91.

Mainda, Dorothee/Struckmeyer, Kati (2011): Who Would Like to Be an Actor? In: Der Fremd-sprachliche Unterricht: Englisch. Sonderheft. Seelze: Friedrich.

Meyer, Hilbert (1987): Unterrichtsmethoden. I: Theorieband. 4. Auflage. Berlin: Cornelsen Scriptor.

Meyer, Hilbert (1997): Schulpädagogik. Band I. Für Anfänger. Berlin: Cornelsen Scriptor.

Meyer, Hilbert (2004): Was ist guter Unterricht? 2., durchgesehene Auflage. Berlin: Cornelsen Scriptor.

Molcho, Samy (1998): Körpersprache. München: Wilhelm Goldmann.

Müller-Hartmann, Andreas/Schocker von Ditfurth, Marita (2011): Teaching English: Task-Supported Language Learning. Paderborn, München, Wien, Zürich: Schöningh.

Nieke, Wolfgang (2000): Interkulturelle Erziehung und Bildung. Wertorientierungen im All-tag. 2., überarbeitete und ergänzte Auflage. Opladen: Leske & Budrich.

Nyikos, Katalin (1990): Comparative Task Difficulty in Initial Reading: German versus Eng-lish. In: Franz Biglmaier (Hrsg.): Hat Lesen Zukunft? Kongreßbericht. 6. Europäischer Lese-kongreß. Berlin: Freie Universität. S. 72–79.

Pimsleur, Paul (1966): Pimsleur Language Aptitude Battery and Manual. New York: Harcourt Brace.

Raaf, Bettina (2005): Humor im Englischunterricht (Münchner Arbeiten zur Fremdsprachen-forschung, 11). Langenscheidt: Berlin.

Rautenhaus, Heike (1978): Der lernschwache Englischschüler. Die Ergebnisse eines For-schungsvorhabens. Berlin: Cornelsen-Velhagen und Klasing.

Roth, Gerhard (2011): Bildung braucht Persönlichkeit. Wie Lernen gelingt. Stuttgart: Klett-Cotta.

Sacher, Werner (unter Mitarbeit von Stephan Rademacher) (2005): Leistungen entwickeln, überprüfen und beurteilen. Bewährte und neue Wege für die Primar- und Sekundarstufe. Bad Heilbrunn: Klinkhardt.

Sandfuchs, Uwe (2010): Schulbücher und Unterrichtsqualität – historische und aktuelle Refle-xionen. In: Fuchs, Eckhardt/Kahlert, Joachim/Sandfuchs, Uwe (Hrsg.): Schulbuch konkret. Kontexte. Produktion. Unterricht. Bad Heilbrunn: Klinkhardt. S. 11–24.

Schröder, Ulrich (2005): Lernbehindertenpädagogik. Grundlagen und Perspektiven sonder-pädagogischer Lernhilfe. 2. Auflage. Stuttgart: Kohlhammer.

Siebold, Jörg (2004): Let's talk: Lehrtechniken. Berlin: Cornelsen.

Sparks, Richard L. (2001): Foreign Language Learning Problems of Students Classified as Learning Disabled and Non-Learning Disabled: Is There a Difference? In: Topics in Lan-guage Disorders 21 (2). S. 38–54.

Stork, Antje (2010): Fähigkeiten und Fertigkeiten. In: Hallet, Wolfgang/Königs, Frank G. (Hrsg.): Handbuch Fremdsprachendidaktik. Seelze: Klett-Kallmeyer. S. 64–66.

Surkamp, Carola (Hrsg.) (2010): Metzler Lexikon Fremdsprachendidaktik. Stuttgart, Weimar: Metzler.

Teschner, Katrin (2009): Chain Racism. Einen Perspektivwechsel im szenischen Spiel voll-ziehen. In: Haß, Frank (Hrsg.): Englisch 5–10. Cultural Explorations. Seelze: Kallmeyer. S. 30–31 und Materialpaket.

Thomas, Alexander (Hrsg.) (1988): Interkulturelles Lernen im Schüleraustausch. Saarbrücken und Fort Lauderdale: Breitenbach.

Tomalin, Barry/Stempleski, Susan (1994): Cultural Awareness. Oxford: Oxford University Press.

Transcultural Identities: Britain. Der fremdsprachliche Unterricht: Englisch (2008), Heft 95. Seelze: Friedrich.

Tulodziecki, Gerhard (2006): Funktionen von Medien im Unterricht. In: Arnold, Karl-Heinz/Sandfuchs, Uwe/Wiechmann, Jürgen (Hrsg.) (2006): Handbuch Unterricht. Bad Heilbrunn: Klinkhardt. S. 387–394.

Unger, Tobias (2012): Digitale Technologien und Medien im kompetenzorientierten Englischunterricht. In: Hallet, Wolfgang/Krämer, Ulrich (Hrsg.): Kompetenzaufgaben im Englischunterricht. Grundlagen und Unterrichtsbeispiele. Seelze: Klett/Kallmeyer. S. 56–67.

Viskari, Katriina (2005): Foreign Language Learning Disabilities. Theoretical and Practical Tools for English Teachers in Finnish Upper Secondary Schools. University of Jyväskyla. Department of Languages.

Willis, Jane (2004): A Framework for Task-Based Learning. 8. Auflage. Harlow: Longman.

Winter, G. (1988): Konzepte und Stadien interkulturellen Lernens. In: Thomas, Alexander (Hrsg.): Interkulturelles Lernen im Schüleraustausch. Saarbrücken und Fort Lauderdale: Breitenbach. S. 151–177.

Wollersheim, Heinz-Werner (1993): Kompetenzerziehung: Befähigung zur Bewältigung. Frankfurt/M., Berlin, Bern, New York, Paris, Bern: Lang.

Quellenverzeichnis

34, 41 Original-Abb. © Peter Baumgartner.

89 f. *A bad idea!* aus: Dr. Werner Kieweg, M. A. (Hrsg.): *Let's go 3*, Englisch als 1. Fremdsprache, ISBN 978-3-12-582631-1, © Ernst Klett Verlag GmbH, Stuttgart 2006.

108 Abb. Broschüre *Skate & Roll: Inline-Skaten – aber sicher:* © 2002 / Deutsche Verkehrswacht e. V., Meckenheim, www.verkehrswacht-verlag.de.

165 *What Americans can expect* aus: Ashford, Stefanie/Finkbeiner, Claudia/Hellyer-Jones, Rosemary/Horner, Marion/Lampater, Peter/Pasch, Peter/Roth, Rolf W./Volk, Gunther: *Learning English. Red Line New 6*, ISBN 9783125464605 © Ernst Klett Verlag GmbH, Stuttgart 2000.

167, 169 Lehrbuchseiten aus: Dr. Frank Haß, Dr. Helmut Reisener: *Learning English Orange Line New 6 Erweiterungskurs*, ISBN 3-12-546806-X, © Ernst Klett Verlag GmbH, Stuttgart 2000.

172–174 Culturegrams A/B: CultureGrams World Edition™ content used by permission of ProQuest. Further reproduction is prohibited. © ProQuest and Brigham Young University. All rights reserved.

178 Abb. aus: Frank Haß (Hrsg.): *Fachdidaktik Englisch, Tradition | Innovation | Praxis.* ISBN 978-3-12-920223-4, © Ernst Klett Sprachen GmbH, Stuttgart 2006.

240 Abb. aus: Meyer, Hilbert (2011): *Was ist guter Unterricht?* Berlin: Cornelsen Scriptor, S. 75.

Strichzeichnungen: Hendrik Kranenberg, Drolshagen

Für einen lernförderlichen Englischunterricht

WOLFGANG HALLET

Lernen fördern: Englisch
Kompetenzorientierter Unterricht in der Sekundarstufe I

16 x 23 cm, 247 Seiten, inkl. Downloadmaterial
ISBN 978-3-7800-1082-7, € 25,95

Kompetent Englisch unterrichten

Der Praxisband vermittelt eine umfassende Vorstellung von einem guten, zeitgemäßen Englischunterricht. Ausgangspunkt ist die veränderte kulturelle und mediale Wirklichkeit der Lernenden im 21. Jahrhundert, die nach einem anderen Umgang mit sprachlicher und kultureller Diversität verlangt. Der Autor unterbreitet Vorschläge für einen kompetenzorientierten Englischunterricht und stellt die wichtigsten didaktischen Handlungsfelder dar.

Unser Leserservice berät Sie gern:
Telefon: 0511/4 00 04 -150
Fax: 0511/4 00 04 -170
leserservice@friedrich-verlag.de

www.klett-kallmeyer.de

Neue Impulse für den Englischunterricht

WERNER KIEWEG

Grammatik visualisieren

Bildungsimpulse zur Festigung grammatischer
Kompetenzen im Englischunterricht

16 x 23 cm, 144 Seiten in Farbe, inkl. Downloadmaterial

ISBN 978-3-7800-4909-4, € 28,95

Kompetenzen im Englischunterricht

Mit diesem Buch erhalten Lehrende der Sekundarstufe I die Möglichkeit, die
grammatischen Kenntnisse ihrer Schülerinnen und Schüler im Anschluss an die
Grammatikprogression des verwendeten Lehrwerkes auf lebendige Art und
Weise zu sichern. Die 27 grammatischen Themen werden in lerneffektiven
Kognitivierungsschritten vorgestellt. Die Situationsbilder und Arbeitsblätter
dazu stehen als Kopiervorlagen in den Download-Materialien zur Verfügung.

Alle Preise zzgl. Versandkosten, Stand 2022.

Fachbuch

Unser Leserservice berät Sie gern:
Telefon: 0511/4 00 04 -150
Fax: 0511/4 00 04 -170
leserservice@friedrich-verlag.de

www.klett-kallmeyer.de